伪满洲国『福贵人』李玉琴 传

末代皇帝的五个女人

王庆祥 著

人民文学出版社

图书在版编目(CIP)数据

伪满洲国"福贵人"李玉琴传 / 王庆祥著. —北京:人民文学出版社,2015
(末代皇帝的五个女人)
ISBN 978–7–02–010836–7

Ⅰ.①伪… Ⅱ.①王… Ⅲ.①李玉琴(1928~2001)—传记 Ⅳ.① K 828.5

中国版本图书馆 CIP 数据核字(2015)第 057856 号

责任编辑　周墨西
特约策划　李江华
装帧设计　李思安
责任印制　芃　屹

出版发行　人民文学出版社
社　　址　北京市朝内大街 166 号
邮政编码　100705
网　　址　http://www.rw-cn.com

印　　刷　北京凯达印务有限公司
经　　销　全国新华书店等

字　　数　340 千字
开　　本　710 毫米×1000 毫米　1/16
印　　张　23
印　　数　1—6000
版　　次　2015 年 5 月北京第 1 版
印　　次　2015 年 5 月第 1 次印刷

书　　号　978–7–02–010836–7
定　　价　45.00 元

如有印装质量问题,请与本社图书销售中心调换。电话:01065233595

李玉琴像

一九四二年，我的爱人谭玉龄故去以后，日本帝国主义分子吉冈安直（日本关东军参谋），多次给我拿来很多女人的相片……我表示希望和一个年纪小的（小学生也可以）女人结婚。后来吉冈安直便拿来很多很多的中国人（在小学念书的）的相片，我挑选了李玉琴……

　　我返回祖国以后，经过党和政府的改造教育，已根本认识了过去的罪恶和反动阶级的本质。在家庭方面也认识到，过去我对她哪一个方面都对不起，我过去那专制和腐败透顶的思想作风对天真烂漫的她是有百害而无一利的。……既然她已提出离婚的理由和要求，我绝不能把自己的幸福建立在别人的痛苦的基础上，当我想到她将来的美满家庭生活并从而使她更安心和愉快，努力为祖国工作，我是十分满意的。因此，我肯定地说：完全同意李玉琴提出离婚的要求。

——爱新觉罗·溥仪

目　　录

引言 ………………………………………………………………… 001

第一章　进宫受封

一　生在穷人家 ……………………………………………… 004

二　倔犟的小女孩 …………………………………………… 010

三　"春季祭孔"那一天 …………………………………… 013

四　骨肉分离的一刻 ………………………………………… 017

五　住进同德殿 ……………………………………………… 023

六　习礼 ……………………………………………………… 031

七　在佛前焚烧"二十一条" ……………………………… 037

八　册封仪式在梅津司令官决定之后举行 ………………… 041

第二章　宫中生活

一　严格的"男女大防" …………………………………… 049

二　第一次"会亲" ………………………………………… 053

三　学会了使用女仆 ………………………………………… 057

四　在穷娘家和皇婆家中间 ………………………………… 062

五　"怀疑狂"和"隔墙耳" ……………………………… 067

六　"皇上"亲自授课 ……………………………………… 070

七　贪玩的"贵人" ……………………………………… 076
　　八　金丝笼中金丝鸟 …………………………………… 082
　　九　"神仙眷属" ………………………………………… 085
　　十　最后一次"会亲" …………………………………… 090
　　十一　"满洲国"的末日 ………………………………… 092

第三章　流浪"贵人"
　　一　逃亡中的"退位仪式" ……………………………… 100
　　二　被抛弃在山沟里的人们 …………………………… 106
　　三　与可怜的"皇后"相认 ……………………………… 110
　　四　初到临江 …………………………………………… 113
　　五　财物被没收了 ……………………………………… 115
　　六　风雪随军赴通化 …………………………………… 118
　　七　受到何长工司令员的接见 ………………………… 122
　　八　违心的"离婚声明" ………………………………… 127
　　九　返璞归真成了"垃圾堆里的美人" ………………… 132
　　十　奔向没有宫廷的皇家 ……………………………… 136

第四章　寄人篱下
　　一　在溥修家设塾授读 ………………………………… 141
　　二　破落皇族 …………………………………………… 146
　　三　马静兰托孤 ………………………………………… 151
　　四　望穿秋水盼伊人 …………………………………… 156
　　五　天津解放前后 ……………………………………… 165
　　六　阳光透进溥修家 …………………………………… 168
　　七　返回风雪家乡 ……………………………………… 171

第五章　五次探监

  一　仍为溥仪守节 ································· 175
  二　溥仪来信了 ··································· 182
  三　第一次探监——今非昔比 ················· 188
  四　第二次探监——裂痕微露 ················· 195
  五　第三次探监——讨个"说法" ············ 200
  六　当上了图书管理员 ·························· 205
  七　第四次探监——提出离婚 ················· 210
  八　第五次探监——破例同居 ················· 215
  九　判决离婚 ······································· 220

第六章　离婚以后

  一　历史没有抛弃"福贵人" ················· 225
  二　建立新家庭 ··································· 229
  三　重逢在全国政协的招待宴会上 ············ 233
  四　同游香山与"复婚"的话题 ············· 239
  五　"红色风暴"袭来前后 ···················· 243
  六　为了摘掉"皇亲"的帽子 ················· 248
  七　在"反帝医院"的病房里 ················· 252
  八　"皇娘"造反 ································· 256
  九　从"牛鬼蛇神"到"五七战士" ········ 261
  十　十一届二中全会以后 ······················· 267
  十一　历史的重聚 ································ 273
  十二　"火龙"化恩怨 ·························· 282
  十三　晚年生活 ··································· 288
  十四　琴断音 ······································· 294

后记 ································· 王庆祥 298

李玉琴生平年表……………………………………………… 300
附录一 《中国最后一个"皇妃"》成书日记　………… 王庆祥 318
附录二 李玉琴纪念墓雕揭幕仪式在长春息园名人苑举行…… 王庆祥 358
附录三 在李玉琴文化艺术雕塑墓落成揭幕仪式上的讲话…… 王庆祥 360

引　　言

　　一九四三年春天,溥仪的宠妃谭玉龄死后将甫半年,可以说是"尸骨未寒",当时溥仪心中悲痛异常,无心再做"新郎",吉冈却拿来许多日本女子的照片,让溥仪从中选择。娶日本女子无异于在自己的床头替关东军司令官安耳目。溥仪遂决定找一个年幼的中国女孩子作为结婚对象。吉冈又拿来六十多

剧照之一:电影《末代皇后》谭玉龄病逝半年后,李玉琴进宫

张中、小学校的女学生照片，供其挑选，结果他选中了南关国民优级学校的李玉琴。当时她才十五岁，是个小学学生，既不懂人情世故，也没有社会经验，溥仪仅仅是把她当作任意摆布的家庭玩物而纳入"宫闱"的。关于溥仪"选妃"的过程，作为目睹者的毓嶦回忆说：

> 李玉琴进宫之前，吉冈安直送来成册成册的女子照片，每张照片之下还贴着一张卡片，上面写着该人的简历。吉冈走后，溥仪就把我们几个"宫廷学生"叫到他的书斋中，一页一页地翻看那些照片册。这是让我们帮他拿主意，挑选可心的人。有的指着这张说："看样子挺忠厚。"有的指着那张照片说："此人一定老实。"……然而，别人看好的溥仪全没相中，最后还是他自己选定了李玉琴。因为从李玉琴那张照片上完全可以看出她的天真、单纯、幼稚等性格特征，这正是溥仪所需要的。而且，从简历上看得出：这是个年龄最小的孩子。

溥仪的这种选择绝不是从正常的心理状态出发的。如果说一九三七年溥杰的婚姻是"政略婚姻"，那么五年后溥仪的婚姻则是另一种意义上的"政略婚姻"。从前一次婚姻中，日本军部的人想捞到点什么；而后一次婚姻则是溥仪存心防备被捞取。李玉琴便是这种"政略"旋涡中的牺牲品。关于李玉琴进宫，溥仪在一份证实材料中写道：

> 谭玉龄死后，日本特务吉冈安直，为了进一步操纵我，提议找一个日本女性作我的伴侣。当时，我固然早已死心塌地地甘当走狗了，但是，在忠实奴仆也有怨恨主人之时的"自保"情绪下，我惟恐自己的寝宫内也安上吉冈的"眼睛"，可是，又不敢公然拒绝，就采取拖延的办法。后来出现了无可再拖的窘状，就借口素来不抱民族成见，但以"爱情"为主要条件，用作最后的挡箭牌。当时，我内心想的是找一个年岁小、容易听我摆布的女孩子，以摆脱吉冈的逼迫。于是，让吉冈从长春一所学校中强要来年幼女学生的相片，供我选取，结果看中了李玉琴，

就在"入宫读书"的幌子下,以伪皇帝的淫威,把李强行架入虎口。一个月之后宣布,让李进宫也是为伺候我的,遂封她为"福贵人",也就是给了她清朝第六等皇帝御用玩物的称号。

溥仪在另一篇文章中,还进一步说明,他之所以要找一个十五岁的孩子来,就是打算把这个"少不更事"的天真烂漫的少女制造成为一个"让她方就方,让她圆就圆"的温婉驯服、任其摆布的家庭"玩物"。

第一章　进宫受封

一　生在穷人家

李玉琴原籍山东,曾祖本是山东莱州府即墨县李家庄农民,光绪年间逃荒"闯关东",在宽城子东十里堡韩家沟子屯落脚,直到她爷爷那辈仍是租种土地的佃户。

李玉琴的父亲李万财从小给地主放猪,十三四岁进城在一家私人饭馆当学徒,图个吃饱饭。他身材高大,又长得浓眉朗目,心地也善良,信佛很虔诚,总算在饭馆站住了脚,当了一辈子跑堂的。

李玉琴的母亲是位勤劳妇女,干净利落,家里只有座钟、掸瓶和箱箱柜柜等简单摆设,但都擦得明亮放光,子女们的衣裤鞋袜虽然破旧,却也洗得干净,补得合体。她一共生育五男五女,只有二男五女活了下来。

李玉琴出生在被称作"小南岭"的东十里堡韩家沟子屯农村,这里环境优美,树木成林,绿草如茵。她上有两位兄长和三个姐姐,下有一个老妹,是父母的第六个孩子。她小的时候因母乳不足,长得瘦弱,却天生胆子大,敢闯,又爱说爱笑,快乐活泼。父亲常在人前夸奖他的四闺女"敢说话,能办事,还挺厉害的,不受欺负"。母亲则为爱打抱不平的四女儿担心。

李玉琴七岁那年全家迁居城里,住在二道河子(今长春市二道河子区)红砖小平房里,那真是名副其实的贫民窟。不过,穷人家的孩子,也仍然能找到自己的乐趣。

她经常带着小妹和小伙伴们，在附近的荒草甸子上玩。那是一片绿色原野，还有一条小河，流水潺潺，清澈见底。李玉琴挽起裤腿就蹚水下河，弯着腰捉小鱼，捉到了放在瓶子里，带回家去养着玩；有时在草丛中捉迷藏，如果发现了野芹菜什么的，则一定要采回家让妈妈做菜；还有时与小妹互相依偎着坐在小河边上唱歌，直到太阳西下才肯回家，这时母亲会立刻把高粱米干饭和豆角炖土豆摆上饭桌，小姐妹吃得喷香。

李玉琴从八九岁起，就必须为家庭的柴米油盐分担责任了。她曾与哥哥一起到街里捡煤核、碎木块和刨花等，拿回家来引火生炉子做饭。也曾跟一块儿玩的小伙伴们到日本人开设的腌咸菜工棚里打短工，给母亲挣几文零用钱。

到了上学的年龄，又赶上父亲跑堂那家饭馆倒闭，据李玉琴回忆，她每天都跟着大哥去"善人粥厂"领粥，把领回的高粱米粥放在锅中一热，老鼠粪、石头子全都翻腾出来了，几个姐姐坐在锅边一遍遍挑，将就着吃。不久父亲又找到跑堂的事儿做，大哥也辍学进饭馆做学徒，家中境况好转，不必领粥了，可还是穷，凑不出念书的学费。李玉琴琢磨来琢磨去，终于想出一个道道来。

她老妹李玉坤回忆这件事说：

四姐七八岁的时候领我到处闯荡，有一次来到天主教堂门口，只见做礼拜的人们鱼贯而入，四姐领着我也跟了进去。我们姐俩在长条椅子上找到空位坐下，这时前面正站着一个身披又长又大的黑色袍子的男人，嘴里不住声地叨念着。四姐来过，知道他在念《圣经》，就对我说："念完《圣经》就学唱歌，咱们跟着唱就行。"我觉得那《圣经》好像没完没了，总算挨到念完，果然有人领头唱起歌来，全体人员起立随唱。我一句也不会，滥竽充数地跟着学，四姐会唱了，声音溜尖，还挺好听的。唱毕坐下，这时有个手提白兜的男人到各排椅子前收零钱。信徒们纷纷往白兜里扔硬币，走到我们眼前时，四姐也掏出几分硬币放在白兜里。我急忙说："那是妈让你买铅笔的钱哪……"四姐使劲瞪我一眼，吓得我不敢再说。

跟天主教堂里的布道者学唱歌，竟成了李玉琴入学读书的前奏。有位修女看她老实，挺机灵，乐意单独教她多唱些诗，还主动教她识字、写字，使她伴着教堂里的祈祷和钟声，开始了这辈子的文化生活。念教堂颂诗毕竟局限性太大，日常生活用得上的字大都念不着，于是，李玉琴又开始寻找别的念书门路了。她壮着胆子领妹妹来到一所私塾学馆，但学费太高。又听说有办"民众讲习班"的，不收学费，跟了两期以后她发觉这种成人短训班完全不适合小孩子读书。过了一些天，李玉琴终于在东盛路南边找到一所不收学费的私立道德会小学校，马上领着妹妹去报名。

李玉琴念书很用功，起初她和小妹同班，小姐俩一放学就把饭桌放在炕上，面对面复习功课，写毛笔字，学画画。大哥在家时就教她俩查字典、做算术，李玉琴写完一篇作文，必定念给妈妈听，看有没有不通顺的地方。她性情温和，和同学们相处如同姐妹。她还喜欢唱歌，常参加运动会，跑得也快。每逢道德会举行庆祝活动的时候，她总是被选进学生合唱团，登台演出时常穿一件蓝士林布长衫，黑亮而浓密的头发剪得短而整齐，配上白嫩的脸蛋，个头又比一般同学稍高，显得颇为出众。

这所道德会学校，似乎比教堂和讲习所"正规"，其实远远谈不到正规。念了一年，该校又改成道德会志义小学，还要重打鼓另开张，再从一年级学起，如此反复，四五年过去，李玉琴连初小还没毕业，省了学费却搭了年龄，后来跟学校请求，因年龄大，成绩又不错，才准许跳了一个年级。

升入初小四年级，李玉琴下决心转入公立的东盛路小学校，她这时也长大些了，课余或寒暑假还能搞点副业添补学杂费，父母也就同意了。报到那天，她上身穿件白麻线布衫，下身穿黑褶裙，脚上是白线袜、黑布鞋，虽无豪华之处，却也清秀大方。

老李家住的那条狭窄胡同里，有从事家庭手工业的手艺人，有摆摊做生意的小商贩，有画匠、演员，还有在广播电台工作的职员，真可谓五花八门、三教九流。夏天的傍晚，劳累一天的人们在大门外纳凉闲聊，拉二胡的，唱京戏的，哼哼流行歌曲的，邻里和睦相处，胡同里热闹极了。

旧社会不懂计划生育，社会底层的劳动者都有很多子女，李玉琴成了同龄女孩的小头领。她们成群结伙上附近的和顺公园去玩,或是捉迷藏、跳皮筋、踢毽子,或是捉蟋蟀、抓蚂蚱、采野花,天暖时唱歌跳舞,追逐嬉笑,下雪后就上冰坡打滑溜。李玉坤至今讲得出儿时跟四姐采百步草的故事:"四姐听说端午节那天采百步草和艾蒿可治病,天蒙蒙亮,便领着我和约好的几个同学一起,上和顺公园去采。她很认真地让我们闭嘴无言采到一百步为止,四姐平时爱说爱笑,但这次始终不笑不语,据说一出声响药效就丧失了。天真、幼稚而又好奇的四姐,真像个童话中的小仙童。"

寒假期间,李玉琴要带着妹妹去袜厂打零工——缝袜子,虽说挣不了几枚铜钱,也够买本子、铅笔、小刀、橡皮什么的,用自己一双小手,减轻了父母的重担。到了暑假,李玉琴又要带上妹妹进卷烟厂当贴印花的女工。李玉琴聪明,手快,女工头就把她挑出来,教她贴带玻璃纸的高级烟卷。母亲每天给小姐俩带一小盒高粱米饭、几根水煮茄子,让她们蘸酱吃,这已经是家里的上等伙食了。下班时,还要通过大门搜身检查口,防止有人偷带烟卷出厂,然后给每人发一枚白色的一角钱硬币,这就是一天的工钱,姐俩赶快跑回家交给妈妈。

李玉琴靠半工半读读完小学,这在她家算幸运的。当时重男轻女,而李玉琴的大哥和二哥也只念到小学毕业就被迫入厂做学徒了。大姐、二姐更没念几天书,早早便去做工挣钱,后来又自学识字,也能写信或看报了。三姐有美术天才,热爱艺术,也只读完小学便因交不起学费而辍学,精神上受了很大刺激。

李玉琴也有艺术细胞。据她本人讲,父母说话的声音都清晰好听,似乎子女们也都遗传了音质方面的优秀基因。她大哥不但能唱,且从十几岁起就喜欢摆弄二胡、口琴、手风琴等多种乐器。她二哥爱唱京剧,声音又厚又亮,只可惜没有深造的机会。李玉琴和小妹也从小爱唱爱跳。

李玉琴每回从父母哥姐处得到几文零钱,总是留起来,攒够了,就带小妹去"国都"或"国泰"电影院看电影。《儿女英雄传》、《人鱼公主》、《夜半歌声》、《马路天使》等影片都是那时看的。不过,拿钱买票进电影院或戏院的机会毕竟很难得,李玉琴经常领着小妹观看马戏团在露天场地的演出,这里便宜,交几分零钱就可以看上半天。李玉琴回忆说,她曾看过马背上的种种表演以及杂技、魔术等节目。有一次看拉洋片的，从一个装有放大镜的小孔前面，看到了上海风光，高楼大厦、车马行人等，大开眼界。

李玉琴非常羡慕电影等文娱节目中的舞蹈演员，就回家自己练，有时在炕上立足尖，把脚都立疼了。她还常常教小伙伴们唱歌跳舞。有一年夏天，来串门的姑姥带李玉琴看了一场京剧，台上演员一会儿咿咿呀呀地唱，一会儿跑圆场，一会儿又耍刀弄枪，令看戏的小姑娘大饱眼福。从此，她常常学习京剧唱腔，模仿演员动作，期待着某一天能穿上鲜艳的戏装登台演出。

然而，更让少年李玉琴盼望的就是过年过节，只有这时才能穿一件新衣服，吃一顿好饭菜。这样的日子，谁不盼呢！

阴历八月十五日那天，妈妈打发十三岁的李玉琴去找爹回家过节，她爹又几天没回家了，她便领着小妹来到饭馆。她爹慈爱地抚摸着小姐俩的头说："家里过节还缺什么？让你妈给买吧！"说着，掏出几块钱让四闺女装好，又给买了二斤枣泥月饼，就打发她俩回家了。一年到头就买这一回月饼，小孩又哪有不馋的？半路上，小妹就央求姐姐："咱俩先吃块月饼尝尝吧！"姐姐毕竟也是孩子，可有时候还像小大人似的挺懂事，她咽了下口水说："要等爹晚上回来，一起供月，然后才能吃呢！"傍晚，父亲回家又买了一斤猪肉、二斤粉条，还有水果等，把李玉琴乐得直拍手："爹真好，带回这些好吃的东西来！"当晚，先在院子里摆设供桌，家人轮流拜月，然后合家欢聚，热热闹闹地吃顿饭，共叙天伦之乐。

那年过春节的往事，过了很多年李玉琴仍记忆犹新。腊月将尽，就要穿新衣服了，四闺女央求妈妈要上澡堂洗洗澡，这一年的汗泥也够重了，妈咬咬牙，掏出两张澡票的钱，让她领小妹一块儿去。她趁机又约了三个女同学，这五个小孩只占用两只澡盆，分摊两张澡票钱，结果还给妈妈省下了。

腊月二十三过小年，父亲买回灶糖，小姐俩一边嚼糖一边观看妈妈恭恭敬敬烧掉灶王爷画，再贴一张新"请"来的灶王爷，两边贴上对联："上天言好事，下界保平安。"李玉琴瞪大了眼睛问："妈，灶王爷上天能替咱家说好话吗？"母亲慈祥地笑了，这只是劳苦百姓盼望过好日子的美好愿望罢了。

到了腊月二十五日，母亲打扫房屋忙个不停，李玉琴也帮着扫地抹桌，把浆洗好的褥单、枕套和被单都换上，一年到头，家里也有了新气象。

除夕的前一天，妈妈开始准备食品，先蒸一锅又白又大的馒头，再做几样上供的菜，摆到供桌上，这时李玉琴总是赶快端来香炉和烛台，这就是穷人家一年之中祭祀先人的一点心意。

在外当佣工的父亲也一直要在饭馆忙到除夕前一天晚上，他这天回来必带几张年画，李家兄妹便动手把年画、春联、福字、红绿剪纸（挂钱）贴起来，两间屋子顿时变得熠熠生辉。李玉琴这时总是一张一张地端详年画，让爹讲述"桃园结义"、"空城计"等画面上的历史故事。

除夕一大早，李玉琴就急不可耐地把新衣穿在身上，那是一件深褐色带小黄花朵的新棉袍，大姐给买的丝绸袍面，再加上又攒了几年"压岁钱"买里买棉，才由妈妈亲手缝制的。穿戴齐整，妈妈又在四闺女的短发上插了一朵粉色小绒花，配以瓜子脸、瘦高个儿，真是亭亭玉立的美丽少女了。

这一天，父母为准备年饭屋里屋外忙，大哥二哥两个男孩则包下祭祖的事儿，点蜡、烧香、跪地磕头。女孩子这时倒成了闲人，嗑瓜子、剥花生、说说笑笑。天一黑，李玉琴便领着小妹，每人提一把红灯笼，走东串西约会小朋友，玩够了就回屋帮大人准备夜饭，摆摆饺子、剥剥蒜皮什么的。

午夜子时，父亲身穿黑色棉袍，提着灯笼领着两个男孩接财神，不大一会儿工夫就转回院内。父亲兴高采烈地说："财神到家了，响响亮亮又一年。"于是，两个哥哥便噼里啪啦地燃放一阵鞭炮，正是爆竹两三声、人间辞旧岁。这时正煮饺子的母亲也要说一遍"财神到家了，响响亮亮又一年"的吉祥话。父亲和两个哥哥回到屋里，还要在供桌前恭恭敬敬地磕头烧香。李玉琴似有怀疑地打趣道："爹把财神爷接来了，该发财了！"说完笑个不停。其实爹妈也早已不信，年年接财神，还是年年受穷。

妈妈端上白面饺子，一家人围着炕桌，边吃边说吉祥话。孩子们最盼望的一刻终于来到了：每年此刻，父亲要给子女分压岁钱。那是父亲辛苦挣下的、母亲辛苦省下的血汗钱呀！李玉琴跟哥姐等轮流给父母行礼拜年。"爹过年好！"、"妈过年好！"的拜年声伴随一阵阵笑声，飘散在劳苦百姓家的年景之中。

二 倔强的小女孩

一九四一年春末夏初的一个星期天,李玉琴听说"新京"最大的宝山百货公司(今长白山百货商场)新到一批儿童玩具,她虽然喜欢,却没有钱买,就约了几个小伙伴去了,只想隔着柜台看看玩。

几个孩子在一楼儿童玩具部溜达了一圈,又对电梯感到好奇,遂凑上去坐了一趟,一直上到顶层餐厅。许多穿着华丽的人正在那里品尝佳肴,李玉琴颇不服气地说:"咱们好好念书,长大挣钱也能不再受穷。"说完,就和伙伴们快步离开了餐厅。

她们来到二楼,正赶上供应配给品,先放票,人们已经排起了长队。"满洲国"时,许多价钱便宜的日常生活用品买不到,偶尔商店来一点,大家抢着买,时常挤伤人。这回遇上了,当然不愿放过,她也排进队列,盼着领一张配给票回家交给妈妈。不料,这时有一个穿着阔气的官太太牵着一条狗,站在队外而向队里一个男人讲:"这些穷孩子怎么也来了?今天的供应品是给够级别官家分配的,不给穷户!快把她们轰走。小心!穷孩子偷东西。"

正排队的那个满脸横肉的男人原是官太太家的伙计,听到吩咐便像恶狗似的直冲几个小女孩过来:"快走!快走!这不是你们待的地方!"

李玉琴上前讲理:"为啥不让我们排队?欺负我们小学生可不

一九四一年李玉琴(后排)与小学同学们摄于伪满"新京"

行！"她又回头对伙伴丢眼色并小声说，"就不走！买东西还分人家？"僵持好一会儿，又过来几个伪警察，听官太太一说，便把女孩子们一个个抓住，使劲往外推，嘴巴还不干不净地骂："他妈的！谁叫你们穷孩子上这地方来的？想偷东西吗？穿得这样破，这样脏，还想买东西？这东西是给官家买的，你爸爸干什么的？"

"不做官，拿钱买东西还不行吗？再说，这东西我们家也用得着啊！"李玉琴据理力争，怎奈警察横竖不讲理，举起拳头在她眼前一晃说："再说废话就打你！"小女孩们满怀愤恨地离开了。

盛夏之际，李玉琴带一帮小伙伴逛公园，她们穿行在林荫小路和繁茂的草丛中，轻风吹过，吹来郊外野花的阵阵芳香，引得枝丫上的鸟叽叽喳喳叫个不停。李玉琴穿一件新的花布衫和花裤飞快地走在前面，时而回过头来跟伙伴们说说笑笑，时而领头高声唱歌。这帮女孩子唱啊蹦啊，都惦记着再到南岭空地西边的儿童游艺场痛痛快快地玩一顿。

儿童游艺场四周圈着院墙，里面有滑梯、秋千和摇椅等。小女孩们刚来

大同公园（今儿童公园）

到院墙边，就从附近的房子里走出一个日本男人，骂骂咧咧地轰她们走，还污辱她们说："这里'满洲国'小孩的乐园的不是！"大家都有些怕，李玉琴却不信邪，往地下一坐就不动了。她想：儿童游艺场在中国土地上，是中国的劳动者用中国的东西修建的，为什么日本小孩可以玩，中国小孩反而不许玩？遂招呼伙伴们都坐下不动。那人一看撵不走，便唤狗来咬，顷刻之间一条大狼狗汪汪叫着奔了过来，吓得几个女孩子"妈呀妈呀"大声地哭喊。

李玉琴看清眼前状况，便对几个伙伴说："都别哭了！等我去问问，他不讲理，还唤狗来咬我们？"说完，往前冲几步，对那人勇敢地大声说："为什么放狗咬人？你欺负我们小孩子呀？这事得找人来评评理！"话音未落，恶狗已张嘴撕住了李玉琴的裤脚，那人才哈哈怪笑着把狗喝住。李玉琴还想争辩，天王老子也得说出个理来，其他女孩子都上来劝她说："日本人听不懂中国话，别跟他费唾沫了！"

一九五六年李玉琴给溥仪写信时，还曾提到这两件难忘的事情。此外还发生过一起意外车祸，也在她幼小的心灵中刻下了深深的痕迹。

严冬一日，李玉琴和几个同学到打工的厂家去取毛线原料，往回走时在离东盛路巴士站不远的地方被什么东西撞了一下，就迷糊过去了。等她醒来时已躺在十六道街医院里，脸也划破了，胳膊又疼得钻心，原来是交通肇事，李玉琴被一个无照酒后开车的人给撞了。经初步诊断是骨折，随即转往医疗条件较好的满铁医院，这里的门槛可不是中国人随便能迈的，李玉琴能住进来，因为肇事者是日本人。

满铁医院检查结果显示，李玉琴的两条胳膊都发生了骨折，幸运的是头部和前后胸除轻微划伤外并无内伤。虽然如此，消息传到李家，也把这一家人给吓坏了。爹马上从饭馆赶往医院看望，妈妈扔下手中的活计，跑到医院护理。妹妹李玉坤回忆看到姐姐的情形说："我去看望四姐时，她正仰卧在白色的病床上，一动不动地保持着两臂张开的姿势。被绳索牵引着的胳膊，押直固定在病床两边的铁架上，下边还要坠上秤砣般沉重的圆形铁块，简直就像上刑，把四姐疼得喊爹叫娘。在一旁护理的母亲听着受不了，就先摘掉一个铁块子，疼得轻一些再放上去。当时我心里很难过，骨折已很痛苦，怎么还给拴大铁块子？四姐挺坚强，一边呻吟还一边安慰我，说等她胳膊长好，再带我出去玩。"

李玉琴住了三个月院，两条胳膊先后接骨五次，用"牵引"法治疗了半个月，接着又穿"石膏上衣"，那架势就跟京剧舞台上武生亮相的姿势似的，一条胳膊抬起来横在胸前，另一条胳膊却笔直地放下去，滋味儿可不好受。

这次意外事故还给老李家平添灾难，母亲本是全家的主心骨，这回却整天在医院护理，家里就乱了套。父亲也常常要跑很远的路来到医院，养活一家人的工资也被用来买了两服很贵重的接骨中药，还要给女儿买好吃的东西。法院曾到医院来调查车祸原因，但根本不做认定责任的结论，不过肇事者还算有良心，承担了医疗费用，在李玉琴住院期间曾两次到医院看望，每次买点吃的，说几句道歉话。

李玉琴在医院里接触了许多日本医务人员和患者，她感到这里的日本人似乎和那些穿"唬人皮"的日本宪兵不一样，挺和善的。有个男大夫逗她玩，她张嘴就说了一句"巴嘎"，惹得大家都笑了。有个很标致的护士长也喜欢她，说她长得好看，有时给她梳新式发型，有时教她唱歌、念日本诗、演示日本礼节等。出院前，大夫剪掉了她的石膏上衣，她快乐地用日语致谢，把大夫逗笑了。她又唱了一首刚学会的日本民歌，向同房病友道别。大家都喜欢她，有的送她饼干、糖块，有的送笔记本、铅笔，还有人送好看的大玩具鱼，祝贺这个快乐、活泼的小姑娘伤愈出院。

三 "春季祭孔"那一天

李玉琴在公立东盛路小学念完初小，考入南关国民优级学校，上了高小。这是一所教学质量较高的名牌学校。她能进入这所学校，是因为家庭经济状况好转了：大哥进入印刷厂能挣钱了，二哥也学徒，带出一张嘴去，三个姐姐都已结婚，家里只剩她和小妹吃闲饭，父母和哥姐都愿意资助她读书。大哥买本子，二哥送铅笔，三个姐姐凑钱给她交学费。开学那天，李玉琴穿上那件用"压岁钱"和大姐送的袍面做成的底色深褐带小黄花的丝绸棉袍，又

当年祭孔的场景

新剪了短而整齐的学生发，像个高年级学生了。然而，谁都没料到，正是这次入学，彻底改变了李玉琴的命运。

旧历癸未年二月初九（1943年3月14日）是"满洲国"各地举行"春季祭孔"活动的日子，南关国民优级学校也按惯例召开了祭孔大会，肃穆的仪式刚结束，严厉的小林一三校长（教谕）便登台宣布说："各班学生一律返回教室，等待办一件重要事项！"同学们忐忑不安，都不知道发生了什么事。

原来，日本校长小林一三正由日本老师藤井正惠陪着，在各个班级的每张课桌前"相面"，对全校一千多名学生加以严格筛选，条件是年龄在十四岁到十六岁之间，学习好，长相好，各方面表现都不错的，总共挑出四十名左右，李玉琴被选入了。继而，小林和藤井又把入选者带到日本人开的一家照相馆，给每人照了一张四寸单人相片。据说整个"新京"市被选上又照了相的女孩子有二百多人，谁都不知道这一切都是为了什么。

入选者心惊胆战。有的担心让上前线伺候伤兵；有的猜测将先被送往日本受训，然后再当炮灰；还有的干脆申请退学，借以躲灾。李玉琴不愿轻易废学，心想：害怕有什么用？事情已经摊上了，相片也拿走了，还是骑驴看唱本——走着瞧吧。

半月后的一个星期天，春寒刺骨，李玉琴老早就上街头去排队了，成千上万的人正等着领配给品。当时处在太平洋战争时期，物质供应极度紧张，连吃的高粱米，穿的更生布，用的针线、火柴、肥皂等基本生活日用品也靠"配给"，每家有一本"通账"，即发放配给品的购物凭证，规定着配给等级，当官的当然配给品丰富，就是一般老百姓也有等级区分，日本人最高，朝鲜人次之，中国人最低。

李玉琴正在街头排队的时候，小林校长和藤井老师却成了她家的不速之客，是房东领过来的。他们冲母亲点点头，说了几句"协和话"，又递上名片。老太太头一回遇上这么客气的日本人，赶快让身边的老闺女找来国高学生吴某当翻译。

"你家姑娘的皇帝陛下的大大地喜欢，宫内府念书的让她的去！"藤井先用生硬的中国话说了一阵，又觉得难受，遂又说起日语来。经吴某翻译，大意如下：奉皇帝陛下命令，从很多女学生照片中挑选李玉琴，她是顶美丽的，要召进宫内府念书，找最好的老师教，一直念到大学毕业，毕业后能挣很多钱给家里。译完，藤井又用"协和话"补充说："皇宫的念书，学费的不要了，命令必须通通的服从……"

藤井还拿出厚厚一摞女学生照片，让母亲等人一张张细看，当李玉琴的照片出现时，藤井指着说："顶美丽的小姑娘，大大地好看！"其实，照片当中有许多漂亮人，不过，李玉琴那张照片脸部表情纯朴柔和，短发下的两只眼睛透露出天真活泼，一看就比别人的年龄小，这正是她被选中的关键。看完照片，藤井让李玉坤快去找姐姐回来，她只好去了。

在发配给品的黑压压的行列中，李玉琴正等得心焦，老远就听到妹妹的召唤。妹妹挤到跟前，脸色涨红，说家里来了两个日本人，让她回去。李玉琴刚进屋就被藤井拉住了手："你的顶好，大大地美丽。皇帝陛下命令，宫内府念书，不要学费地上大学。"小林也大大咧咧地笑着说："选顶好的学生，是皇帝陛下选的，是到皇宫去念书的。"此人平时对学生总是绷着脸，冷若冰霜，动辄罚站，稍有差池就可能挨他的教鞭，此时却笑容满面。

"让不让回家呀？"李玉琴天真地问。

"让！让！可以回家的。"小林接住话茬随意应付。他这回的态度虽然好，但话里话外仍强调"必须服从皇帝陛下的命令",并要立即带走李玉琴。

房东也在一旁讨好地说:"这可是玲姑娘的好福气!"她称呼李玉琴的乳名以表示亲近,继而转过脸去对她母亲说:"大嫂,这样的好事哪儿去找呀?快让她去吧!"

母亲还怔着,怀疑这里边有把戏,怕招惹是非,一个既没钱又没势的家庭岂能担待得起。遂说:"孩子小,不懂事,礼节也差,还是让别人去吧!"

"不行!不行!她的不去,对家里父母大大的不好……想想吧,嗯?"小林和藤井当然是做不了这个主的,根本不可能允诺母亲的请求。母亲遂又另找个借口推辞说:"等孩子她爹回来再商量商量吧!"

"她的父亲在哪儿?"小林人很诡,知道得父亲发话,便乘机追问。

"在南关田家馆子。"母亲本来不愿意告诉他们。

"她父亲也不能不听皇帝陛下的命令!"小林气势汹汹而又蛮有把握地说,"走!告诉她的父亲一声去!"顺势把李玉琴带走了。

年仅十五岁的李玉琴虽然舍不得离开父母兄妹,却有自己的想法:上"宫内府"念书不花学费,可以减轻父母负担,大学毕业后当个老师或大夫,挣钱贴补父母,家里也就不受穷了;何况违抗了"皇帝"的命令,岂不给父母找麻烦?还不如自己跟他们走。于是,在母亲和妹妹的担忧之中,李玉琴离开了生她养她的贫穷之家,留下了一片愁容和寂寞。

来到田家馆子,李万财还以为孩子惹祸了,赶紧把人让入雅座,好酒好菜伺候。等小林宣了"皇帝陛下的命令",这个当父亲的脸都吓黄了,金口玉言的"圣旨"还能下到一个穷孩子身上来吗?

"能不能另选别人家的孩子?"李万财嗫嚅地说。

"不行!"

"孩子太小,她妈惦记,容我回家商量商量行吗?"

"不行!不行!"小林使劲一拍桌子,把菜汤都震洒了。

李玉琴怕把父亲气坏、吓坏了,便小声而焦急地对他说:"爹,事已至此,也不用急了,让我先去看看,不好还能回来呢!"

"现在先把她送给一个大官的看看,不行还要送回来的。"小林乘势甩出这句话来，也不等答言，就叫藤井拉着李玉琴的手往外走。李万财虽然舍不得女儿，却也毫无办法。

四　骨肉分离的一刻

小林和藤井把李玉琴带到日本关东军中将参谋、"满洲国"宫内府"帝室御用挂"吉冈安直家里。时间不长就听门外车响，吉冈回来了。据李玉琴说，吉冈是一个矮胖子，满脸横肉、黄里透黑，两只鼠眼、两片厚唇，穿一身黄料子军装，大马靴，挎洋刀，神气活现。

进屋后他往大皮椅子上一坐，用眼睛把小林、藤井和李玉琴横扫一阵，也不说话，下女赶紧给他脱外衣，脱马靴。接着，他向李玉琴问本人和家庭情况，又跟小林和藤井用日语说了一阵。听说李玉琴的父母不大同意，他决定亲自去一趟。

当时天已经黑了，吉冈的黑色小汽车幽灵般地停在二道河子那低矮的平房前，吉冈等四人鱼贯而入，把老李家的小屋一下子就挤满了。老李家这时全家人都在，李万财请假回来了，把他的三个出阁的女儿和在外边当伙计的长子全找了回来，都为李玉琴碰上这事提心吊胆呢！

吉冈一进屋便挺挺胸，点点头，吐出一串"协和语"来："啊呀，你家的大大的福有了！"随手掏出一张名片来递给正弯腰向他鞠躬的李万财，并毫不客气地一屁股坐到缝补粘糊过的旧炕席上，用两只鼠眼把屋里转了一圈儿，又说："皇帝陛下的命令，好的学生选到宫里去念书，念书好的，皇帝陛下喜欢了，还要选作公主。"这"公主"二字当然是骗人。

"那能行吗？"李万财听说要选作"公主"，就赶紧问，"一个穷孩子任什么也不懂得，没那造化呀！"

"能行，能行。她的顶好，皇帝陛下看了相片喜欢的。"吉冈随口应酬，"去了的好，你们家又小又破，统统的皇帝陛下给换，大房子的住着，好东西的很多，'米西米西'大大的，皇帝陛下统统地赏给！"说着，又从炕边上站起来，走到大衣柜前，对因受惊而一声不敢吭的李玉坤说："小孩的过来，你的几岁？"

"小孩子顶好的！"见站在对面墙角的李玉坤还是不敢搭腔，吉冈又说了一句，并掏出一张五元钱的"老头票"让她接，"你的钱拿吧，买糖的干活。"小姑娘仍不接。李万财见吉冈下不来台，就搭讪一句："我这孩子才十二岁，没见过世面，不敢要人家的钱。"

这时，站在一旁的房东鼓动两片嘴唇开言道："大哥大嫂咋又聪明一世、糊涂一时？快叫孩子收拾收拾去享福吧，你们家借光的日子在后头呢！"慌了神的母亲竟像听到了命令，赶紧给四闺女找出一件黑地黄花新麻绸面棉袍，这是几个姐姐凑钱做的惟一的新衣，平时李玉琴还舍不得穿呢。论季节已不适合，但李玉琴还是换上了这件衣服。

骨肉分离的一刻，李玉琴是这样度过的：姐姐们有的给她梳头，有的帮她整理衣服、鞋袜，母亲则一边流眼泪，一边喃喃嘱咐，"到宫里要长心眼，别多说话，要像个大姑娘样儿！"李玉琴天真而认真地安慰家人说："放心吧！如果宫里不好，我就回家！"

"新京"日本桥街藤井家附近（今长春市胜利大街七马路）

"哟西！"吉冈把掏出来的那张"老头票"往柜盖上一放，便带着李玉琴一行出门，钻入他那辆黑色专车去了。

当天晚上，李玉琴就住在七马路藤井老师家里。藤井四十岁出头，丈夫在几年前战死，惟一的儿子又应征入伍，剩下她一个孤身女人漂泊异乡，还要为皇军效力，也是苦命人。

藤井先让李玉琴洗澡，给她做一顿香喷喷的日本饭菜，吃完又说了会儿话，老师让她先睡，她睡不着，想象中的皇宫出现了，平时见过的官老爷、阔太太们的面孔也一个个地出现了。他们见着穷孩子便捂鼻，怕被穷人身上的汗臭味儿熏着，难道宫里的人比他们强吗？

伪满时期溥仪的二妹韫和与其丈夫郑广元（郑孝胥之孙）及长女

第二天梳洗完毕，得到藤井允许，李玉琴去看望了住在附近的同学张海珍，她俩回忆起去年让算卦盲人测算"生辰八字"的情形，李玉琴竟得到"凤冠霞帔"的吉兆，这岂不是应验了吗？然而，当她俩抬头看天时又心凉了：天是晴朗的，旭日从东方冉冉升起，而那太阳两边各长出一个小耳朵，这种"日晕"现象在老百姓看来却是灾难。那么，李玉琴进宫到底是福还是灾呢？

李玉琴的母亲也发现了"日晕"，她吓坏了，让三个大闺女去把李玉琴找回来。她们东问西寻，终于打听到四妹正在检查身体，遂赶往满铁医院，不料妹妹已在若干分钟以前离去，据说因营养不良体质较差，但心肺等器官很正常，没有传染病，经检查已盖了"合格"的戳子。

藤井把李玉琴带到吉冈家，吉冈之妻初子夫人正等待着。她打扮得很时髦，粉搽得很厚，眉描得很细，唇也点得通红。

"到皇宫去念书顶好，我愿意当你的老师，你的喜欢？"吉冈初子朝李玉琴神秘地一笑。

"喜欢！希望藤井老师也去。"李玉琴应酬道。

初子夫人是很认真的，她想用老师的名义跟李玉琴进宫，以便摆布"皇帝"枕边的人物，这中间或有吉冈乃至关东军司令部的神机妙算。她特意换上一件华丽的日本和服，带李玉琴和藤井一行三人来到溥仪的二妹韫和家，这个古香古色的豪华家庭是李玉琴入宫必经的最后一站了。

"二格格"腰板挺拔，在众人面前明显显出优越感，用高傲的眼光打量这穷人家的女孩，等李玉琴行过学生礼，也微微点头作答，她毕竟知道女孩未来的地位。她客套一番，又叙谈一时，便到了预定进宫的时刻，遂领车载着李玉琴、吉冈初子和藤井正惠，穿越宫廷大墙南面的一座古桥，进入保康门，沿南北通道北行，到达兴运门门楼前。

"停车！"汽车戛然而止，二格格客客气气地向初子和藤井下了逐客令，请她们"打道回府"。

"我想面见皇帝陛下。"初子夫人说这也是她丈夫的意思，希望能对这件事做个有始有终的交代。

"你们太辛苦，应该回去休息，我一定向皇上转达你们的好意。"韫和说完，便让轻装了的汽车开进兴运门。

"帝室御用挂"吉冈安直

中和门设消毒室

伪满帝宫内缉熙楼

吉冈想让妻子趁机混入宫内，借以建立一条窥探溥仪动向的"枕线"，却被溥仪看破，绝不许她们串联在一起。初子与韫和之间的你推我挡，反映了吉冈与溥仪之间的明争暗斗，恰能说明李玉琴进宫的政治色彩。

"哼——"这是二格格开口前先有的动静，"见着皇上要磕头！"

"按我家规矩，没结婚的女孩子是不兴磕头的。"李玉琴说。

"这是宫里，不是你家呀！"

"不会磕头咋办呢？"

"往地上一跪，磕三个头就行了。本来要行三跪九叩礼，还有六肃礼，那你更弄不好了。"

"嗯，知道了。"

"还要记住：要称呼'皇上'，可不许'您'啦'你'啦的。"

"嗯，记住了。"

说话之间，汽车已停在中和门前，这是宫廷的一道界门，北边叫外廷，是溥仪办公的地方，南边叫内廷，是溥仪居住游憩之所。这时，从中和门左侧司房走出几个男人，满脸堆笑地招呼着："格格来了！"韫和并不理会，只说："快上去言语一声！"有人"嚓嚓"地答应着去了。这时，又从司房走出一个手拿喷雾器的男人，二格格主动伸胳膊抬腿，还前后左右转个圈儿，十分顺从地让那人把自己全身上下喷了个遍。接着，又把李玉琴彻底地喷了一圈儿，一股浓烈的消毒药水味儿扑鼻而来，她几乎不能忍受。原来这是溥仪的"洁癖"所致，是他亲自规定的例行公事，为避免把传染病带入宫中，任何人进宫都要消毒，连外边递进的书报，也要经过消毒才能呈送溥仪阅看。

消毒完毕，去通报的人也带回了准见的口谕，李玉琴遂由二格格前引，越过中和门，进入缉熙楼。这座二层带帽的灰色楼房是"皇上"和"皇后"的起居楼，溥仪在二楼西侧，婉容住在东侧，还有个"贵人"谭玉龄生前住在一楼西侧。两人踩着柔软的地毯，登上二楼，轻轻走进西侧的一个房间，室内铺着深红色地毯，摆设着咖啡色大写字台和立式大玻璃柜书橱，里边全是装潢精美的书籍。室内还有文房四宝、许多字画及各种瓶瓶罐罐装饰品。原来这是皇上的书斋，二格格把李玉琴带到这里来候见，或许是要给新人打

溥仪的藏书

一个入宫读书的烙印吧。

五　住进同德殿

不一会儿，通往走廊的门开了，走进来一个潇洒的高个儿男人，分头油亮，梳理得一丝不乱，戴眼镜，宽肩膀，细腰，穿一身深绿色呢子服，衣料高级，剪裁得体，既不像军装，也不像"协和服"，领子上还戴两个"I"字棒槌形金制花，这位看上去很年轻的男人便是"康德皇帝"溥仪，他穿的那套衣服是自己设计的式样。

二格格面对溥仪，双手捂腿往下一蹲，按满族妇女礼节请了蹲安，随后引荐李玉琴，让她跪在地上磕了三个头。溥仪并没有摆架子，很温和地过来拉她，连连说："快起来，快起来！"

"哎哟，手这么热，是否不舒服？"溥仪握住了十五岁少女的手。

"有点头疼。"李玉琴的脸羞得通红。

"发烧呢！快拿体温计来！"溥仪摸摸李玉琴的前额，果然有热。

"送口服退烧药，传侍医！"溥仪亲眼看着这位新入宫的少女吃了药，打了针，又温情地柔声对她说："早点休息吧，出出汗就会好的。"

"回头再打一针就退热了。"二格格看出大哥对李玉琴颇关心，也就放下了傲慢的态度，变得亲热起来。

溥仪给李玉琴留下的最初印象很不错，和蔼可亲，又关心人，消除了她的恐惧感。三人说了会儿话，话题转到挂在东墙上的溥仪画像。

"画得像不像？"溥仪微笑着问李玉琴。

"不像。"李玉琴看看画儿，又看看溥仪，毫无顾忌地端详他的面貌。她觉得画像过于庄严、呆板，不如本人自然，表情丰富。

溥仪哈哈大笑，笑得李玉琴发怔，便小声嘟哝："本来画得不像嘛！"溥仪和二格格交换一下目光，又笑了一阵，才对李玉琴说："你说得对，画得不怎么像。"这件事引起了李玉琴的疑惑，过了许多天她还追问溥仪为什么笑话她。溥仪说："你真是个无忧无虑的小孩，说话一点也不怕人，更不像别人那样只知道虚伪的奉承，我喜欢你直爽啊！"

原来，不管多大的官儿，

便装的溥仪在西花园内

多大年岁,见了皇上都得害怕,所谓"诚惶诚恐",甚至腿也哆嗦,话也讲不上来。谁敢在皇上面前直眉瞪眼地看呀?只能低头敛目,不得正视,更不许评头品足。不管本人和画像一样不一样,都得说画得像、画得好,不惹皇上生气才行!李玉琴哪懂得这一套!溥仪和二格格不过是笑她年幼无知,却没有怪她"君前失礼"的意思。他们笑了一会儿,遂与李玉琴亲切交谈起来。问她年龄,家里还有什么人,生活怎么样,念书的学校在哪儿等。李玉琴一一回答。

"皇上不是叫玉琴进宫读书吗?"李玉琴提出了憋在心里的问题。

"是得叫你念书,等给你请个好先生。"溥仪顺口答。

"怎么就只有玉琴一个人?"

"我不喜欢人多,人多了感情不专一,处不好。前两天还来过一个,我没看中就打发回去了。"

李玉琴一听老师还没有,心里凉了半截。溥仪也不知吉冈做了手脚,还以为这姑娘晓得进宫是要当"贵人"的,遂衍生出答非所问的一段话来。

到了午后四五点钟,二格格早已离去,溥仪亲自为李玉琴传膳,不大一会儿,四菜一汤摆了上来,主食有米饭、馒头、花卷、点心等品种。溥仪的生活规律很反常,每天都睡到十点多钟,到下午一两点钟才传早膳,午膳开在上半夜,晚膳则在下半夜。这会儿他不上桌,只在旁边瞅着,一会儿指指甜点心,说"这样好吃",一会儿又点着一样菜,劝李玉琴多吃。

饭后溥仪拿出一串念珠,让李玉琴跟他"做功课"。溥仪每天晚上都很虔诚地念佛、诵经,祈求早日返回北京清宫,重登祖宗的宝座。不过,他这时对李玉琴还未敢完全信任,怕她与日本人有瓜葛,对她只说是祈祷皇军打胜仗,好过幸福生活等等。然而,他哪里知道眼前这个小姑娘心里早已有了另一套默祷词:"默祷,默祷,打跑日本鬼儿,百姓能吃饱。默祷,默祷,快把小日本鬼子打跑,老百姓才能得好。"

原来,"满洲国"那些年一到中午就吹笛,强迫老百姓"默祷",就是要他们在心中暗暗祝福日本皇军的胜利。于是,老百姓发自内心的祷词也就在民间广泛传开了。

溥仪又督促李玉琴吃了几片退热的药片,本来想就让她住在他自己的寝

同德殿李玉琴的客厅

宫，但见她面有不悦之色，也不勉强，就亲自把她送到同德殿去，原来那里早已为她准备了全套的起居房间。她太累了，很快便进入梦乡。

第二天睁开眼睛，看见眼前的一切，李玉琴好像又重回梦境之中，自己居然睡在镶着镀金钢花的木制双人大床之上，铺的是雪花般的白床单，盖的是崭新的丝绸被，举手投足则必有用人趋前伺候。吃完早饭，李玉琴由女佣周妈和张妈领着，在划归自己使用的几个屋子里转了一回。

从卧室进入右边第一间屋，便是化妆间，最显眼的地方摆放着玻璃台面的大梳妆台，台子上嵌有一面二尺多高的梳妆镜，还有许多各式各样的小抽屉，里边装的都是进口化妆品。其中一套修理指甲的工具就有十二件之多，方便实用。室内还有一面大穿衣镜，小套间里设有粉红色的大浴盆和洗面盆等卫生设施。因为这间房子是女性密室，门窗均以深色花玻璃装配，从外面绝对看不见室内活动。

走出化妆间，越过一道宽宽的过道走廊，就进入餐厅。室内有二十多平方米，地下铺着彩色花纹地毯，四壁裱糊绢绸。西北角上有个五尺多高的金色多宝格，摆满了古董玉器及各种精巧的工艺品。靠北墙有个欧式大壁炉，其上方和两侧花架上摆放着花盆。房间西南角上还有一件紫黑色的类似现代高低柜一类的家具，在它的玻璃拉格里供奉着一尊高约七八寸的金色观世音菩萨塑像，下面的拉门之内则放着各种经书。在客厅四壁的大扇玻璃窗和各种壁灯之下摆放着一圈儿沙发茶几，几上除装饰花瓶还有景泰蓝烟具和茶具。

客厅外过道南端还建了一处四围均为玻璃结构的紫外线照射室，坐在里面的竹藤椅上，冬天可以晒太阳，夏天可以乘凉。

李玉琴感到很新鲜，想把这楼内楼外的设施看个明白，却被女佣拦住了。一会儿周妈提醒说："小姐，这里是不能随便乱走的！"一会儿张妈又提醒说："小姐，那里也是去不得的！"她们寸步不离地跟着李玉琴，原来是奉了溥仪之命，既伺候她，也监视她。

同德殿二楼李玉琴的卧室

中午时分，溥仪来到李玉琴的卧室，他这时心情不错，左手掐腰，右手夹着纸烟，还有节奏地晃动着左腿，显得很神气。

"昨晚睡得好吗？"溥仪微笑着问。

"我太累了，所以睡得很香。"李玉琴回答说。

"退热了吗？要不要再打针？"

"这点小病不算啥，在家时也不请大夫，挺挺就过去了。"

"宫里的饭能吃习惯吗？"

"为一个人准备那么多，有点浪费！"李玉琴还是孩子心性儿，随后就把话题引到她最关心的"进宫读书"上："到底啥时候叫我念书啊？"

"不用急，很快就让你念书。"溥仪习惯性地扶了扶眼镜继续说，"过几天让二格格教你规矩礼节，以后再选个好日子给你行册封礼。"

李玉琴这时还不懂得"册封"的含义，却看出溥仪对"进宫读书"这件事闪烁其词，遂有了受骗的感觉，心里憋屈。

"如果想家，以后让你父母来看看。"溥仪想办法安慰她。

"为什么不许我出屋子？到院子里玩玩也不行吗？"李玉琴显然是针对着女佣的限制。

"可以！不过得先告诉老妈子，把院里闲杂人等轰开，你再出去玩。"说完他又拿出严厉面孔，教训侍立在侧的周妈和张妈道："好好伺候着陪小姐到院子里玩玩。"两个老妈子规规矩矩地答应着："嗻！嗻！"

"你待得闷，跟我下楼玩玩吧！"溥仪拉着李玉琴的手，就像大人领着一个孩子，从卧室出来，沿着过道斜对面的旋转式楼梯下到一楼，走进前廊子。这是一条东西走向的大走廊，南边全是通天的大门，正式名称叫"九龙门"。走廊北边是一间挨一间的小屋子，又全都没有门，李玉琴心中暗暗奇怪。

溥仪领着李玉琴进入最东头的"弹子房"，其实就是台球室。

"会玩吗？"溥仪问李玉琴。

"连看也没看见过啊！"李玉琴用眼睛盯住那张四周镶了木框、桌面又贴铺绿色呢子的长方形大台桌和散落台面的粉红色彩球回答说。

"这是台球！"溥仪说着递给李玉琴一根球杆教她玩，她总是捅不准，还爱笑，看着溥仪那持杆、瞄准、撞球的姿势，常常笑出声来。

台球桌旁边还有个乒乓球案子，李玉琴在学校玩过乒乓球，还能对付一阵，遂主动向溥仪发出邀请，两人便乒乒乓乓地对起阵来。溥仪高度近视，球急了看不准，而李玉琴年轻，身体灵活，先赢了一场。溥仪遂改变策略，趁对方不注意时高喊"接球"，实际是声东击西，只发来一个刚过网的旋转球，李玉琴被钻了空子，没接住，一哈腰还把脑袋碰在案子上了。

同德殿一楼九龙门

"瞧瞧，还笑呢！碰疼了吧？"溥仪用手轻轻揉着李玉琴的前额。

"不要紧，一会儿就好了。"李玉琴感到了一丝温暖，觉得这"皇上"还真有点老大哥的意思，她有了一种从来不曾有过的人生体验。

"弹子房"西侧是"钢琴间"，溥仪坐在一架黑色钢琴前，熟练地弹奏一曲，当然是阳春白雪的外国名曲。弹毕，溥仪又问李玉琴会不会唱歌，她说只能唱几支流行歌，溥仪笑着说："那我可以给你伴奏啦！"

"钢琴间"北墙前面还有一扇挺大的水墨画屏风，溥仪向李玉琴介绍说，这就是送她进宫的那个日本人吉冈安直画的。李玉琴颇为惊讶，她想不到那么粗野的汉子居然还有这么好的手笔。

原来小姑娘还有鉴赏艺术的兴趣，溥仪很高兴，又带她走进隔壁的"中国间"。这是间中国风格的屋子，摆设着古香古色的楠木家具，安放着铺有红椅垫的太师椅，在东北角供奉着一尊三尺来高的老寿星，正面置一条几，立一块一尺左右长的石碑，上刻乾隆皇帝御笔。溥仪解释说，碑文的大意是皇族繁衍，帝位永存。石碑之侧还放着一块未加雕琢的翡翠，坐在太师椅上的溥仪对李玉琴说："你就是这块翡翠，还要精雕细刻呢！"

前廊子最西边的一间叫"便见室"，居中一张圆桌，周围四把沙发椅，是全套西式摆设。溥仪指着摆在正面、坐北朝南的特别高大的沙发说，这是"皇帝宝座"。他曾在这里接待几届日本关东军司令官，也接见过"满洲国"许多大臣，但他从来不在这里和亲信密谈。

同德殿一楼台球间

前廊子西接高大宽敞的叩拜厅,那是溥仪接受朝贺的地方,作为宫殿,这当然是很必要的摆设,不过这里的气氛有点让人感到紧张。

李玉琴跟在溥仪身后,出了叩拜厅进入长方形的"广间",顿时舒了一口气。这里既明亮又富丽,周围点缀着常青树、橡胶树、龟背竹、芭蕉以及四季入时的各种鲜花和盆栽,给人以高雅和舒适感。

把同德殿一层的各个房间都转到了,溥仪让两名一直跟在身边的女佣服侍李玉琴上楼回房,李玉琴却没玩够,她指指同德殿前面的花园说:"皇上,看阳光多好,上院子里玩玩吧!"

"你可真顽皮,跟我走吧!"溥仪答应着,让女佣开道,四个人先后出了同德门。

六 习 礼

张妈和周妈走在前头,不停地高声叩咕着:"走!走!"李玉琴莫名其妙,还是溥仪给她解释的。原来在清宫中皇帝或皇后、妃子出来遛弯儿,前面要有太监"打敕儿",还故意把"敕儿"的声音拖得很长,现在不"打敕儿"了,就喊"走"。院内的用人、花匠等散乱杂人闻声即躲,避不及的就地背过脸去,谁若偷看一眼,会受到很重的惩罚。

时值阳春之季,阳光灿烂,空气清新,生长在花园里的松、杨、柳、榆等树木都放绿了,杏花、小桃红和榆叶梅等绽开了粉红色的花朵,芍药、玫瑰和丁香含苞欲放,柔软的青草也都钻出了地面,从四面八方飞来的不知名的小鸟停在枝丫上,落在草丛中,啾啾叫着。李玉琴蹦蹦跳跳地走在溥仪前面,似乎忘却了烦恼,以天真的童音唱起流行歌手李丽华演唱过的《天上人间》:

树上小鸟啼,江畔帆影移,片片云霞停留在天空间,阵阵熏风轻轻吹过,稻如波动柳如牵,摇东倒西——吓得麻雀儿也不敢往下飞,美景如画映眼前,这里是天上人间。

| 末代皇帝的五个女人 |

伪满帝宫中的留声机

溥仪喜欢听的百代公司唱片

歌声博得溥仪的喜欢，第二天他就派人在李玉琴卧室中安装了一架三尺多高的紫檀色落地式收音机，是德国制造，带电唱盘和录音设备，能听各种波段的广播，在当时是最高级的了。他还陆续给李玉琴买了几匣唱片，有二十世纪三十年代的流行歌曲，有轻音乐，也有名伶京剧唱段。他希望这架多功能收音机能沟通自己和李玉琴的音乐世界。

自从安了收音机，溥仪总是让李玉琴跟着唱片学歌，然后给自己唱，还要翩翩起舞，总之得让自己高兴。李玉琴得到这样的待遇，很快就在溥仪跟前随便起来，有时还把丝绸床罩拽下来往身上一披，装扮成能歌善舞的下凡仙女，引得四十来岁的"皇上"也跟着扭动身体，一时之间，他们忘记了君臣之分，像两个大孩子，痛痛快快地尽兴玩。

孩子气十足的李玉琴，常常学着溥仪的样子，跷起二郎腿，有节奏地哆嗦一阵。溥仪见此情景就说："你这小玉琴真淘气，非胳肢你不可。"说着便追过来，她就绕着圈子东跑西躲，闹得两人都累了，才挨着坐下，闲说话。李玉琴又发现溥仪戴的眼镜挺特殊，伸手就摘，想看个究竟。溥仪慌忙用手护着不让动,乘势把她抱起来放在床上就胳肢开了,这回她失去了防卫能力,只好讨饶认输。

春光春色中的宫内花园里,也常常闪现溥仪和李玉琴的身影。花树之间,一位中年男子和一名少女你追我赶,那少女脚底生风一般,东摘一枝杏花,西摘一朵桃花,然后一溜烟又藏没影了。那男子左找右找找不着,急了就喊:"玉琴,玉琴哪儿去了?小心别摔倒了!"那少女却悄悄绕到他身后,"玉琴在此,给皇上请安。"溥仪乐得把眼睛眯缝起来瞅着她说:"我要抓住你非胳肢不可。"

宫中生活,一时一刻都离不开"礼"字。上自皇上,下至僮仆,各有各的身份和礼节,相互之间行礼,受礼,还礼,都必须依制而行。所以,李玉琴进宫后面临的迫切任务,并非念书而是习礼。

入宫之初,李玉琴名分未定,与溥仪特地邀来陪伴的几位女眷见面,要

溥仪带着李玉琴经常到东御花园游玩

互相请安,这"请安"就有好多样儿,有蹲安,有跪安,梳两把头的用手摸一下头发也算作一种礼节,够复杂的,她一时搞不明白。溥仪想来想去找到一个例子,让她照着《四郎探母》那出戏里公主行礼的姿势做。可她长这么大也没看过几出戏,更无法想象《四郎探母》中的人物、情节、动作。溥仪便亲自示范,不过他从小只受别人的礼,并不还礼,连最简单的请蹲安也做不像,只好用嘴说:"你就把两只手放在膝盖上,直腰往下蹲吧,以后再慢慢向格格们学。"尽管不甚称职,溥仪却是李玉琴学习宫中礼节的启蒙老师。

一两天后,溥仪真把二格格传来了,让她教李玉琴请蹲安。二格格讲解要领说:腰要挺直,腿要半蹲,左腿蹲下后保持平衡,右腿则要向后移动半步,而比左腿还要蹲得矮些,蹲下后膝盖朝下,两手放在左膝盖上。到底出身于王府家庭,其示范动作适度而优雅,李玉琴一遍遍练到学会。

在清宫中,无论谁应答皇上的招呼或问话,最忌讳"唉"呀"是"呀的,汉人自称"臣",旗人自称"奴才"。到了"满洲国"有所改变,溥仪的弟、妹、族亲等都自称名字,而不一口一个"奴才"了。李玉琴在溥仪面前也自称"玉琴",起初总觉得别扭,顺口就"你"、"哎"、"嗯"地答应,这时溥仪也只用"怎么又忘了"这一句轻轻地纠正她。李玉琴还根本不懂"君前失礼"的严重性,往往笑够了才改口认错,溥仪也不怪她,顶多用手指点着她的鼻子说:"真淘气!"

有一天晚上十点多钟,溥仪来到李玉琴的卧室,两人谈得高兴便不自觉地一起哼起了小曲。这时溥仪又像想起了什么事情,抬起胳膊看看手表,立即板起面孔来制止说:"今天有忌,现在还不到唱歌的时候!"原来那天是清朝某位皇帝的忌日。溥仪要求宫里的所有人都必须牢记清朝列祖列宗的忌日和诞辰,逢忌辰穿素不吃荤,禁止唱歌听音乐,逢诞辰则要有喜庆的表示,女人穿花衣服,头上插花。一年中有许多这样的日子,要记住也真不容易。

那天夜里,溥仪一次次看表,最后才说:"现在行了,我们唱歌去吧!"遂拉着李玉琴的手跑向楼下钢琴间。原来午夜已过,忌辰自然消除。于是,溥仪弹琴伴奏,李玉琴应声唱了一曲《花好月圆》:

浮云散,明月照人来,团圆美满今朝醉。清浅池塘,鸳鸯戏水;红裳翠盖,并蒂莲开。双双对对,恩恩爱爱。这软风儿向着好花吹,柔情蜜意满人间。

在宫中不但随时会碰上礼节问题,更常常遇到生活方式问题,因为李玉琴是从民间生活一步跨进皇族生活之中,必须习惯这新的生活方式,否则稍有疏忽准出笑话。那些皇亲国戚以至出入内廷的男佣女仆,暗中替李玉琴积攒笑料的大有其人。最早流传这样一个"故事":李玉琴进宫之前,先被送到吉冈家里,由吉冈夫人给她洗了澡,次日才被送到同德殿。伺候她的老妈子为她梳头的时候,发现很多虱子,还得用杀虱药水给她洗头。

宫中的饮食很可观,每餐少则四五道菜,多至十几道菜,烹饪技术相当好。李玉琴虽然不与溥仪同桌共餐,却也由同一个膳房为他们制作餐饮。在品种变化上讲究时令,图吉利。比如元宵节前后十来天,餐桌上必有若干种各式各样包馅的元宵;立春那天,要烙薄薄的白面饼卷馅吃,叫"打春饼";到五月节,必上莲子、藕和荸荠等新鲜食品,谓之"五月鲜"。至于吃粽子,从节前一星期就开始了;夏至日吃过水面条,称之"夏至面";中秋节是隆重节日,前后半月之内每天都有品种繁多的月饼供应;九月初九吃花糕,即在重阳节这天一定要端上用糯米和黄米加糖、油、枣制作的蒸糕;冬至日则要端出热气腾腾的水饺。如此种种,不一而足。

每天正餐以外,还要由膳房和茶房准备各种零食小吃,如出自膳房的熏肉、熏鱼、熏鸡、酱肉以及烧鸭子、片火烧等,还有出自茶房的各种奶油蛋糕等洋点心,供年节夜宵食用的"果桌儿",清一色干鲜果品,诸如煮玫瑰枣、豌豆黄、五香花生、蜜饯果脯和山楂糕等不下二三十种。这些零食小吃在制作上都保持了北京清宫的传统。

溥仪时常在外廷给予来宾或

御纹章金边瓷盘

文武官员们"赐宴"的待遇，这种规模较大的宴会，一般由当时长春最高级的宾馆——大和旅馆承做，但溥仪不吃宫外食物，他的一份单由膳房特制。每当这时，他总是谕知膳房另外给李玉琴也带一份送到同德殿来。

李玉琴从小不挑食，吃什么都香。进宫之初面对如此丰盛的餐桌都不知该往哪儿下筷子了。陪餐的女眷们不断出主意教她尽情享乐的方法，使她学会了品味尝鲜的进膳习惯，会向用人们传话要这要那了，也会跟溥仪撒娇讨赏特制食品了，总之会挑剔会享受了。

溥仪惦记李玉琴，亲自教她吃西餐。宫中西餐很讲究，左边叉，右边刀，还有酒杯、汤勺，摆得整齐，艺术。第一道菜总是汤，撤菜时刀叉随盘子走，撤一道上一道，刀叉摆得很多，酒杯也多，上几种酒就给摆几个杯子。李玉琴是从喝咖啡开始逐渐熟悉这一套规矩的。她第一次喝咖啡，就像喝茶似的端起杯来往嘴边送，溥仪怕座中别人笑话，便在桌下轻轻地用脚碰她，让她先看看自己怎样喝法，遂滴水不漏地表演起喝咖啡的全过程：先把方糖放入杯内，再用小匙慢慢搅拌，然后连碟子端起，慢悠悠地小口喝下。李玉琴聪明伶俐，看一遍就会了。

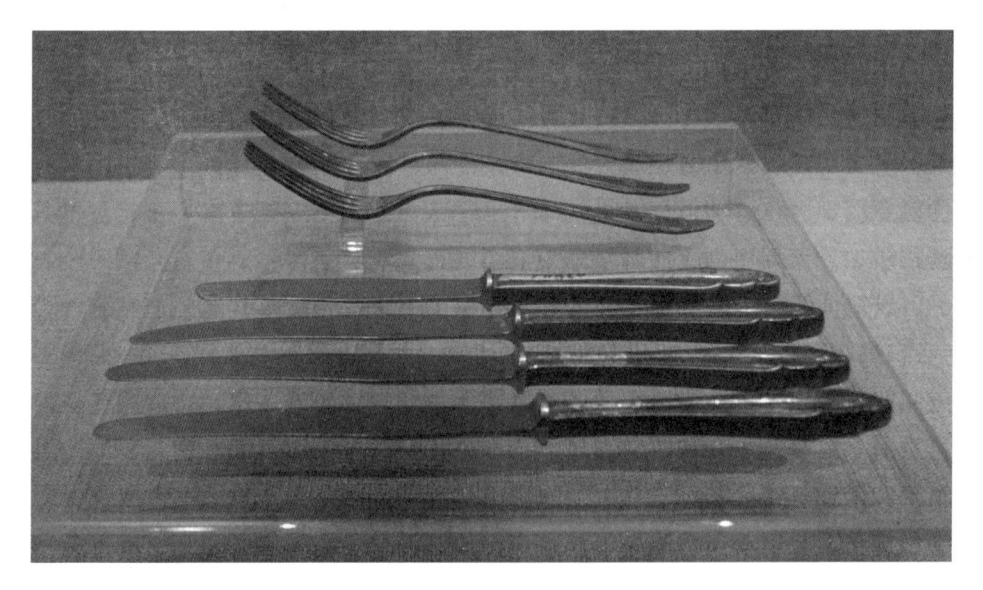

御纹章合金餐刀叉

宫里在着装方面本来非常严格，到了"满洲国"晚期已随便多了，礼服不必穿，"两把头"也可以不梳，平时着旗袍或西装就行。然而，李玉琴只喜欢连衣裙等民间那种明快活泼的服饰，虽然有人笑话她不庄重，但溥仪挺喜欢，他不愿意看到一个天真活泼的孩子被宫里的陈规陋习给束缚住，她也就乘势我行我素起来。

七 在佛前焚烧"二十一条"

转眼李玉琴进宫半个多月了，她已经明白：吉冈安直找她到宫里来并非为了念书，而是要把她嫁给这深宫大院里的"皇上"。不过，这时她已没有恐惧感，愈来愈感到"皇上"不错，关心她，不笑话她，诚心诚意帮助她，教她在宫中待人处事之方。

李玉琴本是走遍大街小巷的活泼女孩，难耐后宫的寂寞，可是皇上"日理万机"，忙着"国家大事"，没有更多的时间陪伴她，便派人买了一大堆儿童玩具送来，其中有个高约二尺、扣在玻璃罩内的洋娃娃，长长的头发、粉红的脸蛋、漂亮的衣服，一个活灵活现的小姑娘，煞是可爱。无聊时，李玉琴便会取下玻璃罩，把洋娃娃抱在怀里，睡觉时也把洋娃娃放在床上。遇见伤心的事情还要对洋娃娃诉说，连眼泪也流淌在洋娃娃脸上，冲淡了原有的颜色。那洋娃娃虽然并不回答，却总是微笑，似乎很理解女主人的心情，成了她的真正伴侣。

李玉琴回忆说，当年能给予她安慰的，除了洋娃娃，还有几只可爱的玩具小动物。有一对瓷鸡，八九寸高，尺多长，颜色纯白，那鲜红的冠子，足以显示它的英武和雄伟。还有一对瓷狮子，呈蹲守姿态，镶在一只黑漆盘上，有四五寸高，七八寸长，虎视眈眈，令人生畏。她的卧室中立着两架屏风，一架挡门，绣一对凤凰，另一架挡床，绣一对麒麟。李玉琴说她并不需要屏风，却需要那屏风上的哑巴动物。它们或者展翅开屏，大放异彩，或者张牙舞爪，威武雄壮。当自己惆怅和烦闷的时候，真想摸摸或亲亲它们啊！

五月中旬的一天，溥仪到同德殿来跟李玉琴话别，原来他将"巡幸"安东(今

伪满《盛京时报》报道溥仪巡视安东省的情况

辽宁省丹东市），就要离宫了。

"玉琴不愿意皇上走！"

"吉冈把一切都安排好了，宫内府的《公告》也发出了，只得去。"

"皇上要快去快回。"

"待几天就回来，你要注意身体，好好地等我。"

"皇上放心，玉琴等着。"

"我随时给你打电报！"

李玉琴跟溥仪已经难舍难分，她怕剩下自己更孤独，怕受人欺侮。可是，傀儡皇帝的行踪却不是自己说了算数的。溥仪此行总共六七天时间，却接二连三发回好几封电报，大意是今天到了哪里、住在哪里、一切都好、不用惦念等，最后一封电报是通知归期。那天李玉琴登上假山至高点，端着望远镜目不转睛地盯住了直通宫内的兴运门和兴运桥。

望远镜也是溥仪赏的，溥仪对李玉琴说过，如果想念父母，就登上假山用望远镜往娘家方向瞭望。她真这样做过，也确实能把目光送出高高的宫墙，但觅不到父母的踪影。这一天却真切地看到了正开过来的一串汽车，她知道是盼望的人回来了，当即返回同德殿卧室等候。溥仪同样急不可耐，命司机破例不从兴运门进西院，而是直入同德门，把汽车停在同德殿前，三步并作两步上楼来了。见面之下，李玉琴依礼请了蹲安，溥仪忽然把她抱起说："这回咱们也来个外国礼吧！"她很难为情，脸红到耳朵根。

溥仪喜欢上李玉琴了，遂亲自为她选定行"册封"礼的良辰吉日，又给她确定了"贵人"即皇上的第六等妻子的身份。册封谭玉龄的时候，溥仪在"贵人"二字前加了一个"祥"字，希望谭贵人带来吉祥；如今又要册封李玉琴，应在"贵人"二字前面冠上什么字呢？溥仪看了胖乎乎的玉琴一眼，对她说："你是很有福气的，就叫福贵人吧，以后遇到什么不吉利的事情，用你的福就可以克住了。"

然而，溥仪的老规矩还是要实行。他在一九五六年接受潘际坰先生采访的时候谈过这样一件事：

……我过去是很封建的，凡是嫁给我的，都得写一张笔据，有几条规定，譬如假使不听我的话就怎样，不什么什么就怎么怎么……她本人还得签名盖章。所以，遇到我抓住把柄的时候，就把那张笔据拿出来，往她面前一扔，说："你看去！"然后就是打人。

在溥仪前半生所娶的四个妻子中，"笔据"是都立过的。而对李玉琴的要求最苛，这显然是因为她"出身贫贱"。

那是行册封礼的前三四天，溥仪传话让李玉琴到缉熙楼他的书斋中。当周妈把她领到时，溥仪正伏案运笔。写完他把笔插回笔架，递过几页纸来，上面赫然开列了二十一条规定，一条条就像约束犯了法的人。溥仪后来对这份"笔据"的内容，曾作过如下说明：

我为了完全控制她，也和过去对待谭玉龄一样，首先订出限制她的"二十一条"。主要条款是：强迫她绝对无条件地"完全遵守清王朝的祖制"，必须从思想深处绝对服从我，一切言语行动都得顺从我的意旨，任何事情都不得擅自处理——即使与父母通信，也要先得到我的批准；一定要遵守"三从四德"、"三纲五常"的封建道德，她须忠实地伺候我一辈子，只许我对她不好，不许她对我变心。即使思想上偶然起了不该起的念头，也须立即向我揭露和请罪，否则就犯了"大不敬"的极大罪恶，除须甘受处分外，还得甘受"天打五雷轰"的天罚；不许给娘家人求官求职，不许回娘家和亲人见面，不许私蓄一分钱，不许打听外事——包括政治方面的活动等；此外，尚有不许说谎、不许隐瞒思想，甚至见我时不许愁眉苦脸之类的条款。总之是把束缚她、防范她的办法，从肉体到精神都作了周密的规定。

溥仪让李玉琴把这"二十一条"从头到尾抄一遍。她仔细看过,不寒而栗,照这样管制起来,哪还有半点人身自由?不但要在表面上绝对服从溥仪,就连头脑里也不准有违抗的念头!她心里不痛快,便拿起笔来乱画一阵,竟抄不出一个字来。种种痛苦和惆怅缠绕着她,李玉琴又深深地后悔了,本来好好地待在父母身边,偏偏刮来一股邪风,竟把她吹进"皇宫",不许回家,不许上街,过着孤独的生活,活着还有什么意思?她这么想着,手中的笔不知不觉写出一个"死"字来。

溥仪一看就火了,"龙颜"震怒:"好哇!你现在这么小就不听我的话了,将来还得了?白疼你啦,我还打算叫你跟我一辈子呢,这能行吗?既然你不高兴,明天就送你回去!别说是你,天下的人都是我的臣民,都得听我的!没听说过'君叫臣死,臣不死不谓忠;父叫子亡,子不亡不谓孝'?我还没叫你做什么呢,你就不高兴了。须知你是前世有造化才被选中,别人愿意,

溥仪笃信神佛,此为缉熙楼二楼佛堂

我还不喜欢呢！看来在你身上白费心了！"溥仪背着手踱步，显得又气恼又伤心。

见此情景，李玉琴心中害怕，自己入宫已近一月，早定下册封吉日并已传出宫外，当此之际倘被休回娘家，好说不好听啊！再说皇帝陛下真动了肝火，灾难会不会降临到双亲头上？惨祸会不会闯进那穷困的家庭？没给家庭带来好处，反而送去灾难，可太不孝顺了。转念一想，这些天来皇上对她挺和善，也许时间长了会改变的。听说谭玉龄也有多少条规定，她内心矛盾重重，最后还是屈服了，她难过地乞求溥仪说："皇上别生气！玉琴错了，玉琴这就写。"她虽有一肚子委屈，也只好拿起笔来逐条抄下。

溥仪匆匆看过，说话的语气顿时缓和下来："为了表示你的真诚，就在神佛之前焚烧了吧，让菩萨给你做证。"李玉琴这时内心痛苦极了，她当然不情愿让神佛管束，就在默祷中祝福父母平安吧！于是，她一言不发地跟着溥仪走进缉熙楼二楼书斋对面的佛堂，跪在观音铜佛和各种番佛佛像前点火焚烧了那捆绑自己的"二十一条"，从此，"无处不在、无时不有"的神佛也成了她的监管人，对她来说，肉体和精神的自由全没有了。

李玉琴烧完站也站不起来，把无声的眼泪吞进肚里，溥仪扶她起来，一边给她擦泪，一边哄她说："我知道你能听我的话嘛，正像人家给你看相时说的，你是若干年前的和尚转世，很有根基啊！将来一定有福。我们碰到一块儿不容易，你该明白，我是真心喜欢你呀！咱俩的感情会一天比一天更好，与天地共存，与日月同增。"他说了一大串美好动听的语言，但已引不出平时两人一起嬉笑玩耍时那样的心情了。

八　册封仪式在梅津司令官决定之后举行

册封日前一天上午，溥仪破例早早来到同德殿告诉李玉琴说，日本关东军司令官梅津美治郎和关东军参谋兼帝室御用挂吉冈安直将要晋见，让李玉琴稍事准备，又说："梅津是礼节性拜访，我们不可失礼。"

"玉琴该以什么身份见司令官呢?"李玉琴颇感迷惑,既是礼节性拜访,就应在册封后明确了身份再来。

"你虽未册封,已是我的人。按君臣之分,你不必给梅津行礼,他们若向你行礼,你可还礼,还礼也不要鞠躬九十度。"

"那就还学生礼!"她把在学校给老师行礼的动作又比画一下。

"稍微弯弯腰就行,仪态要大大方方。"溥仪当然不会同意李玉琴行学生礼,"贵人"怎能等同于学生呢?李玉琴随即按指点演习一遍,溥仪满意地露出了笑容:"挺好,挺好,就这样!"接着李玉琴又梳洗打扮一番,戴上戒指、项链等首饰,挑件紫红色金丝绒旗袍,找出一双半高跟黑皮鞋,都穿上了。溥仪看看挺满意,说她像个洋学生。看李玉琴的神气也许还像学生,看服装打扮已经是小姐了。

日本关东军司令官梅津美治郎(1939年9月至1944年7月在任)

上午十时整,奏事官报告说梅津已到,溥仪传旨在前廊子便见室接见,随后带李玉琴下了楼。见面后,溥仪把她介绍给梅津司令官,梅津只微微一点头,李玉琴不知这是日本军人的一种行礼方式,就没还礼。梅津的外貌挺和善,嘴角挂着微笑。吉冈也已没有一个月前那副凶相了,他也许会觉得奇怪:眼前这位雍容华贵、仪态端庄的小姐就是他搜罗来的那个贫穷的小姑娘吗?

会见的时间很短,梅津只随便问了问,李玉琴也就三言两语回答了事,随后由张妈陪着上楼回房去了。半小时后溥仪结束与梅津的谈话,又来到李玉琴的房间,对她在会见中的稳重颇为满意,并说梅津也认为"这个女孩子很不错"。

李玉琴终于越过了这当"贵人"的最后关口!原来这次简单的会见并不简单,梅津要替他的"皇上"对这次婚姻拍板!若干年后回忆此事时,溥仪气愤地写道:"尽管李玉琴是由吉冈直接介绍的,还是要先在所谓'正式手续'

上，经过梅津美治郎的点头，并和梅津见了一面之后，我才和她结了婚。"

梅津批准了，溥仪才把定情之物赏给李玉琴，那是一只高不足三寸、宽也不足三寸的黑漆首饰盒，是质地很好的日本漆器。它的盖儿比底儿略小，呈淡黄色，绘着一对彩色鸳鸯。盒内由红色撒金纸裱糊，还铺着十块花边丝手绢，上置六件首饰。溥仪讲究吉祥如意，取六六大顺之意。这六件首饰分别为一只钻石戒指、一只祖母绿戒指、两副耳环、一串珍珠项链和一只手镯。

溥仪把首饰盒子交给李玉琴时，表情郑重，略带微笑。他说："这盒子为什么要绘鸳鸯呢？因为鸳鸯是忠于爱情的飞禽，它们总是比翼齐飞，形影不离，交颈而眠，雌鸟死了雄鸟也会不吃不喝地殉情而死……"他拉过李玉琴的手讲得很动感情："愿我们的爱情能像鸳鸯一样永远相伴，永不分离！"这一番动人的鸳鸯谈话深深打动了少女纯真的心灵。接着，溥仪又兴致勃勃地把鸳鸯盒里的首饰一件件指给李玉琴看，他说，钻石、白金、翡翠价值高昂，镶嵌在项链上的珠子和宝石都是最好的，手镯和耳环也属珍品、上品。他还学着在天主教堂举行婚礼的欧洲人的方式，在李玉琴手指上戴了一只钻石戒指。

李玉琴从来不知道世界上还有这许多珍宝，更不了解其价值。在她看来，首饰再贵重，也改变不了穷苦娘家的面貌。然而，这些作为溥仪的一份情意，她是不能不接受的。她的心情很矛盾，既感受到少女将要迈向新生活的幸福，又察觉到已罩在头顶的"二十一条"的阴影，甜美与苦涩交织在一起，她相信这是前世注定的命运，只有逆来顺受了。

"册封"典礼在五月下旬举行，天高气爽，风和日丽，同德殿前和缉熙楼西两处花园里群芳争艳，满园飘香，宫内一时间呈现出喜气洋洋的欢乐景象。按祖制，皇帝册封妃嫔要有专门的司仪赞礼官主持典礼，到"满洲国"后期已找不到专业人员，溥仪就指定二格格担任。册封谭玉龄时，二格格总算见过场面，对宫中规矩礼节又十分熟悉，便承担下来。

"吉日"一大早，二格格就过来帮助李玉琴梳妆打扮。前些天溥仪派人来量体，给李玉琴裁制了许多新衣，其中有一件金黄色的丝绒旗袍最好看，是溥仪特赏的，二格格让她就穿这件。宫里重视黄色，皇帝用明黄即正黄色，其他人则按地位高下使用深黄或浅黄的衣料制装。李玉琴刚打开首饰盒，恰

溥仪在同德殿举行册封"福贵人"李玉琴仪式（蜡像）

好溥仪走进来，给她挑了一块"祖母绿"翡翠，又找出一只白色钻戒，给她戴在手上，她喜欢鲜艳的，遂又找来一只红宝石戒指戴上。这红、绿、白三色首饰戴在一起特别协调。二格格还帮她挑了一副带坠儿的耳环、一串耀眼的珍珠项链和一块用钻石镶嵌表链的瑞士坤表，一一装扮在这个不久前还是穷孩子的女孩身上。

那天，同德殿和缉熙楼的许多房间都布置一新，连摆在客人面前的塔形果盘上也插着红绒的"喜庆"字样。出入宫廷的女眷们一个个花枝招展，头上插花，胸前戴花。女用人穿上了紫缎子花坎肩，胸前都有朵小红花。惟独没有娘家人出席婚礼，令李玉琴有羞辱之感。

册封仪式在缉熙楼二楼南侧最西边的书斋中进行。坐在黄褐色大绒靠背"宝座"上准备受礼的溥仪情绪特别好，抿住嘴笑。典礼开始，李玉琴跪下受封，双手呈给溥仪一柄玉如意，溥仪又回赏一柄。按清朝制度本应赏金印或金牌伪满洲国"福贵人"
李玉琴传

一类"册宝",但那时已经没有这类东西了,据说是荣源当"小朝廷"内务府大臣时经手卖了,只好以如意代替。接着,李玉琴向溥仪行礼,本来应行"六肃礼",磕三个头请一回安,共磕九个头请三回安,统称"六肃"。这时也化繁为简,只由二格格依礼说吉祥话,李玉琴行三跪九叩礼,遂告礼成。

随后,溥仪带着李玉琴给列祖列宗磕头,以"贵人"身份是不能和皇上一起向祖宗磕头的,这次破格恩典,许可李玉琴站在"皇上"的身旁错开半步磕头。此例一开,她的行动便增添了许多"特殊",连谭玉龄也没享受到这样的待遇!接着,拜佛菩萨和关公大老爷,一个身穿戎装的皇上领着穿丝绒旗袍的小女孩到处磕头,也是历史上一幕喜剧了,就中国封建社会二百多位皇帝来说,这是开先例的事。

最后轮到李玉琴受礼,给她磕头的也只有溥仪的几个侄媳及女佣。二格格说,"贵人"年岁小,应谦虚,平辈可以免礼,有了这句话,溥仪的妹妹、妹夫们都不磕了。

册封那天,溥仪还在外廷大摆筵宴,接受群臣祝贺。规定特任官和简任官与宴,举杯畅饮,三呼万岁,而荐任以下较低级官员虽无参加宴会的资格,也要来到兴运门内登记签到,领回以皇帝名义赏赐的一大块洋点心回家去吃。李玉琴当然不出席外廷宴会,在内廷单摆一桌,山珍海味应有尽有,十几个人陪着"进膳",吃完了这当上"贵人"以后的第一

溥仪亲自给刚入官的李玉琴拍摄了这张照片。

日本皇室赠送溥仪的七宝烧菊花瓶

顿饭。当外廷宴会上的乐队奏过结束曲，溥仪乐呵呵地回到李玉琴身边，摸摸她戴的首饰又摆弄她的衣襟，还让李玉琴站在同德殿广间内大朵大朵的盆栽后面，亲自给她拍了一张照片，留下了李玉琴当时的形象：齐肩短发又厚又密，白胖胖的脸微笑着，五官端正，憨厚，像个纯朴的农村姑娘。溥仪说，这张照片要寄给日本皇太后看。

当天晚上，溥仪让李玉琴住在自己的寝宫中，她已经不再是"宫中小姐"了，却偏偏赶上女人比较麻烦的时候，她当然是不解衣的，溥仪也不让她为难，就这样算是同床共枕了。照迷信的说法，结婚当天就碰上女子例假不吉利，可溥仪不以为意。

二道河子田家馆子的伙计李万财也接到了吉冈安直的一纸通知：让他携妻子儿女按约定时间到藤井正惠老师家里见面。次日傍晚，李万财和老伴带着长子李凤以及当时在家的二闺女、三闺女和老闺女，来到七马路一座圆角形的日本公寓——永康庄大楼。藤井以日本礼节跪在二层一套房间的拉门旁边，恭恭敬敬地请老李家一家人进屋，坐在榻榻米上面，随后给每位客人斟茶。

不大一会儿，穿马靴挎军刀的吉冈也到了。他威风凛凛地坐在老李家人对面的位置上，也不寒暄，伸手从上衣小口袋里掏出一张长条形白纸，上面写满了黑乎乎的字。在场者都绷紧神经，好像就要发生什么事情。

"皇帝陛下的命令，你家通通地服从吧！"吉冈口气强硬，说着把那张纸放在榻榻米上。

李万财和老伴都认字不多，便丢眼色给儿子，李凤拿起边看边向父母转告内容，看完对吉冈说："这上面写的，父母和我们兄妹不能接受。"原来那张纸上明明白白地写着溥仪限制李玉琴娘家全家人的"六条"办法，其内容在溥仪后来为此事而写的证实材料中是这样叙述的："对于李玉琴的父母家属也另订了'六条'限制办法。例如不许他们对外泄露和我的关系；不许求官、求职、求钱和房屋土地；不许来看望李玉琴，也不许李玉琴回家探亲；不许假借我的名义、关系做什么事情；如果我有命令必须绝对执行。"

"我的代表皇帝陛下的命令，给你家看看的，通通得服从啊！"吉冈的眼睛东转西转，一会儿缓和，一会儿又射出威逼的光。

李万财一家都是老实人，一听这"六条"，觉得好像把骨肉亲情给割断了，脸上顿现悲戚之色，长时间沉默不语。他们在藤井家足足待了三个小时，为了人世间正常的亲情而抗争，不过他们太弱小了。

半个月后，一辆黑色轿车又把吉冈载到二道河子贫民区，他是专程送信来的，带来了"福贵人"给父母的亲笔信。"皇帝陛下赐给的，信中好事大大的。"吉冈一边把未封口的信递给李老太太，一边跟李玉坤搭讪："小孩的，书念的几年？"母亲怕冷落他，赶紧答道："她念四年级了。"吉冈接上说："啊，她的识字，给母亲说话吧！"然后快步出门，乘车远去。

"玉坤，快念信给我听！"老太太坐在炕边拿起长长的旱烟袋，含笑地抽着，她盼望已久的四闺女的消息就在这信中呢！李玉坤一口气把信看完，字还不能全认，意思也不全懂，只把认得的字给母亲念念。

在三页白色而带小花的软信纸上四姐写道："亲爱的父亲、母亲，离家以来，日夜思念亲人，睡梦中也见到父母慈祥的面孔，不知何时才能相见。真想得到皇上的恩赐，早日与家人团圆。"接着，四姐述说了入宫后的情况。她写道，"皇上"赏给许多新衣服，但她还特别珍爱离家时穿的那件丝绸袄面的带有小黄花朵的棉袍，袄面是大姐给买的，棉袍是妈妈一针一线缝制的，现在作为念物存放起来了。四姐接着又写了册封的情景，她说，现在自己已是"福贵人"，并随"皇帝"改姓爱新觉罗了。最后又写道，她虽身处宫中，永远不会忘记父母养育之恩,不会忘记兄妹骨肉之情,希望快把全家人近照捎来,以解思念亲人之苦,让小妹妹写信来。

李玉琴进宫两个来月没有消息,把父母都惦记坏了。他们变得寡言少语,父亲的白发更多了,母亲浓黑的头发也增添了银丝。四闺女终于来信了,全家人都很激动,都很高兴,同时也替她担忧。虽然她已成为"皇帝"的"贵人",但她性格倔强,一旦在宫中惹是非而又孤立无援,那处境将会何等艰难!

第二章　宫中生活

一　严格的"男女大防"

册封之后，名分已定，李玉琴在宫中有了"福贵人"的地位和随之而来的"二十一条"、"六条"禁令，谁知这地位和禁令真像是用金丝编织的笼子，把一只活泼好动的小鸟牢牢地关在里面。她进宫两年半，除溥仪外，因政治

满映正在拍摄宣扬日本间谍川岛芳子经历的"国策电影"《建国的黎明》

缘由见过吉冈安直和梅津美治郎，因患病见过男性侍医，再没见过别的男人，溥仪身边那么多侍从僮仆，她也从来没有碰上过。

宫里常演电影，有"满映"的故事片、卓别林的喜剧片和反映"大东亚圣战"的新闻纪录片等。放映前，溥仪偕李玉琴先进入电影厅就座，然后关灯，才准许溥仪族亲中间有资格的男性摸黑入场并远远地坐在后排座位上。终场时也要等别人摸黑退出后才开灯，溥仪再偕李玉琴出场，借以回避。夏天的晚上，溥仪想听音乐时就命宫内府乐队在同德殿前列队演奏，他却偕"贵人"坐在平台上听，两边谁都看不着谁，"但闻其声，不见其人"。

李玉琴必须事事遵从"二十一条"，从肉体到灵魂无条件地服从溥仪，完全为他个人服务。溥仪常对他的"贵人"说："我一天到晚都是烦恼的事，没有快乐，只有到你这里来我才能高兴，所以你应当想办法，使我一见就高兴的事情要多做，我不高兴的事你别做，也不应和我谈不高兴的事情，你的任务就是这个。"他往往一到"贵人"的卧室就喊倦了，往床上一躺，让她唱歌，讲故事，或者谈点趣闻，他的口头禅是："快用你那天真活泼，让我高兴高兴吧！""笔据"上确有一条规定——"不许贵人愁眉苦脸"，可这一条实行起来有时太难！她也有不高兴的时候，就没情绪唱歌，也难以扮出笑脸。

有天晚上，李玉琴因思念父母而心情难过，溥仪却在这时来了，点名让她唱当时的流行歌曲《交换》，歌词是：

月儿照在花树上，人儿坐在花树旁，你教我书，你教我画，我报答你的是唱歌。作书作画是你强，唱起歌来我嘹亮。你的书画，我的歌唱，这样的交换可相当？这样的交换大家不冤枉。

溥仪很高兴，一挥手说："再唱段别的！"李玉琴想了想，此时此刻最能引起感情共鸣的是《昭君怨》，便随口唱出。没等唱完，溥仪腾地从床上坐起，掐灭烟卷大声说："怎么这样悲悲切切的？"

"《天上人间》什么的都唱了不少遍了！"

"我要你唱歌是因为倦了，需要歇歇，应该唱轻快的歌子！"

"玉琴心里闷,所以唱不好,请皇上原谅!"

"我的事儿太多,不能天天来,但我喜欢你,来了你该高兴,要好好伺候,这也是'二十一条'上规定的呀!"

溥仪说毕走到风琴旁点了一个曲子:"就唱《天涯歌女》吧,我给你伴奏!"当李玉琴唱到"小妹妹唱歌郎奏琴,郎呀咱们俩是一条心"、"小妹妹想郎直到今,郎呀患难之交恩爱深"、"小妹妹似线郎似针,郎呀穿在一起不离分"等词句时,溥仪认为"这才唱到了点子上",遂坐到沙发上跷起二郎腿悠荡开了。

"满洲国"年代,溥仪在皇族中挑了几个同辈或晚辈的年轻人,作为亲信留在身边,给他们聘了老师,让他们一边读书,一边伺候自己,称作"宫廷学生"。这些"学生"的女眷便是溥仪亲自划定而允许李玉琴接触的几个女伴,其中有溥俭之妻叶乃勤,官称"俭六奶奶";溥僴之妻叶希贤,官称"僴二奶奶";毓嵒之妻马静兰,官称"嵒二奶奶";毓嵒的胞姐菊英,人称"小格格";毓嶦的母亲,人称"四太太"等。

伪满年代的毓嵒与夫人马静兰

她们每天午后都来,是带着任务观念来伴"贵人"的。由于出身、地位不同,互相都很谨慎,怕失礼违犯宫中规矩要受处分,李玉琴也担心举止失措丢面子,见面时只说些应酬话以及无聊的恭维话,比如她们说:"今日天气好!"李玉琴便接上:"晴朗朗的,确实不错!"她们又说:"贵人体型好,衣服式样更美!"李玉琴就回答:"您穿的那件也挺漂亮的。"她们倘问一句"贵人身体好吗?"

李玉琴也必须回问一句："好！您的身体也好吗？"

寒暄过后，她们便到李玉琴的书房中读书，起初只念点"小书"，如《六言杂字》《三字经》《女儿经》等，每天还练练毛笔字。继而挑几篇古文、唐诗来读，《论语》和《孟子》中的许多段落也是那时读熟的。她们奉命当伴读，与"贵人"之间也有一道无形的墙，既不能尽兴地说笑、畅快地玩耍，也不能交流思想。

每天要在书房中度过三个小时，然后是活动时间，或是玩"麻雀牌"，或是做做"女活儿"，如刺绣、挑花、织毛衣等。李玉琴七八岁时就跟姐姐学会了刺绣，而织毛衣则是在宫中向佥六奶奶学的。有时互相讲讲故事，听听收音机。在楼上待腻了便到同德殿前的花园里玩玩，遇上天气不好，就在前廊子小房间中打乒乓球、弹钢琴或唱歌。虽然也有说有笑，到底不是一家人，彼此只能以任务的方式开始和结束交往。

尽管李玉琴在宫中只能接触有限的几名女眷，而且举止言行都分外加了小心，还是常常惹出是非，给人家遗下笑柄。她说话带东北方言，有一天在养鱼池边观鱼，发现两条翻了白的死鱼，心疼地说："准是下大雨呛死的。"这个"呛"字成了笑话。在她身上不免还有东北穷苦人家的生活习惯，她见同德殿前后院子里长许多小根蒜，便动手挖了两回。她喜欢小动物，遂让用人养了百十只小鸡，并亲手捡蛋给"皇上"炒炒吃，结果，穷人身上的俭朴和勤快，转眼间成了丢"贵人"身份的生动故事。敢当面笑话她的，是说话带刺儿的二格格韫和，在她看来，李玉琴作为东北人、汉族人和穷人都有可

三字经

以取笑的地方。

一九四三年的五月节那天,溥仪命在同德殿广间摆大餐桌,他要与"贵人"一起用膳,把格格们以及李玉琴的几位女伴也都找来陪席。她们个个都打扮得艳丽多姿,很有情调。溥仪也给李玉琴亲自选了一件翠绿色的镂花纱旗袍穿上,还给她挑了一朵从北京买来的小花插在头上,配以项链、手镯、耳环、戒指,固然也是珠光宝气,美艳动人。

在众人侧目下,溥仪毫不掩饰对"贵人"的宠爱,让她吃这样,又替她夹那样。仅粽子就有许多品种,李玉琴大开眼界。席间,二格格嚷着要吃"澄沙馅粽子","贵人"听着奇怪,就想问问"澄沙馅"是什么样。话没出口,溥仪赶紧用胳膊肘碰碰她,装着说悄悄话的样子给岔过去。平时溥仪就告诉过她,吃饭时若有别人在场,不要打听菜名,以免落笑话,今天一高兴又忘了,倘不是溥仪提醒,替她解围,怕要失礼丢人。

李玉琴在屋里待得太闷,惟一可以不经批准就去的地方是溥仪乳母二嬷处,向那位善良的老太太学着玩骨牌,什么"过五关"、"闷七开"等玩牌方法,都是她教的。她还常给李玉琴讲些宫里的事情,讲她的亲闻亲历,总是称赞溥仪如何好、怎样疼人,而李玉琴的被选入宫又是如何福气大、造化深……"万岁爷事儿多,累着哪,难着哪,应当让老爷子多歇歇,让他高兴……"这更是老太太挂在嘴边上的话。

二 第一次"会亲"

溥仪的心毕竟不是铁打的,对一个十四五岁的小姑娘思念父母的心情还能理解。他虽曾亲自为李玉琴的娘家制定"六条禁令",却并未严格执行。每当"福贵人"愁锁双眉,他也会加以抚慰:"你的父母就是我的父母,你惦念,我当然也惦念。"

对此,溥仪一九六七年初回忆说:"我对李玉琴亲属所订的六条,最强调的一项禁令即'不许进宫探望李玉琴',但我一时高兴,也特别许可李玉琴的父母来见女儿一面。这所谓'会亲'其实就像探监一样——在我派出的监视耳目之下，父亲只能在限定的楼下一室中见女儿一面，匆匆说几句话；母亲虽能上楼到女儿房中一见，也只能讲些冠冕堂皇的话，不敢作母女之间的知心之谈。至于李玉琴的兄弟姐妹就根本没有进宫'会亲'的可能了。"

李玉琴与父母的第一次"会亲"是在同德殿楼下进行的。老实厚道的父亲和母亲做梦也想不到他们会走进富丽堂皇的宫殿，现出满脸的惊恐神态，根本不像到姑娘家走亲戚。

"你们怎么都瘦了呢？"女儿心疼地问道。

"没瘦，没瘦，这不挺好的嘛！"父亲是闯荡社会的人，深知这不是一般地方，不能乱讲话，而且他已注意到在女儿身边伺候的人正是监视者。

"你一走就是一个多月，生怕你被'祸害'了，到藤井家也打听不着，又不知道吉冈在哪儿住，我们急得吃不下饭，睡不安觉，哪会不瘦？"母亲心直口快，有啥说啥，拉着女儿的手小声告诉了这一切。

李玉琴更忍不住流泪，把入宫和册封的过程向两位老人述说一遍。父亲点点头说："看见你挺好的，我和你妈也就放心了！"这次会面一个多小时，旁边总有别人，父母不敢多说话。临别母亲流泪不止，不知道这一别，还得多长时间才能见面。这种会亲正如溥仪说的"就像探监一样"。

父母走后，李玉琴也回到卧室，溥仪很快就过来了，露出很不高兴的样子责问道："见到父母为什么哭？难道在这儿受了委屈吗？"会见时父亲王

同德殿一楼广间

顾左右而言他，李玉琴这才明白其中意蕴，原来"小报告"早已打入"皇上"的耳朵，连她哭了几声也瞒不过！

"玉琴流泪是见到母亲太激动，不是委屈。"李玉琴说。

"你愿意父母来，来了应该高兴，下回不许哭！"

"玉琴明白了！"

"会亲"以后，李玉琴反而有了负疚感，自己在宫中饮食起居都很讲究，家里人却仍在受苦，为此心里难过，便传话让御膳房准备上午的正餐时，仅以高粱米或苞米面等粗粮为主食，下人按平素习惯端上果盘点心，她也吩咐撤掉。几天后，溥仪就很严肃地追查了。

"为什么要吃粗粮？"

"玉琴的父母每天都吃粗粮，玉琴也不应该净吃细粮，想一天之中吃一顿粗粮，或能减轻不孝之罪，还请皇上开恩！"

"我是担心你身体受不了哇，得了病怎么办？"

"玉琴从小吃粗粮很习惯，身体也蛮好，天下穷人都如此，许多人家连粗粮也断顿，还要干重活呢！"

"要贫嘴！从明天起不准吃粗粮！"

李玉琴不再吭声，却是无声的反抗。溥仪坐在沙发上猛吸几口烟又说："既然那么孝顺，我成全你，传话给你父母送细粮去！"不久李玉琴就收到小妹来信，说："吉冈来过了，送来皇上赏的金米玉面。"指的便是溥仪给送去的一袋白面和一包"文化高粱米"。据李玉坤回忆，那时候老百姓家吃大米是犯法的，所以才送这种"文化高粱米"，它是一种优质高粱米，粒是圆的，但颜色就像大米那么白。李玉琴终于帮助父母做了一点事情，特别高兴，还当面向溥仪谢了恩。

不久，吉冈安直的大马靴再次迈进二道河子李万财家的门槛，刚进屋，便把一个方形小纸包递给李老太太，粗声粗气地说："皇帝陛下恩赐，一万元钱的赏给你家！"他环顾室内，一眼看见李凤，便让他执笔写了收条，又口气强硬地说："你的父亲的还在田家馆子吗？告诉他，跑堂的干活，今后的不许了，命令的必须服从！"说完登车而去。原来，有了第一次"会亲"，溥仪忽然想到,不可再让"贵人"的生身父亲继续当饭馆跑堂,一旦传开岂不丢人!遂让吉冈去颁赏钱,说到底是给"皇上"买"面子"。

李老太太把钱放在柜盖上,陷入了沉思。丈夫从饭馆回来,也双手捧头,长吁短叹。有了这笔款项,可以清偿积年陈欠,短时期内无须再为穿衣吃饭点灯烧柴发愁,但总不能把一家人养活到底呀!再说,人穷志不短,就是金山银山也阻不断父母兄妹对进宫亲人的思念啊!

这时,宫墙里的"贵人"也未曾忘记穷苦的娘家,她的女伴杨景竹回忆说:"我进宫陪伴贵人,她总向我提起娘家的事情,还常常拿出姐妹的照片让我看。有一次在花园散步,她讲述在婆家受到虐待的大姊,满面愁容地说,'我大姊将来怎么办呢?'又说,'二姐也结婚了,还不知如何!'又提到最小的妹妹,当时尚在南关一所小学校读书。她最惦念妈妈,常说,'妈妈每天早起,忙着洗衣、做饭、晒干菜,活计重啊!'"

好在溥仪允许"贵人"与娘家通信,条件是要经他过目,由吉冈一人从中传递。李玉坤回忆与四姐传递消息和物品的情形说:

> 四姐怕父母惦念,让吉冈捎来许多照片。有一张是四姐身穿带树叶图案的长旗袍,头发上插朵小花,亭亭玉立地站在盆栽鲜花丛中凝视远方;还有一张是四姐手扶自行车、身穿连衣裙照的;另外几张都是身穿花色旗袍,或坐在室内侧身微笑,或站在室外摆出各种姿态,加以富丽堂皇的宫殿以及豪华陈设作陪衬,显得富贵,美丽。
>
> 四姐在一封信中说,皇上对她好,教她读《诗经》,喜欢听她唱歌,她有病时皇上特别关心,亲自探望并传侍医打针吃药。白天有空就在假山、树林里玩,还练习骑自行车等等。只是有时觉得寂寞,想念亲人,梦中也哭醒几回。
>
> 四姐几次来信都要家人照片,为了满足她的要求,父母做了白短衫、黑裤子和黑蓝色礼服呢大布衫。又给哥哥们添衣服,给我买皮鞋、小裙子和花绸衫。全家人穿上新衣照相,有父母合照的、姐妹们在一棵小树旁边照的、两个哥合照的、全家合照的等,都交给吉冈带入宫中,希望能给姐

姐送去安慰和快乐。

三 学会了使用女仆

当憨厚、纯朴的贫家姑娘李玉琴突然地位转变受到恭维和尊敬时，她自己觉得很不自在。杨景竹回忆她们第一次见面的情景说，新"贵人"胖乎乎的，身材挺丰满，就像大姑娘一样。不过，小脸蛋上充满稚气，一开口就更像个孩子。当她们一个接着一个地行蹲安礼时，李玉琴的脸红红的，那种羞赧的样子，简直手足无措了。

"贵人"老实，连女仆都敢欺负她。按她们的想法，"皇上"不该选个东北人，更不该找个穷人小户的闺女，没见过世面。比如大张妈就专门挑剔"贵人"说话的腔调和用语。此人个头标准，体型优美，头发一丝不乱，言语不多，眉宇间透出高傲的神气，敢钻"贵人"的空子。有一次张妈当班，"贵人"喊她给拿卡子，按北京话应该叫"袜带"，大张妈故意装听不懂，还反问："贵人喊奴才要什么呢？"此事教训了年轻的"贵人"，她很快便记住了一些常用的北京话，如"酱豆腐"不能叫"腐乳"；"干吗"不能说成"干啥"，更不能发"嘎哈"的音；"疙瘩"不能念成"嘎嗒"；"脏"不能说成"埋汰"等。

毕竟李玉琴人不笨，很快就明白了一个道理：尽管自己说话"土"，但身份高贵，是"大命之人"，岂受奴才的戏弄？不但衣来伸手、饭来张口是应该的，连别人给倒洗脚水也理所当然。烦闷的时候，也可以拿她们数落几句。于是，倒霉的事便让两位周妈摊上了。大周妈个小体胖，尖头顶，溜肩膀，相貌平常，但心眼儿好，挺善良的，平时常提醒"贵人"在宫里应该注意的事情。小周妈中等身材，人较瘦，两肩高矮不一，走路拖拖沓沓。此人没心计，笑嘻嘻的，脾气好。她俩有个共同的毛病：没记性，丢三落四。有一回，溥仪连续三天不到李玉琴卧室来，她心烦意乱地正找不到发泄出气的茬口，便向下人要这要那，刚巧碰上两位周妈当班，却东翻西翻找不到，"贵人"来了气，想出一个治人的花招。

当时，李玉琴正坐在化妆间的沙发上，板起面孔对两位可怜的周妈说：

"今天得罚站,你俩就面对面搂抱站在这儿吧!"两人个头都不高,一胖一瘦,胳膊又都短,抱在一起非常滑稽。"贵人"本来正生气,可一见她俩这模样又憋不住笑了。小周妈正冲着穿衣镜,从镜里见她笑也忍不住要笑,却又不敢笑出来,李玉琴赶紧跑回卧室去笑,笑够了才又拽开化妆间的门,让两位周妈干活去。小周妈知道女主人生气的真正原因,就好心安慰说:"贵人还是听听唱片唱唱歌吧。"她自然没心思给自己唱歌,于是一个人做功课——念佛。念完了就捧一本小说,一直读到东方发白。

李玉琴也懂得向女仆发威了,对年岁很大的"老妈子"有时也不那么客气。杨景竹回忆说:

> 李玉琴不满意用人们的伺候,常发脾气怪罪她们。1944年正月初二,女仆们给"贵人"叩头拜年。依例是要赏钱的,可是有几个叩完头走了,她就不赏。事后对我说:"看她们那样吧!不能赏!"原来是"贵人"讨厌的人。她平时说话,也常以用人为话题,这个讨厌,那个不顺眼。她最忌恨"老妈子",因为她每次到溥仪这边,要先由"老妈子"禀报,然后再引路而来。"老妈子"还有随时报告"贵人"言行的使命,李玉琴怀疑她们说了坏话。

然而,作为穷人家的女儿,李玉琴还是同情宫里的下人的。她们吃大灶伙食,几个老妈子牙口不好,全靠"贵人"吃剩的饭菜作为软食。"贵人"便尽量把好嚼的菜留下。她从小体质差,饭量轻,宫里准备的饭菜又多,每餐足够四五个人用。女仆们吃饱了,还要给浆洗房的佣妇们留些。还有每餐端上来的甜点心,她只动一两块奶油的,其余全都不吃。

"哟!贵人把好菜都赏给奴才啦!"大周妈见红焖肉、红烧鸡等都剩着便说。

"这菜我没动过,挺干净的。那肉也烂乎,趁热快吃吧!"李玉琴说。

"贵人可别再说干净不干净,吃贵人动了筷的东西才是福气哩!"大周妈心眼儿不错,还要再剩两块甜点心给勤务班的孩子,他们天天给贵人送饭,闻到了香味却连一口也吃不上，怪可怜的。

在李玉琴的女仆中有个小张妈，原来在浆洗房，后来伺候"贵人"。她性格直爽，为人热情，干活也挺泼辣，深得主人喜欢。有一回她的腋下长了老鼠疮，学名叫瘰疬，疼起来钻心，动也不敢动。二嬷本想替她向万岁爷求个情，或给几天假，或赏几个治病钱，却又不大敢。因为她深知万岁爷的脾性：如果是他自己发现哪个奴才病了，或是有了困难，总是很"仁慈"地颁赏恩典；若是有别人替哪个奴才求情，他会怀疑是否搞了小集团什么的，结果反倒坏事。小张妈只好自己挺着。李玉琴很同情，正赶上小张妈当班拆洗被褥，便让她歇着，自己端过大盆洗起来，起初并不觉得怎样，洗了好大一堆。后来发觉胳膊痛，这才想起她的胳膊也是受过外伤的，恢复得不算太好，现在才疼起来了，到晚上连动也动弹不得。小张妈急了，她觉得自己有责任，怕"皇上"怪罪。

溥仪听说"贵人"的胳膊疼得不能动，赶紧到同德殿并传侍医来，喊这个叫那个的又急又气，把小张妈狠狠地教训了一顿。李玉琴说这事和小张妈没关系，因为整天闲呆着无聊，才想起动手拆洗被褥，胳膊一两天就会好的，让"皇上"别急……

身着戎装的"康德皇帝"

当天晚上溥仪就守在"贵人"身边睡，亲自监督吃药打针。

不料，这事成了李玉琴的一个抹不掉的话柄。大张妈就认为"贵人"不会享福当主子。还有的女仆说："小家姑娘行事就是不注意身份，连累咱们挨骂。""若是先前那位'贵人'岂能不会当主子？"二格格也知道了，在她看来"贵人"抱盆洗被丢尽了皇家脸面，有失体统。

事后溥仪就打发小张妈上后边干活儿去了。女仆们自然愿意上来伺候"贵人"，这里活儿轻，吃得也好。有一次李玉琴又向溥仪讲："还是让小张妈上来吧，她做的菜我爱吃！"这句话奏了效，小张妈又回到了"贵人"身边，但她万万没有想到，这给小张妈带来的竟是灾难！

一个月后的某日下午，溥仪一脸怒气来到同德殿，进屋就找小张妈，连声音也变了。按宫中习惯，女仆们只在年节向溥仪请安行礼，平时规规矩矩道声"万岁爷吉祥"也就行了。这会儿小张妈刚要念叨"吉祥"，被溥仪一把抓住，噼里啪啦地往脸上、身上一顿乱打，嘴里还叨叨咕咕地说："我叫你这边那边，你给我们掰生、分家呀！"李玉琴在一旁像丈二金刚——摸不到头脑，拉又拉不开，便哭着央求说："皇上再不住手，玉琴只好跪下了！要打就连玉琴一起打吧！""贵人"怎么可以在用人跟前下跪？溥仪这才停下来恨恨地说："倘若吓着'贵人'，朕再找你算账！"吓得小张妈一个劲儿磕头，向溥仪磕一阵，又向李玉琴磕一阵。

事后李玉琴才知道，原来为一件小事：小张妈向皇上汇报时，说了一句"万岁爷"这边如何如何，奴才、"贵人"那边怎样怎样，溥仪并未注意，在场的随侍中却有人投"皇上"所好，举报邀功，溥仪闻之大怒，认为"这边"、"那边"是挑拨离间、搬弄是非。于是，他的温文尔雅立刻换成凶相，暴打了小张妈一顿，还把她轰回浆洗房。李玉琴心里不痛快，又病了。二嬷来探望，说万岁爷还没消气，又传话让人在浆洗房打了小张妈一顿，把她的衣服全撕成条条了，身上青一块紫一块的，"贵人"又为之落泪了。

"贵人有菩萨心肠会疼人，可是也该知道这宫里的事有万岁爷做主，贵人省点心儿就行。哪个奴才都是万岁爷赏饭吃，对他们都疼着哪！到了时候准会赏这个那个的，让奴才们都满心愿意的，也用不着贵人再赏什么给奴才……"

二嬷叹口气又磨叨，李玉琴总算听明白了她的意思。

"我就给过勤务班小孩两个苹果，并没赏给别的奴才什么！"在这种时候见着二嬷真像见了亲人，"贵人"觉得委屈。

"万岁爷一天到晚累着哪！事儿烦着哪！"李玉琴不懂得二嬷总说这句话到底指什么事烦着。她继续滔滔不绝地讲下去："贵人不能再给万岁爷添烦了。从前明贤贵妃事事顺着万岁爷，从来也不管奴才的事儿！说话呀，行事呀，专挑万岁爷喜欢的做，趁万岁爷高兴的时候讨赏。贵妃的衣服多着哪！都是按二格格说的样子做的，做好一件就穿给万岁爷看，万岁爷说好看，贵妃便咯咯地笑个没完。"

由溥仪"裁可"的伪满文件

"我不愿那样！当面笑啊，笑啊，背后抹眼泪。我可没那些心眼儿，皇上说他喜欢我像张白纸似的。"李玉琴打断了二嬷的车轱辘话。

"可不是吗，万岁爷心疼贵人，贵人好生养病吧，我回去抽口烟！"

二嬷打了个哈欠就往外走，烟瘾又来了。这是她的规律：话不投机便会想起"益寿膏"。二嬷心肠好，她磨叨来磨叨去就为暗示"贵人"几句：别乱管宫里的事，把万岁爷伺候好就行；吃穿方面要多听二格格的，别和她闹别扭；等万岁爷高兴时可以讨赏，讨什么都会得到。宫内只许以溥仪为中心，而不准搞多中心。李玉琴当时还很幼稚，不如二嬷见多识广，猜不透这些迷迷离离的宫廷事件的真谛。

061

四 在穷娘家和皇婆家中间

李玉琴每天晚上要等溥仪过来,不来也捎个口信,她才自己睡去。一天,将近午夜还不见"皇上"的影儿,"贵人"坐立不安。

"贵人唱歌真好听!"大周妈知道她苦闷,就想方设法安慰她。

"周妈也喜欢音乐?"

"奴才不懂,听贵人唱歌怪顺耳的,愿意听!"

"也爱听京戏吗?"

"嘿嘿,奴才爱听京戏。"

李玉琴起身打开电唱机的开关,连续放送几张梅兰芳的唱段片子。

"贵人别光疼奴才,也要爱惜自己的身子骨才是。昨儿晚上贵人看书大半宿,又哭过了。是不是想'丹阐家'老太太,真想就向万岁爷求求,万岁爷疼贵人,准能让老爷子、老太太来会亲。"说到这,大周妈还轻轻打了一下自己的嘴巴,"奴才又多嘴多舌,贵人别生气。"

1944年春,李玉琴的父亲李万财和母亲刘福德

"我妈来了又能咋的?还有人看不起!"想起父母在家里总是受到亲友和邻居们的尊敬,可进宫看闺女却受歧视,还是自己不孝!想到这里她伤心地哭了。

"罪过呀,贵人的老爷子、老太太慈眉善目的,多忠厚哇!"大周妈也跟着抹眼泪。

一九四四年春天,溥仪又开恩,特准李玉琴的父母再度会亲。那天,"贵人"起早梳妆打扮,穿上最喜欢的衣服,戴上最喜欢的首饰,急不可耐地等着父母进宫,她想着见面之后应怎样表示孝顺,要仔细瞧瞧,父母的前额、眼角又增添了皱纹吧!千万别哭,因为"皇上"说过再哭就不准许会亲了。

会亲的时刻到了,李玉琴由周妈引导下楼,父母见她远远走来便弯腰鞠躬,这可把她吓坏了,赶紧跑几步拦住两位老人:"别给我施礼呀!可千万别给女儿施礼呀!"

"这是国礼应当施的。"父亲又深深弯下那辛劳半生的腰板。

李玉琴再也止不住流淌的泪水,不自觉又犯了"皇上"的忌,老人为儿女吃苦受累,到头来还要给女儿行礼,这成什么规矩了?这次会面也只是在一起说说话,"贵人"把家里的人和事统统问遍。父亲说话很拘谨,母亲也是有问才答,不敢多说半句。父母出宫后,李玉琴愈想愈气不过,就去找"皇上"评理。

"让父母给玉琴行礼不合适,应该做女儿的给老人行礼!"

"你并不是普通的女儿,而是贵人呀!"

"地位再高也是父母生我养我,今天玉琴固然尊贵,也是老人忠厚一辈子积的德啊!玉琴更应尊敬他们,不能像陈世美忘本!"

"宫里有规矩,这是你知道的。"

"玉琴能和格格们以平礼相待,父母为啥反而不如平辈?"

"你这小玉琴真会说!"

"父母吃苦受累大半生,为人厚道,请皇上允许玉琴尽尽孝心!"

"今后会亲特准你见着父母互不行礼,你看怎样?"

"若依玉琴,还是请准给父母行鞠躬礼。"

"忠臣出于孝子之门,你有这样孝心难能可贵,就成全你啦!"

李玉琴又喜得落泪,她靠真诚争得了向娘家父母行礼的权利,这也许是两千年封建社会的皇宫里还没有哪位后妃曾经得到过的权利。

这次会亲过程中,母亲还告诉女儿,说父亲已经失业,李玉琴这才知道那一万元"赏钱"是含着条件的。母亲继续说,可是家里人口多,大哥挣的钱将就着能养活自己，二哥学徒不挣钱，父亲一失业也就断了收入，坐吃山空，那几个钱除掉还债，又给大哥结婚用去不少，所剩无几，今后生活怎么办呢？好心的朋友出主意说："闺女当了娘娘，再去伺候人着实不合适。不如请皇上开恩给起个营业执照，自己开饭馆，本钱不够几个人合股也行。""满洲国"期间经济管制很厉害，申请营业执照太难，父母一合计，这事只有恳求皇帝陛下了。

这是关系全家生计的大事，不到万不得已，母亲绝不开口求人，李玉琴深知于此，决心求求"皇上"。当天晚上给溥仪唱完一支歌，看他挺高兴，就把父母的难处以及想求他起营业执照的事说了一遍。她满以为还从未求过什么，"皇上"总能开恩吧？不料溥仪很不耐烦地反问道："你还记得在佛前焚烧的二十一条吗？"问完，拂袖而去。她难过极了，从此再不为父母向溥仪求任何事。

二格格韫和是李玉琴最先见到的皇御妹，也是李玉琴在宫里接触最多的格格，遗憾的是她们开始就互相有了成见，关系远不如谭玉龄与二格格那样亲密。有几回韫和当众让"贵人"出丑，李玉琴也不示弱，敢于"以牙还牙"。杨景竹讲过两件事：

一九四四年旧历五月节，李玉琴在同德殿摆宴，传我们女眷陪餐。那天的菜多数是素的。"贵人"很实惠，用筷子点着其中一道菜招呼说："来呀，吃肉丸子呀！"说着还夹起一个肉丸子放我碗里。继而忽然把脸转向韫和，存心报复地当众问道："二格格，你们从小生在王府，什么肉都吃，也吃过人肉吗？"韫和的脸"唰"地一直红到耳朵根，生气地顶撞"贵人"道："吃过！"随即对大家说："英才开音乐会，我得去看看。"借此一溜，离了席。

还有一次，二格格在李玉琴卧室里一掏兜，掏出一个绿色的小钱包，正好那天是"忌日"，"贵人"毫不客气地借题发挥："二格格，今天是什么日子呀？还有辰呢！"韫和脸红了，马上找一张白纸把小钱包包起来。

二格格为人坦率，从小生活在惟我独尊的环境中，对新"贵人"看不顺眼的地方当然很多：民族呀，出生地呀，家庭条件呀，不懂规矩礼节呀，不会穿戴打扮呀等等。不过，她在当时强调规矩礼节，要求"贵人"按身份穿戴，这也是奉命而教，无可指责。李玉琴却公开顶撞她：穿衣戴帽，各有所好，干吗听你的？加之，她又常常受到背后讲二格格坏话的人怂恿，遂愈来愈"不驯"。对溥仪来说，一个是胞妹，一个是妻子，当然只能持调解的立场，他曾对李玉琴这样解释："她是个急性子，你是个直性子，所以处不好。"等她们闹起意见来，常以息事宁人的态度，淡淡说几句"别生气"、"甭理她"等就算过去，于是，"贵人"更理直气壮地不把二格格放在眼里了。

　　那时溥杰偕妻子住在西万寿大街(今长春西民主大街)，溥杰隔一两天就

溥杰和嵯峨浩在伪满后期

被召进宫来陪餐或闲聊,浩二奶奶不常来,但隔一个时期或逢年过节也一定来的,每次来,"贵人"都要出面相见,一块儿吃顿饭什么的。溥仪不喜欢在"政略婚姻"背景下娶进门的日籍弟媳,李玉琴因此也敢于冷落这位御弟的夫人。杨景竹举出以下实例:

> 李玉琴常向我讲浩子如何如何。有一次,她忽然很神秘地告诉我说:"浩子今天可露了馅啦!"
> "怎么?"我迷惑不解地问。
> "她脖子上的粉没搽匀,有白有黑!"
> 浩子穿着讲究,喜淡雅。李玉琴看不惯,一见浩子便对我说:"你看她穿得多素呀,还穿白色的呢!"口气里带着轻蔑。
> 还有一次李玉琴过生日,宴会之后浩子提议请"贵人"唱歌,浩子讲

西万寿大街溥杰旧居(今为长春西民主大街,旧居已拆除)

汉语常需辅以手势，李玉琴本来明白却硬装不懂，就是不唱。浩子觉得没趣，坐了一会儿就走了。李玉琴遂告诉溥仪说："刚才浩子让我唱歌，我没唱！"溥仪说："对！别给她唱！"

"贵人"更得意了。

五　"怀疑狂"和"隔墙耳"

特殊的历史环境铸就了溥仪多疑的性格，这位傀儡皇帝深知自己的生命攥在日本军阀的手心里，随时可能失宠并莫名其妙地被除掉，他怕死，要保命，所以疑神疑鬼。比方吃药，溥仪看过不少医书，略懂中医，大夫给他处了方，他一定要过目，一定亲自动笔在处方上加减几味，连给李玉琴处的方子也须经他改过才行，他不会完全相信大夫。再如防身，溥仪总担心有人害他，无论在宫里住着，还是外出"巡幸"，都预备几只防身"小撸子"。有一回还在"贵人"面前掏出枪来问道："愿意学放枪吗？我教你。"李玉琴从来没见过拔出枪套的又黑又亮的小手枪，冷不防一看怪吓人的，就说："玉琴不想伤害谁，别人也不会来害玉琴，学那玩意儿干啥！"遂作罢。

溥仪是十足的怀疑狂，对自身以外的一切都不相信，时刻提防着别人的暗算，好像真有人要害他似的。他一方面把"福贵人"喻为"纯洁无瑕"的"一张白纸"，口口声声地说"喜欢她"、"爱她"；另一方面却把她同样作为怀疑对象。

李玉琴回忆说："这位'日理万机'的'皇上'，竟有充足的时间和精力为我这个幽闭在深宫内院的弱女子制定几十条清规戒律，而且要亲自听取女仆们关于我日常活动的汇报，亲自查阅我写给父母兄妹的每封家书。就连我每天应由哪几位女眷陪伴也是'御笔圈定'。我的客厅中本来有部电话机，可从来没有使用过。我当然想和宫外的亲人们通通话，但他们都是穷人，哪家也安不起电话。尽管如此溥仪还是不放心，他怕我和外界有联系，偷偷给谁打电话，便毫不客气地命人特制木盒，把电话锁上了。"

"满洲国"后期，溥仪从孤儿院找来一些十几岁的孩子，在内廷设立"勤务班",让他们干粗活儿、脏活儿,不但要让他们伺候溥仪,还要伺候溥仪的随侍,稍不如意就又打又罚,生活待遇极端恶劣。李玉琴只听女仆们说过那些孤儿的事儿,一九四四年春节期间偶尔在阳台上看见他们拖着瘦小而疲倦不堪的身体走进同德殿干活儿,觉得他们怪可怜的,就顺手从果盘里拿了几个苹果,叫身边女仆送给勤务班的孩子吃。不料溥仪马上得到报告,气势汹汹地找来,并以审问的口气把"贵人"盘查一通。

"为什么要给那些孩子送苹果?"

"他们一年到头怪辛苦的,又无家可归……"

"你很善良!"

"过年了,赏几个苹果也不算过分呀!"

"难道就没有别的目的?到底想干什么?"

她无法回答,对付这种奇怪的审问,只好用委屈的眼泪了。溥仪认为这

缉熙楼内溥仪的书斋,溥仪与吉冈安直的蜡像

里包藏着"阴谋",大概要用苹果收买勤务班或别人的好感,久而久之也许会生出对他不利的事来,所以大动肝火。

关东军参谋兼"帝室御用挂"吉冈是除溥仪外与李玉琴见面最多的男人,他阴险狡猾,正像溥仪说的,"哼哈一声,眉头一皱,就是一个主意"。吉冈在长春十年,像个贴树皮似的,时刻贴在溥仪身上,使他不得自由。别人晋见,溥仪可以回绝,见也须约好时间。吉冈则不然,不管早晨、傍晚或是深更半夜,要来就来,随来随见。

其实吉冈见溥仪不一定有什么正经事,有时是带来妻子做的点心请溥仪尝尝,有时是看望病好了没有,有时是因一句话忘说了等等。表面上他和溥仪的关系比谁都好,有时来了待不到十分钟走了,没过五分钟又回来了,说想起了一点小事。其实这是找借口多来几趟,观察溥仪动向。溥仪穷于应付,刚吃半截饭也要放下饭碗去见吉冈,真可谓"一饭三吐哺,一沐三握发",可惜不是求贤,而是怕死。闹得溥仪精疲力尽,等吉冈去后,他总是说倦了倦了。

除监视溥仪,吉冈还给他出坏主意,并负有联络"日满感情"的特殊使命。他来往于东京和长春之间,把溥仪的礼物捎给日本皇太后,又把皇太后赏给溥仪的点心糖果带回来。但溥仪是很提防的,他自己不吃,也不让李玉琴吃,怕有人投毒。溥仪对吉冈的感情颇复杂,有怕,有敬,更有恨。既要应酬他,又想利用他。因为只有通过吉冈才能使日本了解溥仪是否忠实可靠。哪怕是假信息,也只有利用吉冈这根"电线"传递出去,从而稳固自己的地位。

溥仪不学日语,在中国多年的吉冈也不通汉话,但他们也能进行比较复杂的谈话,因为事涉种种秘密,一般不通过翻译。他们见面谈话兼用汉语和英语,辅以笔谈,总能把问题谈清楚。这样滑稽叫笑的对话,李玉琴有幸领略了。有一次吉冈求见,李玉琴正在溥仪的寝宫中,溥仪传话在书房见。书房、寝宫仅一墙之隔,由一扇门连通着,溥仪过去时门没关严,有条细细的缝,他们万万不会想到隔墙有耳!两人一会儿"OK",一会儿"哈依",一会儿又笑了起来。细听听,两人的笑声大有分别:一个浑厚粗犷,却带点勉强;一个阴阳怪气,包藏着奸诈。由此可以推想他们的表情,一个丑陋而像个恶煞凶神,一个英俊却只能时时留意对方的脸色。他们之间并没有亲密谈话,只有勾心斗角和政治交易。

六 "皇上"亲自授课

"读书"二字是李玉琴进宫的金幌子,所以她一踏入宫门就嚷嚷找老师,溥仪总是安慰她说:"别着急,我要给你找一个老实可靠又学识渊博的师傅。"当时,谭玉龄的师傅因年老多病已不堪授课之累,不久便去世了,而溥仪希望找到的德高望重的人才却始终没出现。于是,他索性自任师职,亲自给"贵人"上课,当然她的学习也就难以正常了,溥仪高兴就来上一课,不高兴就啥都忘了。

溥仪向李玉琴灌输的知识主要是列祖列宗的"圣训"和"三从四德"的《女儿经》、历代格言之类。有时选讲《四书》、《五经》某一章节,《古文观止》某篇或唐诗某首,并随意教教作诗、对仗要领以及临帖等书法基本功。溥仪不像普通宫廷师傅"进讲"那样正经,李玉琴毕竟不是他的学生,而是他的

写满眉批的线装溥仪藏书

伴侣，或者说是天真活泼的孩子。所以，上上课便要溜题儿，老师爱出怪样，学生笑个没完。一直未安排正式授课，《四书》更没从头念到底，诗词连格律也没有系统地教过。甚至有时讲着讲着又打岔扯远了，简直分不清是讲课呢，还是谈情说爱。

有一次讲《诗经》第一首中头几句："关关雎鸠，在河之洲。窈窕淑女，君子好逑。"溥仪解释说，在水中小岛上，雌鸟鸣唱，雄鸟来和，就像美丽贤淑的女子受到男人的思慕和追求。当时，"君"在李玉琴头脑中的概念就是"天子"，诗中怎么又变成了普通男人？对于这样幼稚的提问，溥仪并没给予适当的解释，而是笑得咧开了嘴："对呀！你就是美丽贤淑的女子，我选中了你，就是'君子好逑'。""贵人"忙说："玉琴够不上美丽贤淑，皇上和玉琴开玩笑哪！"溥仪却止住笑，郑重地说："不是开玩笑，你在我眼里就是美丽、贤淑的。"继而若有所思地自言自语，"美丽贤淑，美丽贤淑……"突然又解释了一句，"要始终如一地忠诚于爱情，才算是窈窕淑女。"话中带着感伤，原是想到了婉容，他当然不会责怪自己占有并欺骗了人家的青春，反而认为是婉容对不起自己，虽然美丽但不忠诚。

有一次溥仪教李玉琴对句子，他说内容和形式都必须对称，如天对地、日对月、物对物、景对景、日月对山川、大海对长空，但有奇句可以破例。按"贵人"的文化水平，她对句有难度，尤其碰到含典故的高难联句只好瞎蒙一气，一般是蒙不对的，更有时蒙出笑话来。一次，溥仪为她画了一个句子的范畴："玉琴说说看，按三纲五常对个句子。"她不假思索冲口而出："皇上对玉琴！"自以为对得不错，她很得意地反问道："这叫不叫'君对臣'呀？"溥仪听后一笑，也没法说不对。

当溥仪讲《圣训》或《佛经》时，表情立刻严肃起来，要求李玉琴也"洗耳恭听"。溥仪对"三毒"、"五毒"和"十苦"等佛经信条倒背如流，给她讲过一遍，不管有多少内容，必须立即回讲，这实在是很难的。佛经上有许多生字，她也不敢说不会，仗着岁数小，学得快，记得也快，勉强能回讲上来。溥仪要求严苛，回讲中略有差错就心烦，命她重讲，再不然就把灯一关，入定打坐。一坐就是一两个钟头，用人们还以为"皇上"和"贵人"安歇了。

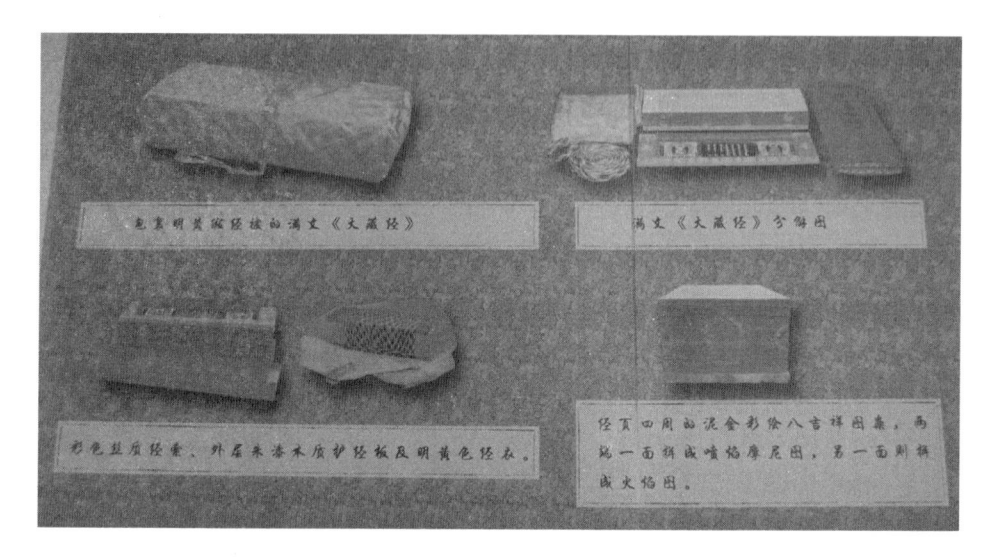

溥仪收藏的《满文大藏经》

　　溥仪的手指细长，写毛笔字时握笔的姿势也很特别。一般人握笔是从笔杆中部往下，指间距离不大，溥仪则把食指抬得特别高，指间距离又稍大，显得一支笔杆从上到下全是手指头。李玉琴开玩笑说："龙爪握笔倒是和凡人不同啊！"称他的手为"龙爪"，"皇上"不会生气，半个月前，两人对着"相面"就发明了这个用语。

　　"玉琴，你看我这五官，你一定不知道怎么称呼！"

　　"皇上的眼睛、鼻子、嘴还有什么特殊吗？"

　　"那当然了！"

　　"玉琴不明白。"

　　"你说这叫什么？"溥仪指指自己的眼睛。

　　"眼睛呗！"

　　"不对！"

　　"这还能错？"

　　"叫圣目。"

　　"再说这叫什么？"溥仪又指指自己的鼻子。

"玉琴不敢瞎说了。"

"这叫准头。"

随后溥仪又伸出手来说："这叫老香香。"又指指自己的脚，"这叫老丫丫。"溥仪童年的时候，他周围的太监和嬷嬷们就这么称呼。李玉琴这才知道，连皇上的生理器官也和一般人的叫法不一样。

溥仪又瘦又高，身高有一米八〇，手指脚趾也细长，在李玉琴的想象中真像龙爪。世上本没有龙，但画上的龙有具体形象，其爪全是细长的。于是她脱口开了个玩笑说："皇上的老香香、老丫丫真像龙爪呀！"说完吐了吐舌头，怕冒犯"皇上"惹他不高兴。谁知溥仪哈哈大笑，还夸她"会形容"。于是，后来她才肆无忌惮地把溥仪的手称作龙爪。

溥仪的手虽然不是龙爪，毕竟有点特殊，不但手指细长，手掌也特别柔软，即使不涂抹任何化妆品，仍油亮油亮；不过手纹特乱。李玉琴想起妈妈说过的话，就转告"皇上"："手纹乱主操心事多！"溥仪说真应了，他的操心事就是多。接着溥仪又给"贵人"看手相。她天生小手小脚，比同龄女孩子都小，手掌肉厚，被称作"肉手肉脚"。然而看手纹却非常整齐，按迷信说法这

溥仪收藏的《心经》

就是不操心的证据，有福相。溥仪抚爱地捏捏她的手，"玉琴一辈子不用操心。"她履着溥仪的话音说："玉琴没心眼儿，皇上替玉琴操心了。"

溥仪生得大脸盘，高额头，鼻子大，嘴也不小，嘴唇挺厚，下腭又显得宽大。只是头发不多，眉毛不浓。李玉琴便以溥仪长相中的长处作依据，说皇上"天庭饱满，地阁方圆"，是大官相貌。她也学会张口说话抬举人了，这种鹦鹉学舌的孩子话竟让溥仪挺开心，只见他两条眉毛一挑一挑的，眼睛、嘴巴和两只手互相呼应，做出一个个表示高兴的怪样子。

那次"相面"的经验使李玉琴敢拿"皇上"的生理器官当题目开玩笑，当然要与"龙"、"圣"等好听的字眼联系起来。这次又发现"皇上"握笔的特殊姿势，被溥仪称赞为"善于观察"，更给她添了勇气，遂又琢磨着继续开"皇上"的玩笑了。她平时曾听别人讲写毛笔字一定要握笔有力，达到让人拔也拔不起来的程度。于是悄悄绕到溥仪身后，冷不防抓住笔管往上提，还真没拔动。溥仪一愣神儿，冲她问道："你怎么又淘气了？"

"玉琴要试试皇上握笔的腕力，还真行，使劲儿也没拔动。"

"好哇！你这小玉琴来考我了，看今天我非给你画胡子不可！"

溥仪说着真拿毛笔蘸蘸墨汁撵来了，她便东躲西藏地和"皇上"捉迷藏，因体轻个小，跑起来灵活，当然抓不到，溥仪不一会儿就气喘吁吁地坐到沙发上去了。见"贵人"笑得前仰后合，便指着她的鼻子说："你这小淘气包！"

溥仪信佛，其目的固然是利用封建迷信维持统治地位，不过这一点李玉琴当时不理解，以为他很虔诚，也愿意跟他学佛。溥仪每天与别人讨论佛学，或

商衍瀛为溥仪笔录乩坛语

讲解经书，常说自己是困龙受灾，等灾难一满就要上天了。他还向李玉琴灌输了许多迷信的说法，比如，佛经说人生有十苦，不论穷富人都免不了，所以应当修好行善，到西方极乐世界去，那里什么苦都没有了；还说尘世间到一定时期要有兵灾、火灾、瘟灾和大荒年等，眼下世界就处在兵灾的年头上，因此应当多念佛，求菩萨保佑他和全国老百姓免灾。他每天跪在佛前念"大悲咒"、"六字大明咒"、"心经"、"金刚经"，诵"释迦牟尼佛"、"观世音菩萨"等佛号。李玉琴也规规矩矩地礼佛诵经"做功课"。

为了表示心诚，溥仪吃"观音斋"，每月有三五天素餐。随着时局愈来愈紧张，吉冈对溥仪的控制也愈来愈严格，他更觉得空虚、心寒，便无可奈何地把一切希望都寄托在佛的身上了。不但"功课"愈做愈多，还干脆由"观音斋"变成吃长素。从此，膳房所用鸡、鸭、鱼等肉类，只买宰好的，不买活的。因为佛教五大戒律中"杀"是第一条，买活物宰杀即是犯杀戒！然而，从此宫中再也吃不着鲜肉了，李玉琴也吃起长素来。

为了不犯杀戒，溥仪不但拒食鲜肉，连蚊子、苍蝇都不许打死，即使蚊子叮在身上，也得忍耐着刺痒任凭它吸吮血液，这在佛教里叫作"施舍"，只有这样修行才能顺利进入"西方极乐世界"。李玉琴也学会了不惜血本的"施舍"，但叮得实在难忍时，便不管它是蚊是蝇一律撑开。

既然溥仪还疯狂地幻想着恢复"祖业"，他就不可能放弃尘世，修行到"西方极乐世界"去。然而"贵人"却深信不疑，如果说溥仪是佛的假信徒，她就是溥仪的真信徒。溥仪让她多念佛，她便每天跪在佛前念两三次；溥仪说心诚则灵，她似乎在梦里真看见佛菩萨出现了。

溥仪不但把李玉琴教育成一个自觉的佛门弟子，还给了她其他许多教育，把这样一个小姑娘找到宫里来，为的就是好教育，在一张白纸上好画画。所谓君臣大义就是溥仪教的，他经常告诉"贵人"，自己是"天子"，就是天的儿子，生到凡间来替天行道，管理老百姓，天下人都必须服从他。又说，他眼下虽是一条"困龙"，灾难一过还是圣明天子，到那时要让全国老百姓都过上"夜不闭户"、"路不拾遗"的好生活。他还特别为李玉琴讲"三从四德"，讲《烈女传》上令人心寒的故事，如说"娥皇、女英乃帝尧之女，同侍一夫，传为历史美谈"。溥仪让她把为皇上牺牲的历代后妃作为学习榜样,细细体会孝、悌、忠、信、礼、义、廉、耻的所谓"八德故事"的细节。用一句话来概括这些故事,也就是时时、事事绝对服从他。李玉琴想不通,曾天真地问:"皇上说什么,玉琴都得听,都得照办。比如说二加二等于四,皇上偏要说等于三、等于五,玉琴也得跟着说对,可是心里明明知道不对,那怎么办呢?"这问题溥仪回答不上来了,就拿出威严来说:"对!对!我管得你的嘴,管不了你的心!"李玉琴连忙赔礼认错。

溥仪还煞有介事地对李玉琴说:"人生在世,享福受罪,都是前世修来的。你所以能当贵人,也是前世修的福!是造化,是命运的安排!"这话她真信了,开始认为自己命大尊贵,应当坐享其成。逐渐对摆架子、拿身份、由奴才们伺候着都习以为常了。她变得连条小手绢也不愿自己动手洗,变得脾气大了,会在奴仆们身上挑毛病了。是溥仪把一个穷人的女儿教育成名副其实的"贵人"。

七 贪玩的"贵人"

刚进宫时,李玉琴学习还挺用心,日子一长便贪玩了。"贵人"常让女伴陪着在假山前的树林子里"抓人玩",绕树跑。她是个十五六岁的孩子,玩起来没个够,那些三十来岁的女伴哪能受得了?只好对她说:"贵人绕树玩吧,我可跑不动了!"她一听,脸上就有不悦之色,因为没尽兴!有一次,她又想骑自行车玩,便吩咐买来一辆。时不时戴上防晒草帽,推车在院内走几圈,女仆跟在后边一步不离,却没有一次骑上车座。李玉琴还有一副深绿背、淡黄面的麻将牌,平时就放在客厅"多宝格"上,原来宫里是不许玩牌的,因为"贵人"太闷,溥仪特许几位女伴进宫陪玩。杨景竹回忆说:

"皇上"高兴时也过来玩玩"掷骰子",他输牌一定给我们钱,若是赢了一文钱也不收。所以,李玉琴非常乐意跟"皇上"一起玩。有一年春节,我们正在李玉琴的书房中"掷骰子","皇上"来了。他以为别人没看见，就故意躲起来。其实李玉琴已经看见，但不知溥仪躲着，就急切地问："皇上呢？皇上呢？"溥仪这才笑着出来一起玩上了。那天，我还赢了一个小烟嘴。我说："回家送给额娘用！""皇上"夸我："好哇！还挺孝顺呢！"平时，我们虽有输赢，事后都要"物归原主"。有一次我赢了五格格，"贵人"说："她是阔太太，赢钱不用还了！"我真就没还，毓嶦知道后埋怨我一顿。

李玉琴贪玩，有时也闹出点麻烦事。一九四四年初夏，她经常戴在手指上的一只钻石戒指不翼而飞，几个女仆帮着找遍里里外外，仍不见踪影，"贵人"焦急万分。据杨景竹说，是在园中散步掉在假山前后了，已让用人们分头找了两天，急得她眉毛都拧到一块儿去了。杨景竹安慰她说："找不到就算了，求皇上再赏一只吧！"可她还是愁眉苦脸的。

首饰对"贵人"来说不过是一种玩物，虽然很值钱，却不许她转送亲友，她也不太在意。但这只钻戒是册封那天溥仪亲自戴到她手上的，她舍不得丢了这份情意，也怕不好交代。李玉琴烦恼还因为这物件恰恰丢在父母第二次会亲之后，怕别人怀疑是自己偷偷给了母亲。她深知女仆们都负有监视之责，一旦密报"皇上"，就可能引起盛怒，以致断了今后"会亲"的希望，那就再也见不到双亲啦！

说来这钻戒丢得也奇，李玉琴的首饰盒平时放在柜子上，不加锁，有时连盖也不关，可从来没丢过什么。钻戒紧紧套在手指上不可能掉下，只在洗漱时才摘下放在东边小柜上，洗完又戴上了，怎么会丢呢？周妈和张妈不愿担嫌疑，起誓发愿说，谁若拿了一定遭报应。她们还从宫里跑到孝子坟去烧香，只有徐妈不着急，更不起誓、发愿、烧香，好像没她什么事似的。此人是北京醇王府介绍来的，大个头，大手大脚，走路咚咚地挺有劲儿，像个女运动员。她年轻，又长一双笑眼，还有两个酒窝窝，与"贵人"谈天说地比较随便，不像大张妈、小周妈总存着身份观念。她还是"包打听"，了解宫中许多内幕，后来的事实证明她不怎么老实。宫里的这种事多了，溥仪得知后不以为意，也没有责怪"贵人"，更未影响"会亲"，李玉琴终于放下了一颗悬着的心，花园里又时常响起这个十五六岁女孩子的叽叽嘎嘎的笑声了。

有个夏天的晚上天挺热，溥仪拉起"贵人"的手说："走！遛弯儿去！"她很奇怪，深更半夜上哪儿去？只见溥仪一声令下，同德殿前一串串电灯都亮了，照得小花园内远近分明。溥仪又传话"开瀑布"。她更奇怪了：这儿哪有什么瀑布呀？再说，她从课本上看到的、从电影里瞧见的，都是天然的永不止息的高山流水，哪有说"开"才来、按命令办事的瀑布？正这么寻思着，随着溥仪话音一落，从正面假山左边射过一道强烈的电光，接着响起了哗哗的流水声。溥仪抬手一指说："快看，那不是瀑布吗？"顺着手指的方向看去，只见有条三尺多宽的水面，像白布带子似的从比假山略低的地方倾泻下来。据李玉琴回忆，当时那景象也够壮观了，她还记得小学地理老师竟把瀑布念成"暴布"，后来又从电影里看到飞流直下的样子，她脑海里刻下了很深的印象。这回亲眼见到，还由于溥仪的纠正，知道了所谓"暴布"本应念瀑布。

东御花园养鱼池

"这是人造小瀑布,从自来水中淌出来的。"溥仪解释说。

"简直就像真的!"李玉琴被这瀑布夜景迷住了。

"人世间到处都有名山胜水以及飞流千尺的瀑布,可惜我们出不去,只能看看人造小瀑布。几时有了条件,我要带你进关,下江南!"溥仪又应景生情、想入非非了。他常常因为一点小事也会联想到复辟上去,每时每刻都企望着效法圣祖,拥兵称雄,入主中原。

"人造瀑布也好看,不过电闸一开,浪费多少水呀!"李玉琴说。

"水都淌到养鱼池里,那儿也需要。"溥仪说。

因为安设在养鱼池周围的电灯也都亮着,受了惊的红色鲤鱼以及千奇百怪的各种金鱼都游动起来了。它们在灯光的映照下穿梭于水中,绚丽似锦,好看极了。李玉琴在家时就喜欢小动物,所以白天常到这里喂鱼。有时溥仪过来也跟着喂,一起观察那些争食的鱼儿欢快地游来游去。溥仪说,宫内府每年都要用飞机从东京运来一斤左右重的观赏红鲤鱼。这些鱼都命短,一到深秋天凉就不会动弹了。"贵人"听了很难过,溥仪又安慰她:"用不着伤心,明年开春又运来了!"

"玉琴,登山去!"溥仪腿长,步子大,李玉琴也有优越性:年轻,身子灵巧,走路爬山都敢比试。果然,溥仪爬山累得张口喘,她可没什么感觉。

假山顶上凉风习习,溥仪高兴了:"好清爽,比吃冰激凌还舒服!"溥仪说着名副其实的"风凉话"。

"灯红树绿,山低水急,还是挺美的小花园。"李玉琴本来想说"山高水急",叫那小山实在没法用"高"字来形容。

"不好!快下山!"

"皇上怎么了?"

"蚊子叮得受不了!"

"皇上不是随身带着金冠药水吗?"

"蚊子太多,什么也不管用了!"

东北蚊子也怪,咬人还要分人。如果有两个人在一起,就专叮招蚊子的,溥仪就是招蚊子的那种人，他可替"贵人"受苦了。每到起蚊子季节，溥仪总是随身携带止痒效能特快的"金冠药水"，今天也不灵了。

下山时李玉琴快步走在前边，来到瀑布跟前用手撩起一把清凉凉的水浇在脸上，觉得很好玩。急忙跟了上来的溥仪一边喊着："小心啊！别摔着！"自己却脚底一滑差点摔倒，像个不倒翁似的张开两手左右摆动，"贵人"忍不住笑，赶紧过去扶住。她知道这是因为白天下过雨，山坡上的草有点滑的缘故，她边扶住"皇上"边说："就让玉琴搀着下山吧！"溥仪还是一个劲儿叨叨："慢点！小心！"

溥仪有时不像男子汉，婆婆妈妈的。平时李玉琴在园子里玩，不小心让树枝把胳膊划个小口，或是碰破点皮，叫溥仪看见准要大惊小怪地传话："拿红药水！"、"拿消炎粉！"其实"贵人"并不在乎，就说："玉琴不像皇上那么娇气，用不着上药，过一两天自然会好。"溥仪板起面孔说："惦念你嘛，反倒说我娇气，这是怎么说话啊！"她这才感到自己说话太冒失，赶紧认错："是玉琴惹皇上生气，以后不敢这么说了，皇上原谅这一回！"溥仪又笑了，用一只手拉住李玉琴的手，另一只手抚摸她的手背和上臂说："玉琴真长了一副好身子骨！"

李玉琴搀着溥仪下山来，伺候着的老妈子们早把藤椅、茶桌，靠近同德殿前廊子摆好了。既有热茶又有冷饮，大果盘里摆着各色水果。

"皇上累了，请入座！"李玉琴调皮地一鞠躬，做出了个怪样。

"你这淘气孩子！"溥仪用手指点点她。

李玉琴拣一枝葡萄咬着，继而又端起一杯热茶喝起来。溥仪见了很不放心地说："你吃凉的，喝热的，胃怎么受得了？还是喝冷饮吧！"

"玉琴口渴想喝热茶，平时也这样，玉琴的胃能适应。"

"你这孩子有福气，没忧愁，和你在一起连我也觉得年轻了！"

"皇上越活越年轻，玉琴愿意跟皇上回北京宫里捉迷藏玩。"

"你一天到晚就知道玩！"

"还知道不许皇上找不到人就发脾气！"

"你怎么知道我找不到人发脾气？"

"还不是皇上自己说的！皇上不是常给玉琴讲小时候的故事吗？"

溥仪确实讲过许多这样的故事，他十来岁时爱玩捉迷藏，清宫里左弯右拐旮旯墙角一类的地方多得很，真想把身子藏住别人就很难找到，溥仪再小也是"皇上"，哪会有那样的耐心？找不到人就嚷开了。所以小太监们只好故意露出马脚，让万岁爷很快就能找到，还要时时提防不能摔着他。这其实算不上"儿童游戏"，只是哄哄溥仪高兴罢了。

溥仪坐在藤椅上，呷一口透凉的酸梅汤。

"你的记性不错！"

"皇上讲的玉琴都记得。皇上出宫不久还曾在一个漆黑的深夜，骑车回到护城河边上，发誓要返回清宫，这事我也记得。皇上前几天还说过，总有一天要带玉琴返回北京清宫！"

"是呀，早晚带你回去，普天之下还会飘扬大清帝国的龙旗！"溥仪又点着烟卷儿叼在嘴上，左腿搭着右腿晃悠起来了。

"来一个'连字游戏'吧？"溥仪用手扶扶眼镜说。他高兴的时候挺讲民主，连怎么玩也要征询李玉琴的意见。

"玉琴陪皇上，就是学问浅，连不到好处。"

连字是当时宫廷里一种流行的游戏，要求下句必须与上句字数相等，内容相接，而且下句的句头还要和上句的句尾相同。这种游戏是很费脑筋的，但能提高智力和文化水平，不失为一种有益的游戏。李玉琴的古典文学底子薄，和溥仪玩这种游戏只能在他的低水平线上动作，比如说些吉祥方面的话例。溥仪起句"天下太平"，她接"平安如意"；再起"四季平安"，再接"安居乐业"；起"福禄寿喜"，接"喜上眉梢"或"喜事重重"；起"妻贤子孝"，接"孝悌忠信"等。进而可以借用诗词一句，或五言，或七言，从最后两个字接起，也可以用同音字相接。这种连句难度稍大，李玉琴常常难以应付。有一次溥仪起句"夫妻常相伴"，李玉琴接"相伴到白头"，溥仪又接"白头情更深"，该李玉琴接时她想了半天接不上了。更有的时候连句连出了笑话。有一次轮着李玉琴起句，讲好谁先落地谁受罚。她说了四个字："幸福美满。"溥仪接句："满堂金玉。""玉"字开头本来很好接，比如"玉色生辉"之类，可她一时窘住，脱口接了个"玉琴、皇上"，溥仪笑着说："念你心中总有皇上，这回不罚了。"

两人连了一会儿句子，溥仪又喊累了，让老妈子们服侍着送回寝宫去。剩下她一个人对月空坐，反正回去早了也睡不着，索性坐着看月亮吧。当班的张妈知道她又要想家，就把她劝回卧室。

八　金丝笼中金丝鸟

同德殿原是为溥仪和他的"皇后"修建的起居之所，卧室、书房、客厅和浴室等都是双套的，靠里边一套女人用，靠外边一套男人用。溥仪怀疑日本人盖房时做手脚安装窃听器，就一直没有搬过来。后来李玉琴住进了皇后那套房子，溥仪也就近布置了一间供他使用的客厅。原来这二楼的许多房间都是门对门地通连着，这时有人进言，说这种相通的格局不好，跑风水，应该挡上。溥仪便命人抬来一架六扇屏风放在"贵人"的卧室中，用以遮挡通往书房的门。它能否留得住好风水李玉琴并不关心，但那黑亮黑亮的漆架，镶贴在架上的漂亮粉缎，特别是绣在缎面上的一双飞舞的彩凤，引起了她的兴趣。

为了陪溥仪，李玉琴每天要等到半夜十二点多钟。但那时陪溥仪玩的人很多，溥仪常常把她忘了，也许几天不来，即使来了，待上一两个钟头就回去。"贵人"周围连一个亲人都没有，非常盼望"皇上"能到身边来。溥仪赏给她一台收音、录音、电唱三用无线电，溥仪过来了，常让"贵人"唱歌并录音，溥仪夸她唱歌的声音好听。但"皇上"自己并不老老实实地好好录，一会儿开句玩笑，一会儿出点怪声，或是喊两句京剧，念几句抒情诗，乱七八糟地全都录进去，然后反复播放。

有一次李玉琴正赏月时"皇上"来了，他高兴地让"贵人"披起一条长长的红绸自唱自舞，自己也踏着拍节手舞足蹈，嘴里念念有词地作了篇赏月诗："月下美人舞兮，吾心醉；愿与美人相伴兮，永不离……"

溥仪跳不好，却爱"动手动脚"，有几回亲自教"贵人"打太极拳。他曾向宫内护军小头目霍庆云学过几招子，会打老路数的一百零八式太极拳。但他没常性，办事凭兴趣，教教停停，李玉琴啥也没学会。

溥仪在缉熙楼的寝宫并不是李玉琴随便能去的，他觉得有某种需要，或感到身体不舒服，才传话让"贵人"去陪他，照顾他，有时也留宿，让她睡在"龙床"上。然而她到缉熙楼来就像做客，不敢放声说笑，因为寝宫门外的走廊或旁边的书房里总有随侍和"宫廷学生"值班，他们也只好如同君与臣那样严肃了。溥仪爱逗，免不了悄声说句逗话，出点怪声，但动作、声音都很轻，不能像在同德殿那样，"皇上"变成了大孩子，领着她变着法儿淘气。

溥仪用过的墨晶眼镜和鲨鱼皮镜盒

溥仪不穿棉衣，也不盖棉被，在他的"龙床"上只预备毛巾被，冬天盖两条或是加一条毛毯，全靠屋子暖和。他使用的枕头也很特别，是用若干柔软的小枕头叠摞在一起而形成的和"龙床"一样宽的大枕头，任他怎样翻身也绝不会落地。白天整个"龙床"被蒙在明黄色外面和红色丝绸里子的床罩之下，全部睡觉用具便与外界隔绝了。溥仪就寝前常穿一件彩色毛巾睡衣，里边是贴身白布裤褂，上床时就把睡衣脱掉了。

溥仪不穿睡衣却要戴"睡镜"，睡前必定摘下白天戴的眼镜，换戴另一副，即所谓"睡镜"。"贵人"颇感奇怪地问他：睡觉又何必戴眼镜？他说习惯了，不戴不舒服。后来李玉琴才知道，常戴眼镜的人冷不丁摘下就会显得不顺眼，溥仪爱美，和她一起睡觉时怕她看见自己摘下眼镜后不好看的样子，所以宁可戴着。李玉琴偏开溥仪的玩笑，总想偷偷给他摘下，他便严密提防，一旦发现"贵人"有所行动，先是用手护住，继而假装生气，最后才找到了有效方法：原来他又发现了李玉琴的一个缺点——习惯于梳学生头，用头发盖住耳朵。于是，溥仪便想方设法让她露出耳朵来，惹得她也不舒服。后来两人互相让步，约法三章，谁都不再破坏对方的习惯。

生活在金丝笼里的李玉琴是十足的附属品，溥仪要求她想法子取悦他，让她在他疲惫的时候给他唱歌讲故事，让他高兴。

穷人的女儿逐渐适应了宫廷生活，也学会了怎样讨"皇上"的喜欢。杨景竹回忆说："李玉琴进宫第二年比头一年情绪好多了，也会伺候皇上了。我和她聊天，她总是最先向我'报告'新闻——'昨天晚上我给皇上唱歌了，皇上很满意。'或者说，'昨天晚上我给皇上做体操了，皇上非常高兴。'"

李玉琴和溥仪还一起演过文明戏，所谓文明戏就是取材于现实生活的话剧。那天，李玉琴谈起在学校与同学们一起演剧的事儿。

"文明戏是怎么个演法呀？"溥仪颇有兴趣地问道。

"有人扮男，有人扮女，就演呗！像电影差不多。"

"唉，憋在这走不出去的地方，什么也看不着。"溥仪叹了一口气说。

"让玉琴陪皇上演剧玩吧！"她想让"皇上"高兴高兴。

那天，在二楼楼梯拐弯的地方正好临时放了一张桌子和几把椅子，李玉琴就请溥仪入座，即兴演起剧来。她学着话剧演员故意拿腔拿调地讲话，溥仪也装出一般男人见着女朋友时的热情。几个老妈子远远站着看，见两人比画一阵，又挽住胳膊走来走去，却并不回卧室，真猜不出这葫芦里卖的什么药。一会儿溥仪哈哈大笑，李玉琴则早就憋不住笑了。玩了一会儿回到房中，溥仪点支烟说："还挺有意思呢！"

李玉琴的宫中生活两次被拍成电影纪录片。头一次是在李玉琴的"千秋"之日拍的，那天女伴们遵照溥仪的旨意进宫来了，二格格也在场，开机后大家都挺紧张，或许没有拍好。二格格还有点误会，她背对摄影机要吐痰，李玉琴提醒她快躲开，否则照出来挺难看，不料惹她不高兴了，给"贵人"一个"脸子"。当天晚上还灯火通明地在花园里照了一番。这部片子后来演过一次，其中果然有噘嘴鼓腮的镜头，倒真能反映"贵人"的宫中生活。

杨景竹回忆那次"贵人做寿"说，一九四四年旧历二月，几位女伴进宫给"贵人"拜寿，李玉琴特意从宫外最好的饭店叫了一桌中餐。宴会结束后，"皇上"也从缉熙楼过来了。"贵人"为了助兴，提议让杨景竹和自己一起表演"建国操"给"皇上"看。杨景竹有点不好意思，但"贵人"已经说了，"皇上"又坐在这儿，只好硬着头皮去做。做完操，溥仪的兴致更高了，对她俩说："你们每人唱个歌吧！"杨景竹开口唱了一个："北京的溜丸子串汤，湖南辣子，广东叉烧，好！就来这几样，合拢起来拌一拌。"

李玉琴毫不打怵，接着唱出了自己的感慨："金丝笼中金丝鸟，锦衣玉食养得娇，挂在绣楼间逗人笑。可怜细雨蒙蒙，不知春已到。问小鸟：妄自聪明，不如振翅飞出黄金笼。"

这正是李玉琴以"贵人"身份在宫里过生日的生动场面。

还有一次拍摄李玉琴在宫中的一天，题目是溥仪出的。先照她早晨身穿学生服在同德殿二楼平台上做体操锻炼身体；接着拍传膳的情景，她在老妈子的伺候下独自用餐；后来还拍了她在书房中学习、在钢琴间演奏、在花园里散步等，总之把她在溥仪给她划定的范围内能做的一切都摄了进去。这次拍摄的片子却始终没演过，因为必须拿到日本去冲洗，李玉琴问过几次都无结果，当时就很生气地对杨景竹说："大概是翻了船，胶片也沉到海底了吧？"

李玉琴在宫里的相片也不少，专门给溥仪照生活相的日本人夏礼，也常常奉溥仪的命令来给"贵人"照相，溥仪还亲自给李玉琴照过一些，可惜只有在同德殿广间菊花旁照的那一张保存至今。

九 "神仙眷属"

李玉琴每天最盼望的事情就是溥仪能过来陪她一会儿，可是，溥仪毕竟是"皇上"，政务缠身，罕有闲暇，在大部分时间里，只能把"贵人"单独扔在同德殿，让她好孤寂！有几回，"贵人"看到院内鲜花盛开，就写封信叫女仆送呈"皇上"，请他也来玩玩，头两次尚未遭拒，以后就不再来了。有时溥仪带着弟弟溥杰以及宫廷学生等人，又说又笑在花园里出现，李玉琴满心想凑个热闹，却有一道无形的"天堑"限制着，不许她走到男人中间去。

"贵人"太苦闷了，溥仪不来的晚上，她就一个人坐在窗前赏月。别人只在月圆之际赏一两回，她却创造了连赏半个月的纪录，每回都呆呆地看上一两个小时。浮云遮住了月亮，她就耐心等待着它慢慢散去，这时她会自然而然地反复诵读那些著名的吟月诗，"举杯邀明月，对影成三人；月既不解饮，影徒随我身"，陶醉在惆怅的诗情之中。

李玉琴读过不少反映后宫女子哀怨的诗，有一首写一个妃子身居华美的殿堂，连门帘都是用珠子串起来的。然而物质享受并不能填充心灵的寂寞和空虚，她独守空房，虚掷青春，无法排遣对亲人的思念，长夜难眠。诗中有一句"玉阶生白露"，写她终夜失眠，眼瞅着白玉的石阶上生出了晶莹的露水……"贵人"非常同情诗中描写的妃子。数十年后回忆那些年当"贵人"的经历，她说了一段寓意深刻的话："实事求是地说，我和溥仪的夫妻生活真是独特的。人家有的'先恋爱，后结婚'，有的'先结婚，后恋爱'，可我俩算哪种呢？是结婚，又不像结婚；是恋爱，也不像恋爱。"

溥仪毕竟是生长在二十世纪的现代人，已不是老祖宗那样的封建皇帝了。在他的经历中既有紫禁城里"关门皇帝"的正统，又有天津十里洋场的寓公风味；在他的教育者中间既有陈太傅那样的老夫子，又有地道的洋人——庄士敦；在他读的书中既有孔丘传下来的四书、五经，又有时髦的中外言情小说；从他的爱好里既可以找到传统的宫廷京戏，又可以找到时髦的电影、杂耍、赛马、高尔夫和西餐。总之，溥仪是一个受西洋影响较大的中国皇帝，虽然仍把妻子看成奴才，却也懂得谈情说爱了。特别是到了李玉琴入宫的年代，溥仪经历了与婉容和文绣三角婚姻的失败，又失去了他曾宠爱过的谭玉龄，似乎更珍惜"爱情"。他常常拉着李玉琴的手从楼上到楼下，又从楼下到楼上，就像热恋中的情人那样缠绵。他还常常信誓旦旦地向他的"贵人"表白说："今生今世我们有福同享，有难同当，有罪同受，海枯石烂，感情不变！"

然而，他们的婚后生活，好像缺点什么，无论如何也谈不到"完整"二字。李玉琴回忆说：

册封典礼之后，溥仪留我在他的寝宫睡下，却不像是花好月圆的洞房之夜。以后隔一两天，他晚上来一次，在我的卧室或书房里玩两个钟头又回去了。有时候也传谕召我到他的寝宫去，不过他太"忙"，几乎腾不出时间来和我同床共枕。我那时年幼无知，愿意他常过来聊聊，玩玩，至于在一块儿睡觉，倒不觉得有那个必要。有时夜深人静，他懒得走动，便在我床上睡下，我得一宿保持着在他身边的姿势，连身都不敢翻，总怕影响了"圣体"的"安歇"，那才不自在呢！

那些年，溥仪每天按时打针，有一回他在同德殿玩得正高兴，毓喦传话提醒他，打针的时刻又到了。溥仪无奈地叹了口气，对"贵人"说："等我的病好了，不打针了，再和你尽兴地玩玩！"说话时眼中挂泪。李玉琴并不知道"皇上"有什么病，每天打什么针，一问就说是"保养身体"，晚上喝点酒也说是"保养身体"，原来是补药补酒。李玉琴刚入宫时，溥仪赏她十几支针剂，说她体质不好，让黄子正每天给她注射一支。有一天她问溥仪是什么药针，溥仪还说是"保养身体"的，接着又很神秘地告诉她：这药如果用错了，能让女人长出胡子来。吓得她直嚷，怕用错，长出又黑又硬的胡子多难看！

过些日子，李玉琴开始发胖了，脸色白中透红，身体也发育得丰满起来，溥仪可高兴了，说她有福，将来一定会生出皇子来！她当时那么孤单寂寞，也希望能有一个活娃娃，肯定会比卧室中那个洋娃娃好玩！遂答称："玉琴傻吃呆睡没心眼儿，再加上用了皇上赏的好药，哪能不胖呢！"溥仪说："玉琴不傻，性格直爽嘛！心里有事还是倒出来好，像玉龄那样，有话不说，有气也闷着，结果伤了身子，吃了大亏！"

几十年后改嫁生子的李玉琴，细想当年事，总算能明白，她回忆说：

谭玉龄怎么死的？还不是死在溥仪身上！溥仪很会表演，对谭玉龄、对我都那么缠缠绵绵的,真像是情侣恋人,可实际上就像对婉容和文绣已经做过的一样,正无情地吞噬着我们的青春。他有病,是一种十分苦恼又难以启齿告人的病,这病剥夺了他在全部含义上行使夫权的能力。但他不肯面对现实,为了所谓"圣朝大统"而极力掩盖,也不管对症不对症,便自作主张地乱投药用药,每天打一针男性荷尔蒙(大约给我使用的便是女性荷尔蒙吧),然而根本不解决实际问题。这样,我和同病相怜的其他三位女性,便都成了溥仪的夫权点缀品和感情牺牲品。

溥仪靠"欺骗"二字维系着他的后宫。李玉琴年纪轻轻,天真,幼稚,刚进宫时还敢顶撞溥仪几句,后来不同了,溥仪说什么,她就信什么。溥仪告诉她,皇上、贵人都不是凡人,不能像人间夫妻那样生活,她也信以为真。杨景竹回忆说:

在李玉琴卧室里有一个好看的大洋娃娃,是日本一个女界代表团来长春时向"皇上"进献的,也称"人型",是个日本打扮的女孩,穿一身红色和服。李玉琴很喜欢,常常抱着玩,就像妈妈哄自己的孩子入睡那样。"贵人"喜欢小孩,对已婚妇女来说,这是很正常的感情。可她又对我说:"我这屋里除了皇上,任何男人不许进!哪怕三岁小男孩也不行——女人不能没有羞!"

有一天,李玉琴忽然对我说:"昨天晚上皇上在我这儿睡的。"说着指了指身穿的蓝色布衫,"我就穿着这件衣服……"还说,"皇上挺高兴,说我'顽皮'。"

还有一次,毓嶦的额娘进宫陪李玉琴,她们闲聊,谈起男女结婚和生孩子的事情,李玉琴感到很新鲜,当天晚上就拿听来的话问溥仪。第二天,溥仪十分生气地传毓嶦来,责令其转知额娘,今后不许和"贵人"东扯西拉,更不准说男女之间的事情。那次把毓嶦的额娘吓坏了。

随着年龄的增长、身体发育,愈来愈受到无名的苦闷和烦恼的袭扰,"贵人"再也活泼不起来了,脾气也有点怪了,连唱歌也不像以前那样感情充沛了。过去她在卫生间洗澡,"皇上"时而溜进来,坐在池边椅子上,她也没办法。后来她就从里边插门,不许"皇上"进来,甚至不让他拥抱、亲吻,成了他眼中一支带刺的玫瑰。

"你长大了,身体发育得多好!"

"皇上以为玉琴还是孩子吗?"

显然,溥仪很苦闷,生理上的问题使他苦闷,政治上更苦闷。当时,日本败局已定,皇帝宝座也岌岌可危,他更加求助于神佛,用虚无缥缈的东西麻醉自己,也麻醉他的"贵人"。他说,任何人都难以避免人生中的十大苦难,所以绝不可贪恋尘世生活,应加紧修身养性,以求达到"西方极乐世界"。他强调说,凡有志于此道的夫妇都应当是"神仙眷属",即诵经念佛、打坐入定外不想其他事。"色即是空,空即是色",因此一定要过"白骨关"。

溥仪这一招儿真灵,李玉琴从此找到了空虚中的寄托,心甘情愿和溥仪做"神仙眷属"。《蜀山剑侠传》等小说对"神仙眷属"做了许多绘声绘色的描述,她很爱读,这类书有些是溥仪亲自找来的。她的一切苦闷都化作了虚无缥缈的追求,完全忘记了自己是一个女人,有当妻子、做母亲的权利,头脑里只剩下溥仪所描绘的佛世界了。

一时之间,宫里木鱼声、诵佛声不绝于耳,简直成了寺院。生活在这样的环境中,连做梦也常梦见菩萨,和女伴们在一起,都说"闻到一股异香",李玉琴则认为是佛菩萨来了。她虔诚地念佛,希望一切就像溥仪所说那样,另一个世界里将为她生长出一朵莲花,只要信佛、诵佛,多做善事,莲花就会越长越大,到她永远闭上眼睛的时候,莲花就会腾云驾雾而来,把她接到长满七宝树并飘扬着七宝音乐的"西方极乐世界"去。在那里,她将看到最美好的,听到最悦耳的,得到人世间完全得不到的东西。那里的人们永生永在,互敬互爱,没有丝毫苦恼。与此同时,溥仪也严肃地告诉李玉琴,信佛不可不忠,拜佛不可不诚,如果三心二意,贪恋尘世,或者违背佛的教导,那朵莲花就不再生长;你若不信佛了,莲花随之枯萎……这一切她全信了,把一颗少女的心、青春和爱情,全部寄托在那朵不知有无的莲花上面了。

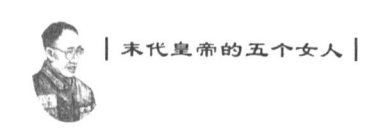

十 最后一次"会亲"

一九四四年初秋，溥仪特准李万财偕妻第三次入宫"会亲"，这是李玉琴向溥仪争来的，是她宫廷生活中最快乐的时刻。那天上午，二道河子老李家门前照例让邻人们羡慕地停了一辆带有皇宫标记的黑色轿车，李万财身穿新做的深蓝色礼服呢长大衫，内衬白汗衫，黑鞋白袜，他的妻子也穿得整整齐齐，两人上了车，司机摁一下喇叭就开走了。

在同德殿楼下迎候父母的李玉琴，不等两位老人施"国礼"而抢先给他们鞠躬，"贵人"为了能使用这份争得的权利而高兴。母亲还没觉得怎样，父亲知道这不符合宫中规矩，连说"使不得！"，赶快躲开，这让女儿很难过。然而，经历和经验无数次地教训了李万财，逼迫他屈从命运安排的社会位置，屈从等级社会的强暴和凶残。

说话中间，李老太太不小心，谈到溥仪时用了一个"他"字，在场的二格格嚷道："哪能管皇上叫'他'呢？"老太太急忙赔不是，又主动上前搭话，问二格格有几个小孩，但她的乡音重，把孩子叫作"小崽儿"。这下更把二格格惹恼了，生气地说："动物才叫崽呢！"李万财又吓得连声赔不是。二格格却得理不让人，张口"你老头子如何如何"，"贵人"干着急插不上嘴，心里很难过。

"会亲"就在同德殿进门处候见室里进行，关于宫中生活，李玉琴也只能讲几句大面上的话，说多了犯忌，就一一打听哥姐妹的情况。她说不能在家里孝敬父母，惟请父母一定保重身体，别惦记女儿。这时，溥仪传话特准"贵人"留下母亲登楼入室同座用膳。照宫中规定，除溥仪外的任何男性都不得进入"贵人"的内室，即使是生身父亲也不行，对此李万财当然不敢计较，能见女儿一面已经心满意足了。

送走父亲，李玉琴高高兴兴地与母亲相挽回房，一声传膳，很快就摆了桌子上了菜，"贵人"拉着母亲一块儿坐在首席的位置上，与席的几位格格及"宫廷学生"眷属中间当然会有人挑这座次上的毛病，李玉琴却不顾了，她争来这个与母亲亲近的机会并非容易。李老太太回家后讲述在宫中吃饭的情景说，四闺女总是紧紧贴着母亲的身子，有时还用胳膊搂抱妈妈，那小姑娘撒娇的样儿跟在家时无分别，只是言语斯文，举止有礼，却像个大家闺秀了。惟因陪席人太多，没有说知心话的机会。

有人嘲笑，有人监视，然而，毕竟溥仪把他的岳母大人留下吃了"御膳"，李玉琴也只是在高兴之余又觉得憋气，她回忆当时的场面说："上菜的时候总是先摆在我们娘俩眼前，对此二格格暗自生气，她便抓些母亲不懂宫中规矩的话题，说几句风凉话。比如上了一道甜食，我让母亲夹吃，她照直说不喜欢甜的，就没有吃。二格格斜视一眼，意为老太太不尊重'贵人'，是'不识抬举'。与席的其他人还挺尊重母亲，给老人家往碗里夹菜，二格格也那样做，但不正常，就像《红楼梦》里的王熙凤拿一套黄杨木杯笑话刘姥姥似的，什么菜都夹，还故意夹得很多，实在瞧不起人。母亲在众人眼前系腿带，二格格也笑话一通。我很生气，可那种场合没法和她吵，强忍着。"

当天晚上李玉琴告御状，不料溥仪竟站在妹妹的立场上辩解道："二格格是郡主，王爷的女儿，对老百姓自然是骄傲的。""贵人"不服气地据理力争："我妈妈并没有失礼的地方啊！对一个五十多岁的老太太，格格也应当尊重，为什么挖苦、讽刺、嘲笑？"说着，眼泪又快淌下来了。溥仪赶紧说："别哭！别哭！以后我绝不允许二格格无礼就是了！"经过此事，李玉琴真不觉得"福贵人"这个称号还有什么可贵！

道理没有争来，父母进宫"会亲"的机会却从此失去了。李玉琴只能靠传递信件或物品寄托亲情，她先后捎去几件衣服，却是有条件的。给小妹一件上衣、一件毛衣、一件连衣裙，都是她穿不了的，才敢和溥仪说说，得到恩准。父母没有好的漂白布衬衫衬裤，她便亲手缝制三套，对溥仪说，天下惟有"皇上"和父亲、母亲三人才是玉琴最亲近的人，为了表示她的情分，给每人做套内衣，溥仪闻言颇高兴地赏了她这一个面子。

关于李玉琴与娘家通信联系的情况，李玉坤回忆说：

从一九四四年秋天以后，宫内府不再来接父母"会亲"了，但四姐常来信，常寄照片来。看她这时期的照片，那张好看的瓜子脸已稍微发胖，加之照片很大，都着了色，显露出皇家贵妇的华贵风采。仔细看，还是个天真、活泼的少女。那时一般由我执笔给姐姐回信。我告诉四姐说，大哥就要结婚了，家也搬到新的地方，我已考入南关国民优级学校……为报答养育之恩，她一针一线为父母各缝一套白布内衫；并说要送我几件衣服，希望我好好念书。果然，不过几天就有人专程送来了信中提到的那些衣服。给我那几件都很漂亮：一件豆绿色带梅花的旗袍，一件蓝色毛衣，一件花格小大衣。四姐送来的衣服，把我也打扮得漂亮起来了。我曾穿那件豆绿色旗袍给一位结婚的老师当傧相，父母穿上姐姐做的白布衫，心中也充满了喜悦。父亲说："四闺女疼爹疼娘，最孝顺。"

李玉琴虽然孝顺，却无法解决娘家的实际问题。营业执照办不下来，李万财只好跑到二道沟一家新饭馆重操跑堂旧业。为了溥仪的面子，遇到熟人就说临时来帮忙。当然，溥仪也不曾完全绝了与丈人家的情义，当大舅哥李凤结婚时，"康德皇帝"还赏了一套衣服呢！

十一 "满洲国"的末日

李玉琴入宫时，"满洲国"已经进入末期，李玉琴在宫中生活的时间虽短，却看到了末日中的"康德皇帝"的形象。杨景竹回忆说："'光复'前一年，李玉琴对我说，她在同德殿南晒台上亲眼看见，日本的'兰花特工队'，也就是用身体作'肉弹'以死入阵的'敢死队'，在出征之前晋见'皇帝'，溥仪就在同德殿前院接见他们，对每人都拍拍肩膀，斟一杯酒。然后流着泪训话，对那些去送命的人'慷慨陈词'。"

日军战败之际，溥仪也有许多政治表演。那时日军在人力物力上消耗殆尽，溥仪便带头捐献钢铁，把同德殿一楼大厅的四个合金大吊灯拆下献出。听说制造飞机需要白金，便"献纳"了自己的白金表和表链。不久，把书斋等房间的地毯也都献给了"浴血奋战"的"皇军"。他指着其中的一块对吉冈说："那是贵人献的！"其实，他根本就不叫别人动李玉琴房中的地毯，怕她着凉，

日军把掠夺的大批物资运往日本

溥仪在危难中还惦记着"贵人"。

一九四五年春天，吉冈出主意让溥仪再赴日本，当面向日本天皇和皇太后宣誓效忠。溥仪跟李玉琴说过这件事，她很担心，因为当时海里有很多鱼雷钻来钻去，去日本要乘船渡海，一旦碰上鱼雷就没命了。她劝溥仪托辞拒绝或是派人代劳，溥仪同意了，便派伪国务院总理大臣张景惠带着许多贵重礼品前往，自己没有去。

李玉琴毕竟年轻，对政治上的风云变幻并不怎么关心。日本与溥仪以及这座皇宫的关系，她当时还不能完全明白。溥仪则愁眉不展，就好像有大祸临头，惶惶不可终日，虽然晚上还照常到她的卧房中来，但不乐呵。据杨景竹回忆，一次李玉琴对她说："昨天我给皇上唱歌，皇上闭了眼睛听得很不耐烦，他也不像过去那样玩了，也不像过去那样乐了！"

在太平洋战争的最后阶段里，溥仪每天有很多时间躲在寝宫，拧开他的高级收音机专听"敌台"新闻。他知道"太阳帝国"的战败已经迫在眉睫,虽说平时也怨恨日本人,可眼下瞻念前程总觉得凶多吉少,惴惴然、惶惶然,显得六神无主,烦躁不安,似乎才感到出关这步棋走错了!然而,这时在李玉琴周围仍是"贵人"连声,而这位"贵人"也仍是满身稚气。

杨景竹讲述她的趣闻说:"那些天,人们已从广播中听到敦促日本投降的声明或消息,宫廷之内人心惶惶。李玉琴发脾气时也学会用'政治语言'大声斥责仆人说,'你们知道吗?让投降呢!要老老实实的……'其时,一天要响多少遍警报,天上的飞机轰轰作响。因为'陪伴贵人'是皇上给我的任务,我还是照例进宫。'贵人'没在自己的卧室或书房,仆人告诉我说她在园中摘柿子吃呢!这时,又响起了飞机的轰鸣之声,好像要投弹,我不由自主地'哎哟'了一声,李玉琴就像没事似的斥责我说,'看你吓的——都惊驾了呀!'说得我很不好意思。"

一九四五年八月八日,苏联红军正式对日宣战。当天晚上就在长春投下了两枚炸弹,有一颗竟落到宫廷前的监狱附近。吓得"康德皇帝"坐不住金銮殿了,一脸惊恐害怕的神色,完全失去了平常的温文尔雅。他还在外衣下面别一把子弹上了膛的小手枪,晚上睡觉不脱衣裤,防空警报一响,就跑到同德殿前,扯着嗓子喊:"玉琴!玉琴!"待"贵人"下楼便拽住她的手,一起钻进防空洞躲起来。警报一天响好几次,他们总是忙于钻洞出洞。

这个防空洞就在同德殿前花园内的假山下面,是钢筋水泥结构,有电灯,有通风设备,冬暖夏凉。当时正是伏天,李玉琴穿一件薄衫入洞,只觉

1945年8月8日,苏联宣布对日作战

同德殿前花园东侧的防空洞

得洞内阴冷，不禁一阵寒战，溥仪忙让人打开取暖电炉子的开关。看得出溥仪是非常紧张的，可在嘴上还一个劲儿安慰她，说什么神佛保佑他们平平安安。警报解除后溥仪拉着李玉琴一出防空洞就直奔佛前，拈香行礼，口中念念有词，感谢菩萨又让他们避过一次灾祸。李玉琴也跟着叩拜，乞求菩萨保佑"皇上"平安，保佑父母平安。

八月九日上午，吉冈跑来告诉溥仪说，要把政府和皇宫全都迁到通化去，因为那里离日本近，山里修好了防御工事，再维持一年半载没问题。溥仪很为难，他已经不相信吉冈的鬼话了，可又不好违拗。更重要的是他的皇后、贵人、弟妹、族亲、珍宝、书画，以至独特的生活习惯，面对这一切一切怎么能说走就走！他急得东转西转，就像热锅上的蚂蚁。平常他总保持优美的发型，用发蜡把厚实的一头黑发粘在一起，再洒上香水，梳得整整齐齐，可那天就不是这种仪态了，他眉头紧皱，头发也乱蓬蓬的，还有一大绺掉在额前。"贵人"不大知道害怕，还是那样天真、活泼。

有一次，李玉琴在防空洞里想起了平时溥仪愚弄她常说的话，就学过来用以安慰"皇上"说:"皇上不会遇到危险,您平时总替老百姓打算,吃斋念佛,到时候自有神佛保佑。"溥仪听后拉着"贵人"的手说:"叫你跟着我受苦了!"在场的叶乃勤也流着眼泪安慰了"皇上"。

当天晚上,吉冈又来说,八月十一日是最后期限,届时必须动身。溥仪让"贵人"收拾自己的东西,她只有一盒值钱的首饰,再就是被褥、衣服、衣料、绣花枕头、玩具和学习用具等,每天伴她的大洋娃娃固然忘不了带走,因为它是惟一可以任意述说烦恼、伴她睡眠、伴她望月、伴她唱歌的"好朋友"。还有几本好书和名贵字帖,都是"皇上赐的",也要带走。这样,很快就打点、装好了五六只箱子。溥仪也亲自动手收拾东西,只拣贵重的拿,字画手卷、善本古书以及珠宝汉玉和贵重药材等吃穿用物品分别带一些,至于房内陈设则根本不动,好像只是暂时出门,过几天就会回来似的。

滑稽可笑的是,溥仪在忙乱中却不忘记向"贵人"学一句日语。因为当时上学就要学日语,李玉琴念了几年书,自然也就会几句。溥仪虽然天天和日本人打交道,硬是一句日语也不学,忽然在这天让"贵人"教自己一句,就是"天皇陛下万岁"!李玉琴遂教他记住了这句话的读法,像这种话"满洲国"的中、小学生都滚瓜烂熟,但她完全不明白:为什么"皇上"平时不念日语,当此日本战败之际偏要喊"万岁"呢?其实这刚好能说明溥仪当时的心境,他想在最关键的时候做一番以假乱真的精湛表演。

关东军规定必须离开的日子——八月十一日终于到了,宫里大部分男人刚把遣散费拿到手,便自顾自地去逃命,被溥仪留下随行的人也陆续押运行装上车站去了,婉容有病,由宫里最后几个太监服侍着早早地上了火车,李玉琴的贴身女仆也押送女主人的几只箱笼先走了。宫中只剩下溥仪和他身边的"宫廷学生"溥俭、毓嵣以及随侍李国雄,再就是李玉琴和在她身边的溥俭之妻叶乃勤、毓嵣之母四太太以及乳母二嬷,一共八个人。这是"满洲国"皇宫傀儡戏的最后一幕。

溥仪一会儿到李玉琴这里来一趟,转一圈又走,曾十分焦急地对她说:"真要有意外,咱们一点抵抗力也没有,只好束手就擒。"正在这时,忽然闯进几个日本宪兵,并一直走近缉熙楼。按常例,宪兵带武器进入内廷是绝对不允许的，溥仪惊恐万分，赶紧问怎么回事。日本兵用生硬的汉语讲，因为看见有人跑进来了，怕是坏人，所以要搜查。溥仪很生气，等日本兵一走，就对"贵人"说："什么进来人呀，全是借口，他们是奉命监视我的，看我是不是已经跑了。"

说着溥仪又抓起电话要吉冈的家，要不通；又往皇宫禁卫队挂，也没人接。溥仪以为他那架电话出了毛病，便跑到李玉琴的卧房来挂。这架电话平时上锁，此刻又来不及找钥匙，李玉琴和叶乃勤见"皇上"急于用电话，好不容易才把锁头砸开了。溥仪挂来挂去还是不通，担心自己被撇下，顿时脸色变得苍白，晃晃悠悠地站也站不稳，突然向李玉琴冲过来，一把拽住她的手说："玉琴！跟我上缉熙楼吧！要死就死在一块儿！"

发完遣散费，御厨全都跑净了，没人给"皇上"做饭吃。过了中午，随侍送来铁桶装高级饼干和巧克力糖，每人只吃了一点，吃不进去呀！空气相当紧张，溥仪紧锁眉头，一支一支地抽烟。李玉琴心里也不是个滋味，想起父母和姐妹，不知道他们现在怎么样。前天溥仪曾安慰她说，要派人给她娘家送点钱去。这也不过是说说，自顾不暇，哪还会想到她的父母？转念一想，姑娘结了婚，一切应随夫家安排，自己做不了主。这回跟"皇上"远走高飞，真不知几时才能回来！李玉琴心中不免有些悲伤。

李玉琴躺在溥仪寝宫的床上想心事，溥仪也躺着想心事，正是"同床异梦"。一忽儿，溥仪腾地坐起，生气地说："吉冈这个老滑头，说是今天走，却不告诉我开车时间和要去的具体地点！"李玉琴在一旁安慰道："何必着急哪！谁敢把皇上怎么样？"溥仪见她这样说，长长叹了一口气道："你真是个思想单纯的孩子，事情哪会那么简单？"见溥仪不高兴，她也不再多说，就这样不言不语地躺着，还暗中用手指掐算"马前课"，算算跟"皇上"走是主吉，还是主凶。结果都是上吉，吉。

晚九时，门外一阵汽车响动，吉冈在溥仪的盼望中上楼来了，溥仪闻报后，命他在书斋接见。吉冈的口气带有命令的口吻，他说："今天午夜十二点动身，前往通化省临江县大栗子沟。"溥仪这才感到心中有底了，原来关东军还没有想把他扔掉。李国雄又找来饼干和干净的食用水，请"皇上""用膳"，李玉

伪满皇宫兴运门

琴和叶乃勤则为"皇上"备好了出行穿用的军礼服、马靴、军刀、帽子和手表等。

午夜十二点左右，宫里最后一批溃逃者在中和门外登上汽车。溥仪等四个男人上一辆车，那辆车前后跟着四辆摩托，李玉琴等四个女人上另一辆车。那时候也顾不得净街站岗了，临时拉响了防空警报器，市内闲杂人员纷纷躲避，"皇帝陛下"一行便乘机溜了。

汽车启动，很快便越过兴运门和保康门。李玉琴回想进宫那天是在午后五点钟左右入这两道门的，又是日短之际，天已擦黑，没看清宫内府的布局。两年多来被软禁在宫中一隅之地，这两道门都不曾接近过。今天离宫又是半夜十二点多钟，四周一片漆黑，更没有心情欣赏宫廷建筑。总之，"福贵人"的生活就这样稀里糊涂结束了。为何入宫，又为何出宫，都不甚了了，摸黑来，又摸黑走了。

次日上午，二道河子李万财家来了一位不速之客，是个中年男子，奉了"皇帝"的命令而来。李玉坤回忆说："他送来一个小小的纸盒，也不说什么转身就走。打开盒子一看,里面有些钱和一张纸条,纸条上的笔迹并不是姐姐的:'贵人已随皇上离开宫内府,离开新京了。'见到这几个简单的字,我们更为四姐的命运担忧。虽然溥仪在溃亡之际也没忘记给我家几张纸票子,可那离乱的年月,人都见不着了,要钱还有何用?当时二道河子正发大水,更增添了父母的愁绪。我和哥姐都避免提到四姐,怕触了父母的痛处。我已经十四岁了,对时局的变幻还不甚明白,但思念姐姐的心情和大人是一样的。"

第三章 流浪"贵人"

一 逃亡中的"退位仪式"

当载着溥仪等四男和李玉琴等四女的两辆汽车开抵长春东站时,一趟专列正焦急地等待着吉冈的命令,那些日子,溥仪对战后的前途看得很清楚,但吉冈的枪口能让他在几秒钟之内毙命,所以他当面还是老老实实的,背地里对"贵人"说些哄小孩子的话:"报上的战果都是假的,日本人的仗打得不利。打完仗是要处理战犯的,到那时就好了,没有咱们的事,咱们可以回北京去。"李玉琴相信这些话,希望有一天能跟"皇上"回北京,起码可以甩开吉冈,不必再忍气吞声了。

这趟专列就是溥仪赴各地"巡幸"乘坐的"展望车",车内设施固然很好,但卫生很差,顾不上收拾了。"皇上"也忘了摆谱,"皇后"和"贵人"却仍然被隔开,不在同一车厢,也不许见面。溥杰、韫和、韫颖、韫馨、毓嶦、溥俭等连同他们的家人都在同一节车厢里。

"展望车"走走停停,开得很慢,铁路调度方面已经接近瘫痪。八月十二日经过吉林市和梅河口,十三日到达通化临江县大栗子沟。两天行程中只在车上吃了两顿饭,没有筷子就用吃完冰糕剩下的那根棍代替。吉冈甩动大马靴从"贵人"所在的车厢经过,"贵人"似乎恨他,不理睬他,吉冈朝"贵人"瞪瞪眼,也不言语。

大栗子沟有座日本人经营的铁矿公司,其职工宿舍已经腾了出来,给溃

通化大栗子沟铁矿原矿长的日本式住宅

逃至此的人们临时居住,而溥仪、婉容和李玉琴这特殊的"一家人"以及溥杰、嵯峨浩和嫮生,被安置在原矿长的日本式住宅内,一共有七八间房。溥仪和婉容分别住在后边,李玉琴住在进门靠左侧的一间,对面是溥仪的会客室,来到这里得按日本人习惯,进屋后便席地而坐。

溥仪在长春时,住处周围要特别保持肃静,他入睡后无论谁在楼外走路都得蹑手蹑脚,惟恐"惊驾",连楼上落鸽子叫唤几声也必须立即轰开。现在讲不了这些,地窄人稠,"满洲国"的文武官员们还有吉冈,一天不知道要来多少遍,商议投降、退位等令人沮丧的事情。溥仪狼狈极了,如芒刺在背,坐卧不宁。

溥仪仍然记挂他的"贵人",安慰她,让她别着急,说没什么了不得,一切都会好起来。有一次,溥仪还当着李玉琴的面自言自语,好像在发誓:一定要恢复祖宗的江山,否则就无颜以对先人!他的声音一会儿激昂,一会儿低沉,反映了内心深处的无边苦闷。李玉琴劝道:"皇上不用着急,有神佛和祖宗保佑着哪!若是愁坏了身子可怎么回北京啊!"听这些无知而天真的孩子话,溥仪摸摸她的头和肩膀,似有歉意地说:"玉琴,让你受委屈了!你说得对,神佛和祖宗都会保佑我们的。"在大栗子沟的第一宿过去了,杨景竹回忆道:

次日清晨，我照例去向"皇帝陛下"请安，并觐见"贵人"。李玉琴问候我和家人一路平安，我向她致了谢。李玉琴又说："皇上昨天在屋里洗澡后就休息了，睡得很好。皇上预备到日本去，我也随行，现正盘算带几个人，带什么东西……"我听她这么说，心中很难过。当时，浩夫人也住在行宫（即溥仪住的那栋楼），我们虽然语言不通，也互相示意问候。

又度过一个夜晚，就到了中国历史上的伟大时刻——"八一五光复"。傍晚，溥仪忧心忡忡地告诉"贵人"说，日本无条件投降了。李玉琴一听高兴起来："那皇上就带玉琴回北京吧，老百姓也能得好啦！"溥仪不言语，苦笑一声叹着气走了。

当天晚上八点多钟，溥仪那栋住宅门前突然集合起好几十人，其中大部分是年轻的日本士兵，已经没有雄赳赳的样子了，一个个垂头丧气。不一会儿，稍事装扮的溥仪出现在门口，他的脸在门灯的照耀下呈现灰白色，有气无力地发表了《退位诏书》，在同德殿前为"敢死队"训话的那种威仪、潇洒的派头丝毫也看不见了。

溥仪仍能装出一副激动的样子，一边说话一边比画，还流着眼泪打自己的嘴巴，反反复复地念叨：对不起日本天皇和皇太后，但忠于日本的信念不变。那些听溥仪讲话的日本士兵泪流满面。李玉琴这时已关了房间的灯，从又低又大的日本式窗户望出去，把溥仪的丑态看得一

1945年8月15日，日本天皇宣布接受《波茨坦宣言》，日本无条件投降

清二楚。

退位仪式一结束，溥仪也顾不得再上"贵人"的房间看看，便匆匆回到自己的居室收拾行装。此时他已得到消息，不久将乘飞机再度逃离，他必须考虑带走谁、留下谁，留下的人员和财物应怎样处理等，这一宿溥仪肯定睡不安稳。

第二天，溥仪告诉李玉琴说，吉冈让他到日本去。李玉琴弄不明白日本已经投降了还去干什么。溥仪显然也说不清楚，就搪塞道："到日本再说吧！"她这时还是相信这位"天子"的，见他愁容满面，也不便多问，只是想到又要剩下孤苦伶仃的一个人，顾念前程不寒而栗。

"那玉琴怎么办？"

"你和皇后、二嬷一起坐火车随后就走！"

"为什么不一起走呢？"

"飞机只有三架，坐不了这么多人，好在我们两天后就会见着的。"

李玉琴低头不语，终于哭出了声。已从长春跑到这大山沟里，又要跑到日本去，离家越来越远，还见得到父母兄妹吗？一种将被抛弃的凄苦感觉油然而生，那个晚上她睡不着觉，跟搂在怀里的洋娃娃哭诉衷肠。第二天一早，李玉琴再也顾不得许多，径直闯进溥仪的梳洗间。

"皇上今天走不走呢？"

"决定今天要走！"

"火车真的能来接我们吗？万一不来怎么办？谁还管我呢？"李玉琴说着不由得哭了起来，溥仪也掉了泪。

"玉琴放心！我已经安排好了：外边由溥俭和严桐江主持，里边有二格格和溥俭之妻，他们都会照顾你的。"溥仪掏出手绢给李玉琴擦眼泪安慰道。

"万一火车不来怎么办？我在这里连一个亲人都没有，现在父母还不知道我在哪儿呢！皇上不是说过永远也不离开玉琴吗？"她愈说愈伤心，竟出口责问起溥仪来了。溥仪也无法回答，便扶她回到自己的房间，用些不着边际的空话哄哄她了事。

李玉琴知道这是战乱中不寻常的别离，以后能否见面只有天晓得。遂把那天早晨溥仪用过的毛巾、香皂连盒以及面膏、发油等保存起来。心想：如果几天后又见面,再给他用;如果见不着了,便是念物。可惜后来大部分没留下,惟一留下的一条毛巾也在"文革"中被红卫兵抄家拿走了。

当天深夜十一时左右,李玉琴心中有事睡不实,忽然听见一阵脚步声,好多人通过房门前那段走廊。她知道是溥仪等人要到飞机场去了。那时候男女有别,她不可能在这种场合起身送行,真希望溥仪能进屋道别。在他们共同生活的日子里,曾一而再地海誓山盟,说什么祸福与共、永不分离等等,难道今天就这样把刚满十七周岁的女孩子扔在僻远的山沟里,"皇上"也不觉得心中有愧吗?然而,溥仪到底没有进屋!

溥仪挑选了溥杰、润麒、万嘉熙、毓嵒、毓嶦、毓嶂、李国雄、黄子正等八人随行,其中有弟弟、妹夫、侄儿、随侍和侍医。显然,这些人是他须臾不能离开的,而老婆倒并不那么需要。

溥仪在沈阳机场被俘

伪满洲国"福贵人"
李玉琴传

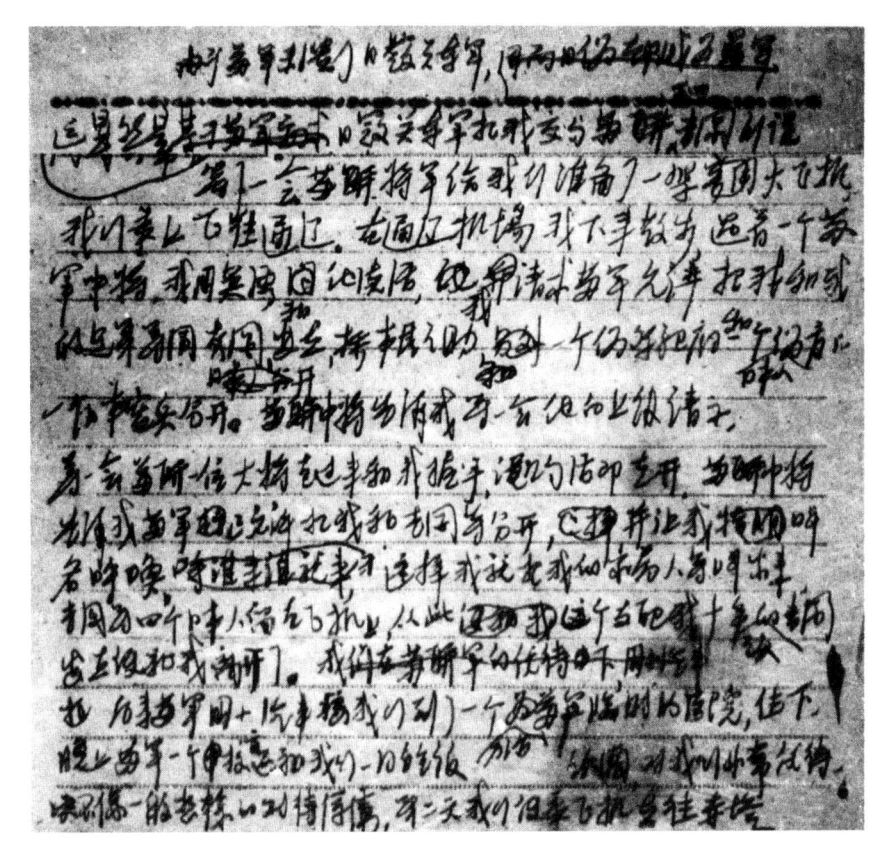

溥仪交代被苏军俘获的亲笔自述

运载溥仪的三架小飞机，说是开往日本，其实飞向了另外的地方，最后在沈阳机场当了苏联红军的俘虏。据李玉琴说，溥仪等人被俘绝不是偶然的，她曾亲眼看见有人拿着小旗在对面大山上晃来晃去地打旗语，原来自从溥仪等人到达大栗子沟，其一举一动已在抗日部队一方地工人员的掌握之中了。

溥仪走了，把他的家属、族人、仆侍、臣僚等百余人扔在山沟里。其中，按地位自然是婉容和李玉琴最高，但她们二人，一个精神不正常，另一个又年龄太小，溥仪不放心，便把主事的权力交给了族弟溥俭。

溥仪走后才三天，婉容和李玉琴住的那几间房子，以及其余百八十人所

105

住的"丁字楼",即原铁矿职工宿舍,都撤掉了门岗,只有没跟溥仪走的几个随侍、殿下还带着手枪,暂时履行"保卫"的职责,他们并未经过正式训练,人们心里都像揣了只小兔子,整天"突突"地担惊受怕。

李玉琴则念念不忘溥仪临走说的几句话,盼着"退位皇上"派车来接她;盼了许久毫无消息,遂转而求助神佛,焚香叩首吃长素,非常虔诚。据李玉琴回忆,当时她有三宗心愿,一天到晚不知要在佛前诵念多少遍。第一宗,求"皇上"平安无事,早日与玉琴团圆;第二宗,保佑父母二老大人身体健康,平安无事;第三宗,保佑早息兵灾,让人民享太平。她做完"功课",还要长跪一个小时,等起来时两腿都麻木了。当时她思想单纯,就认为百姓有灾,皇上也有灾,只有禁欲吃苦、诵经念佛他们才有希望早日脱灾。可怜一个女孩子整天在香烟缭绕的世界里梦幻神游,久久不醒。

神佛实在也是无济于事,不但唤不回溥仪,她的处境也愈来愈难堪。起初,人们每天早晨还过来请安,但人数逐渐减少,溥仪的几个妹妹不来了,她们忙自家一摊事。"宫廷学生"的家属也都有老人和孩子需要照顾,已经没有义务再陪伴"贵人",往日的风光一去不返了。

二 被抛弃在山沟里的人们

与李玉琴朝夕相处的只有两名女仆,敬喜和徐妈,敬喜比徐妈大几岁,四十出头,属虎的,早年北京有个老风俗,属虎的姑娘嫁不出去,家里生活又困难,便投靠了在宫中当御厨的哥哥,先在浆洗房干苦差,后来选出伺候"贵人"。她是个老姑娘,为人善良,品质很好,还像从前一样照顾和尊敬"贵人"。徐妈就不同了,动不动就顶几句嘴。因为"贵人"已经失去了"皇上",她对"贵人"的态度也随之变化了。

几天之后,李玉琴手上戴的一只红宝石戒指丢了,她清楚地记得是洗头时摘下放在客厅的围棋桌上了,这间房只有女仆能自由出入,而敬喜绝不是见利忘义贪小便宜的人,徐妈就难说了。一年前在宫里丢钻戒,"贵人"还提了一句闹腾一阵,这回连声也没吭,她明明知道入了谁的私囊。

一天，李玉琴跟徐妈顶起牛来，主人才说一句，女仆倒有三句接着，一个十七岁女孩儿的嘴巴怎么辩得过四十来岁的成年女性？

"你真是钢牙利口！"李玉琴气急。

"贵人怎么张嘴就骂人呀？"徐妈揪住了话柄。

"'钢牙利口'也不算骂人呀！是你嘴太厉害，不讲理！"

"贵人讲理，可也不该出口不逊、骂奴才呀！"

"我骂你啥啦？"

"'利口'是什么？肛门才利口呢！这还不是骂人？"

徐妈又哭又闹，李玉琴说也说不清了。敬喜出来解释，认为钢牙利口是指善辩，可徐妈还是不依，一口咬定是骂人，指她的嘴为屁股了。事到如今"贵人"还能怎样？"皇上"已经退位，又远走高飞，没人给她做主，气得只想哭。然而，李玉琴与徐妈闹纠纷，"丁字楼"的人们怎么看呢？他们并不知道丢失红宝石戒指等内情，而是更加关注"贵人"的举止。

杨景竹回忆在大栗子沟三个多月的生活时也谈到"贵人"与女仆的矛盾，她写道：

> 大栗子沟的百日生活是度日如年，大家盼望来接运的飞机快快临顶，怅望天空中袅袅的白云，吁叹连声。李玉琴更加焦急恼火，有时就拿女仆徐妈出气。她常常申斥徐妈说："等回去时，你们一律自己打车票！"意思是要丢下她们不再留用，弄得这帮随侍仆从离心离德，悔怨伤痛。幸亏二格格在这动荡之际，对跟从的下人时时加以抚慰。她说："你们不必忧怨，倘然能够回去时，我们不但阖家都要回去，就是一猫一狗也不能弃而不管，绝对不能将你们丢掉的。"因此，徐妈等人仍能精心地侍奉李玉琴。每日三餐，"皇后"和"贵人"还是单做单吃，李玉琴时而开口要"山里红汤"喝，那是她在宫中常用的可口饮料，而现在却到哪里去弄啊？老妈子们不免抱怨："都到啥地方了，还要这要那呢！"不过，仍是千方百计地尽量找到一点水果，以满足几位娇贵的主人。

撤岗以后，主事人溥俭感到压力很大，怕"皇后"和"贵人"那边出问题，遂决定把那几间日本式房子用木篱笆圈起来，形成一个大院套。前院稍小，后院大些，总计有四百米左右，当时院内还生长着花草和蔬菜，又有花园的味道。溥俭明确地告诫"贵人"，为了安全，只能在房间里或院子里活动。

大栗子沟是个人山圈儿，与朝鲜一江之隔。清澈的鸭绿江水，缓缓地向西南流去，江岸上拔起苍翠的山岭，隔岸能清楚地看见身穿白裙、头顶水罐的朝鲜妇女飘然而轻快地往来提水。每当清晨，朝雾笼罩着群山，白茫茫中隐约可见葱茏的山色。太阳渐升，拨开了雾幕，就像新娘被掀掉盖头，露出娇艳的脸蛋，配以秋高气爽的时节，风景优美极了。可惜当时李玉琴既没有观赏的心情，也没有登山下水的自由。据杨景竹回忆："那些天，李玉琴忧心忡忡，惶恐不安，每日三餐外坐卧不宁，在室外走来走去，还常以望远镜瞭望远方，似对伊人惜别，也似思索幻想的熄灭。"

敬喜同情"贵人"，见她愁眉不展，就劝她去散步，然而，李玉琴在院子里走来走去想得更多，父母离得远，"皇上"也走得不知去向，月亮缺了又圆，圆了又缺，何时才能回到亲人身边？散步之余，李玉琴顺便摘点成熟了的青菜、红小豆什么的，也不忘记摘几束鲜花放在房中做伴。

一天，李玉琴偕敬喜一起散步，刚要拐向后园子，忽然有人喊她，循声望去，篱笆外站着一个身穿西服的中年妇女，多么熟悉的身影啊！这时，那人又喊了一声，已经很久没人这样称名道姓地呼唤李玉琴了，那声音十分亲切，原来是曾教过她的日本女教师藤井正惠，她高兴得一时忘情，快步走过去，隔着篱笆一把拉住老师的手。

在李玉琴心目中，藤井始终是一位"好日本人"，两人隔着篱笆相见，"他乡遇故知"，都挺感慨。李玉琴向老师讲述了入宫被册封为"贵人"的经历，说"皇上"待她很好，眼下虽然有灾但一定忠于"皇上"。藤井含着眼泪告诉她的学生说，自己就要返国了，本来是跟丈夫一起带着孩子三人出国的，现在只剩下一个人回国，心里难过。当两人隔着篱笆分手的时候，藤井说保佑天皇平安，李玉琴则说保佑"皇上"平安。

在远离家乡的地方碰上老师，却不能让进屋内好好叙谈，李玉琴正为此而暗自伤心，没想到已经闯了祸。有人把她私自与藤井谈话的情况向二格格打了"小报告"，韫和走过来严肃地说："皇上刚走，贵人就不守规矩，随便接触外人，没完没了地聊天，太不注重身份！"李玉琴虽然很不服气，但也不敢分辩。倒不是惧怕韫和，溥仪临走叮嘱二格格照顾她，"照顾"就是管束，因为有这一层，她才勉强控制住自己就要爆发的一腔怒火。

李玉琴从此连院子也很少走动，实在耐不住孤独寂寞，便主动提出要帮助溥俣之妻和毓嵒之妻照看小孩。俣二奶奶的儿子只有四五个月大，白白胖胖，头发又厚又黑，五官端正俊美，特别是一双眼仁，皂白分明，就像水晶似的明亮。李玉琴给他洗澡，给他剪头，孩子总是笑眯眯的，一声也不哭。嵒二奶奶有两个男孩，大的一岁多，小的三四个月，因距离太近，奶水不足，体质瘦弱，李玉琴常抱着他们在屋里走来走去。李玉琴很羡慕俣二奶奶和嵒二奶奶，她们结婚与自己入宫的时间差不多，现在都成了孩子妈妈，如果自己也能生个孩子，就不会这样苦闷和孤独了。

伴着秋天的到来，苏联红军进入了大栗子沟，当时关于苏军士兵"祸害女人"的传言满天飞，溥俭便让皇家女士们赶快躲进山里去，但未及行动，几名苏联军官已经到达。他们找来溥俭，对他说："苏军是来解放东北的，大家无须惊慌。"又说，"要见见皇后和贵人。"溥俭也不敢不应。这几名军官看了一眼精神不正常的婉容，又依次跟李玉琴握握手就离开了，溥俭这才放下高高悬起的一颗心。

溥仪临走向溥俭嘱咐两件事情：一是保护好"皇后"和"贵人"，特别是"贵人"年轻，绝对不许出事；二是带到大栗子沟的几十箱珍宝字画，都是祖宗留下来的，不可弃之于途。这回虽然未出大事，却着实让溥俭心惊肉跳了一回，生怕有辱君命，将来无法交代。

正当溥俭焦头烂额的时候，又发生了当地山民搜查并没收准备返国的日本人的家具、物品和行李的事件，山民们认为这些东西都是在中国掠夺来的，不能让他们带回日本。溥俭担心这股风潮更扩大，如果那样的话，"皇上"的金银财宝还保得住吗？经反复商量研究，决定把"皇后"和"贵人"搬到大家聚居的"丁字楼"去，也顾不得皇家的身份、等级之类体面上的事情了。

继而溥俭又花一大笔钱雇佣当地国民党杂牌武装站岗。所谓"杂牌"，即不是正宗国民党军队，可能有几个"接收大员"，也有见风使舵而"归顺"的"满洲国"警察及地方私人武装等。每天轮班换岗，一班四个人，负责饭食，一日三餐好酒好菜，还特意找了有烹调技艺的毓嶦的母亲专门伺候这几个"保镖"。

三 与可怜的"皇后"相认

迁入丁字楼以后，连独自在院内散步也不允许了，李玉琴最大的自由就是坐在屋子里念经念佛，盼望皇上早日派人派车快把她接走。李玉琴的房间，西边一墙之隔与三格格韫颖为邻，东边隔着拉门也住人家，起初她并不知道是谁，宫里规矩大，不能随便打听。日本式拉门薄得就像一层纸，那边的声音都在这边的耳朵里。有一次，李玉琴听到摔筷子摔碗的声音，觉得奇怪，不一会儿又听见一个太监说话："主子又不爱吃这饭，都摔了！"接着有中年女人的声音传出："快拿烟来！"一两分钟以后又有男不男女不女的怪声怪调："老爷子抽口烟吧！"于是，抽水烟袋那种哑嘴的响动又出来了，继而有一种异样的香味飘散过来。

这是鸦片的香味，李玉琴知道宫里只有"皇后"和二嬷抽这个，而二嬷的声音她熟悉，抽烟的人一定是婉容了。敬喜悄声告诉她："东屋住的正是皇后主子，你听，皇后自言自语又不知说什么呢！"于是她和敬喜屏住呼吸静听。"皇后"叨叨咕咕的，听不出个数来，有时又哭又骂，骂的对象就是父亲荣源。好像骂都不能解恨，哭起来也特别伤心，就像失掉了非常宝贵的东西。时而自己又笑了，笑声不响亮，不正常，可想而知并非为了喜事而笑，其言行举止令人颇感蹊跷。

"东屋是皇后吧？怎么总是哭呢？喊什么也听不清哟！"李玉琴壮着胆子第一次隔屋通话。

"主子有病啊，哪里吃得惯这百来号人的大锅饭？更比不上贵人可以单做小锅吃。"有人搭腔了，就是那副男不男、女不女的腔调。说话的是王太监，当时婉容还有三个太监伺候,一个姓王,两个姓刘。

"贵人吃素,没办法才不随大锅饭的。"李玉琴并没听出王太监话中带刺儿,但徐妈是个嘴上不吃亏的人,马上接了一句。

王太监所说的大锅饭,那是实在情形。百八十人每日三餐只能自己动手,由几位女眷带着佣妇排班做饭。虽说叫大锅饭,一般人家也比不了,顿顿大米、白面,还常吃过油食品,如油条、麻花等。副食都是从长春带来的,有大量海参、鱼翅、干贝、木耳等高级菜品。用人们倒觉得升格了,比在宫里时吃得好,而住惯公馆、吃惯小灶的王公郡主就不习惯了。

李玉琴把精神全都寄托在佛身上,学溥仪吃长素,因此只能单灶单锅。恰巧她住的那间房子里边还套着一个现成的小厨房,火炉和炊具齐全,也备有油盐酱醋各种烹调佐料,她乐得自己动手和敬喜、徐妈一起做,不料"吃小锅"成了王太监的口实。

"怪不得万岁爷喜欢贵人哪!原来是贵人吃斋念佛修来的福气呀!"王太监又不冷不热地来了这么一句。

"真可惜呀,'满洲帝国'也完了,谁知哪个没福的人妨的。"那种憨而嘶哑的声音,或许是大刘太监的,或许是小刘太监的。

太监这种人受过不人道的残害,性格反常,且大多是软弱、保守型,不好琢磨也不好理解。"贵人"并没有得罪过他们,隔一道门还酸溜溜的,一时间不便答话。可是他们竟因此而相识了,愈处愈不错。

"皇后干吗痛骂荣公爷?"李玉琴提出了这个令人迷惑的问题。

"皇后主子恨她父亲,是因为她父亲把她一生坑害了。荣公爷贪图当国丈,不惜让女儿守一辈子活寡。万岁爷根本不喜欢她,两人的感情愈来愈坏。"王太监滔滔不绝地讲了起来,作为跟随几十年的仆人,他深深地了解主子的冤屈。

李玉琴觉得婉容太可怜,听说她长得十分俊秀,又是出自名门的大家闺秀,却落到这步田地!遂决定利用自己房里的小灶给她做喜欢吃的饭菜,包点饺子什么的。隔着拉门听见太监守着婉容吃饭时告诉她:"这是贵人给主子做的!"又听太监们说"皇后进得香",李玉琴很高兴。

有一次,婉容听见西屋李玉琴的说话声,就问太监"是谁在那边说话",

显然她这时神志清醒。太监告诉她:"就是给主子做煮饽饽的福贵人啊!"婉容一听,非要看看"贵人"不可。说来稀奇,从入宫到今天,两人还都不识对方的"庐山真面目"。李玉琴曾要求见婉容,溥仪不答应,说"皇后"不守规矩又抽大烟,还有精神病。李玉琴追问溥仪"不守规矩"是什么意思,溥仪把手一挥,"别问了!"继而说,"皇后一天到晚没事干,穿衣服净学戏子梅兰芳。"在溃逃的"展望车"上,溥仪也把她俩分开放在两节车厢里。住在大栗子沟铁矿矿长住宅内的那些日子,溥仪规定婉容不许出屋。直到住进丁字楼内仅隔一道拉门的东西屋,这共侍一夫的两个苦命女人才得到相见和相认的机会。

婉容对人生早已厌倦,无情地用鸦片糟蹋自己,身体衰弱得已不能站立。由两个太监搀扶着走到拉门前,"哗"的一声拽开了。出现在李玉琴眼前的"皇后",已失去如花似玉的容貌,只有一张不人不鬼的脸。李玉琴为"皇后"难过,也为自己难过,"皇上"一旦不喜欢自己的时候,不也会是这样的下场吗?

李玉琴和婉容都在盼望中打发时光,盼"皇上"派火车或飞机来接,却每天都失望。有些用人看看没有指望,就各自收拾东西回家了,仅剩下溥仪的亲眷和没处投奔的人。

在一个晴朗的日子里,他们盼望的飞机真来了,几名苏联军官走下舷梯,还带来一封溥仪的亲笔信。可是,这千盼万念的亲人家书却并不是写给"贵人"或"皇后"的。溥仪说他正在苏联,点名要溥俭等八个人去伺候他,几乎把身强力壮的全调走了,剩下的人们又回到盼望中。

冬天到了,流水开始结冰,丁字楼的室内温度迅速降下来,吃穿也都将发生问题。接替溥俭主事的严桐江遂与大家议定:迁往较近的临江县城"猫冬",以待时机返回长春。当即花钱买通本地的国民党杂牌军,用汽车护送到火车站,还特意为婉容和李玉琴找来一辆破旧的小轿车以示身份上的区别。然后包租一列小火车直抵临江。一路上李玉琴尽量照顾婉容,在临江转乘大卡车以后,婉容更把虚弱的身体躺靠同在驾驶棚内的李玉琴身上,两人相依为命地搂在一起。这时正是十二月初,距来到大栗子沟已过百天,遂有人用了"百日出灾"这个词儿,希望从此能好起来。

四　初到临江

在临江县城安顿下来，起初生活很平静，婉容和李玉琴仍受特殊照顾，严桐江总想让她们住得好些，吃得好些，保证她们用款，创造条件让她们不必使用室外厕所。杨景竹回忆道：

> 严桐江租下临江县内最大的旅馆，所付租金可以买下那所房子还有余。这间旅馆无非是几间平房，好在有榻榻米火炕。分配房间时，严桐江想让"皇后"和"贵人"住在比较严紧些的后院，可几位格格也想住在那边，当此国倾主逃、人纷马乱之际，这位忠心耿耿的老仆在二格格面前双腿长跪，老泪纵横，吁吁恳请，方得允诺。当天晚上，李玉琴便在自己房间摆案焚香，做起佛事来，祈祷好命运。那些天，李玉琴常到我们的房间稍坐，有时还买些栗子或熏鸡给小孩子吃。惟有这些孩子并不理会大人的心绪，吃完便去室外堆雪人，拉爬犁玩。嫮生郡主也能说几句汉语了，和其他孩子玩得很快活。

李玉琴也常到婉容的屋里去看看，婉容有时会伸出骨瘦如柴的手臂晃一晃，招呼她坐在床边。据太监说，不管谁来，"皇后主子"也没让过坐，更甭说坐床沿了，这是对"贵人"的特殊恩典。

随后又有一些人陆续离去自奔生路，留下者面临的困难愈来愈多，大锅饭的质量不断下降，手头有余钱的便私买一些吃的、用的。李玉琴还惦记着婉容，但这里已不能再做小锅了，有一天她打发用人买回一只烧鸡，正要准备送过去，却碰上毓嵒之妻马静兰带着孩子过来，大孩子缘缘才一周岁多，指着烧鸡要吃，马静兰平时没钱给孩子买，难心地抱着孩子就走，结果两个孩子都哇哇哭了。李玉琴当时也顾不得多想，撕下一条鸡大腿就递给小缘缘，随后又毫不在意地让徐妈把烧鸡给婉容送过去了。

不大一会儿工夫，走廊里就有人吵嚷起来，那个爱叨叨的王太监声音最高："表面上恭敬送烧鸡，却把鸡大腿掰掉一个，这是拿皇后主子当什么啦？"两个刘太监也跟着瞎嚷嚷："凭着万岁爷一时宠爱，福贵人腰包里有钱买烧鸡吃，可也别忘了这是皇后主子呀！早就有人暗传：有福，有什么福？不到三年就把'满洲国'妨完了……"好心不得好报，对李玉琴来说真是说不清道不明的冤枉。

李玉琴回忆说，她当时深感羞愧，恨不能找个地缝钻进去，长时间把自己关在房中抹眼泪。只有敬喜心疼她，安慰她，也有人说公道话："眼下连大锅饭也快没得吃了，又何必讲究'全鸡全鸭敬主子'？"然而二格格持嘲笑的态度，因为婉容"不守妇道"才被打入冷宫，溥仪不许别人同情。再说，二格格奉命在身，对"贵人"有监管之责。在她看来，李玉琴既不可面对成年男人，也不应到马静兰等女伴们的房间去。

然而时局动荡难以预料，才过去十几天，忽听枪炮齐鸣，愈来愈密集、迫近，奔走相告的人们瞎嚷嚷："大鼻子来了！八路军来了！""大鼻子"指进入我国东北境内对日作战的苏联军队。坏人们乘机煽动说，"大鼻子"专祸害女人，共产党"共产共妻"。虽是无稽之谈，可这些人对革命不了解，一听就吓坏了。为了躲避灾难，妇女们拼命丑化自己，把"锅底黑"往脸上抹。李玉琴那时才十七岁，皮肤细嫩，抹上几把对着镜子看看，一眼就能认出是假的，又让徐妈和敬喜帮她再抹。晚上睡觉不敢脱衣服，就像惊弓之鸟。两天后炮声停了，枪声也止了，由何长工司令员率领的东北民主联军四十军一二〇师解放了临江县城。

部队很快就派了李政委和谢政委到旅馆来，告诉大家不用害怕，不抓任何人，但必须交出枪支及收、发报机一类"军用品"。严桐江不敢违拗，立刻把从宫中携出的十二只短枪上缴了。

李玉琴也主动交出一件东西，并询问两位政委："我不知道这算不算军用品。"谢政委接过去一看颇为惊奇地说："啊！原来是一架德国造大型望远镜，当然属于军用品喽！"李玉琴还挺高兴，也交出一件军用品，有了贡献。内心又舍不得，想起在宫中孤独的日子里，她曾用这架望远镜从假山上遥看娘家父母，从远处的行人中寻找熟悉的面孔，从卧室的窗前观看白天的云朵和月宫的玉兔嫦娥，直到不久前还曾用它瞭望大栗子沟的山水风光，这望远镜早已成为她生活中的良伴了。

李玉琴想念长春的父母，也怀恋她住过的同德殿，杨景竹回忆说："平时闲聊，李玉琴还说孩子话，'别待在这儿啦，我们往回走吧！''怎么办呢？即使回到长春，上哪儿去住？'我们有重重忧虑。'我可有地方——回同德殿去住呗！'虽然经历了这许多波折，好像李玉琴对政局的变化仍然没有深刻的理解。"

经大家商量，交出"军用品"的同时由严桐江向两位政委提出，希望把这些人送回长春。政委答应说，时局一旦稳定立刻送他们回去。从此，该旅馆被置于部队控制下，常有穿军装带武器的人进进出出。

李玉琴的"贵人"身份很快就传开了，参军不久的新战士好奇，三个一伙、五个一群来看"娘娘"，"贵人"那间屋子的拉门一天到晚也关不上，气得她紧靠窗户坐。战士们听说她是穷人家的孩子，还挺客气，看几眼就走。也有人把"娘娘"当成"皇上"的帮凶，说她是"寄生虫"。

一天，有个小战士让李玉琴给他织毛衣，这可把"贵人"难住了。不织吧，怕得罪部队的人惹出事来；织吧，又怕触犯宫中规矩，失掉"贵人"身份。遂让敬喜去找二格格商量，二格格很不高兴，脸也变了，过来质问李玉琴："真怪了，他怎么知道贵人会织毛衣？"

"他问我穿的毛衣是谁织的？我说自己织的。"李玉琴实话实说。

"贵人就说'不会织'得了呗！"二格格一脸不满的神情。

不久，部队领导下令禁止部下出入旅馆"看娘娘"，这一下给李玉琴解了围，她的拉门终于关上了，想织毛衣的小战士也没再来找。然而，二格格还是不放心，杨景竹的回忆道破了这其中的谜："在临江的日子里，李玉琴和外界有了接触，思想开始活跃，也敢单独活动了。可是，当'贵人'的能不招风吗？大家都替她捏一把汗。'你们不必担心，倘被玷污我就跳江去死！'李玉琴满不在乎。'就是跳了江，不也晚了吗？'我们对她的说法都不以为然。"

五 财物被没收了

又过些日子，部队派人来通知，让大家做好返回长春的准备。李玉琴与徐妈、敬喜一起，把从宫里带出的几只箱子和手头仅有的财物——册封前溥仪赏的鸳鸯首饰盒以及几件首饰，很快就整理好了。

次日清晨，旅馆里忽然来了许多军人，让男女分别集中开会。女的集中在二嬷屋里，听一位三十岁左右的女干部讲话。她先问大家知不知道共产党、八路军是干什么的。屋里鸦雀无声，谁也回答不上来。二格格挺勇敢，疑惑地最先开口道："听说共产党共产共妻……"女干部笑了，"那是造谣！共产党、八路军是为受压迫的劳动人民打天下的，是要解放劳动人民的。"她接着讲："溥仪是什么人呢？他是汉奸、卖国贼、喝人民血汗的大剥削者！"李玉琴觉得这话很刺耳，张口大骂"皇上"还了得？"皇上"也是替天行道，为百姓办事呀！参加会议的女人，包括二格格在内谁都不言语了，既不反驳也不赞同，都因为害怕而把头低了下去，嵯峨浩吓得直往人多的地方钻，李玉琴自然也很不安。

"溥仪的财产都是剥削来的，都是人民的血汗，应该没收；你们的东西，包括文物、珠宝、首饰都是溥仪给的，实际都是溥仪的，所以也得没收。"女干部话锋一转说到实际问题上，原来是要没收这帮人的财物。

李玉琴知道，那件鸳鸯首饰盒以及其中的首饰都保不住了，她不甘心，这些都是"皇上"赏的，其中还有定情信物，"皇上"回来怎么交代？再说她也不认为溥仪的财产都是剥削来的，"皇上"是天子，命运好，福气高，所以才有千千万万的臣民自动送来金银珠宝供他享受，这也是命中该得，劳动固然能挣来财富，命运同样能带来财富！

不管李玉琴怎么想，也不管其他人怎么想，没收财物的行动很严肃地开始了。形式是自动上缴与搜查相结合，先由严桐江上缴统一保管的贵重财物，然后一只箱笼一个行李地检查，同时逐一搜身，人人过关。

搜身非常仔细：打开发髻，敞开上衣，还要脱鞋、脱袜，连裤子也得一层层解开。轮到李玉琴时，她就痛痛快快地交出了手表、耳环、戒指、镯子和项链等六件首饰，然后主动解开衣裤任人搜查。负责搜身的两位女干部，满意地朝她笑了笑，并没有东摸西摸，就放她过关了。李玉琴回忆当时的心情说：

说真的,我也不是因为觉悟高才交得痛快,谁能理解我当时的心情呢?当我从手指和手腕上摘下那颗祖母绿的戒指和那块镶嵌着许多小颗粒钻石的瑞士坤表时,我是多么难过?这时头脑中并没有"剥削"呀、"阶级"呀那些刚刚听过的新词汇,只有我的"皇上"。想起了册封头一天晚上溥仪亲自为我挑选并亲自替我戴上首饰的情景,想起那件有织锦鸳鸯的装首饰用日本漆盒,更想起了溥仪借用鸳鸯比喻自己忠贞于爱情的誓言……这是多么值得珍视的信物啊!在宫里时我常把那只祖母绿戒指和另一只红宝石戒指配钻戒戴,感到手上闪烁着红、绿、白三种彩光挺好玩。现在有点大了,并不留恋好玩,但哪能把皇上的一片真心实意交出去呢?

人们担心的"贵人"失身并不曾发生,但"失财"的事情却未能避免。李玉琴交出了一切,连几册善本线装书和两本字帖也通通交了出去。交字帖的时候想起许多往事:溥仪高兴了,就亲自到书房中教她练书法,还派人送来这两本字帖,一本是王羲之的,一本是欧阳询的,李玉琴喜欢欧体字,溥仪教她练基本功,有时就在她屋里写吉祥条幅送人。李玉琴想起溥仪那特殊的握笔方式,想起他那细长细长的手指……

没收的财物都装车载走了,剩下空荡荡的房子和一群木呆呆的人。李玉琴环视自己的房间,还有一条被子和几只翻空了的箱子。这时徐妈进屋来了,她默默地收拾屋内七零八落的破烂东西,李玉琴则坐在炕沿上点起一支香烟。自从溥仪走后心中惆怅,她渐渐学会了抽烟。可抽了两口更觉得烦恼,"皇上"走得不知去向,父母又离开这么远,剩几件东西也全没收了,名义上受了一回封,却什么也没有落下!

李玉琴想着,索性把腿盘起来坐在炕沿上,她的手就在这时意外地碰在大腿根内侧一块硬邦邦的东西上,这使她想起一个月前在大栗子沟的情形。等待溥仪来接的人们因久待不到而失望,对"皇后"和"贵人"负有责任的主事严桐江,深恐发生突然情况而难以照顾她们,乃派人给李玉琴送来两捆钱,每捆一万元。李玉琴遂让徐妈缝在一条夹的毛料呢裤内侧了,这条呢裤就穿在身上。李玉琴回忆说,当时严桐江也懵了,一会儿把财物散开,一会儿又集中起来，简直手足无措。送钱的同时，他还交给她一个比鸡蛋稍小的椭圆形透明晶体，里边有花纹，能随着二十四节气变幻。宝物两端各有一根四五寸长的坠儿，每根都由一条大米粒粗的金链子联接着几种宝石和数枚珍珠，真是五彩斑斓。过了七八天，严桐江又让人把这件宝物收回，连李玉琴从宫中带出的一个四层高的珠宝首饰盒也要去了，那里边装着册封后溥仪陆续赏给"贵人"的二十余件珠宝首饰。惟独没有收回现款，李玉琴一时把这件事忘在脑后，居然躲过了搜身。

面对长吁短叹的可怜的同路人，平日吃斋念佛笃信积德行善的"贵人"，能忍心不顾别人吗？她当即决定把裤腿里的钱分配给大家共渡难关！婉容是皇后，又有病，又要用鸦片烟顶着，就分给她五千元；严桐江是主事人，经管为大伙买米买煤的事儿，李玉琴便交给他一捆，整整一万元；其余给几个困难多的女眷每人少分点，剩下两三千元自己留下了，以备返回长春前作路费、买食品用，分完这笔钱也觉得心安了。

六　风雪随军赴通化

部队并没有抛弃已被没收了财物的人们，经与严桐江等商定，因长春尚未解放，而临江又处在国共两军拉锯的战火之中，先将他们分批送往通化，那里是这支部队的司令部所在地，相对安全一些。

第一批出发的就是李玉琴，严桐江让当时惟一的"宫廷学生"，也是皇族成员的毓岷随行保护，女仆敬喜跟着伺候。此外还有一个人奉派随行照料，那就是伪宫内府内务处营缮科科长吴少香，他是溥仪打网球的球伴，颇受信用。部队特派一班战士护送，出发那天是公历一九四六年一月十七日，即旧历乙酉年腊月十五日。

为李玉琴送行的场面颇为动情，马静兰、叶希贤和毓嵱的母亲等都很伤感地落了泪，叶乃勤见"贵人"穿得单薄，急忙回屋把自己的一件旧大衣拿来给她穿上，徐妈替她系好衣扣。虽说徐妈顶撞过"贵人"，毕竟是在患难当中住过同一间房子，吃过同一锅饭，感情还不坏。没收财物那天，徐妈清理翻空了的箱子，发现剩下一副掉了珍珠的耳环，"贵人"就送给她了，自己仅保存了那只装首饰的空鸳鸯盒子，直到数十年后。二格格也在送行的人群中，只有杨景竹没露面，她太悲痛了，正为刚刚死去的惟一的儿子焚香祈祷呢！

东北有句俗话："三九四九，棒打不走！"李玉琴却在这样的日子里上路了。当时火车不通，部队便开来一辆摩托卡压道车，车顶有棚，身后有依靠，但左右两侧没有围壁，挡不住风寒。压道车的轮子艰难地转动在雪深盈尺的道路上，纷纷扬扬的冒烟风雪从人们脸上刮过。

几位小战士坐一段车便下地跟车走一段路，为压道车清扫道路积雪。有些地方雪深没膝，他们蹚来蹚去满不在乎。这个说"没过草地呢，先登上雪山啦"，那个说"小心冻掉你的鼻子"，还有的指指远处的老爷岭，娓娓动听地讲起故事来。

李玉琴与小战士年龄差不多，却要保持"贵人"的姿态，依靠棉袄、大衣和一条棉被的围护，在零下三十多度的严寒中经过整整十二小时的行程，一动不动，连如厕都可以免去，却把手、脸和耳朵冻伤了。

晚八时许，压道车停在沿途小站上。车站伙房以喷香的大米饭和炒菜招待，李玉琴却咽不下。敬喜知道"贵人"又惦记"皇上"了，就劝她说："贵人就挑点瘦肉，多吃几口饭吧，身体好好的，万岁爷也高兴。若闹起病来，万岁爷来接也去不了啊！"李玉琴才勉强吃了这顿饭。

晚上，李玉琴和敬喜被安排在一间小仓库里休息。虽然很累，她躺在木板床上却无法入睡。窗外的月亮分外圆，分外白，分外亮，在宫里遇上这种月亮天，溥仪是不会放过的，总是让人在花园里摆上台桌、藤椅，招呼"贵人"赏月，教她诵读白居易的名句："在天愿作比翼鸟，在地愿为连理枝。"然而，现在"皇上"在哪里呢？原来说上日本，怎么又拐到苏联去了？越跑越远，几时才能团圆？如今在山沟里等不下去了，只好先回父母身边再等皇上来接！她想着想着，迷迷糊糊地睡着了。

第二天早饭后，压道车又载着原班人马出发，上午十点多钟进入通化市区。下了压道车，由战士引路，把李玉琴一行带到一栋盖在山坡上的二层楼房内，并让敬喜陪伴她的女主人在日式的榻榻米客厅中休息。不一会儿有人给端来

一盆烧得很旺的炭火盆，那火盆的样式、花纹都很讲究。随后又有人用漆盘托着茶壶茶碗——一套高级日本茶具走了进来，还送来了香烟。"贵人"从烟盒里弹出一支点燃，敬喜又给她倒上一杯香茶，丝丝芬芳气息扑鼻而来，又飘散开去。这里的一切，从房间、火盆到茶具无一不是抗日战争的缴获品。

四菜一汤的午餐过后，有个战士敲敲门进来传话："首长来看望各位，请吧！"李玉琴等人走进一间很宽敞的西式客厅，毓嵒和吴少香也到了。坐在写字台前的部队领导很客气地招呼大家快坐，还特意让李玉琴坐在对面。这位领导主动伸过手来，李玉琴却没有反应。她不会忘记，在大栗子沟曾与来见的苏联军官握了一下手，结果掀起一场风波，现在她变谨慎了。毓嵒和吴少香赶快抢前一步与领导握手，替"贵人"解了围。

首长见李玉琴总是低着头很拘束，只简单地说了几句："先住在司令部好好休息，有困难跟我们说。等长春解放，通了车，就送你们回去。"随后派人把李玉琴和敬喜送到另一栋小楼二层某房间，这里已经替她们安好了床铺，首长还让引路的战士带给"贵人"两条好烟，她这才知道，自己已住进东北民主联军四十军一二〇师司令部。

两天后，婉容和她的太监、浩子母女、二嬷及其养子、徐侍医夫妇，还有严桐江等都来了。他们被安排住在司令部对过的公安局楼内，毓嵒和吴少香也迁到那边去住，只有李玉琴和敬喜仍留住司令部。

李玉琴一日三餐到楼下饭厅去吃，那是兼作士兵寝室的大房子，长宽都有四五十米，四周靠墙搭了一圈儿板铺，进门右侧挂了一排枪支，而左侧摆着两张两屉办公桌。当中是两张又大又长的桌子，开会、吃饭都在这里。伙食不错，细粮和粗粮各半，菜也有荤有素不限量。

跟那么多男女在一张饭桌上吃饭，李玉琴很不习惯。在宫中溥仪偶尔过来"同桌共饮"，其他人都不许上桌，有时邀几个宫廷学生的女眷陪餐，对"贵人"都很恭敬，想起这些，李玉琴常常端着碗就躲开了。

有位三十多岁的刘科长看在眼里，批评李玉琴"封建"。说她"年龄虽小，中封建礼教的毒却挺深"。为了帮助她解放思想，刘科长揭露封建制度的罪恶说，封建贵族家庭中，表面上满口仁义道德，背地里全是损人利己。拿历代皇帝来说，哪个不是三宫六院七十二妃？还要偷鸡摸狗，甚至乱伦。这种话李玉琴当时根本就听不进去：皇上至高无上，哪会干那种见不得人的丑事？她甚至当面反驳说，溥仪就不是那样的人。

刘科长不生气，对李玉琴的关心反而更多了。当时，连队首长也不能设专人伺候，而李玉琴公开使用女仆，对此刘科长表示理解，认为多少年的积习不可能在一个早晨全部消灭，还叮嘱敬喜好好照顾。又因为通化刚解放，新兵不少，觉悟不同，刘科长便嘱咐李玉琴不要上街，有事说一声，让他们代办，还在李玉琴住的房间外增设了岗哨，以保证安全。

刘科长还介绍李玉琴认识了连部的杨指导员，这位女干部性格温和，待人热情，给李玉琴讲白毛女的故事，讲连队里牺牲的战友。有这样一个生动事例：在抗日战争中，有位新娘为了应付日军的搜查，就把八路军战士扮作新郎，来搜查的人起了疑心，新娘便大大方方地亲吻"新郎"，保护了战士。杨指导员又说，部队内还有一位富家子弟，卖掉全部家产，捐作革命经费了。李玉琴后来听说，这人就是杨指导员的丈夫。

"像你这穷人家的孩子被骗入宫当了'贵人'是不幸的，伪皇帝只把你当作消遣的玩物和供摆布的奴隶，皇族家庭更不会真正关心你。"原来杨指导员已经做过调查，对"贵人"的宫中生活了如指掌。

"没办法，都是前生注定，我认命了！"李玉琴想起自己已经海誓山盟，死活都是"皇上"的人了，便无可奈何地说。

杨指导员禁不住笑了："傻姑娘，什么叫命中注定啊！那都是剥削阶级骗人的鬼话，是想让穷人安心而老实地接受剥削，共产党不信那一套！"

杨指导员并没有说服李玉琴，但这些日子的耳闻目睹却让她对部队官兵有了好感。"满洲国"时她看见穿黄军装的，又怕、又恨、又烦，称军装为"唬人皮"，离开他们远远的。眼前这支部队却大不相同，当官的没有架子，对小兵很和善；小兵在长官面前说说笑笑，好像一家人一样。有一天，李玉琴和敬喜下楼吃饭，正碰上刘科长等好饭好菜招待一位农民打扮的老大爷，这人个头不高，头戴破旧的烟色毡子瓜皮帽，脚蹬乌拉鞋，便服小黑棉袄，大襟上还拴着个装旱烟的口袋，原来是来部队探亲的一位普通小战士的父亲。李玉琴亲眼看到部队领导盛情款待普通农民,又在饭桌上说了那么多亲切的话,不禁想起刚入宫时的往事:动作稍有不合于"礼",立即会招来人们的讥讽;说两句家乡话,也会惹得女仆们嘲笑;父亲来会亲,竟不敢留下吃饭,连慈祥的母亲也无端遭受奚落和白眼……冷冰冰的宫廷,热乎乎的部队,多么鲜明的对照啊!

几天后,李玉琴应邀出席杨副科长和当地一位寡妇的婚礼,只有糖果和瓜子招待。一个当官的办喜事,不坐轿,不坐汽车,新郎、新娘向毛主席像三鞠躬,然后接受来宾祝贺,遂告礼成。因为新娘、新郎是自由恋爱结婚,亲亲热热,相敬如宾,很幸福。这事给李玉琴留下了深刻印象,联想起自己与溥仪结婚时又是"册封"、又是磕头,内廷、外廷都举办盛大宴会,似乎很隆重,却不许娘家人参加,等待她的是"二十一条"……

参加婚礼的刘科长对李玉琴说:"你看见了吧!共产党主张男女平等,婚姻自主。你再看看楼下收发室的收发员,今年二十三岁,已参军几年,自己找了对象,小两口恩恩爱爱,又都在革命部队里工作,多有意思!"李玉琴见过那位收发员,长得真漂亮,两只大眼睛忽闪忽闪的,说话的声音甜甜的,对人非常热情。她丈夫三十来岁,文质彬彬,长得也挺精神,真是很相配的一对啊!

在这种场合,李玉琴不能不联想到自己,虽蒙"皇上"疼爱,总把"最满意"、"最喜欢"一类词句挂在嘴边,但他毕竟比自己大了二十二岁,生理还有缺陷,尽管在宫里时并不十分明白,也隐隐约约感到他不正常。对此她既不敢问,更不敢想,一想这些就觉得自己是犯罪,是对"皇上"的不忠、不敬,似乎做了对不起"皇上"的事。

见所未见、闻所未闻的事,这回在部队里都见到、听到了。

七 受到何长工司令员的接见

一九四六年春节,李玉琴是在部队度过的。这里没有请安、磕头那套虚伪的应酬,充满了真诚、和谐。除夕那天,从早晨起来就歌声、笑声、腰鼓声不断,大家尽情地玩啊,笑啊,快活极了。还预备了花生、瓜子、糖块、冻梨等许多好吃的东西,到处喜气洋洋,人人春风满面。

晚饭后,刘科长通知李玉琴说何长工司令员要接见她。敬喜不放心,因为没让她陪伴,怕"贵人"单独活动会出问题,李玉琴安慰她几句就随着领路的战士走了。

何司令员个子不算太高,长得很结实,南方口音,看样子有三十多岁,眼光特别锐利,有一股精明强干的劲头。他旁边还坐着一位不到三十岁的女同志,经介绍才知道,原来就是何司令的爱人,室内还有其他几位首长。

李玉琴先被领进房间,不一会儿嵯峨浩也来了。一一介绍后,何司令的爱人拉她们坐在一起,说一块儿聊聊天。桌子上除了烟茶还有花生、水果和糖块,不吃就硬往手里塞。通过这些天的接触,李玉琴已经不那么拘束了,她一边吃,一边回答司令员的问话。

何司令问李玉琴娘家还有什么人、都做什么工作。她回答说:"我家姐妹很多,父亲在饭馆吃劳金。"

"怎么你当了'贵人',父亲还当饭馆伙计?"何司令的爱人接过话茬问道。

"父亲想跟别人合股经营饭馆,可那年头营业证不好办。"

"那就叫溥仪给办嘛!他是'皇上',还办不了这点事?"

听何司令的爱人这么一讲,李玉琴很难过,就把当年求溥仪帮助办理营业证的过程讲了一遍,然后说:"只求过溥仪这一件事,结果他不管,以后再没有求过他。求他不但不给办,还发火。"

"看!溥仪把你选进宫去,竟不当一回事!"何司令的爱人说。

"你们不是一个阶级,他是'皇帝',你是穷孩子。选进宫不过是他的玩具,皇帝能把一个穷孩子当回事吗?"那时李玉琴还不懂什么阶级分析的方法,只觉得何司令的说法很新鲜。

接着,何司令又问宫中的一些情况,李玉琴一一作了回答。

浩子在一旁不太吱声,好像很害怕,让她吃也不吃。何司令也不好再和她谈什么,就问李玉琴:"你怎么不害怕?不怕我们杀害你?"

"不害怕,因为我没做坏事;你们是杀坏人,杀鬼子,不杀我。"

或许李玉琴天真幼稚的回答凑巧符合了八路军的政策，惹得大家笑起来，何长工夫妇笑得更开心。李玉琴想劝劝浩子，又不会说什么，就照直说"别害怕"、"没事儿"，又在桌上抓了一把吃的东西塞进浩子手里，叫她吃。李玉琴希望给她壮壮胆，让她挺起腰来，不用怕。李玉琴的想法很简单：浩子虽是日本人，也没直接祸害老百姓，又何必害怕？

那天何司令的话锋很健，给李玉琴讲了许多发生在革命队伍中的生动故事，还谈到一些她从来不曾听说过的革命领导人的名字，如毛泽东、刘少奇、朱德、周恩来、贺龙等，抗联英雄杨靖宇的光辉事迹，她也是头一回从何司令嘴里听到。

接着，何司令又把话题从革命转到李玉琴身上，对她说："你是劳动人家的穷孩子，被骗入宫不是你的过错。但你当上"贵人"和溥仪一起过寄生虫生活，是可耻的。因为溥仪当傀儡皇帝，跟着日本人干了不少坏事，还想借助日本人的力量恢复大清的江山，现在溥仪已经是一个罪人了……"尽管能听得出何司令在努力把她和溥仪区别开来，可她还是不高兴。她不愿别人说溥仪是罪人，但她也不明白溥仪为什么不是罪人。

何司令的爱人动员李玉琴和溥仪划清界限，她说："你这么年轻，应当勇敢地摆脱溥仪的束缚去参军，和其他青年人一块儿革命。"何司令夫妇细致、耐心地和她谈了三个多小时，他们边吃边谈，又说又笑，这种和谐的气氛更增加了李玉琴的勇气，竟为了溥仪而同他们争辩起来。李玉琴说"溥仪是个好皇帝"，为老百姓办事，忙得没空到她房里去。何司令夫妇听了都哈哈大笑，还是耐心地帮她提高认识。临走时，何司令的爱人硬是往她的衣兜里装了几把糖果，让带给"老大姐"——敬喜吃，同时也往浩子衣兜里装了许多。

李玉琴被送回自己的房间，敬喜那颗悬着的心才落了地。因为这是"贵人"第一次离开女仆单独活动啊！她大把大把地从衣袋里掏出糖果，高兴地对敬喜说："这是何司令的妻子让给你带来的，快吃吧！"她一口气把何司令夫妇的谈话内容对敬喜学说了一遍，还告诉她，何司令把浩子也找去了，浩子一直在场。敬喜高兴地问道："什么时候送咱们返回长春呢？"她说："那就得等机会了。"这一夜两人都很兴奋，加之鞭炮声音不绝，到后半夜才睡了一小会儿。

何长工司令员亲自动员李玉琴参军，这当然不是偶然的，前些天已有一些与李玉琴熟悉的干部战士劝说过了，他们说："溥仪是汉奸，是傀儡，他当'皇上'统治人民，对你又有什么好处？你应该离开他，参加革命。"

李玉琴好动、好玩、好乐，与部队官兵在一起，很快就学会了打扑克、下跳棋、打腰鼓，还学会很多解放区的革命歌曲，她给战士们唱，大家都说她的嗓子好。刘科长和杨指导员又动员她参军，当文工团员。

李玉琴爱笑，在宫里有封建礼教束缚，常常使劲板着不敢大笑，这回和一群天真的年轻人在一起，又恢复了活泼的天性，经常哈哈地笑起来。那位漂亮的女收发员带着惋惜的口吻说："看你笑的声音多好听，像唱歌似的，不参加文工团就白瞎了！"小文书也接茬说："你参军以后我们就能天天在一起玩！"

说实在的，李玉琴已经有些喜欢部队生活了，可一想到参军就如谈虎变色。因为她还不想离开溥仪，这位"皇上"毕竟也是她在少女时代倾注了感情的男人。再说，她也害怕"皇上"早晚会回来跟她算账，那份在佛前亲手焚烧的"二十一条"也总像鬼魂似的纠缠着她。所以，即便何长工司令员夫妇亲自劝她参军，她也没有应承。

正月初二凌晨，楼外忽然打起仗来，枪声一阵比一阵紧，还不时有手榴弹爆炸声。李玉琴把脸贴在窗户玻璃上往外看，猛然"轰"的一声，对过公安局楼上右角被炮弹击中，坍下来了。李玉琴不禁惊呼起来："皇后和二嬷不就住在那栋楼上吗？"就在这时，李玉琴贴脸的那扇玻璃碎了，她只觉得右脸好像被什么扎了一下，用手一摸都是血。敬喜赶忙扯过一条毛巾捂在她脸上，而血很快就透过了毛巾。敬喜眼看止不住血，吓得冲出门外大喊："快来人哪，贵人受伤了！"很快就有人跑来把她搀到后屋，由卫生员给做了包扎。她自己也不知道伤势如何，只觉得疼，血流不止。这时，战斗正在紧张进行中，她住的那栋楼内凡拿枪的都投入了战斗。何司令听说李玉琴受伤了，立即派来军医，使她又感动又难过。

原来在李玉琴的右脸深处留下了弹片的这一仗，正是由何司令员亲自指

挥的平定通化"二·三"反革命武装暴乱的战斗。叛乱平息后消息传了过来,住在公安局楼内的婉容安然无恙,二嬷却因受伤又失血过多而死去了,李玉琴还难过地哭了一场。

部队考虑到安全和便于管理,腾出一栋二层小楼的楼上,再隔离成为若干小房间,让李玉琴和从公安局楼内迁过来的婉容、严桐江等人全部住了进去。过了几天,溥仪来信叫走的溥俭、毓嵣等人因为未去成苏联,又从半路上折了回来,经部队收留也住入这栋二层小楼。首长还派了有经验的老兵站岗,保护他们的安全。

照旧由溥俭和严桐江主事,又单独开伙了。食品由部队供应:全部细粮,五天吃一次肉,同时取消主仆之分轮流做饭。李玉琴与敬喜、嵯峨浩以及她的小女儿嫮生住一间房子,轮到李玉琴值班,劈柴、烧火、做饭,什么活儿都干,和别人接触、说话的机会也多了。

回到旧人中间,传统的宫廷礼法也跟着来了。溥俭、毓岷、毓嵣、严桐江等都遵循旧法,一步也不逾矩,他们还像溥仪在时一样,轻易不敢与李玉琴说话,同时也希望她能像在宫中那样,维护"贵人"的威严。

溥俭见"贵人"下厨非常生气,虽有部队领导指示,他们却辩解说:"部队首长不让别人伺候贵人,但也没叫贵人去劈柴做饭哪!"婉容的太监有时也用挖苦的口吻讽刺道:"贵人真能干,将来回家能做饭了!"

严桐江见"贵人"常与二嬷的儿子或吴少香等人说话,就两次提醒她:"贵人要注意身份才好,每天睡觉前想想万岁爷的教诲,做事多用脑,想好了才办呢!"在他们看来,二嬷之子王书庭没有知识,是粗俗的工人,吴少香说话大吵大嚷,很粗野,"贵人"不应搭理他们。毓岷则生气地说:"贵人跟谁都说话,这是'不守宫廷规矩'!"

李玉琴从此又陷入孤独的包围之中,想找个说话的伴儿而不可得。有一次,她把鞋放在窗台上晒,不小心掉到楼下去了。楼下是一家小药房,好像只有两个老人带着一个年龄和她相仿的姑娘。姑娘很快就把掉下去的鞋给送了上来,她一看是个圆脸盘、大眼睛、梳长辫子的俊俏姑娘,心里挺喜欢。从此她们成了朋友,天天楼上楼下地搭几句话。

这期间，来过一位报社记者，问李玉琴作为封建宫廷的"贵人"，在这里过部队生活有何感受。她说喜欢这里友爱、平等、愉快。谈话很简短，这是她有生以来第一次接待记者。显然，她还有许多想说的话，碍于"贵人"的身份而没敢尽情发挥。

司令部的刘科长还有一位龙科长又来了，仍是规劝李玉琴参军，龙科长开门见山地说："溥仪是汉奸卖国贼，你应和他划清界限。"李玉琴辩解说，溥仪是好人，是有道明君，是关心老百姓的，坏事是日本人干的……

虽然龙科长气得够呛，但还耐着性子帮助她说："你自己也承认，原来没想进宫当娘娘，只图个上学不交学费，结果就陷进去出不来了。那时你是想出来但办不到，可现在拉你出来你又不肯出来。你想想，你给一个可以当爸爸的人当什么'贵人'？还不是供他玩弄、开心……"

李玉琴承认龙科长说得对，机会就在眼前，这是摆脱封建控制的机会，这是摆脱溥仪的感情摧残的机会，然而，她最终选择了放弃，认为这是命中注定。

八　违心的"离婚声明"

一九四六年四月十四日，中国人民解放军攻克长春，从国民党手中夺回了这座苦难的城市。部队领导随即通知严桐江、溥仪等收拾行装准备出发，还把来到通化时为李玉琴保管的最后一笔款子——两千多元钱，分毫不差地退还给她。刘科长、杨指导员还有那位漂亮的女收发员等都过来与她依依不舍地告别。

李玉琴由敬喜照料，与部队战士们一起登上从通化开出的"闷罐列车"，向长春进发。这是拉货的车，连坐椅和车窗也没有，大小便使用摆在车厢角落里的马桶，或等停车时赶快跑到外面去。列车边走边停，慢慢腾腾开了一天一宿，终于呼啸着喷云吐雾地进了长春。

李玉琴以为马上就可以见到近在咫尺的父母双亲了，其实哪有这么简单！他们全被安置在离火车站不远的一栋二层楼内，仍与部队官兵同住，伙食还不错，清一色大米、白面，有肉吃，份量充足。三五天后，有几个人先被打发走了。又过几天，部队领导找李玉琴谈话，让她跟溥仪离婚，而且态度强硬，这一下把她弄懵了。

"历史已经前进了，溥仪是人民的罪人！你不离婚，难道还想等他再当皇上，你又当娘娘吗？你才十八岁，出身挺苦的，理应回到劳动人民中间。今后靠自己一双手吃饭，这才是一条光明的道路！"部队领导这席话虽然很对，却刺伤了李玉琴的心。她不愿离婚，并不是还想当"娘娘"，还要享受宫廷的荣华富贵，是难忘溥仪作为丈夫给予她的温存。

"我发过誓！再说好女不嫁二夫，怎能离婚呢？我不同意！"李玉琴急了，说完就哭，一直哭到住处。

"他们找贵人谈了什么？"溥俭悄声问道。

"叫我离婚。还骂皇上了！"李玉琴答。

溥俭是溥仪喜欢和信任的人，溥仪临走时还有安排，让他照顾"贵人"，所以李玉琴很想跟他商量一下。

"你说应该怎么办呢？"

"贵人自己决定吧！"

溥俭冷淡地回答，令李玉琴很伤感。事到如今，也只好见机行事，自己拿主意了。嗣后，部队领导又找她谈了两三次，她始终不同意。一天，李玉琴又被叫到办公室，原来她父母都给找来了，她万万没有想到，离乱之后与父母的重逢竟是在这样的环境之中，而且是面对如此尴尬的问题，心情很不好受。

"只要写个离婚声明，就可以回家！"话虽简单却含要挟成分。

父亲显得心慌意乱，一字一板地说："我们本不愿让她进宫，康德硬要去的。已经是他的人了，叫我怎么说？"母亲更不愿女儿出一家进一家。

不大一会儿大姐夫来了，他当过"满洲国"中尉，国民党时期又当中校，老李家遇事往往找他拿主意。他与部队领导交谈后知道人家态度坚决，就用商量的口吻冲李玉琴说："那就离婚回家吧！"并使眼色，意谓写个声明先回家，以后再说，僵持没有好处。

李玉琴回忆当时的心情说：

我很难过，当着父亲和亲属的面呜呜啕啕地失声痛哭。回想八个月来，溥仪给我的珍贵首饰和物品丢的丢了，没收的没收了，我也没像今天这样伤心，没掉过一滴眼泪。但眼前这场面让我受不了，我认为对一个女人来说，离婚是很不光彩的。嫁给谁本来就是命中注定，我当初在那么多女学生中入选进宫，也是和皇上有缘分哪！现在皇上有灾，正在困难之中，我怎么能提出离婚呢？说也奇怪，这个时候溥仪对我不好的那些地方全都忘了，对我好的地方又一宗宗、一件件地在脑海中浮现出来。"皇上"常说，他不能没有我。我也不该离开他呀，我都哭昏了。

"贵人"的哭声丝毫未能感动身穿军装的干部，他们很严肃地让李玉琴写下"离婚声明"，说是"动员"，实为命令，没有商量余地。

李玉琴不哭了，拿过笔来就写了两行字，声明与溥仪"离婚"，没写"伪皇帝"，也没写"汉奸"、"坏蛋"，她还不认为溥仪是那样的人。几位军官无奈地点点头，似乎已经完成任务，就让她收拾行装回家了。显然，部队领导对李玉琴是关心的，不希望简单地放人完事，还考虑到帮助她解放思想，轻装走上新的人生道路。但具体办这件事的人不讲究方法、策略，要求太急太高，超过了她当时的觉悟程度。

李玉琴虽然写了离婚声明，实际内心却不买账，一张纸，几行字，代表不了她的心。她的心仍然属于"皇上"，她暗下决心绝不再婚嫁人，眼下只想回到父母身边，稍尽孝心，然后就出家当尼姑，在青烟缭绕的寺庙度过今生。

李玉琴就要回家了，她知道溥俭遵照溥仪信嘱从大栗子沟领那八个人前往赤塔时随身带了溥仪的一些东西，其中有两件皮大衣，于是硬着头皮请求道："溥俭，把皇上的皮大衣给我一件做个纪念吧！"她无非是想留下当个念物，不料却招来一些人敌视的眼光，有人还讽刺说："都离婚了，还要衣服！"这话深深刺痛了她的心，她还以为溥仪能够理解她，同遭离乱的人们更能够理解她，却不料现实如此冷酷！

溥俭勉勉强强地交出了溥仪的皮大衣，却不肯再给李玉琴任何珍贵物品。这件皮大衣后来一直由李玉琴的母亲保存，"困长春"那年也不肯拿它换吃的，结果李玉琴的父亲被饿死。若干年后，这件大衣的皮筒子以及那只空了的鸳鸯首饰盒，被一起送进了历史博物馆。

　　溥仪的钱财珍宝已经没有了，溥仪的"皇后"却要在这时交给李玉琴。有位军官跟她商量说，现在时局还不稳定，长春一带处在拉锯战状态，部队天天行军打仗，无法照顾有病的婉容。眼下她父亲被抓到苏联去了，她哥哥又不肯收留她，希望李玉琴把婉容接回家去。李玉琴同情婉容，但这事必须跟母亲商量，母亲说，全家十来口人就住两间房子，一天三顿粗粮，缺油缺菜，还要弄钱供她吸鸦片，万一侍候不好，有个一差二错，就更担当不起了，实在是心有余而力不足。

剧照之一：电影《末代皇后》中的婉容（潘虹饰演）

分手时，李玉琴流着眼泪慢慢走到婉容床前，向她请安辞行。这里已经没有女仆，也没有太监了，只有一位受尽人世凄凉的折磨而濒临死境的女性。李玉琴为她理一理用剪刀随便剪短的乱草般的头发，握一握她慢慢伸过来的那双骨瘦如柴、毫无力气的手，又帮助她扯平衣服，盖好被子。从婉容那一脸痛苦的表情中似乎看得出，她已经知道"贵人"就要离她而去了，不过这时她对任何人、对整个世界都不再抱有幻想，她早就麻木了。在无声的眼泪中，两个苦命女人静静地相对，默默地分手。

李玉琴回到了离别三年的父母身边，看到了日盼夜盼的穷苦而欢乐的娘家，得到了哥哥和姐妹等所有亲人的怜爱。真诚的感情、骨肉的团聚、家庭的温暖，一下子全都回来了！李玉坤回忆与四姐重逢的一刻说：

> 三年不见，似乎姐姐的个头长高了许多，身材更加匀称窈窕，皮肤细腻，白里透红，乌黑的头发不短不长，一笑就露出整齐洁白的牙齿。加之穿一身合体的藕色条纹旗袍，真像出水芙蓉，美丽动人。其时，姐姐正处在十七八岁的青春妙龄时代，言谈话语、举止行为已和小时候大不相同。语调柔和又带点京腔，能运用文雅、美丽的辞藻，说话颇为流畅动听。再说行走坐卧，显然受过严格的训练，讲究仪表，注重礼节，有一种端庄秀丽、落落大方的风度。通过比较，我看到了两年多宫廷生活对四姐的改造。

李玉琴成熟了许多，然而在她妩媚的眼神里不时流露出些许忧郁，在她的心底也不会不潜藏悲苦和焦虑。违心的"离婚声明"使她感到失去了做女人的光彩，所以一进家门就倒在母亲怀里大哭一场，哭了很久，愈哭愈伤心，把这几年的委屈都勾起来了，对溥仪的思念、受到歧视和侮辱的痛楚、离乱之中的种种苦难，这许多复杂的感情交织在一起，化作无尽的泪。母亲叹息道："这是命啊！"一句话更说得女儿放声大哭，直到手都抽了，人也昏睡过去。当李玉琴苏醒过来时，大夫正给她扎针，全家人都围在身边。

李玉琴从此得了神经官能症，总是昏昏欲睡。有时一天睡二十个小时，

母亲怕她睡出病来,就借一本《红楼梦》给她看,当她看到林黛玉的悲惨结局,联想到自己,又哭了起来直到睡了过去。母亲又招呼几个姐姐过来陪她玩纸牌,还是打不起精神,过了半月才渐有起色。

"经过反复考虑,我决定出家当尼姑去。"当李玉琴稍微清醒以后便做出了这样的决定。母亲先是一惊,但看她一天到晚失魂落魄的样子也就同意了。于是父亲到处给她找尼姑庵,找了几处人家都不收。当时解放军正提倡破除迷信,解放妇女,尼姑庵不敢收。没办法,她只好待在家中,一天除了睡觉就念佛,继续等待落发的时机。

九 返璞归真成了"垃圾堆里的美人"

一九四六年六月初,解放军本着"让开大路,占领两厢"的战略方针,撤离了长春市区,国民党的统治网随即便笼罩了这座城市。

一天,有两个西装革履的男人找上门来,其中有个胖子大概是走热了,一进门就用手绢擦脸上的汗,还把西装上衣脱下来,随随便便往椅子上一搭。他们不客气,李玉琴可挺反感的。那胖子自我介绍道:"我们是《中央日报》记者,今天特来采访李小姐。这地方真难找,我们费了九牛二虎之力,想请教几个问题,请小姐赏脸。"

李玉琴那时从不出门,不愿见人,平时只和嫂嫂说说话,一直谨言慎行,没心思接待记者,也没想过利用记者向社会说点什么,可那两人很有耐性,看样子轰也轰不走,问这问那地磨了一个多钟头。他们问她今后有何打算,她毫不掩饰地说:"等待康德回来!他是好皇帝!"

"溥仪对你好吗?你们的感情怎样?"记者的口气带着嘲笑。

李玉琴故意加重语气说:"感情好极了!"其实,"感情"二字对她来说还是个新鲜名词,她不过是故意气人才"借用"一下。

记者又追问宫里的生活情况,李玉琴说宫里有规矩,里边的事不许向外乱讲。问来问去只是那几句话:坚决等待溥仪,稍事休息几日就要削发出家,摆脱人世间的一切烦恼。那两人就恭维一番,说她年轻、聪明、漂亮等,然后整整衣冠,从她家那两间半简陋的小房中溜了出去。

不久报上登出了《溥仪的第二贵人访问记》等文章,由于李玉琴家住在贫民区,记者必须把腿迈到破烂不堪的地方来才能找到她,就在文章中说什么"垃圾堆里寻美人";描写她的外貌时胡诌什么"不高不低"、"不胖不瘦","亭亭玉立的小家碧玉"等,全是陈词滥调。

报纸一登,李玉琴在家里就待不安稳了,各色人等偏偏要往这"垃圾堆"里钻,原来宫里的人还有逃散的皇亲们也纷纷来找,有的出于关心,有的则另有企图。最先找来的,却是被部队"解放"了的敬喜,听"贵人"讲完写"离婚声明"的过程,两人又抱头痛哭一场。

"我知道贵人不是真心离婚,伺候贵人的时候听贵人天天念佛乞求佛菩萨保佑万岁爷平安,连贵人做梦还口喊皇上呢!贵人心肠好,不忘记皇上,皇上也忘不了贵人,一定来接贵人去的。贵人就忍耐吧,别总哭,要保重身体,等万岁爷回来。"听敬喜这么一劝,李玉琴也不再哭了,还炒了几样好菜,像招待朋友那样请昔日的奴仆在家里吃了一顿饭。

隔了两三天,王太监和老刘太监来了。他俩是在通化时被遣散的,还惦记着有病的"皇后主子",来找"贵人"打听下落。李玉琴说完与婉容分手的过程,两位太监直掉眼泪,他们跟随皇后二十多年了,眼见那个如花似玉的美人凋零残败,下场又如此悲惨,他们难过呀!

"不知我给皇后那笔钱还剩下多少?"李玉琴忽然想到这件事,如果皇后现在有一笔钱,也许能渡过难关。

"那笔款子由小刘太监收藏管理,还没来得及花多少,到离开时应有三千多元。"爱说话的王太监答道。

"知道小刘太监的下落吗?"

"手里有钱,谁知跑哪儿谋生去了!"话都是王太监说,老刘太监缄口不言,看样子总像在发愁。

"你们两人有去处吗?"

"老刘太监有家口,老伴和养子都在,可以投奔。奴才没处去,只好找个寺庙落脚。"王太监的脸上顿现悲戚之色。继而用衣袖擦擦眼角儿,又问"贵人"今后有何打算。

"离开部队时被逼着写了'离婚声明',不写不许回家。今后只有念佛,父亲正设法替我寻找尼姑庵呢!"

老刘太监听到这儿不再沉默,好像把多少年的感受都一下子爆发出来,唠唠叨叨地说个没完:"贵人要听奴才一言—— 趁年轻赶快离开万岁爷!万岁爷的心狠着哪!喜欢谁,什么都好;可翻脸无情!当初和皇后主子也好过,可后来就不闻不问了,把主子心爱的首饰也全拿走了。对死了的那个贵人也是一样:上来一阵又说又笑,再上来一阵耍开了脾气。疑心又特大,那贵人有一个举动或一句话不留神就惹万岁爷生气了,您想那位贵人能不憋屈吗?她又是有心计的人,时间一长就忧闷出病来了。"

老刘太监说几句,王太监又接过去说几句,两人在宫廷待了几十年,把皇家的事看透了。

吴少香也来看过李玉琴,他伺候溥仪打球一二十年,据他自己讲仅仅是出于对皇上的效忠,不但没挣着溥仪的钱,反而赔进去不少。结果溥仪倒霉时他也跟着倒霉,好像存了一肚子恼火,这次全都倒出来了。

从吴少香的抱怨中,李玉琴又了解到逃难期间的一段内情。那时珍宝财物还没被没收,严桐江、毓岷、毓崇、吴少香和郑广元几个人共同商量,在临江"红卍字会"秘藏了四箱珍贵物品。李玉琴问都有些什么,吴少香说有手卷,还有很多汉玉和其他值钱的东西。又说"上边"若回来了,"足够用一辈子"。结果让郑广元报告了,他因立功受奖,自己的东西一点也没损失着,却把大伙给坑了!说到这儿吴少香又大骂起来,他本来就是大嗓门,气急时更声震屋瓦。他很惋惜地说:"那四箱东西要能留住,拿出几件来,贵人的生活就不用发愁了。"

严桐江也先后找过李玉琴几次,他没有忘记"皇上"临行前的嘱托。头两次是单独来的,谈话内容总离不了"上边对贵人特殊宠爱"。李玉琴反驳说,一个穷人家的姑娘不值得一提,在宫里还不是让人看不起!严桐江却说"贵人"有福气,让"上边"看中了。他还告诉李玉琴一件宫中秘事,说她进宫前几天,还有一个姑娘候选,但溥仪见了一面就打发走了,那人在严桐江看来就是"没有福气"。

严桐江对李玉琴大加恭维后便拐弯抹角地转入正题,说她的"福气"来自根基,有根基的人绝不会因一时灾难而变节,希望她莫辜负"上边"的大恩大德,蒙难之际要静下心来诵经念佛,等待"上边"回来。他说,自古有道明君都是经历无数磨难才得到天下的,"上边"就不是承平年代的皇帝,而是圣明君主,他敢断言:早晚还是"上边"的天下!

不久,严桐江又领着溥仪的另一名随侍霍福泰以及溥俭的妻子叶乃勤一起来见李玉琴,专门商量她的去处。大家都反对"削发为尼"这个下策,一唱一和,大讲"皇上"对"贵人"的"特别恩宠"。叶乃勤说,有一次"贵人"病了,溥仪急得自己不顾吃饭,亲自安排让膳房做新鲜可口的食物送过去。霍福泰则总不忘记奴才的责任。他说,"贵人"若有一差二错,"上边"回来了,他们当奴才的又如何交代!

霍福泰是在大栗子沟时溥仪来信点名指要的八个人中间的一个,前往苏联的途中被围困在沈阳,他们惦记着大栗子沟的"皇后"、"贵人",惦记着那里数十箱的财物,于是开始商量逃跑的办法,领头人溥俭胆小怕事,霍福泰就鼓动溥偀拿主意,终于找到机会逃了出来。

溥俭、霍福泰等先返回大栗子沟,又追到临江。这时李玉琴和婉容等已被部队分批送往通化,几位格格及眷属也自己想办法陆续迁往通化了。惟有几拨"宫廷学生"的眷属还困在临江。经研究商定,溥俭前往通化照顾"皇后"和"贵人",霍福泰护送"宫廷学生"眷属回北京。

在火车不通的情况下,霍福泰雇了几挂大车,跟车辗转返回关内的计有叶乃勤婆媳三人、马静兰母子三人、叶希贤母子二人、杨景竹及其女儿和婆婆以及毓嵒的母亲等共十几口。溥偀这人太老实,不大会办事,一路上多亏霍福泰头脑清醒,言辞机灵,把几姓眷属装扮成一家人,应付了左一道右一道的关卡。到了关内,各自安排了落脚的地方:溥偀在北京郊区良乡祖坟地有几间房子,就住下了;马静兰领两个孩子在她丈夫毓嵒的叔叔天津溥修家暂居;叶乃勤把两位婆婆安顿在亲戚家;惟独杨景竹家祖孙三人一时找不到落脚安生之地。树倒猢狲散,皇族大家到了今天这步田地,没人讲究什么气派、门庭了,"各人自扫门前雪",杨景竹一家老小遂重返吉林娘家。

安顿停当,霍福泰和叶乃勤又想到"皇后"和"贵人",遂相约重返东北,通过严桐江找到李玉琴家。他们对"皇上"的一片耿耿忠心深深感动了"贵人",李玉琴当着众人的面割破手指写下血书,表示永远忠于"皇上"。随后,他们便开始研究把"贵人"送往北京醇王府的计划。

十 奔向没有宫廷的皇家

一九四六年六月二十六日,李玉琴永远忘不了这一天,她又一次离家出走,奔向没有宫廷的皇家。次日正是旧历五月二十八——李玉琴的生日,她只好在路上过了。母亲按东北地区老风俗习惯给她煮了一大堆生日鸡蛋,几个姐姐也给她买些点心、水果,足够同行的人吃一路了。

由于历史的变故,李玉琴才得到一次骨肉团聚的机会,与父母、哥哥、姐姐和妹妹们一起生活了两个多月,现在又要忍受离别的痛苦了。善良、慈祥的母亲不愿意再让她的憨四女离开自己,但又没有力量把她留下,含着眼泪对她嘱咐道:"康德走了,你在别人家里要事事加小心,别像在自家那样憨。一切都是命运决定的,只有忍耐几时,求菩萨保佑康德早日回来,你们能团圆也就好了。"

李老太太说着又把女儿带回来的花剩下的一千多元钱交还给她,李玉琴忙说:"留家吧!家里也需要钱啊!"当时她的两个哥哥都失业了,但母亲是个坚强的人,有困难也从来不在女儿面前流露。

"还是你自己拿着吧,到人家去,兜里没钱是很不方便的。"母亲咬着牙说这种话,饱含着疼爱,"快把你的衣物收拾收拾吧!"

"没啥了,那件皮大衣就放在家里做个纪念!"

"也好,给你留着。"母亲点点头,让女儿把被褥带上。

"大热天的不好拿,再说到了北京摄政王府还能缺被缺褥?"

姐姐们在跟前,光流泪不知说什么好,临出门时反复叮咛:要注意身体,别发愁,早晚会有出头的日子,常来信,有机会就回来看望爹妈。

"我四囡女体质弱,平时不爱吃饭,这回到了王爷家要尽量多吃点饭,身板壮壮实实地等着康德回来……"母亲说着又落了泪。

严桐江、霍福泰和叶乃勤都劝老太太放心,说他们会好好照顾"贵人"的。这时敬喜也来了,她说跟"贵人"几年了,不愿意离开,现在"皇上"蒙难,她不要工钱,一定伺候"贵人"平平安安到达关内,否则她也放心不下。还说往后只要"贵人"不嫌弃,她愿意继续照顾"贵人",也算报答"皇上"的恩典。毓嶦的母亲带着她的孙女小华也要跟着,因为毓嶦伺候溥仪上苏联去了,她们祖孙流离失所,无人照顾,难呀!

李玉琴离开家门的时刻正好让放学回来的小妹玉坤看见了,她的回忆就像摄下了当时场景的照片——

一九四六年夏天,大约是六月份的一个下午,丝丝细雨时断时续,似乎向人们诉说着别离的忧愁与痛苦。街上行人稀少,我正放学走在路上,只见一辆四轮马车快速地从远处奔驰过来,刚好和我形成一个斜对面。这时,我似乎听到一个熟悉的声音,我往车上一看,原来是姐姐!她用力向我招手并喊着我的名字:"玉坤小妹,再见了!我……""姐姐你上哪儿去呀?什么时候回来呀?……"我也连连招手,喊着跟姐姐说话。马车靠右侧行驶,我在左侧人行道上,互相说话听不清楚,姐姐乘车去了,我们就在这样的场合里依依惜别。车上还有几个男人、女人和姐姐同坐,他们都是谁呢?在我脑海里闪念的几秒钟,这辆马车已经驶向远方。我赶紧转过身,最后望一眼四姐那美丽的黑发和身穿旗袍的倩影。

那时路上不太平,火车走走停停,速度很慢,从长春发车后第二天才到沈阳。换车等了两天两宿,到天津又下车,暂住溥修家里。溥修是溥仪的族兄,出自道光皇帝第五子和硕惇勤亲王奕誴,清末头品顶戴。"满洲国"年间奉溥仪命出任"清室驻津办事处"处长,管理溥仪留在天津的房屋和财产,同时按时祭祀皇家列祖列宗的牌位。

李玉琴在天津暂时安顿下来以后,溥修多次前往北平为"贵人"寻找长期落脚的地方。当时,溥仪的生父载沣还健在,溥仪的胞叔载洵和载涛也都在,溥仪的二妹韫和这时也已回到北平,溥修挨门求告却无人肯收留投奔婆家的"贵人"。

"溥修去过北京(即北平)了,北府(即什刹后海醇王府)及涛贝勒都没说请贵人去住,贵人就暂时住溥修这里吧,溥修一定尽力使贵人生活得好。"溥修说着长叹而止。李玉琴万万不曾想到,自愿离开慈爱的父母而来投奔没有丈夫的婆家,不但得不到应有的安慰,还落得如此可怜的下场,她那颗心又凉了,又酸了。叶乃勤劝道:"溥修也是靠皇上的赏赐生活的,房屋财产无一不是皇上的,他当然不能叫贵人在外面流浪,先住着吧!"

人已到了天津,长春的新闻媒介仍在捕捉李玉琴,刻意报道她的行踪。一九四六年九月见报的一篇文章是当面采访过她的一名记者所写,直到溥仪在东京国际军事法庭露面以后才适时抛出。该文简述了李玉琴的入宫过程,又实写了她返回长春娘家以后仍然眷恋"皇上"的真情:

> 进宫后日子不多即庆光复,溥仪迫走通化时期,此贵人也曾随行。他们在通化期间,除溥仪外全部家族控制于共军手中。"四一四"共军进入长春后,溥仪妻秋鸿,溥仪弟妇浩子,还有二贵人(即李玉琴)与一部分随侍被一度带往长春,遂将第二贵人释放。但此贵人却颇恋念于国际法庭做证之溥仪,并未回归二道河子娘家,又随溥仪族人同走北平。据贵人云,非等亲见溥仪一面,彻底知道溥仪是否有罪,然后再定未来行程。

还有一篇报道是一九四七年发出的,题目为《傀儡溥仪的妻子李玉琴家庭访问记》,细述李玉琴的家庭,写得颇有风趣。文中写道:

> 溥仪的妃子秋鸿,听说去年在蛟河自杀了。他的另一个妃子李玉琴,有人说仍在长春。她是否仍在长春,以及她的芳容究竟如何动人,给人们平添神秘滋味。日前,记者费了许多周折和时间,在本市的东南一角找到了李玉琴的家。李老太太抱着怀疑的情绪出来招待,记者谦恭地说明来意。

李老太太的答复使人万分的失望，她说李玉琴早就不在家了。是去年夏天她就到吉林乡下的亲戚家串门去了，至今杳无音信。李老太太的说法虽然未必事有其实，然而这叫人又有什么办法？李玉琴的家虽然是一个低级家庭，然而布置得倒还雅洁。李老太太是一位十足慈祥型的家庭母亲。由李老太太的口里得知以下事实……

李老太太把女儿去天津溥修府上，故意说成是去"吉林乡下"，这显然是有所回避，她不愿让人们知道老李家继续与爱新觉罗氏往来。国民党也反对溥仪，提这件事情不光彩。在这次谈话中，李老太太讲了女儿受骗入宫的经过，讲了女儿入宫后吉冈几次到她家来"装疯卖傻"等情形，还讲到女儿溃逃归家后的心情。不过，她说自己希望女儿"改嫁"并非实情，这位习惯于"嫁鸡随鸡、嫁狗随狗"的善良的中国妇女，多少年中都盼念着女儿能与溥仪重圆。对此似乎那位来访记者也在话里语间看出蛛丝马迹来了。以下是该文的最后几段：

  在去年（指1946年——摘引者）的"四一四"以后，李玉琴才被八路军由通化带回，她伶仃孤苦，只身一人，仅仅把身体送归老父母的怀抱。这时的李玉琴芳龄十九岁，已是亭亭玉立的丰艳美人，举动也不像出自小户人家，视其态度是一位贵族化的妇人了，因为恐怕邻里非议才出走吉林。谈话之间，李老太太屡次表示出家门不幸的自愧样子。

  于是，记者用许多话来安慰她，又把溥仪赴东京出席审讯战犯军事法庭的情形说给她听。及至她听到溥仪在东京的精神很好，身体也很好的话，不禁微笑了。这一点，我们不能责备李老太太，因为这是人之常情。无论怎么说，溥仪总算是做她一回姑爷，哪有丈母娘不疼姑爷呢？

  据她说，李玉琴和溥仪相处的感情是相当不坏。李玉琴已经坚决地表示，此生终身不嫁，溥仪若是回不来的话，她宁愿落发为尼。

  李老太太又说，溥仪在宫里的行动，是处处受老奸吉冈的监视，哪管夫妇间在床上的私语，也会被吉冈用收音机收去的。

记者以哀恳的语气对她说："希望老太太劝劝你的姑娘，年轻轻的为什么要为溥仪牺牲宝贵的年华？当初也不是她自己愿意去的，趁早找一个相当的对象出嫁好啦，别叫不开化的思想误了她一辈子！"李老太太表示赞同。她说，天气暖和时把她接回，好好劝劝她。

我们不能责难李玉琴，因为她是被封建制度和势力所摧残的一个弱小女子，想到这，我们该同情她才对。

第四章　寄人篱下

一　在溥修家设塾授读

溥仪在天津有大量财产和十五座三层楼房，光复后大部分被查抄充公，只有溥修继续占用部分财产和排列了顺序号的三座楼房。一号楼，楼上住着溥修之妻"修二奶奶"费云章，楼下住着溥修的姨太太刘展如和溥修的女儿毓灵筠；二号楼，楼下住着溥修，楼上住着终生未嫁的溥修的姐姐及其女仆一家；三号楼，部分房间由溥修的胞侄毓岱和妻子居住，余为祠堂和仓库。

一九四六年入夏后，随溥仪溃逃通化的皇族人员，有几个先后来到天津落脚。最先投奔溥修的是毓岱的兄弟毓嵒之妻马静兰，毓嵒伺候"皇上"远走高飞，妻子便带了缘缘和荔荔来找叔叔，溥修安排他们住在一号楼楼下后屋。不久，李玉琴来了。修二奶奶特意把自己居住的一号楼楼上前面的房间腾出来让她住，后面是佛堂。继而毓嶂在深秋之际抵津，他是恭亲王溥伟第八子，出自"六爷府"（即道光皇帝第六子），并非溥修的亲侄。溥修看他忠厚老实，就留下让他跑外。是年冬底，溥修的长子毓岷也回来了，李玉琴又把一号楼的楼上让出，自己搬到楼下与刘展如同住。溥修之家这个封建贵族大家庭，全此已有二十余口人，相互关系十分复杂。

溥修学问渊博，多才多艺，棋琴书画无所不能，只是过于高傲，绰号"修大架子"。他还是典型的封建遗老，满脑袋封建道德观念，出口孝悌忠信礼义廉耻，看上去道貌岸然。他的脾气又很暴躁，发作起来连喊带骂，像刮十二级台风，全家不得安宁。吃饭也挑剔，不对口味就摔，大骂"狗食"。常年如此因而影响了健康，视力过早地衰退了。

费云章出身名门闺秀，当年四十多岁，特别注意修饰打扮，皮肤很白很嫩，眼睛细长，高鼻梁，身材适中，只是白发来得早些，稍见溜肩膀，人还是挺俊俏的。她每天吃过晚饭就坐黄包车到"屋顶花园"尽情享乐，那里是大杂耍场，说书的、说相声的、唱大鼓的，以及电影和舞会等应有尽有。玩饿了，有饭馆、酒店，平时总要玩到后半夜两三点钟，再一觉睡到次日中午，夏天太热，索性玩到天亮才坐黄包车回家睡觉。

费云章的两个亲生女儿毓灵筠和毓灵若对母亲都有意见，说她存了许多钱，光顾自己享受玩乐，不想着给女儿做件漂亮衣服，甚至连块香皂都不给买。孩子出麻疹时，她竟捂着鼻子在门口慢声细语地问一声："好点了吗？"却不进屋去看看。

毓岷的脾气就像父亲那么古怪，溥修不喜欢他，费云章也不照顾他，所以他对父母的感情都很淡薄，反倒跟姨奶奶刘展如的关系颇融洽，连厨子都说："四阿哥（毓岷）和谁都绷脸端架子，只有见了姨奶奶才春风满面的。"毓岷太孤僻，在这个家庭里不合群，但人很聪明，《四书》、《五经》的功底不错，书法也挺受看。

溥修的小儿子毓峻，当时只有十四五岁，是修二奶奶惟一喜欢的孩子，但娇生惯养反而害了他，竟发展到只吃肉、蛋，不吃青菜的地步，长得奇瘦，患了营养缺乏症。更严重的是他盗卖家中书画，而当溥修为此大发雷霆时，修二奶奶仍百般庇护，把孩子越弄越糟，以致触犯刑法，于一九五一年被判了二十年有期徒刑。

姨太太刘展如是十六岁时从妓院里接来的，比溥修小二十多岁，长相很动人，皮肤略黑，一对大眼睛特别有神，美中不足是有点口吃，因而得了个不俗的绰号叫"哑美人"。但校正得不错，不着急则不口吃了。满族嫡庶界限非常严格，姨奶奶在贵族家庭里没有地位，而在这个家里情况有所不同，修二奶奶只顾自己打扮玩乐和往腰包里搂钱，竟把家交给了姨奶奶，刘展如成了当家人、管家婆，只逢年过节才给正品太太磕个头。

这个家庭里还有一个怪人，就是溥修的没有出嫁的姐姐——老小姐。有人说她年轻时挑得太厉害，加上脾气古怪，才没嫁出去。她常年由女仆伺候，连女仆之子也在她家娶妻生子了。老小姐长得像他弟弟，打扮也像男人，穿长袍，留分发，不施脂粉。她忌讳特多，比如"梦"字只能说"草字头"，出门遇见尼姑要吐三口唾沫，还喜欢学西太后的派头，让侄儿、侄女唤她"爸爸"，缘缘和荔荔自然就得叫她"爷爷"。李玉琴倒也跟着借了光，由于辈分关系，孩子们管这位不足二十岁的人也一口一个"爷爷"地叫开了。老小姐很会骂人，不露脏字，骂荔荔是"罪孽包"，把"满洲国"给"妨"没了，实际是骂李玉琴和马静兰。老小姐还养了八九只猫，给每只猫排上辈分，哥姐弟妹，七大姑、八大姨全上来了，她就像这群猫的慈爱妈妈，常常独自在屋里对猫说话，就像教育孩子似的。

毓岱在长春宫里读书时，因与另一名"宫廷学生"——"五爷府"第四房多罗贝勒载瀛之子溥佐吵了一架，触怒了皇上，被赶回天津了。溥修当然不喜欢他，动不动骂他一顿，以致他抑郁成疾，得了精神病。他妻子岱大奶奶更不幸，虽然并非贵族出身，但曾留学日本，很有些新思想，嫁入这个家庭后很孤单，不被叔公、婶婆和姑婆瞧得起，怀孕期间被溥修骂犯了病的丈夫又摔又闹，弄得流产了。

马静兰也是溥修的亲侄媳妇，出身北京旗人，但娘家不是贵族，从小失去母亲，父亲怕孩子受委屈不再续弦，她是老大，小小年纪便挑起了沉重的家务担子。后来嫁给毓岱，并在长春安家，生下缘缘和荔荔。那时，她也经常入宫陪伴李玉琴。她心地善良，多愁善感。

靠了"皇上"的面子和大津的"皇产"，李玉琴得以带着女仆敬喜走进这个家庭。最初，溥修和费云章对"贵人"都很尊重，把她看作"皇上"的人。依例，清朝皇帝的后妃只能做一件事情，就是读书。溥修乃自任进讲师傅，每天上午准时到李玉琴的房间授课，从而使她受到正规的家塾教育。

溥修"进讲"的第一部书是《小学集注》，从汉字的形、音、义开始，又陆续讲《论语》、《大学》、《诗经》、《古文观止》等书。李玉琴认为，溥修的讲课水平比溥仪高明，不看课文竟能从头到尾流利地背诵出来，连正文后面的小字注解也居然一字不差。讲解有声有色，如讲《李密上书》，让人感到这人忠君爱国，可敬可佩；讲《桃花源记》，宛如那和平、美好的仙境般的所在出现在眼前；讲唐诗宋词，句句都念得有板有眼，而说解内容、形象、意境、作者，更能给人留下深刻印象，李白的《长相思》、杜甫的《春望》、孟浩然的《春晓》、王昌龄的《出塞》等诗中表现的离仇别恨以及思念亲人的思想感情与李玉琴当时的感情完全共鸣了。

溥修还按照封建贵族家庭的规矩，给李玉琴开"女德"课，讲《烈女》的故事，如"曹文叔之妻令女割鼻"、"李氏负夫骨，因牵断臂"等，他常常"联系实际"说，"贵人是皇上册封过的，是皇上的人"，"贵人不能辜负皇上的恩典"，"要时刻注意贵人的身份"。

溥修还教李玉琴运用格律、诗韵写诗填词，又教她练习书法，让她按《康熙字典》写了两千个字块，然后照着练毛笔字。溥修是天津有名的书法家，他写的"飞白"字非常好看，每个"点"都像一只飞腾起来的小鸟。多少人愿花钱买他的字，但他不肯卖。

溥修信佛，据说还是某代活佛的大弟子，于是又给李玉琴开了一门佛学课，先讲《大乘起信论》，认为佛教由小乘到大乘，继而又把《般若波罗蜜多心经》、《金刚经》等通讲一轮。讲佛经必须严肃，从前溥仪给她讲，总是念念经文再讲几句，干干巴巴的，还是溥修会讲，他讲经文穿插历史故事，既不失严肃又津津有味。

溥修授课，费云章则担当起辅导的任务。她父亲费地山在清末曾任两广境内某知府，是位"老饱学"，后应溥仪之聘担任"宫廷学生"的"掌故"课师傅，耳濡目染，女儿从小接受四书五经、诗词歌赋的教育，也粗通诗书了。她每天下午都到李玉琴的房里来一趟，耐心解答"贵人"提出的问题，有时还要复讲课文。

费云章房里有大书柜，陈放着许多线装善本古籍，开课以后这里也成了李玉琴很喜欢的去处，她自述当年的读书生活说，有一部《山海经》，是地理知识书，穿插许多古老的神话传说，她不全懂，但对那些稀奇古怪的故事很感兴趣；还有《佩文韵府》、《词律》、《太平御览》以及一批唐诗宋词，她当时挺喜欢读诗,但只能挑几首容易懂的,请修二奶奶给讲讲;还有八开本《康熙字典》一部,有蓝色书套共四函,她抄写字块便是仿照这部字典。

李玉琴至今留恋当年的学习生活,在苦闷的日子里,每天都盼望溥修来上课,增长了许多知识,费云章的辅导也令她受益匪浅。遗憾的是,她搬到楼下居住以后学习环境变差了,加之生活渐窘,家务劳动增多,溥修来授课的次数也愈来愈少。

一九四六年夏秋之际,溥修家依赖丰厚的家底还可以摆一摆架势,给"贵人"开饭的时候,以费云章为首的女眷都来陪席,以示尊崇。据李玉琴回忆,伙食虽然不错,可饭桌上太遭罪,边吃边谈,半天吃不上一口饭,一顿饭要吃两个钟头,难受极了。修二奶奶吃饭很讲究,就像数米粒似的,不断地用筷子在碗里翻来翻去往外挑,把每一粒小谷子都挑出来;夹菜也少,嘴张得很小,装出"樱桃小口一点点"的样子来。所幸家里有厨师,菜凉了再热。费云章还常到一号楼楼上教李玉琴下"五连",逐渐让她掌握了这项围棋基本功。

当年能跟李玉琴情投意合的只有马静兰,她俩在宫里就熟悉,后来患难与共,现在又凑在一起,互相体贴,互相照顾,还能谈点知心话。

马静兰是个书迷,常常跑到一楼存书的地方找些"禁书"偷偷拿回来,与李玉琴轮着看。如线装的《西厢记》《红楼梦》以及《结婚十年》《钗头凤》和梁祝爱情故事等,本来想排忧解闷,可一联系身世、处境,马静兰看着看着就哭起来,李玉琴也流了

在前苏联被囚居期间的毓嵒

145

不少眼泪。还有一本《花月痕》，描写类似玉堂春那样的青楼女子的悲惨故事，李玉琴说她那时还不能有很深刻的理解，只觉得书中人物郎才女貌，有很高的文化素养，能诗能歌又会玩，玩得高雅令人羡慕，而她们的沦落就更值得同情。马静兰一迷进书里，就什么也不顾了，连孩子嚷着拉屎撒尿也听不见。

命运相连的两位女士也经常读唐诗。"燕草如碧丝，秦桑低绿枝。当君怀归日，是妾断肠时。""春蚕到死丝方尽，蜡烛成灰泪始干。""长安一片月，万户捣衣声。秋风吹不尽，总是玉关情。何日平胡虏，良人罢远征。""打起黄莺儿，莫教枝上啼。啼时惊妾梦，不得到辽西。"这些诗句好像就是对她俩说的，令两人落下眼泪。读到"商人重利轻别离"时，李玉琴又感到"皇上"总是为皇家奔走不息，并没把她放在心上。

学会作诗以后，李玉琴有时也与马静兰唱和几首，抒发情怀，虽不高明，却是字字血泪，句句真情："梦里常相思，醒时影伴身；盟誓何曾忘，神佛佑夫君。"类似这种半文半白、平仄未通的诗不少，也分不清是马静兰还是李玉琴写的了，反正当时她们怀有共同的思想感情。马静兰早几年就学写诗了，诗韵更熟悉些，写得也多些。她曾把平日积攒的诗作，用毛笔工楷抄录在一个本子上，这便是题名为《双清堂》的诗集了。多半是思念"瑞郎"的，她丈夫毓喦字严瑞，溥仪在《我的前半生》一书中称之为"小瑞"，可惜这一片真情早已随着《双清堂》的失去而湮没无闻了。

二　破落皇族

溥修之家作为八旗贵族和近支皇族，一直享有很高的特权，在清朝享用朝廷规定的钱粮供给制，辛亥以后追随溥仪，从"小朝廷"的"内务府"、天津"行在"的庶务处和长春"宫内府"的司房，支取"皇上"的恩赏和俸银，过着养尊处优的生活。

光复后进项没有了，但这个家庭的开销依然很大，一个个习性不改，游手好闲，任意挥霍，以至靠变卖家产，卖一次吃一顿。好在家具大多是从静园搬来的，都用贵重木料制成，颇值几两银子。再到后来连卖也没什么可卖，便东挪西借，甚至拿着李玉琴的"贵人"名义，用溥仪的面子去化缘，也确有几位境内遗老和海外侨胞捐了款。

然而，靠变卖也好，靠借贷化缘也好，都解决不了根本问题。一是因为贵族家庭与普通百姓人家一样也都存在着在困难的年头里有些人不能齐心团结过日子，每人都打自己的小算盘，至于偷摸搂钱的事，谁有机会谁就干。缺米断顿时，谁也不肯往外掏"体己钱"；二是因为以溥修为首的老爷、少爷、奶奶、小姐一有钱就摆谱，上半月支了俸银便用两个指头提着高级点心，吃得美美的；下半月空空如也，便用两只手掌捧着窝窝头，吃得寒酸酸。

李玉琴回忆说，她刚到天津时，大师傅做菜一天用一斤香油，不久便无米下锅了。今天刚卖掉一张桌子，马上就算计烙饼、擀面条，还是包饺子；如果焖大米饭，又得炒几样菜；他们一家人没事干，准得研究一个钟头，商定了饭菜品种，还要议论数量，买几斗米、几斤肉、几条鱼……议论得很细，按人口可丁可卯地报数目，最后由溥修拍板。他"拍板"时总要往下压三两或半斤，就是说一定有人吃不饱，这当然只能是不参加议论的李玉琴和马静兰以及她的两个孩子了。

有时溥修请客，弄得好排场，上菜时叫着"全家福"的菜名，用大砂锅往上端，鸡肉、鸭块、大对虾，什么都有，可李玉琴、马静兰以及缘缘、荔荔，要等着吃撤下的残汤剩饭，这是因为李玉琴太"尊贵"，不好在客人面前抛头露面；而马静兰太"低下"，不可与叔公婶婆同桌。

平时开饭，李玉琴也与马静兰娘三个同桌，其他人都到溥修那边去吃。晚饭又常常要等那边吃完才开这边，两个孩子饿得直哭，李玉琴便和马静兰一人抱一个哄着。撤下来的饭菜除了汤就是骨头，也早凉了。一想到厨师累了一天，没法再添麻烦，凉就凉吃。饭后想弄点水给孩子洗洗，可厨房的煤球炉早已熄灭，只好将就睡下。冬天到了，滴水成冰，却不给李玉琴住的屋子生火炉。"贵人"还穿一双单鞋，遂想用自己带来的钱上街买双棉鞋，不料溥修一听就火了："贵人怎么可以抛头露面上街买鞋去！皇家哪有这个规矩？"李玉琴心里不服，因为溥仪在天津时，常和婉容上街买东西，怎么她现在要买双鞋就是犯规矩？但她不能争，因为当时除了"贵人"的称呼，什么都没有了,她活一天就是专为"皇上"守规矩的。

"守规矩"却挡不了不吃就饿、不穿就冷,终于李玉琴病倒了,高烧四十来度,直说胡话,急得敬喜团团转,去找溥修,好说歹说才给请了大夫。真是祸不单行,敬喜连急带累也病倒了,剩下马静兰要照顾两个病人和两个孩子,还要到婶婆屋里去请安,站班。这站班是家规,一站就是几个钟头,修二奶奶不发话是绝不许离开的,添了病人也不能废这个家规,害得两个不懂事的孩子又哭又闹,拉屎撒尿都没人管。

病愈后,李玉琴再也不愿让敬喜陪着自己遭罪了。她这次来天津是专门跟着"贵人"患难的,不但工资分文不取,还常常吃不饱饭。李玉琴教敬喜识字,她很聪明,一教就会。两人一块儿说话,一块儿做针线活,成了好朋友。敬喜对李玉琴说:"您是小姐,我是丫环,咱俩谁也别离开谁。"李玉琴马上纠正道:"什么丫环小姐,你是我的大姐姐。"晚上,两人睡在一张床上互相讲故事。敬喜看见李玉琴哭时就一再安慰:"过去有好多小姐都是经过许多磨难最后才得好的,贵人心肠好,信佛,一定能受菩萨保佑,将来准能好起来。"遇到饭菜不够吃的时候,她俩总是推来让去,结果谁也吃不饱。

经过无数次的劝说,最后敬喜被说服了,她决定到侄女家暂住。临走时她泪流双行地叮嘱"贵人":"在这个家庭里凡事多加小心,别太实心眼。溥修收留贵人,是想等皇上回来报功讨赏,也是拿您当挡箭牌,现在他们吃的、住的、穿的、玩的,都是皇上的财产。可时间一长就不好办了,贵人千万要多长心眼儿!"分手时李玉琴也止不住哭出声音来。

真打敬喜的话上来了,这个贵族之家一天天待李玉琴不好起来,每日由三餐减为两餐,溥修一家子每天买早点,吃烧饼、油条、大饼、薄脆,她和马静兰及两个可怜孩子只能吃烤窝头片,还时而断顿。到了一九四七年,溥修家的公共伙食更糟了,李玉琴和马静兰娘几个没有"小份子"的,连最低档次的生活都不能保障,吃半饱或干脆挨饿的情形是经常的。溥修一家人则可以动用"私房钱"买了东西在自己屋里吃,把房门关得严严的,别人连闻味儿都别想。

毓嶂的到来,给李玉琴、马静兰及缘缘、荔荔带来一丝光亮。他是"宫廷学生"中年龄最小的一个,逃亡中也受了不少苦,他心眼好,脾气也好,老实厚道,在溥修家那样的环境下从不多说一句话。但对李玉琴和马静兰娘三个非常同情,不忍心看着她们挨饿,便带着马静兰跑黑市,做买卖。"黑市"也称"鬼市",是靠投机倒把赚钱的地方,每天凌晨天不亮就得出去活动。溥修当然不许"贵人"身份的李玉琴抛头露面,她便替马静兰照看两个孩子,把他们搂在被窝里,似乎体会到做母亲的幸福。

马静兰和毓嶦都是老实人,坑、蒙、拐、骗,不忍为之,倒腾一阵买卖也没挣着钱。马静兰又单独上街摆地摊,卖烟卷、糖果等,李玉琴在家里帮着备货,结果仍是亏本,只好还攀着溥修这个破烂的封建家庭喝剩汤,啃骨头。后来毓嶦找到临时工作,每逢开资除给住在北平的妈妈寄一些,其余的都拿到溥修家里来。还要从自己嘴上省出几个钱,给可怜的缘缘和荔荔买点吃的东西。

这两个孩子可遭罪了,人家高兴时就拿他们当玩具耍笑一番,经常是你损他骂,什么"罪孽包"、"妨人精"、"穷相"、"苦相"、"反相";还常常罚孩子下跪,两三岁的小孩,一跪就是一两个钟头。有的人损招更多,叫孩子跪着举起手来,把手放下就打。马静兰心疼孩子也只能暗中流泪,李玉琴去求这位,托那位,找姨奶奶等人说情,只有溥修的大女儿毓灵筠给点面子。

有一天,修二奶奶大发慈悲,叫人送来一盘糕点,说是赏给两个孩子吃的。马静兰十分高兴,先拿出一块给"贵人",她不忍吃,转手给了小荔荔。荔荔已经等不得,接过点心就咬了一口,但马上又吐了出来,咧开小嘴叫喊:"辣!辣!"李玉琴拿过点心来细看,原来长了许多虫子,用舌头舔舔,果然辣乎乎的,全变味了。马静兰本来是好动感情的人,见妯娌如此对待自己的孩子,又联想起被溥仪带到苏联去的丈夫,当时就伤心地哭了起来。以后修二奶奶又赏过几回变质的点心,孩子的妈妈还要当面表示谢意,然后再拿回去偷偷扔掉。

马静兰为了让两个孩子少遭罪,时而回北平娘家。但父亲娶了继母,家中也不富裕,只能找几件旧衣服,改改给孩子穿;有时给几元钱,临走再带些豌豆黄、山楂糕或花生米等"北平小吃"。马静兰一定要背着人给李玉琴,而她又都留给两个孩子吃。马静兰有时从北平带回点便宜咸菜,他们也像吃咸盐那样节省。那时连日常用的肥皂、针线、卫生纸都得自己想办法，一块旧布头也是宝贝，孩子大人没鞋穿，就利用旧布动手做。

溥仪潜离天津之际，留下了大量家具、衣物、书籍、字画及文物等。十四年以后，静园的大件家具被卖掉，所得款项一部分公用，一部分入了修二奶奶等人的腰包。李玉琴亲眼看见国民党接收大员查封溥仪在天津的财产，共装满一百四十八只箱子，贴上封条，堆放在毓岱住的三号楼上仓库内。其后，溥修的妻妾、姐姐及女仆一家人，还有毓岱夫妇，都用眼睛盯着这些箱子。他们终于想出了好办法，把已被查封的箱子从后面打开，挑珍贵物品一样一样偷出去，再安装好，而箱子前面的封条完好无损。老小姐的女仆也弄到不少珍贵物件，无须再当用人，另找地方享清福去了。后来李玉琴偶然见到女仆一家人，他们穿戴考究，皮袄大衣，连孩子都像少爷、小姐那样阔气。毓岱的妻子拿东西更方便，上一层楼就行，过去她和有精神病的丈夫受很多气，如今有了盘缠和生活费，便赶快离开这地方，投奔长春的亲属。后来毓岱病死，岱大奶奶——那个出国留过学的具有新思想的女人，也改嫁另寻自己的幸福去了。

住在这三座楼里的人只有马静兰、毓嵂和李玉琴不动箱子，于是也就他们三人和两个孩子挨饿。修二奶奶当然很明白：与其由他们得到一百四十八只箱子里的财产，其实更应该由李玉琴得到。为了掩人耳目，她也拿出一件缎夹袍以及一大盒里面又分装在十二只小盒里的质量很好的进口胭脂送给"贵人"，还说这是皇后的东西，当然也是从那些被查封的箱子背后掏出来的。

有个庞某是专门到各富户家收购古玩或各种物品然后转手渔利的，他在两年多时间里，几乎每天都到溥修家里来，这个家里的人又都能拿出东西卖，深悉内情的庞某可怜李玉琴和马静兰娘三个连最低温饱也得不到，就鼓动李玉琴："您为什么不拿东西卖？有他们卖的，难道就没有您卖的？反正都是皇上的东西，我给您大价钱，卖了钱，买点吃的，何苦大人、孩子吃不饱挨饿！"李玉琴这才明白，当自己为了"皇上"的名节而挨饿的时候，一百四十八箱财物都叫别人明拿暗偷地卖光了。

李玉琴终于在溥修家的垃圾堆里捡到三样东西：有一块描金珠墨，即金龙墨，还有一只红漆描金的旧茶食盒子——这两件都是溥仪在静园用过的东西，作为纪念品保留至今；最后一样是溥仪给文绣的一首诗的手稿，确为真迹，可惜后来弄丢了，只记住一句："其声哀哀似鹦啼。"

李玉琴在溥修家度过七个冬春，只由姨奶奶刘展如张罗给她做过一身棉装。那是一九四七年初春，溥修的大女儿毓灵筠出嫁，怕"贵人"衣服太破旧有失体面。婚礼那天，姨奶奶让李玉琴看管两个孩子，叫马静兰去干活，不料"贵人"这身新衣服掉色，竟把孩子的衣服和小手小脸都染花了，姨奶奶便不许他们在客人前露面，等溥修一家人吃喝享用完毕，他们才能拣点剩的拿回自己屋里吃。

"贵人"缺吃少穿，溥修等装聋作哑，管束其思想却相当严格，李玉琴的一言一行都有人向其汇报。有一次毓崞拿回一本画报，姨奶奶、马静兰和溥修的女儿等人都在看，李玉琴因好奇也凑过去看了一会儿，溥修就板着面孔走出来了，严厉地责备她"不注意身份"、"不注意男女有别"，好像她做了见不得人的事，她气得哭了好久。按规矩，她不能与任何男人接触，就连晚辈的毓岷、毓崞也不准随便到她跟前说句话。

三　马静兰托孤

一九四八年的一天，马静兰突然接到丈夫毓嵒寄自苏联的明信片，只有三五行字，说他们都很好，不用挂念。继而跟溥仪走的人陆续寄来了类似的明信片，就是没有溥仪半点消息，李玉琴含辛茹苦，挨饿受冻，一心一意为溥仪守节，到头来连张明信片都见不着，让人怎能不寒心！

溥修这个家日趋破败，自从老小姐的女仆一家人和毓岱两口子离开以后，又腾出一所楼房来出租，让李玉琴、马静兰和毓岷住在同一所楼房里，毓岷住在前屋阳面，马静兰住在后屋阴面，李玉琴搬到二楼天桥后边原女仆住的房间。不久，厨子白德录因领不到工资也走了。太太、小姐们又不下厨房，伙夫的事儿就全落在马静兰身上了。

马静兰虽然接到了丈夫的明信片，但还是看不到希望，只看出丈夫在苏联处境不好,没有人身自由,归乡无期。从此更加忧郁,总是念念叨叨地说:"盼了好几年,盼来了这封信,到底还是当了油葫芦!"她一急,淋巴结核旧病复发,卧床不起,病势日渐沉重。

李玉琴更辛苦了,既要顶缺做饭,又要照顾缘缘和荔荔,还要伺候病人,每天给她洗头洗澡,帮她换洗衣服,这才发现她的肛门上长了半个鸡蛋那么大的包,疼得很。据大夫说是"结核串的",其实就是癌。这时毓岷也因肺病(时称痨病)卧床了,虽说这个封建家庭冷酷,连亲生父母也不太关心他,但还有姨奶奶刘展如体贴,在身边伺候,给他做鸡汤或牛肉汤吃,为他请大夫,买贵重的药品。

同是病人,对马静兰,谁也不来看看或问问,别说鸡汤、牛肉汤,连大米稀饭也不给预备。这个家从来不买隔夜食,李玉琴想给病人做点可口的东西却无米下锅。静兰在病中说胡话还嚷嚷:"我饿呀,我饿呀!"急得李玉琴直流眼泪。这时,那个庞某又来收购,看着病人怪可怜,就叫她们找东西卖,可她俩一无长物,啥也没找到。一天,毓嵂给马静兰买回几个热腾腾的包子,然而,可怜人已经病入膏肓,一阵阵疼昏过去,不能进食了。李玉琴和毓嵂三番两次地哀求溥修,请他快点把病人送进医院,却被置之不理。

当住在前屋的毓岷对亲生母亲费云章最后的探视不屑一顾,随即便永远闭上了眼睛的时候,马静兰却从濒死的昏迷中挣扎着进入回光返照的清醒境界,她伸出两只瘦弱无力的手,用一只抓住李玉琴,另一只指指两个孩子,叫小哥俩跪下。她已说不出话,使劲挤出几个字音来就又昏了过去。李玉琴明白她是要把两个孩子托付给自己,就搂住缘缘、荔荔痛哭起来,孩子也一起跟着哭。不料哭声惊动了姨奶奶和老小姐,也许她们还在为毓岷的死而悲痛,遂气哼哼地走过来指着孩子说:"都叫你们哭丧气了,还哭呢!"后来看见病人真要死了,这才张罗往医院送,因为死在家里他们觉得晦气。马静兰前脚进了医院,姨奶奶和老小姐后脚就进屋来翻她的东西,说是卖钱治病。李玉琴无权过问,只觉得心里堵得慌。没过两天,人就死了,可怜她才二十八岁。

贵妇们又来找东西卖,马静兰还能有什么呢?溥仪赏的首饰早在临江就被没收,到天津后从娘家穿来的几件衣服也都陆续卖了,只剩下两条被子还想拿。李玉琴再也不能忍受，说不上从哪儿添了一股力气，哭着上去夺过来一条，大声喊道："都卖了，两个孩子盖什么？"

在溥修家的厨房里，每餐起锅之前，老小姐总是早早就来准备端走第一份，等待期间常常讲起皇族轶事，李玉琴也越来越多地了解了这个皇族之家的内幕。

据"老小姐"说，她母亲只生下她和溥偁、溥修两个儿子，两房儿媳又都是内亲：大儿媳是侄女，二儿媳是外甥女。可这一家人也并不和睦，连连发生悲剧。溥偁夫妇最惨，这里有原因：戊戌政变失败后，慈禧太后准备废掉光绪，另立皇储，并确定在道光第五子惇勤亲王奕誴一支上物色人选。溥偁是奕誴的长房长孙，是首要的考虑对象，但慈禧没看中，结果圈选了奕誴次子载漪的第二子溥儁，即历史上的"大阿哥"，打这时起老太太就看不上大儿子溥偁了，说他没造化。

儿子不好又株连到儿媳妇，尽管人人都说这个媳妇漂亮聪明，温柔典雅，心灵手巧，贤惠可爱，婆婆就是看不上。她每天天不亮就要到婆婆屋里站班，像仆妇似的伺候婆婆起床、穿衣、洗脸、梳头、点烟、倒茶；然后就站在指定的地方，叫"立规矩"，直到深夜，婆婆不发话，不敢回自己屋里去，年复一年，连地上的方砖都磨出了脚印。好不容易盼到娘家来人接回去住几天，走时还要给带上一大堆活计。婆婆不顺心了就要故意刁难，临上车又突然传话，不叫走了。大媳妇整天要看婆婆冷冰冰的面孔，心里很难受。好在丈夫体贴，夫妻俩感情好，常常背人面对面哭泣不止。她吃得不错，穿得也好，却是经不起封建礼教的折磨，刚三十二岁就死去了。

溥偁想念妻子，又受到母亲的冷遇，没过多久也上吊自杀了。临死留下遗书，把三个孩子托付给姐姐和弟弟，所以毓岱和毓喦都是在溥修家长大的。现在，有精神病的毓岱随妻子走了，不久便客死异地；毓喦也人走妻亡，扔下两个不懂事的孩子；只有女儿菊英嫁给陈曾寿的儿子陈邦直（字英三），在国民党统治时期全家赴上海定居，丈夫去世后和儿女在一起安度晚年，她的景况稍好。

马静兰的死给李玉琴很大刺激，使她对封建家庭有了深刻认识，表面上仁义道德，实际上残酷无情，人与人的关系是淡漠和冷酷的，生活在如此家庭中的女性就更加悲惨了。李玉琴回忆说：

> 我在天津看过一本书，书名忘记了，记载有清一代后妃、公主、郡主、格格、福晋的生卒婚嫁等情况，多数很年轻就死了，能活到四五十岁算长寿。这些人娇生惯养体质差是一个因素，但主要是她们往往成为父兄政治需要的牺牲品。在"三从四德"的封建礼教下，在"父母之命"的包办婚姻中，很难遇到品貌性格都好的丈夫。嫁到"门当户对"的丈夫家虽然不愁吃穿，却身处妻妾成堆的地方，整天互相防范、猜忌，精神不愉快，甚至是紧张的、痛苦的，如果丈夫是个白痴或是不能生儿育女的病人，也得守一辈子活寡。马静兰嫁进皇族之家，丈夫人品敦厚，对她也好，却一天到晚陪伴君王，半夜三更还得给溥仪消毒、注射，到头来又跟着"皇上"走得无影无踪，害得妻子历尽艰辛，吃尽苦头。她死得太惨了，是被封建道德的皇家王法逼死的。

两个不懂事的孩子都是溥修的亲侄孙，溥修和孩子的爷爷、父亲又始终没有分家过，可这一家人都厌烦他们，动不动就打，李玉琴又心疼又不好多管，她小时候听说人死后三天要上望乡台看望亲人，遂在那个漆黑的夜晚独自跑上平台，面对茫茫苍天，期待着会在哪儿露出一道缝隙，呈现出另一个世界里"望乡台"的景象，她揪心撕肺地小声喊叫着："马静兰，你回来吧！你的孩子又挨打了！我管不了啊！二奶奶，听见了吗？快显显灵，治治虐待你孩子的人吧！"然而，任凭怎样哭喊，人死了也不会再回来，也没显灵，恶人依然是恶，苦人依然是苦。

凭着马静兰的临终嘱托，李玉琴壮着胆子把缘缘和荔荔领到自己屋里同吃同睡，承担起抚育之责。可怜荔荔当时才三岁，常常在睡觉醒来后说："我看见妈妈抱着我，怎么早晨又没有了？"李玉琴知道是孩子梦见妈妈了，乃强忍眼泪紧紧把孩子抱在怀里说："妈妈上医院看病去了。"

溥修又把毓岷和马静兰住过的房子出租了，让李玉琴带两个孩子搬到一号楼三层紧靠平台的房间住。为了省钱,安好的电灯也撤了。三九寒天连火炉都不生,两个孩子共盖一条又旧又薄的被子,根本不保暖,一到夜间就往"爷爷"被窝钻,愿意叫她搂着,靠身体取暖驱寒。她便先把孩子哄睡,再轻轻推开。没事时她就念佛,也教孩子们念,求菩萨帮助他们消灾解难,相信总有一天苦尽甜来。

给这家人做饭更遭罪,因为屋子太冷,楼上厨房的水管子冻裂了,李玉琴得到楼下提水。贵妇们专吃捞饭,不吃焖饭,煮七八个人的饭用一口大铁锅,煮好了还得给他们端过去。端一锅饭很吃力,有一回没端稳,把一锅米汤全洒到腿上和脚面上,烫得起大泡,急着脱袜子,竟连肉皮全撕掉了,疼得晚上睡不着觉,却没有一个人来问一声,也没有谁给买点药。惟有两个不懂事的孩子给了她温暖,看她疼得难忍,荔荔说:"我给爷爷吹吹就不疼了。"说着鼓起一张小嘴就来吹她的脚;缘缘也说:"爷爷买点药吃吧,别疼坏了!"她把两个孩子紧紧地搂在怀里,心一酸,两行眼泪便噼里啪啦地掉落在孩子身上、脸上了。

荔荔的小手冻得红肿,总是伸向"爷爷"的怀里取暖;缘缘不让弟弟缠人,怕碰疼了"爷爷"的脚。然而,屋子像冰窖似的,烫伤很快又变成冻疮,烂得流脓淌血,快露骨头了,吓得李玉琴自己都不敢看。尽管这样,李玉琴还必须咬紧牙关,一瘸一拐地到楼下提水做饭。楼下租房户给些獾子油涂在疮面上,却被溥修知道了,又来教训人,说她不懂规矩,失掉"贵人"身份,脚上生疮不应对外人讲。封建礼教对她来说,就是遇上艰难困苦、天灾人祸,一切也都得忍着。开春以后脚伤逐渐好转,可留下的疤痕永远长不平。

为了减少苦难,李玉琴也想挣点钱,遂捡起在宫中向俭六奶奶学会的手艺,给人家织毛线手工。楼下住户老白家同情她,主动帮忙揽活儿。起初,溥修家的人又说她不守规矩,认为"贵人"不应伺候别人,后来见她居然能挣回钱来,又高兴了,对她的态度也有好转。只是每到交活儿收款的时候,贵妇人们就要念叨没钱买米啦,没钱买柴啦,她只好把刚放进兜里的钱再掏出来。不过,总可以把买卫生纸的钱、买针头线脑和给孩子们买点小吃的钱留出来。她还买了一盏煤油灯,这盏灯对她来说太幸福,太重要了,因为夜间也能在灯下织活儿了。缘缘能帮着放放线，荔荔也在旁边瞪着小眼睛看，不哭不闹。她除了给七八个人做饭并照顾两个孩子外，十来天就能织出一件大毛衣。

两个孩子越长越招人喜爱，他们的笑脸就是李玉琴的精神寄托。入夏，天热了，她经常给孩子洗衣服，洗澡，把他们收拾得干干净净。孩子缺穿的，她就用自己的旧衣服改几件。缘缘聪明，她每天教认五个字，还教学两位数的加减法运算。荔荔也很乖，这孩子生下后母乳不足缺乏营养，得了佝偻病，四岁多还不会走路，她就用织毛衣的钱买了一瓶钙片和一瓶鱼肝油，还把鸡蛋皮焙了擀成碎面，但没有钱买糖往里掺，可爱的小荔荔听说吃了能走路，就乖乖地吃了。"爷爷"又抱他上平台晒太阳，扶着他站起来一步一步地练习，大约有半年工夫，孩子就能走路了。

李玉琴还常常教两个孩子学唱歌，给他们讲故事，连聪明的小缘缘也会讲故事了，有时"爷爷"便让他给小弟弟讲放羊的孩子、孔融让梨、司马光救小朋友等等，在痛苦的环境中他们因此也得到了瞬间的欢乐。

四 望穿秋水盼伊人

在这个封建家庭里，毕竟欢乐很少，而痛苦又太多。缘缘和荔荔常常不知不觉就把溥修爷爷激怒了。老先生发起火来把孩子打得满地乱滚，屎尿拉一裤子，别人也时而找茬打孩子。但对孩子来说，挨饿比挨打更可怕。其实李玉琴做好饭后可以把自己和孩子吃的先留出来，但她不愿跟别人争吃的，结果只有挨饿。李玉琴回忆说：

> 有一次竟接连两天不动烟火，那时吃半饱是经常的，可连续断顿还是头一回。起初我只想能吃点什么才好；挨过第二顿倒不错，人饿过劲了，好像也不知道饿了；挺过第三顿，就觉得身上轻飘飘的，没劲儿，心发慌，突突地跳。两个孩子似乎懂事了，只围着我转来转去却不大声哭闹，饿急眼了才小声说："爷爷，我饿！我饿！"我恨自己毫无办法，只好把他们搂在怀里讲故事，唱歌，分散他们想吃的念头，让他们早点睡觉，可是饿

肚子怎能睡得着？一会儿，荔荔又小声说开了："爷爷！我想吃窝头。"缘缘也是满脸忧愁，可还知道哄小弟弟。看孩子的可怜样，我心里比刀扎都难受，真是一种特殊的刑罚。

天愈来愈晚，李玉琴还盼着能有人把买来的粮食和蔬菜送过来。看看老小姐已经关上房门，知道今天又没有希望了。荔荔忍受不住，最先哭出声来，缘缘也跟着哭，李玉琴哄着两个孩子，想起马静兰的临终嘱托，也跟他们哭作一团。真是天无绝人之路，恰巧那天毓嵂领到工薪，买了几个烧饼和一些熟肉偷偷送过来，给解了围。孩子们吃饱了就高兴，荔荔甜甜地说："我上床给爷爷暖被窝。"缘缘则说："你太小，冻着又要闹病，还是让我来！"她又把两个孩子紧紧搂在怀里了。

在溥修家一天到晚总有干不完的活儿，和在宫里大不一样，能由自己自

溥仪在前苏联囚居期间与收容所的苏联军官合影

由支配的时间显得十分珍贵。伏天天长,李玉琴织毛衣一直做到天黑看不见。因为天热一时还难以入睡,她才能把两个孩子带到平台上玩一会儿,让孩子坐在膝盖上,一边一个,讲故事,念诗,唱歌。她最愿唱《秋水伊人》,那悲凉的曲调和催人断肠的歌词恰与她的感情产生共鸣:

望穿秋水,不见伊人的倩影;更残漏尽,孤雁两三声。往日的温情,只换得眼前的凄清;梦魂无所寄,空有泪满襟。几时归来呀,伊人哟!几时你会穿过那无边的丛林,那亭上的塔影,点点的鸦阵,依旧是当年的情景,只有你留下的女儿哟,来安慰我这破碎的心。

望断云山,不见妈妈的慈颜;漏尽更残,难耐锦衾寒。往日的欢乐,放映出眼前的孤单;梦魂无所依,空有泪阑干。几时归来呀,妈妈哟!几时你会回到故乡的家园,这篱边的雏菊,空阶的落叶,依旧是当年的庭院,只有你的女儿呀,已堕入绝望的深渊;只有你被弃的女儿哟,在忍受无尽的摧残。

这样的时刻,李玉琴总会想起溥仪。伊人何在?何时归?盼他早点回来,当个圣明皇帝,也希望能帮他做点事情,把国家治理好,让百姓安居乐业,"皇上"也能有闲空到自己身边来,不要脾气,又知情知意的。真能那样,也不枉受苦一回!

生活在溥修家里的李玉琴,不但挨饿,挨累,还要忍受虚伪。自从她代替了厨子,别人顿时客气起来,说什么"让贵人做饭,我们实在有罪,该死!"可这话只是摆在嘴上的,谁都不肯伸手摸摸锅沿儿,逢年过节也只有姨奶奶帮忙。那位溥修老夫子更滑稽,刚叫人传话来:"宁可饿死,也不能叫贵人做饭。"但转眼工夫他又念叨想吃馄饨了。话音一出,代替女仆担当采买的老小姐马上买面买肉,回来往厨房一放,让单做一斤面的馄饨。小锅端上去偶尔也有回话:"让贵人尝尝吧!"李玉琴一听这话更生气,连施舍一点给三五岁的孩子都不肯,这碗馄饨谁还咽得下去?每当织毛衣的辛苦钱到手,老小姐准来叨咕二爷病了、二奶奶病了,还没钱抓药呢!等李玉琴从兜里掏出钱来,老小姐嘴里又冒出一套话："有罪！有罪！贵人受累挣几个钱不容易。"溥修一方面要花她这几个钱，一方面要讲"封建礼教"，不许她迈出家庭门槛一步。

想靠织毛衣挣钱又必须赶时髦，李玉琴想出个法子，站在平台上观察过往行人，研究外边时兴的样式。有一天，李玉琴织了一件男人穿的毛裤，很快就给退了回来，说穿着不方便，要改一改。她不知毛病在哪里，看着毛裤发愣，又把姨奶奶找来帮助找毛病。姨奶奶一看就笑了，语气缓和地问道："贵人忘了第一次给缘缘改的那条小裤子因为什么不合身吗？"姨奶奶这一说，她明白了：两个孩子都是男孩，她却没在小裤子上给留个小便口。想到这儿，不由得脸红发烧，因为长期脱离社会，生活在这坟墓般的小窝窝里，只知安心认命、念经拜佛，别的什么都不想，怎么会懂得这些呢？这事不知怎么传出去了，那条毛裤的主人知道是"娘娘"织的，竟给了双份工钱，连剩下的毛线也不要了。邻居们对她又可怜又同情，说如果继续关闭在封建礼教之中，早晚要变成不知世故的傻子！

有时李玉琴边做饭边抽空织毛活儿，老小姐见了，又很感慨地讲起紫禁城内的"老六宫针线活儿"。清朝宫中的皇后、皇贵妃、贵妃、妃、嫔、贵人、常在、答应等，都居住在乾清宫两侧的东西六宫。一旦皇帝驾崩，新皇继位，无子女的前皇妃嫔一律退居外西路隆宗门外的慈宁宫、寿康宫、寿安宫等处，即所谓的"老六宫"。也有的皇上在位时就把不得宠的嫔妃送往"老六宫"，让她们去过"红颜暗老白发新"的凄凉寂寞的苦闷日子，连奴仆因为得不到外快，也会满腹怨恨，甚至歧视主人。她们每月的俸银不够开销，只好做针线活儿挣点钱。当然，这些针线活儿也不是一般人能用得着的，就叫"老六宫针线活"。

"老六宫"的悲惨故事，深深刺痛了李玉琴的心，令其不寒而栗。联想自己的身世，她感到不但在溥修家生活难堪，就是有一天溥仪回来了，又当上皇帝，自己也不会有好下场。从前她曾听说宫中后妃"母以子贵"，生下儿子后，地位就高了，可万没想到无子女的还要落到"老六宫"里去！而今她虽然尚未被送进"老六宫"，却早已做上针线活儿了。

当年惟一与李玉琴有过交往的是隔壁一位年龄相仿的女孩冯书兰，一个

1985年7月25日冯书兰（天津溥修家邻居）致李玉琴信封面

偶然的机会，"为了注射防疫针"，必须人人过关，溥修全家人也"排着队，低着头走出家门"。在冯书兰的记忆中，李玉琴穿着深蓝色的大褂，家做蓝色布鞋，而且还露脚趾，加之剪短了的齐耳发，"真是楚楚可怜"。三十多年以后，冯书兰致书李玉琴忆及当年的许多场面：

> 我虽然同情您，也想送一些东西给您，可当时做不到！侯门深似海，何况又是大清皇朝的贵戚之家，大王爷管得您不能超越雷池一步呀！一墙之隔，常听您那银铃般的奉诵经文的声音，独特的调门令人不忘。然而，从这高低有致、悦耳动听的诵经声中，透露了一种如泣如诉的内心的哀怨和苦闷。每当夜晚来临，您轻轻地击掌为号，或是低声唤我"冯小姐"，我们在一起谈天说地，无边无际，时而唱歌吟诗。那时我活泼天真，我俩合得来。还记得您教我织毛衣的蝴蝶花，六根线织一朵，织完五根线，再织第六根时蝴蝶花就成了，至今我还会织呢！您诉说自己的身世，触痛了心事便会低头不语。有一次您托我给母亲往东北写信，后来未敢说出名字又不写了，大概是想起了严厉的规矩，您显然是害怕了。

冯书兰致李玉琴信封底

溥修家的生活愈来愈艰难，逼得这位老夫子也不得不放下皇族的架子，千方百计讨好有权有势的国民党人士。当时，天津有个国民党的军长孙连仲，娶了一位皇家格格罗毓凤为妻，溥修便借了这个因由请求孙军长援助生活费。

冯书兰致李玉琴信第1页　　　　　　冯书兰致李玉琴信第2页

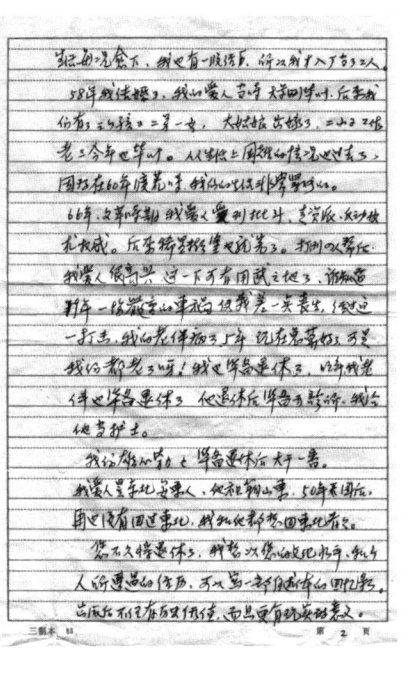

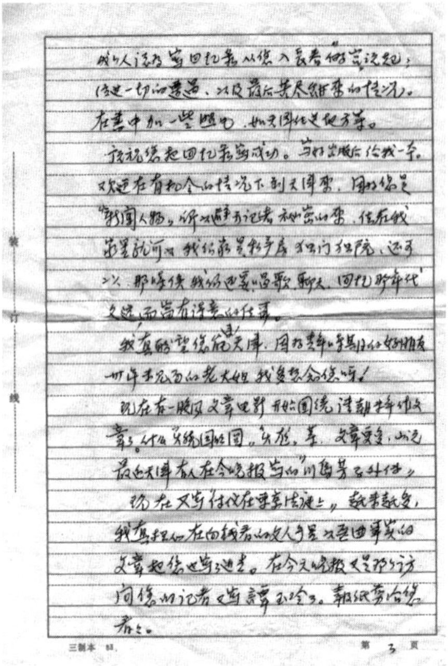

冯书兰致李玉琴信第 3 页

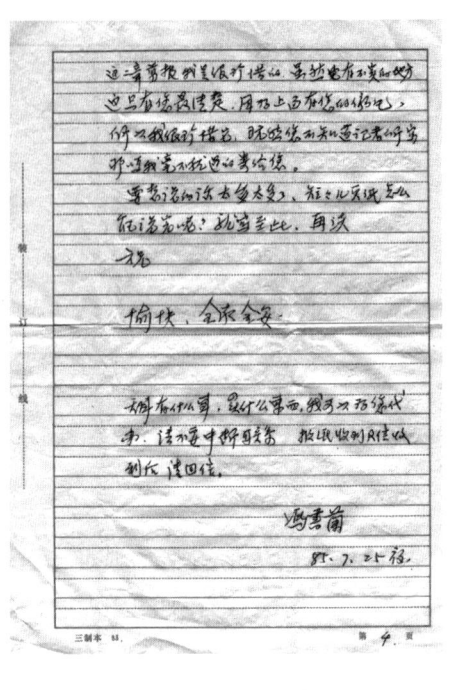

冯书兰致李玉琴信第 4 页

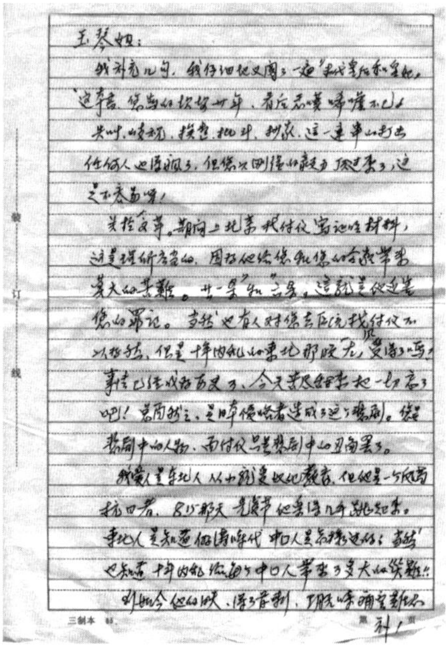

冯书兰致李玉琴信第 5 页

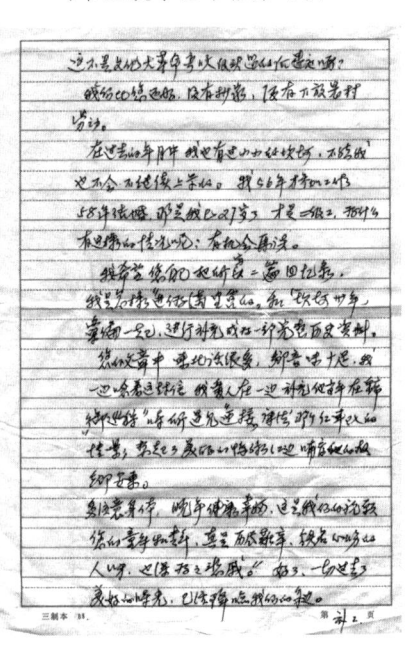

冯书兰致李玉琴信第 6 页

1985年元旦刘世熊（著名藏书家刘承乾之子）致李玉琴信封面

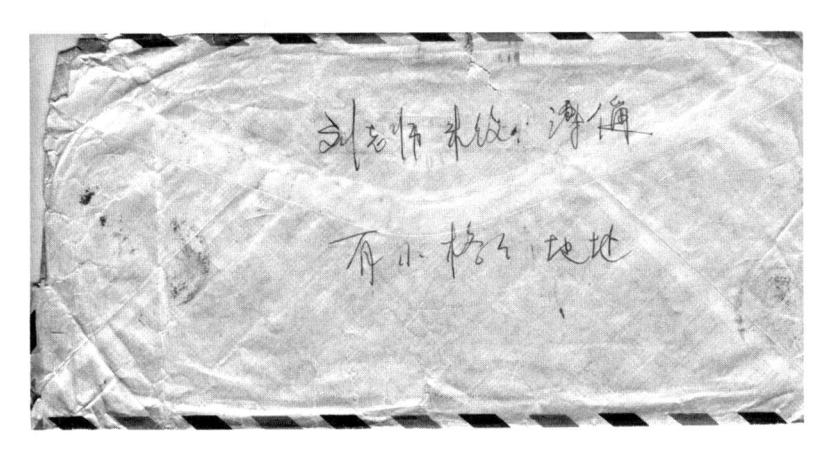

刘世熊致李玉琴信封底（上面有李玉琴亲书手迹）

溥修还曾向国民党九十四军军长牟廷芳求过援。

一天，溥修把"青年会"的一位小姐请到楼下客厅，与李玉琴见面。小姐二十多岁，长得文雅漂亮，谈话中间直呼"溥仪"其名，问李玉琴今后有何打算。李玉琴也不好再叫"皇上"，灵机一动，毫不犹豫地回答说："等待外子！"她以为男人能称呼女人为"内子"，女人当然也可以称呼男人为"外子"，这要比称名道姓或称呼"丈夫"之类更文雅礼貌，而且也避免了"皇上"

163

刘世熊致李玉琴信第1页

刘世熊致李玉琴信第2页

刘世熊致李玉琴信第3页

等带政治色彩的称呼。有了这个"发明",心里很得意,她当时最怕说错话,不但失礼,在隔壁偷听的溥修也会生气的。溥修利用"贵人"的招牌向权势阶层求援颇有效力,不久就有人给送了两吨煤来,冷屋子又变得有点热乎气了。

五　天津解放前后

　　李玉琴等来等去，溥仪仍是无影无踪，却等来了新中国的诞生。天津解放之初，溥修家还是经常没有下锅的米。派出所王同志来过几次，对这个封建大家庭深感奇怪：一个个老爷、太太派头十足，却经常断顿，厨房一点火也没有，两个孩子饿得直哭。又只见李玉琴忙个不停地干活儿，王同志便主动与之接触。了解到她的身世以后，他就劝她离开这个家庭："这一家人都不劳而食，只有你劳动能挣几个钱，但又经常吃不上饭，这是为什么呢？"还说，"劳动光荣，不劳而食可耻，年轻人应当冲破封建家庭的束缚，争取自身的解放。"通化部队指导员讲过的这些道理，仍然未能奏效，因为李玉琴心里还想着溥仪。然而，"自食其力"、"劳动光荣"这些新名词儿，已经深深印进她的脑海。

　　继而，家族的讯息纷至沓来。载沣去世后，其子女们把醇王府的房子和财产都卖了，每人分得一份，连当时在押的溥杰的一份儿也给留了出来。有人提到李玉琴在天津生活很困难，遂决定每月给她二十元作伙食费，但只给两个月就停了。据溥仪的五妹说，张罗不起来，没人能想起她，也不愿拿这笔钱。

　　不久，由于当时的种种压力，溥仪的七叔载涛以及溥仪的弟妹们都在北京登报，声明与溥仪脱离关系。溥修很气愤，他认为醇王府的王爷、贝勒、福晋、格格都是靠"皇上"生活过来的，应该忠诚于溥仪。溥修没有"背叛"溥仪，然而他在这时又发了一笔溥仪的财：按当时政策只没收敌伪财产，溥仪是伪皇帝当然要没收，溥修等人的财产仍能得到保护。于是，经溥修出谋策划，在毓岷还活着的时候，由这个能写会画的晚辈伪造溥仪笔迹，证明溥仪把天津的房产赏给了溥修，并因此向政府申请，政府遂把溥仪的房产发还两所。

　　溥修只留几间自住，其余都出租，每月净取房租一百元。按当时家中人口和物价，安排得当满可以生活得不错，可溥修当惯了贵族老爷，有钱就大吃大喝，区区一笔房租哪会敷用？过了一年多，溥修便把房子卖掉了，得款两万元，结果家庭为这笔款子闹开了矛盾。姨奶奶提出离婚，声言要五千元

钱，起初溥修不同意，费云章更舍不得！可哑美人也不是好欺侮的，又哭又闹，还要控告溥修夫妇给她气受，真把修二奶奶吓住了，只好答应，眼睁睁看着人家带着大包小裹离去。

溥修与姨太太闹离婚的时候，溥仪原来的随侍霍福泰正好来天津，他的妻儿老小住在北京，当年和叶乃勤把"贵人"送到溥修家以后自己也回家了，但每隔一年半载都要来一次。此人能说会道，消息灵通，每次都给"贵人"带来一些希望，什么"上边"快回来了、什么要引渡了等，连溥仪到东京出席国际军事法庭做证都知道。其实，这本是报上登过的毫不新鲜的新闻，却令终年足不出户、目不斜视的李玉琴兴奋不已。他还善于顺情说好话，说什么"上边"才是一朝天子，谁也不能比！这乱世道，只有"上边"回来才能收拾。霍福泰的三言两语就像给李玉琴吃了定心丸，使她有信心面对困境，溥修全家人对她也能好点，"贵人"长、"贵人"短地叫着，起码吃几顿饱饭，连两个孩子也不挨打了。霍福泰聪明，哪个屋子都到，也常常从腰兜里掏出钱来给大家买些零食吃，还能跪在李玉琴面前说，他对不起万岁爷，叫"贵人"受苦了！

办完与姨太太刘展如的离婚手续后，溥修就让霍福泰把她送回沈阳娘家。哑美人竟主动表示愿意给这位一表人才的随侍当个外室。霍福泰虽非好色之徒，与原配妻子的感情也不坏，但他希望利用刘展如刚刚得到的那笔分家款，作为"救驾"、"护驾"的经费，遂在沈阳安了一个新家，却始终未敢忘记浩荡皇恩。

刘展如走后，溥修就张罗搬家，打算先迁往北京大女儿毓灵筠家中暂度。各自收拾东西的时候，费云章露馅了，从她屋里一撮子一撮子地往外倾倒早已腐烂的绸缎，继而又把国民党时期的金圆券以及更早的五颜六色、尚未开捆的纸钞也都送进垃圾堆。当缘缘和荔荔穿不上衣裤时，这女人竟藏着这么多的布和这么多的钱，让人恨得咬牙切齿，连来帮她搬家的女儿毓灵筠都说："我奶奶太不像话了！"老小姐也生气地说她弟妹是"只许进不许出"。

李玉琴倒不费事，把属于自己的衣服鞋袜打个小包，又把炊事用具等公用的东西收拾起来，准备离开住了五年却不知市内什么模样的天津了。

一九五一年春天，正是朝鲜战争激烈之际，李玉琴随溥修全家登上开往北京的列车，抗美援朝宣传队过来时，溥修也掏出一点钱捐了。列车逐渐减速，终于停在北京前门车站上。李玉琴很激动，与其说是因为抵达新中国的首都，莫如说联想起这是丈夫当宣统皇帝时登基的地方。

毓灵筠家并不宽敞，两明一暗的房子，里间住着老小姐和毓崋的母亲，即溥伟的四姨太，她早就在毓灵筠家帮助照看孩子。毓崋还有个弟弟老十，年约二十岁，当时没工作，也住里间。毓崋有时在家，就临时搭块板对付一宿。外间靠西边住着毓灵筠夫妇和他们的两个孩子，晚上用布帘隔开。中间这屋子可就热闹了，一到晚上，这里一块布，那里一个帘，隔成几个睡觉的地方：溥修夫妇和幼子毓岐睡一张大床；李玉琴紧靠里边东北角搭块小木板，也算一张床；缘缘和荔荔只能铺个草垫子睡在地上了。

北京老房子都是方砖地，很凉，可怜两个孩子只盖一床又薄又破的小被，晚上还常常蹬了，然而房小人多，不能总是躺下、起来弄出响声，李玉琴很难照顾得到，久而久之，缘缘和荔荔都因着凉得了尿床病。李玉琴一再请求，才获准找些棉花套子和旧布，缝个大褥子。可是，天天晾晒又天天尿床，褥子上大圈套小圈，成了尿臊垫子。溥修和费云章不但不心疼，反而辱骂孩子，他们躺在床上支使缘缘上街买油条，却不给孩子吃一口。当孩子小嘴里啃着窝窝头时，那心里啥滋味也可想而知了。

缘缘到了上学的年龄，常常饿着肚子去学校，饿急了就把课本卖给收破烂的换烧饼。荔荔也因为耐不住饿，等不及开饭便上厨房拿根黄瓜或拿个剩窝窝头"偷"着吃，于是闯下大祸，溥修大骂他们是"下流坏"，"朽木不可雕也"，拳头、巴掌痛打一顿，让他们在太阳底下跪着，吓得孩子把屎尿都拉在了裤子里。邻居看不下去，让居民组长干预，严肃地告诫溥修和老小姐，说新社会不准许虐待没娘的孩子，他们才不敢太放肆了。

李玉琴同样受到尖酸刻薄的对待。有一次她让老小姐传话，要求买点女人用的草纸，修二奶奶却哼哼唧唧地说："今天的钱花完了。"结果李玉琴月经来了顺裤筒往下淌，正当盛夏，弄得她又羞又气，哭着跑进屋里，连老小姐也不忍心了，直说："快找点破布吧"！可平时攒点破布都陆续给孩子补衣服了,恰好毓嶦妈在场,赶紧给找了几块旧布。谁能相信一个"贵人"竟会穷困到这种地步?若干年后李玉琴回忆这段历史时深有感触地说:

当时我不明白他们为什么这样对待我?现在回想起来也不难理解,我既不是旗人,又不是贵族或北京大户人家的后代,就是再守规矩,守贞节,情愿受苦等待溥仪,也必定要受歧视,因为本来不是一个阶层上的人。何况我又不会耍心眼、弄权术,倘若像刘展如那样不受欺侮,不答应要求就告他们状,我的生活条件或许会有改善。当初溥修收留我是忠君,然而,形势愈来愈明朗,人们逐渐看出溥仪当皇帝的世道不会回来了,我的死活和困苦就再也无人过问。拿溥俭来说,溥仪从大栗子沟逃走时对他是交代过的,他的妻子又亲自到长春接我,我到北京后,他家住在南官房十二号,离毓灵筠家只七八分钟的路程,而当时他们夫妇都在义利食品公司上班,生活蛮不错,但他们没给过我一分钱,没叫我吃过一顿饭,溥仪的"天子威仪"早就不灵了!

六 阳光透进溥修家

毕竟时代变了,门窗关得再严,阳光也会透进来的。街委干部和派出所同志来了解溥修这家人的情况,获悉李玉琴的身份及其受苦的现状,非常关心这位已经二十三岁却比同龄人瘦弱很多的年轻女性,经常找她谈话,讲妇女翻身解放和劳动人民当家做主的道理。他们说:"你这样年轻,整天关在封建家庭里,带孩子,做饭,长此下去就把自己毁了,你应该出去看看别的青年是怎样生活的。"他们还找她参加居民会议,溥修怕她被"赤化",又不敢明目张胆地反对,她这颗被包围在黑暗中的心终于见到了亮光。

入夏以后,李玉琴还没换下棉装,四太太和毓嶦都替她鸣不平,要溥修给添两件衣服,但他不肯拿钱。李玉琴鼓足勇气向他说:"你卖皇上的房子得款两万多块,却叫我穿得破破烂烂,就不怕别人说闲话吗?"李玉琴第一次敢为自己争理,结果溥修掏出二十元钱来。

李玉琴带着这二十元钱，由毓嵒的母亲陪同迈出了溥修家的门槛。自从入宫后她再不曾上街逛商店，当她穿越羊肠般的胡同踏上繁华的大街，好像久病初愈，腿也发软，看上去平坦的道路，走起路来老往一边斜，若不是有人陪着，她怕是连胡同也走不出去。总算到了烟袋斜街地安门附近的百货商店，她买了几尺布做了两件衣服，又买内衣、衬裤、一双鞋、一双袜子，在她身上终于有了一抹新社会的光彩。

　　经过妇联和派出所同志多次帮助，李玉琴心里亮堂了，再也不怕溥修反对，参加了街道工作。一位妇联干部的话——"妇女不能总依附男人"，更让她鼓起勇气，向溥修要求参加什刹海前河沿的缝纫学习班，她要学点独立生活的本领。溥修不同意，并把溥仪的二妹、三妹和五妹找来商量。然而，她们姐妹的思想也已有所变化，二格格就跟李玉琴说，她不反对学缝纫，但要"约法三章"，最重要的自然是"别忘了贵人的身份"。

　　上缝纫学习班是要交学费的，第一个月的学费溥修勉强给了，到了第二个月，他就言而无信，不付款，急得李玉琴哭了一回又一回。学习班了解她的情况，给予照顾，不让她退学，连实习用布也是你送一尺、我送八寸。然而，学会了缝纫却买不起缝纫机，还是白费劲儿。

　　李玉琴终于又操起天津的老本行，经人介绍给辅仁大学的教职员工织毛线手工。有一次，一位老师来取活儿，硬说换了他的外国毛线，找上门来吵，急得李玉琴直想哭。幸亏邻居们帮助鉴别，才弄清了真相，原来在大门口和太阳底下光线不一样，毛线的颜色当然会有变化。这件事儿虽已平息，却惊动了溥修，他把脸拉得老长："让人找上门来吵架，成何体统？上大街上找活儿，有辱门风啊！"

　　"家里困难，想买点针线、肥皂、手纸都没钱，不得已呀！"李玉琴说。

　　"古人云，饿死事小，失节事大。"溥修酸溜溜地拖着长声说，随后又转着弯儿拿学问骂人，"不得已？不得已呀花袭人再嫁！"

　　李玉琴再也不理会溥修、费云章以及老小姐的管束，一心扑在参加社会活动上，宣传禁毒，宣传卫生，宣传新婚姻法，宣传抗美援朝，动员捐献飞机大炮，她还参加了腰鼓队，学会了《团结就是力量》等歌曲，听取新中国第一批女飞行员和女邮递员的报告，参加"五一"劳动节游行大会等等，她就像一个营养不良的婴儿，如饥似渴地吸吮着祖国母亲的思想乳汁。

溥修当然看不惯，仍搬弄孔孟之言，斥责李玉琴"离经叛道"。其实，她这时并不曾把溥仪从心里抹掉，还盼望着与丈夫团圆的一天。然而，较之腐朽的封建家庭，五彩缤纷的新天地毕竟更能吸引她。

北京的"五一"天气已经暖和，花都开了，李玉琴的心花也随着怒放。当游行队伍经过天安门时，她的心情特别激动，作为身陷宫廷的穷孩子，作为封建家庭的俘虏，玉琴解放了，有一种卸去包袱的轻松感。她面向正在挥手的人民领袖使劲喊："毛主席万岁！"刚过天安门不远，她竟晕过去了，游行队伍里的医务人员赶忙过来搀扶她，她在迷迷糊糊之中被抬上汽车，当她明白过来时，已经被送回派出所，一个穿白大褂的医生正给她听诊，回头告诉值班人员说："没有大病，就是体弱，好像太疲劳了！"她不仅疲劳，还饿得慌，游行这天早晨根本就没吃饭。也不知道溥修把卖房子的钱弄到哪里去了，这一家人还是常常断顿。据李玉琴回忆，一九五二年春节就无米下锅，多亏邻居吴老太太送过来十多斤白面，才对付着过个年。

有一次，李玉琴随街道干部检查各户卫生，来到一位颇有名望的张律师家里，此人了解溥修家和其他皇族家庭的情况，遂攀谈起来。

"您这么苦，为什么不找载涛和溥仪的弟妹们？他们生活都很好嘛！"

"我不想求他们！"

"他们的钱财也不是自己劳动挣来的，都是皇上的，他们吃喝玩乐，有的还娶几房老婆，应该帮助您，您也不必再挨饿受冻了！您若不愿自己去，我替您找他们。"

"谢谢！不麻烦了。"

李玉琴不愿东找西找，因为溥仪的生父载沣已于一九五一年二月去世，而七叔以及溥仪的弟妹们虽然生活不错，也都各有家小负累，谁也顾不了谁。五妹韫馨与李玉琴来往最多，她的丈夫万嘉熙当时也没有音信，她便用继承遗产的钱在前井胡同买了七八间房子，领几个孩子勤勤俭俭地过日子。韫馨这人心地善良，性格内向，待人宽厚，从不摆"格格"的派头。李玉琴每次去，她总要留饭，还送李玉琴棉袍和缎子夹袄等衣物。可是，上五妹家去必经住在同院的溥俭家门口，而溥俭对李玉琴在一九四六年被迫写"离婚声明"一事耿耿于怀，每每碰上必有一脸瞧不起的神色，所以李玉琴也就不愿意再登这个院子的门了。

七 返回风雪家乡

李玉琴决心依靠自己的双手解决吃饭穿衣问题，正巧妇联组织妇女学习"挑花"，她听了蔡畅同志的报告，知道挑花是出口产品，能给国家换外汇，遂报名参加了。不料，学习结束以后，同期学习的街道积极分子都陆续就业了，惟独李玉琴未接到通知，一打听，原来她的通知书早被溥修扣下，并因此失去机会。溥修却有板有眼地说：男人和女人在一起工作，时间一长必定同吃，同睡，真出了这等事，何以向"皇上"交代？

李玉琴在居民区解放后第一批失业人员就业登记时就报了名，按顺序排十七号，由此走上就职之途本来毫无问题，然而现在她不能不考虑名誉问题了，如果出去工作，一定会有人说三道四，将来溥仪回来，真就不好交代。她被迫放弃了在社会上谋职的念头，而对那种半家庭、半社会的生活和工作方式有点认可了。

嗣后，李玉琴还是在溥修家里当厨子，抽出时间做点"挑花"活儿。不久，又当上了半义务性质的街道扫盲教员，她热情很高，但因为晚上九时以后才能下课回家，又引起溥修和费云章的反感，他们不给她开门，也不给留火，让她在大门外冻着，吃冰凉的窝窝头，快把她逼疯了。

正当李玉琴走投无路的时候，她无意中获悉一个信息：溥仪的七叔载涛又当上了新社会的"大官"。这是溥修和毓嶂两人谈起的，他们想借助载涛的好运打听到"皇上"的下落，但随后就碰了钉子，载涛说他已经登报声明与溥仪脱离关系了。当时正大张旗鼓地镇压反革命，谁肯冒这种政治风险呢？然而这事儿却给李玉琴提了醒，她可顾不得"镇反"不"镇反"，要去寻觅丈夫，找回属于自己的生活，载涛不肯问，就自己去打听。她先来到全国妇联，无人知道溥仪的下落,她又给宋庆龄副主席、周恩来总理和毛泽东主席写信,也都没有回音。

李玉琴再度陷入迷惘之中。在一个没有月亮的漆黑夜晚,她背着溥修家的人,失魂落魄地向什刹海方向走去,忽然动了死的念头。她想,只要从湖边一跳就一切了结,或许能见到溥仪,也不必再忍受溥修、费云章和老小姐的欺侮了,想着想着又呜呜咽咽地哭着走下去,却在这时被一支夜间巡逻队截住了。原来他们见一年轻女子深更半夜在街上行走,便一直跟踪而来,问她上哪儿去,李玉琴支支吾吾答不上,遂问她的住址,并送她回家,向溥修做了交代。

这事儿一出,溥修也有所收敛,李玉琴又一心扑到扫盲夜校工作中去了。她的夜校同事中有位东北老乡,到过溥修家,同情她的遭遇,就给她出主意说:"溥修那个家庭一股子封建发霉的味道,哪是青年人待的地方啊!你干吗不回娘家呢?"李玉琴又被提醒了一回,却有两件事挂在心上:一怕走后缘缘和荔荔更苦;二是舍不得夜校学员,数月以来她对这项扫盲工作已有很深的感情。那位老乡同事又开导:"你即使留在那个封建家庭里,也保护不了两个可怜的孩子,至于夜校,现在全国都在开展扫盲运动,回到长春一样可以教扫盲班嘛!"李玉琴动心了。

不久,霍福泰又来了,从他带来的消息中,李玉琴才知道老实厚道的父亲早在四年前就活活饿死了,这位在饭馆里当了一辈子跑堂的穷人,竟因为没饭吃而离开了不公正的世界!李玉琴怀念可怜的父亲,更惦记生死不明的母亲以及哥哥、姐姐和妹妹,恨不能插上翅膀飞回亲人的身边。

就在这时,居民委员会给了李玉琴一份救济金,因为已经入冬,她还没有棉衣穿,但她不想接受。居民委员会的领导劝她用这笔钱登报寻找亲人,这句话又一次提醒了她。不久,由那位好心的张律师免费代拟的《寻人启事》,在两千里以外的《长春日报》上连登了三天。亲人的回声传来了,李玉琴接到大哥李凤的信如获至宝,她流着眼泪看了一遍又一遍,决定立即回长春。经过与溥修谈判,毓嶂娘俩也帮着说话,李玉琴总算要出一百五十元路费,还分两次给的。她终于在春节前三天,买了回长春的火车票。

伪满洲国"福贵人"李玉琴传

溥修打发毓嶦送"贵人"回长春,算是对"皇上"尽了最后的责任。动身那天,李玉琴穿一条带补丁的破裤子和五妹韫馨赠送的棉袄,还有一件别人给的旧大衣,只有棉鞋是新的。随身行李内有一条旧被,几本经书、字典以及教扫盲班用的一套教科书。临行,溥修、费云章和老小姐连房门都未出,只有毓嶦妈和缘缘、荔荔,还有邻居们送到大门外,大家都哭了,缘缘和荔荔哭得很伤心,马静兰临终托孤的凄惨一幕又在李玉琴眼前浮现出来,她只恨自己无能,救不了两个可怜的孩子,仅留下十元钱交给毓嶦妈收着,等孩子饿得难受时买点小吃。她又对缘缘和荔荔说:"以后别惹爷爷生气,免得挨打。缘缘要照看弟弟,等着爸爸回来,有事找四太太和八叔。"

1953年回到长春后母女重逢

173

北上的列车在依稀可闻的辞旧鞭炮声中启行，向风雪家乡前进，随着车轮的转动，李玉琴的思绪也飞转起来。从进宫到离开溥修家正好十年，也是李玉琴从十五岁到二十五岁这一段人生中最美好的年华。这十年赶上三个时代："满洲国"、国民党政府、新中国，她则从不懂事到中了封建礼教的毒害，又开始觉悟，最后毅然离开那个发霉的封建家庭。

解放的曙光终于照耀到她的心中。

天愈来愈冷，心却愈来愈热，就在除夕的前夜，李玉琴终于和母亲、哥哥、嫂子、姐姐、姐夫、侄儿、侄女等全家人阔别七年后重新聚首，真是又悲又喜，都忍不住哭了起来。母亲心疼她这般清瘦，哥嫂悲叹她一身寒酸，姐妹怜惜她十年的苦楚。是的，十年历史已成陈迹，而赋予她的磨炼使她变得坚强和冷峻了，她最先收住眼泪，说："今天团聚，大家都应该高兴，过个快乐的团圆年。"于是，擀皮的擀皮，捏馅的捏馅，大家动手包起饺子来，她回到了十年前与骨肉同胞一起过年的欢乐之中。

三天后毓嵒要走，临行还试探地问李玉琴是否想再婚。她生气了，认为毓嵒应该了解，她当时只想参加工作，独立生活，减轻家里的负担，除此之外没想别的。虽然她尚未想过离开溥仪，却已经深深体会到，无论宫廷还是皇族家庭，都不如穷苦的娘家温暖，这里充满了慈母的疼爱，以及哥嫂和姐妹们的关心，是皇家所不能比拟的。

第五章 五次探监

一 仍为溥仪守节

李玉琴回到长春，只能与母亲及兄嫂全家挤住在两间半房子里，经济状况拮据。"漏屋偏逢连夜雨"，大嫂染上了肺病，小侄又患脑膜炎，花了许多钱，

1954—1955年期间当临时工的李玉琴（左二）与伙伴们合影

失业、孤独、困苦中的李玉琴

治了一年多,这娘俩还是先后离开了人世。多亏亲属多,鱼帮鱼、水帮水地度过来了。在这种情况下,李玉琴感到无论如何不能在家吃白食,她要工作,要当个能养活自己、能补贴家用的工人。

从一九五三年到一九五六年,李玉琴一次一次地往市、区劳动局跑。每次去时心里都想,今天可别白跑,结果总是白跑。劳动局的人全都认识她,工作问题却一直解决不了。安排过几次临时工,如到食品厂拣花生,包糖果;去制药厂刷瓶子,包药;还当过保育员、清扫员以及印刷工人。多则数月,少则几天,经常还是没有事情做。

更让李玉琴难以接受的是,亲友中也开始有了"避嫌"的人,他们担心受到"皇娘"的牵连。与此同时,李玉琴上趟街也会引出许多麻烦,常常有人跟在后边说："看，那是皇娘！"、"汉奸老婆"、"反革命家属"，"到今天不结婚，还等第二个'满洲国'再当娘娘呢！"

回到长春仍不能摆脱烦恼，不如干脆还找溥仪去！李玉琴认为，不管溥仪有天大的罪过，总该让他的妻子知道知道，也好考虑一下生活出路，遂又往中央人民政府写过两封信，打听丈夫的下落，依然是泥牛入海无消息。

转眼到了一九五四年的夏天，李玉琴用当临时工攒下的路费钱，又上北京寻找溥仪。在五妹韫馨家落脚后，第二天她便找到中央人民政府所在地的新华门前，坚持要见毛泽东主席和周恩来总理。接待人员问她有什么事。她支支吾吾地未敢说明自己是溥仪的妻子，人家以为她有说不出口的冤屈，只好随她等在那里。她用手绢包了些饼干，足足等了一整天，直到天黑，接待人员劝她回去，她才说明自己的身份和目的。接待人员和颜悦色地收下了她事先写好的书面材料，留下了通讯地址，还告诉她说："一定负责转达首长。"

利用等消息的空闲时间，李玉琴上溥修家去看望缘缘和荔荔。见到了代替自己下厨做饭伺候溥修全家的毓嶂妈，也见到了已在北海公园内中央文史馆当上馆员的溥修，看来他已放下"遗老"的架势，大概也不会骂别人"反叛"了。只是两个孩子仍穿得破破烂烂，李玉琴看了心酸，遂带他们游览了动物园，还给缘缘买了一双鞋，给荔荔买了件衣服。李玉琴空等几日，钱也花光了，仍是不见政府的回信，只好踏上返程。缘缘和荔荔依依不舍地一直送到车站，送上火车，他们又一次经历了洒泪惜别的痛苦时刻。

一个生死不明的丈夫仍在精神上禁锢着李玉琴，接踵而至的是失业、种种社会压力和无数的生活实际问题，使她怎么也不能解脱。她在长春的亲友人多是土生土长的东北人，"满洲国"期间又受到不同程度的迫害，对溥仪没有好印象。认为"康德"引狼入室，是软骨头，都反对李玉琴苦等溥仪。有的说："当汉奸的都镇压了，没毙的也被关了起来，康德是大汉奸，还在苏联关着，早晚得崩。"有的说："你不离婚就是当汉奸家属，永远找不到工作。"小妹李玉坤回忆说：

当时我家相当困难，姐姐长时间找不到工作。有几次她当临时工，因为"皇娘"身份暴露,很快就被辞退了。她心情忧郁,每天以泪洗面,原来黑亮亮的眼睛似乎也失去了光泽,在万分痛苦的情况下,仍然一心一意等待溥仪回来团聚。作为妹妹,我不愿意看见姐姐为封建礼教殉葬,更不理解她为什么苦苦地等待一个没有音信,又被国人称之为汉奸的丈夫溥仪。于是,我大胆地劝她和溥仪离婚。四姐说:"我不想离婚,溥仪对我不错,再说离婚的女人也有许多难处和痛苦,你还小,不懂得这种事。"说着,她忧伤地低下了头,不再说话。在姐姐眼里,我还是小妹,不过我也已经长大,但我疑惑不解的是,溥仪和姐姐之间究竟能有多深的感情。

也有一个人看法与众不同,那就是李玉琴的母亲,她思想旧,认为四闺女已是"康德"的人,只要他还在世就该守着才对。

有一次,表嫂把李玉琴叫到自己家里,又背着她邀了本厂一位当科长的副营级转业干部来,见两人谈话也挺投合,自以为四妹"有意",便极力从中撮合。男方二十九岁,曾入朝作战,负过伤,已有十年党龄,正被培养为副厂长。他本人同意,当即给厂党委打了报告,结果被批评了,让他"站稳立场",别跟有历史问题的人恋爱结婚。后来李玉琴才知道底细,感到窝囊、委屈,还跟表嫂吵起来了。

"我啥时候跟你说过想找对象来着?你净乱帮忙!"

"表嫂也是为你好哇!'康德'一没留钱,二没留物,三没留下儿女,你还为他守什么节?别说他是汉奸,如今生死不明,即使回得来,能给你养儿留后吗?你倒图个啥?"表嫂显然指的是溥仪的生理问题。

"谁说的?"

"人家都说是日本人给他整的。再说你平时唠嗑,也不像当了媳妇的人,啥都不懂。四妹子,问句不该问的,你跟'康德'同过房吗?"

"行了!表嫂你可别瞎说了,我感谢你的好心,这事儿算拉倒。"李玉琴的脸又发起烧来,一下子红到耳朵根儿。

"好,我不说,你也别傻乎乎的,把自己耽误了,可没处买后悔药!"

"表嫂还说!我不爱听!"

一波未平，一波又起。大哥李凤自幼喜欢乐器，五十年代常被舞场请去拉二胡或弹琴，他见四妹总愁眉不展，有时便把她也带到舞场去。不久，因哥哥的关系，她与一位会拉小提琴的空军干部结识于舞池。这位军人个子挺高，眉清目秀，笑时露出一口整齐的白牙，说话南方口音，文雅有礼。他的父亲和妹妹都被日军杀害了，他是为了报仇而参军的，在解放战争中立过功，后被选送到航校学飞行。他很热情，不但教会了李玉琴跳舞，还常常在舞会散场后送她回家，一路上讲述当年的战斗故事。他听说李玉琴还没有找到固定工作，便托在市劳动局工作的老战友帮忙，用人单位误以为介绍的是"军人未婚妻"，按当时政策痛痛快快地接收了。李玉琴进入一家新建的大工厂当上了厂托儿所保育员，虽然仍是临时工，但这里的条件好，食堂、宿舍、礼堂、教室等都有，她很满意。

往工厂送行李的时候，那位空军干部还特意来帮忙，以后也常来看望，总是很骄傲地谈起自己所热爱的飞行事业，说很快就要放单飞了。托儿所所长以为两人在谈恋爱，碰上他总要夸李玉琴脾气好、责任心强，受到孩子妈妈的好评等。其实，两人还是同志关系。一个月以后，那位空军干部又来了，他面孔严肃，称呼比自己年长半岁的李玉琴为"姐姐"。

"姐姐，我要认真地问一句，你愿意和我把关系再发展一步吗？"

"小张，你这是什么意思？"

"自从在舞场上相识我就有这个心思，几位伙伴都鼓励我'主动进攻'，我没敢。今天我必须得说了，你若愿意就表个态吧！"

"到底是怎么回事？"

李玉琴看出这中间有名堂，就一再追问，小张吐露实情说，他交了女朋友的事不久前在部队里传开，连党支部也知道了。一天，书记找他谈话，通知他"暂时停飞"，又严肃地教育他说，千里挑一，培养一个飞行员很不容易，不要以为放单飞了，就骄傲起来，不严格要求自己，也不按时就寝，常常一个人离队。又问他跟谁谈恋爱，他说认识个朋友，没说谈恋爱。然而，书记似乎什么都知道，说李玉琴是溥仪的妃子，必须立即停止交往，否则再不能上天。他讲完，眼泪顺脸淌了下来。

"姐姐，我该怎么办？我喜欢飞行，我和你相识时间不长，却总也忘不了。如果你愿意和我好，我也可以转业……"

"不能耽误你的飞行事业，再说我也没考虑对象问题，我已有三个姐姐、一个妹妹和两个哥哥，还没有弟弟，你就做我的弟弟吧！"

"那我听姐姐的，姐姐好好干工作吧，争取早日转正。"

"弟弟今后少看小说，多学技术，成为出色的飞行员！"

李玉琴热爱所在的工厂和托儿所的那份工作，就像一只努力而满足的小蜜蜂，飞舞在鲜花盛开的乐园。她不但出色地完成了工作任务，还参加了厂内文化补习班中级班的学习，而且总是高兴地参加周末文艺活动。她想过入团，却因超龄而不便要求；她也想过入党，又因个人历史不容易说清而没有勇气申请。尽管如此，她的生活里仍然充满了快乐。

关心李玉琴的人见面常常询问她有没有对象，她总是回答"没有"。倒不是故意骗谁，只是不敢露出溥仪的名字，怕人家会像躲避瘟疫一样躲避她。

由于在溥修家饥一顿饱一顿落下病根，李玉琴常犯胃病，因此也常往工厂卫生所检查诊治，一来二去便与卫生所所长熟悉了。他是驻军某部因支援地方建设而被派到厂卫生所任职的，高高的个子，憨厚的脸，皮肤细而白皙，眼睛大而明亮，挺直的鼻子，笑意总是挂在嘴角上，给人以正直忠厚、孜孜好学的印象。他常自掏腰包接济家庭有困难的医生，在群众中很有威信，惟年近三十尚孤身一人，便有几个好事者想把他跟李玉琴撺掇到一块儿。李玉琴虽然不想找对象，但对他的印象挺好。

数日之后，领导找李玉琴谈话，让她写个自传，因为工作表现不错，准备解决她的转正问题。自从回到长春，李玉琴就盼望找到一份固定工作，却总不能如愿，几次当上临时工，提心吊胆地干到最后，还是被辞退。这回熬出了头，她真高兴，花了两天时间，实事求是地写了一份自传，写完就像放下了沉重的包袱。她还天真地认为，宫中那段生活虽然也是历史污点，毕竟属于受骗上当，且发生在成年以前，总能获得谅解的。

交上自传后忐忑不安地等了三天，领导把李玉琴找到办公室，往日那种和善的样子没有了，代之以一脸冰霜，非常严肃地说："你不适合做保教工作，到财会室算清工资后可以收拾行李回去了！"这话就像一盆凉水从头浇下，使她感到一阵透心凉。

在极度痛苦中，李玉琴想到了平时关系最好的托儿所团支部书记，正是这位同事曾一度想帮助她入团，又鼓励她入党，常带她参加工厂组织的业余活动，还撮合过她和卫生所所长交朋友的事儿。现在，李玉琴又找到了她，视之为救命稻草并诚恳地说，自己不怕脏，不怕累，在托儿所不合适也可以上车间当工人，只是别让她回家吃闲饭。

"行吗？"李玉琴几乎是哭着哀求她。

"我也无能为力。"她叹了气。

"这么大的工厂就没有我的立足之地吗？"

"刚开过党支部扩大会，我挨了批评。"

"难道是因为我？"

"多少有点关系，以后也别找卫生所所长了。再见吧！希望你找到可心的工作。"

"谢谢！我是在'皇帝'家待过的人，哪个单位还敢要我！"李玉琴觉得自己一下子变得渺小了，简直成了毒蛇、瘟疫，这时如果能发现一道地缝，她也肯定会钻进去的。

回到家里，母亲安慰她，哥哥和姐妹安慰她，都无法使她的心情平静下来。是溥仪给她带来了痛苦，也只有溥仪才能够理解她，所以还要找溥仪去，她决心再赴北京，到丈夫的亲属中间听听消息，遂于一九五五年春天再度南行。她一一来到溥仪的几位妹妹家，又到溥修家，依然是什么消息都没有，不但溥仪没有信，跟他一起走的弟弟、妹夫、侄子和用人等都没有信。

在深深的失望中，李玉琴向溥修提出要把缘缘和荔荔带到长春抚养。这件事是她临行前与母亲、哥哥和姐姐们商量好的，当时她有一个生活条件较好的姐姐，因膝下无子愿意领养，而两个孩子也可以跳出苦海了。未料溥修坚决不允，岂能把皇族的后代随便送给寻常百姓？再说溥修那时已经双目失明，还需要这两个小拐棍呢！

两手空空，茫然而归，李玉琴那颗尚未完全得到解放的心灵仍然笼罩在巨大的阴影之中。

二 溥仪来信了

希望往往在最失望的时候突然出现。一九五五年夏天,当大姐夫把刚刚收到的一封很普通的信专程送交暂居堂兄家中的李玉琴并轻声告诉她"康德来信了"的时候,她愣住了,露出一副呆呆的傻样子,继而手也哆嗦了,心跳也加快了,她怎么也不相信这会是真的。十年来,她无数次地在梦中寻找溥仪,那真是可望而不可即呀!有时刚见着面,没等说上话人又不见了。"打起黄莺儿,莫在枝上啼;啼时惊妾梦,不得到辽西。"溥仪也成了出征的人,她的精神寄托就在这几句古老的唐诗里。今天却不是梦,手里这封信的下款明明写着"辽宁省抚顺城管理所溥仪缄",那钢笔字迹是她十分熟悉的啊!她双眼涌泪,这信实在来得太慢也太晚了!

然而,溥仪从来不曾忘记李玉琴,这也是铁一般的事实。溥仪不会想念婉容了,虽然在北京、在天津,他们曾是那般亲昵,可毕竟是她逼走了文绣,又做出使溥仪脸上无光的事情。早在二十世纪三十年代中期溥仪就把她打入冷宫,从此绝情绝义,只想听听她最后的死讯了。溥仪也不会想念文绣,因为早已传谕把文绣"贬为庶人"了。她大闹"妃革命"的历史一幕使溥仪想起来就一阵阵心痛,她损伤了溥仪的天子之尊!对谭玉龄,溥仪是想念的,还保留着这位宠妃的照片和指甲,可她毕竟早已不在人世,

在抚顺战犯管理所关押期间的溥仪

想又有什么用处呢？李玉琴和她们几个不同，现在正当青春年华，溥仪想起在宫中的情景，音犹在耳，形犹在目，怎么能不勾起深深的恋念之情？

早在伯力第四十五收容所当战俘时，溥仪就曾听到关于李玉琴"改嫁"的消息，那是在嵯峨浩给溥杰的来信中谈及的，溥仪很失望，却没有完全相信，就带着问号回国了。潘际坰根据一九五五年访问溥仪的实感和记录，也把这个问号写进了那本访问记体裁的著作《末代皇帝传奇》一书：

  溥仪急于要打破这个神秘的谜。弟妇的话是不是应该凭信呢？他当然不愿相信，但是要能做到这一步，光是在自己

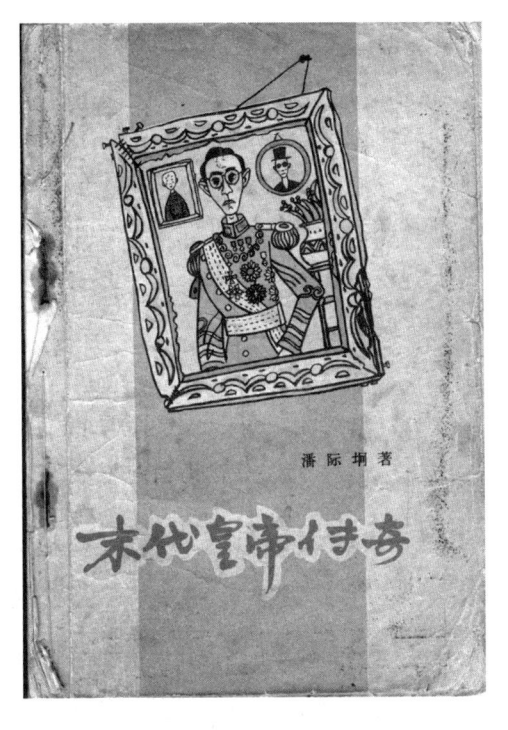

《末代皇帝传奇》：香港《大公报》记者潘际坰著，通俗文艺出版社，1957年版。该书作者在1956年到抚顺战犯管理所采访溥仪，最早披露了李玉琴多次前往探望丈夫的细节。

心里否定它是不行的，要拿出反证来。溥仪思前思后，也许又会觉得，弟妇为什么要造这个谣言呢？或者她为什么要转述一个不可靠的传闻呢？李玉琴十五岁进宫，两年的宫中生活果真会使李玉琴对自己发生深深的爱吗？兵荒马乱之中，十七岁在大栗子沟一别，从此音讯杳然，她究竟会真的等着他吗？这不是一年半载的分别，这也不是通常的离别。岁月催人，等到溥仪回到抚顺，她已经二十二岁了。而这几年来，溥仪由沈阳意外地到了苏联，之后又竟然回到东北，她当然不会知道。溥仪的生死存亡对于李玉琴说来，不也同样是一个神秘之谜吗？李玉琴为了自己的幸福改嫁他人，又何尝没有可能呢！如果竟然改嫁，又会改嫁给谁呢？所以溥仪

一九五〇年秋天到了抚顺之后,就焦急地在寻求答案。

然而,当时寻求答案还是有困难的,因为根据监规,不许犯人与家属联系。这个禁令后来被溥杰的十二三岁的女儿慧生打破了。她给周总理写信要求与爸爸联系,总理立即批准,并宣布允许战犯与家属通信。溥仪当时并不了解这个背景,却因此破除了缠绕心头的谜。溥仪回忆他与李玉琴取得联系的过程时写道:

一九五五年六月,我们的学习组长老普,从学委会开会回来传达说,所方允许我们和家属通信。这个消息激荡了每个人的心,各号都开起了热烈的小组会,人人都表示感激政府,对多年失去联系、下落不明的家属,政府也一一进行了调查。我想给北京的妹妹弟弟写信,正在握管之际,管我们学习的李科长走进监房递给我一张纸条:"你的妻子的地址查到了!"

"李玉琴?我的妻子?"

"她还等着你哩!"

李科员微笑着。这个年轻的大个子的端正的脸上,总带点微笑。这种笑容总好像在说:"一切都是很清楚的。"他把地址交给我,转身去了。我拿着纸条坐在那里,两眼热乎乎的……

据有关文献记载,早在一九五二年中央就曾指示抚顺战犯管理所查

溥杰的长女——身着旗袍的慧生

找战犯的家属和地址，为取得联系作准备。不过当时朝鲜战争仍在继续，镇反运动也正在开展，时机显然还不成熟。直到一九五五年二月十日中央才作出决定，首先允许日本战犯与亲属通信，过了四个月，又允许国内战犯与亲属通信。但管教员李福生遍查溥仪填写的登记表也找不到李玉琴的地址，又亲往长春各处查找，终于在当地公安部门协助下如大海捞针般找到了。李福生迅速返回，给溥仪带来了妻子的最新消息：李玉琴没有改嫁，并且参加了社会的临时工作，目前住在娘家，生活不错。溥仪非常高兴，当天就给妻子写了一封信。信封上的落款地址是按战犯管理所的统一规定写下的。信发出以后，他就日日夜夜地盼望回信，据看守员反映，溥仪夜间总是翻来覆去睡不着觉。为此，李福生还专门找溥仪谈了话，劝他放心，应相信自己的妻子一定会回信的。

再说李玉琴，她接到"康德"的信，迫不及待地撕开信封，从里面拽出两页信纸，第一眼便看见抬头处的称呼"亲爱的玉琴"，片刻之间，眼泪就像断了线的珠子噼里啪啦掉落在信纸上，她立刻向堂兄告辞回家，马上给丈夫回信。满腹都是想讲给他听的知心话，真不知该从哪里写起。这封信刚打头，她又收到五妹韫馨从北京寄来的信，也告知大哥的消息。李玉琴真高兴，把给丈夫的回信继续写下去：

亲爱的溥仪：十年渴望的人来信了。我真高兴得不知如何是好。我害怕这又是做梦，北京五妹他们也来信告诉我这个难得的好消息。这可真是朝思暮盼的人来信了……

当溥仪终于盼来了妻子厚厚的回信，并一口气读完又反复读过以后，感慨万千。他在后来写的一篇文章中真实地记录了这一段感想：

这封写了六七页的信的开头，立刻在我心头引起一种说不出的滋味，好像我这是有生以来第一次有妻子似的。从前，我有的不是妻子，只不过是"娘娘"、"贵人"，就像戏台上的那样。他们从来也没对我用过您或者你的字样，我也从来没有像个丈夫似的看待她们。然而我自己还弄不清，从这封信我感到十分新鲜和十分惊奇的那个生疏的东西究竟是什么。是一个生疏的爱情，还是一个生疏的精神面貌？

她说，这十年来为了打听我的音信，想尽一切办法，因不知我的音信而感到的痛苦是难以述说的。她说："可是在我心中，是觉得不会永远看不见的……一天天，一月月，一年年，过去了十年漫长的岁月，也有了今天。首先感激政府的温暖、关怀、宽大，我们又能通信了。"她说："谢谢您还记得玉琴，我满意了！"

我感到一种好像是从小说里看到的情感，这和记忆中同德殿里那个十五六岁的女孩子不同。在我的印象里，那时的"福贵人"是恭顺、谨慎、畏畏缩缩的，她服侍我，顺从我，也许还可以说是崇拜我。她称我为皇上……我曾经因为各种莫名其妙的理由而对她发怒，吓得她下跪求饶。今天，她却在信中流露出一种十分奇异的感情。

再看下去，不但我可以明显分辨出她的语气，还使我了解许多新奇的事情。她叙述了分离后的经过。一九四五年冬天，她和其他眷属以及一批"满洲国"官员，在临江遇见了解放军，被收容去了。次年，解放军进入长春，她被遣送回到娘家。如何处理这位皇妃？她的父亲召开家庭会议讨论这个问题，两位姐夫也参加了，大家一致决定：等待溥仪。李玉琴回到娘家住了一段时间，又被接到天津溥修家中居住。一九五〇年，溥修阖家从天津搬到北京，李玉琴也随着到了北京，住在什刹海的南官房口。

溥修是个顽固的清室遗老，他禁锢李玉琴如同囚犯，直到一九五一年，她未曾走出溥修的大门一步。李玉琴的信对我这位族兄表示了很大的愤懑，批评他："非常落后，封建顽固得很，不同意我出去工作，可是，生活方面除了吃饭外，连手纸都不给……"她曾要求找点活儿做做，更受到讽刺，说什么"饿死事小，失节事大"。她说："但我终因受到新社会的影响和政府同志的帮助，使我思想逐渐明白，体会到自己还年轻，应当劳动，争取独立，不应当再过依赖生活。所以我不顾他们的阻碍，终于在一九五二年参加了夜校，担任速成识字教员。参革命后……见到许多青年男女都愉快地工作着,为祖国建设奔忙着,他们是多么光荣!"

这就是在长春同德殿里逐渐长胖起来,逐渐变得满足、娇懒、讲究吃穿,整天向老妈子找茬挑错的那个"福贵人"写的吗?我记忆中的形象和今天要求独立生活的呼声,过去的"福贵人",今天却对青年男女干部充满欣羡之情,这是多么令人惊异的事!我又想起,在我的三禁五戒之下,不准她与外界有任何接触,甚至她的父亲来看她也不许留饭。她只为叫人拿几个苹果给孤儿就受到我的责问;由于和我的侄媳开开玩笑也要挨我的骂。如今,她敢于愤愤地向我批评那位不许她抛头露面的人了,并称之为"落后"、"封建顽固"!

毫无疑问,在今天,她的愤懑和她的羡慕都是对的。我感到不安的并不是这些,而是下面这些问号:她对于那个封锁她、统治她、把她看作奴隶似的人所表露的温情是真实的吗?"亲爱的溥仪"这句开头的称呼也是真情的流露吗?还是因我去信的开头而无意识引起的呢?还是因为别的——我所不知的原因呢?

一九五三年,李玉琴终于摆脱了溥修设下的枷锁,返回长春,并立即向劳动局提出了分配职业的申请。在等待分配期间,她还当了一段临时保育员。直到给我写信的时候,尚未正式参加工作。

溥仪与妻子通信不久,恰来采访的潘际坰有幸见到了李玉琴的原信,他在访问记中谈及信的内容时,还特别强调信中有使溥仪感到"惭愧"的叙述:

李玉琴这封信不仅使溥仪高兴,而且使他惭愧。这不是因为别的,而是因为他俩从第一次相互通信起,都是谈论着爱情和人生的双重内容。在人生的部分,溥仪谴责了过去的坏事,但是反躬自省的程度是很浅的。李玉琴除了在第一封复信里表达了自己对丈夫的深厚的爱以外,也谈到人生问题。这个比溥仪小二十二岁的女性,今天似乎比他懂得更多一些道理。她爱溥仪,她正是因为爱他而毫不犹豫地指责了他。而溥仪似乎也不再是浑浑噩噩的糊涂虫了，不再是个只能充当傀儡皇帝的角色了。在他认真地思考之后，同意了那个只有小学毕业程度的人所说的话。既然同意她的看法就不能不给溥仪带来惭愧。

三 第一次探监——今非昔比

李玉琴的信充满了真挚而深切的感情，写到最后，她还表明了自己的心愿：经过十年的岁月，她真想立刻能见到丈夫的面，希望能允许她前往抚顺探亲。溥仪在回信中告诉妻子，他已请示过管理所所长，同意她去抚顺会面，并示以管理所的具体方位。

李玉琴立即准备动身，母亲提议说，给"康德"做双布鞋带着吧，穿布鞋舒服些，娘俩遂动手赶制。大姐夫也来了，掏出一沓人民币说："玉琴别着急，难为你等了十年，快去看看吧，我给你拿路费。"大姐夫在"满洲国"和国民党时期当过军官，有文化，懂政策，头脑灵活，处事稳重，新中国成立后又做起生意来，日子混得也不错，老李家的大事小情，都让他拿主意。

行前，大姐夫千叮咛、万嘱咐地对李玉琴说，到了溥仪那里要特别加小心，不要东打听、西打听，谈话不要涉及政治。原来，他一见到溥仪的信便明白了几分，断言这位前皇帝处在关押之中，但他不愿意说破，而李玉琴还糊涂着，并不理解大姐夫一席话的用意。大概她还没有细想过，所谓"管理所"会是怎样的所在。

坐上开往沈阳的火车，李玉琴总嫌慢，过一会儿就要问问身边戴手表的旅客："几点了？"到了沈阳，她在一家小饭馆买碗最便宜的面条，以充辘辘饥肠。饭后她又找到一家最便宜的旅馆，凑合着住下，只有一铺不烧火的凉炕，被褥也挺脏。睡觉时，李玉琴把随身携带的小布兜紧紧搂在怀里，其中装着给溥仪带的几件物品，虽说不值钱，却是一片心意。

次日一早，李玉琴吃完两个烧饼，便乘上了开往抚顺的列车。此时此刻，她的胸腔之内就好像被涨潮的海浪强劲地拍打着，冲撞着，恨不得立刻见到日夜思念的丈夫。一幕幕往事又在眼前浮现，溥仪留给她的印象是英俊潇洒、威武神气的,还有那些深情动人的语言,以及毫无顾忌的哈哈笑声。现在,又会是怎样的呢?李玉琴的思绪伴随飞旋的车轮和火车的鸣叫进入"煤都"抚顺。

按照溥仪在信中所示的地址,李玉琴边打听边走,穿越市区,来到北郊,路人愈来愈少,房子也愈来愈小了。她终于找到了当时称作抚顺县旧城西关的地方,远远看见一圈儿高高的围墙和一座更高的瞭望岗楼。这里北依高尔山,南临浑河,山下岸边是开阔的田园风光,环境幽静,空气清新。根据路人的指点,她知道那围墙之内便是要寻找的去处了。

大门两侧未挂任何标识,却有持枪站岗的哨兵,他听李玉琴说明来意并验看了她交出的溥仪来信后,传达室立刻通知管教科,一位身着军装的干部模样的人快步走来,这人三十岁左右,也是东北人,跟她握手后自我介绍说,他叫李福生,是这里的管教员,随即领她进门,走入一座带雨搭的大楼内的一楼接见室。

抚顺战犯管理所溥仪住过的房子

据李福生回忆,李玉琴很年轻,约有二十五六岁,眉清目秀,中等身材,穿一身深色的布衣服,落落大方,很有礼貌地做了自我介绍。实际上,直到这时,她仍对这座监狱不甚了解,只见三三两两穿军装的干部从房间门口经过,差不多都要伸头探脑看一阵,相互交换眼色,还听到那些人压低声音的谈话:"看哪!溥仪的妻子来了!"更令她诧异的是,这里净是军人!简直和一九四六年住过的通化兵营差不多。

就在这时,李玉琴发现了贴在墙上的"接见规则",她非常仔细地看过以后,似乎有些明白了,这才坐到沙发上去。李福生照例再把"接见规则"口头说明一番,末了特别加了一句:"如在规定时间内谈不完,可适当延长时间。"李玉琴听完就主动打开了带来的小布兜,接受检查。

"这些东西是否可以给溥仪?"李玉琴指指布兜里的学习用品、布鞋和糖果问道。

"可以。"李福生随便看了一眼。

管教员又向李玉琴介绍了溥仪在战犯管理所的改造情况,还一再告诉她,会面时要对溥仪多加鼓励和关怀,以有利于他的改造。

李玉琴眼巴巴地盯住门口,心急火燎地等待着。丈夫终于出现了,他穿一身棉布制服,头发中间已经夹杂了许多白丝,胖瘦虽说还是从前的样子,却已略显佝偻之态,像个小老头了。难道他就是日夜思念的丈夫溥仪吗?就是"皇帝陛下"时代,人还没上楼就提高嗓门喊"玉琴"的那个人吗?就是在众星捧月式的服侍中作威作福、一呼百诺的"真龙天子"吗?当她看见溥仪出现在门口的一刹那,记忆之中的种种形象又一个个地闪现出来,眼前的溥仪和记忆中的溥仪不断地对照,互相碰撞,一时之间弄得李玉琴头晕目眩。

溥仪的眼神里也流露出惊喜之情,他后来回忆说:

家属会见室,是这年的新设备,这是认罪检举时讯问员和我谈话的那间小屋改成的。我又在这里感到了一阵紧张,当然是和讯问员第一次见面时不同的紧张,但毕竟也是紧张。我面前的那个小女孩,已经是个长成熟的、容貌焕发的、美丽而温柔的少妇了。布质制服代替了从前的绸缎旗袍,脸上没有了脂粉，梳着两条小辫，正像在报纸和画册上所看到的青年女工那样。脸上已经没有了长春时代的稚气和娇态，可以说我是第一次看见那最亲切的微笑和想念的泪眼。她给我带来了手绢、袜子、布鞋、糖果、纸本、相片，像我从书上看到的探望远地丈夫的妻子所做的那样。在会面的一小时中，我们不停地互相发问，回答，了解自己迫切需要知道的问题。我觉得她的每句话，都比通信中的语言更加富于感情。她一直等待着我，这是我最想知道而又高兴知道的事情。

据目睹这次会面过程的管教员李福生回忆，当两人紧紧地握手时都非常激动，相互注视许久，半晌谁也未说出话来。

"玉琴！你还和十年前一样，仍然很年轻。可是，我已经老了。"溥仪先开口道。

"你是快五十岁的人了，能不老吗！"李玉琴注视着溥仪穿的那套深蓝色斜纹布战犯服，又想起他当年的神态举止，那时他总是穿着剪裁合体的呢绒毛料服装，袖口镶嵌钻石，头发用发蜡抹得一丝不乱，年近四十而看上去起码年轻十岁。如今对比之下，他和以前判若两人。

李玉琴流着眼泪向丈夫诉说这十年的经历，提到溥修时脸色苍白，手也抖了起来。她说，溥修封建意识严重，认为皇妃与老百姓接触不成体统，有损于爱新觉罗家族的尊严，因此对她百般限制，虐待，生活上也很刻薄。溥仪一边听，一边哭，连连说："这太不像话了，这太不像话了！"她接着介绍了自己在北京解放后参加街道扫盲的情况，讲到政府工作人员如何信任她，鼓励她，人与人之间相互信任，相互爱护，使她的生活变得充实而有意义。溥仪也谈到自大栗子沟一别，被苏军逮捕，直至一九五○年八月引渡回国以后受到政府宽大待遇的经历，他还说在苏联时别人都特别想回国，只有他怕回国被杀头，所以一再要求留在苏联。虽然溥仪说的是实话，却深深刺痛了妻子的心，她心里很不是滋味儿，"当君怀归日，是妾断肠时"，然而，她在溥修家含辛茹苦真正"断肠"的时候，丈夫根本没有"怀归"的感情。

李玉琴打开了那个一路上不敢撒手的小布兜，亮出了带给丈夫的东西，溥仪感动得又流了泪。"你没有钱，还给我买这么多东西，太难为你了！我一定好好改造，咱们会有团圆的一天。"李玉琴剥开一块糖，递到丈夫手里，看着他含入口内，这时，忽然发现他戴的眼镜两侧各挂一根细绳，便问他这是什么。

"我怕眼镜掉落摔碎。"原来溥仪在这类小事上也变得聪明起来，李玉琴还记得，当年"皇上"的眼镜总是成套地预备着，不必担心摔了，丢了，现在不同了。不知为什么，李玉琴白天黑夜地盼，见了面却失望了：那记忆中的高不可攀的仪表、文人学者的潇洒派头和将军般的威风都不见了。眼前的人就是一个犯人，说话像公式一般，听起来不舒服，她心里一阵冰凉，虽然还有许多话，也不想说了。谈话将近两个小时，李玉琴听到下班铃声已经响过，便很客气地对管教员说："已经到点了，今天就谈到这里吧，影响您休息了。"

"这没什么，安排家属会见，是我应做的工作。你若有时间，可以常来看溥仪。"李福生回答的话音未落，溥仪最先站了起来，忽然冲着妻子做出了一个怪样儿。从前在宫里时他常这样逗弄自己的"贵人"，让她笑个没完，没想到头发已经花白的他还来这个！妻子也笑了，却是很勉强的苦涩的笑，想到丈夫的身份和自己的处境，还怎么能笑得起来呢！

李玉琴第一次探监这天是一九五五年七月二十二日，溥杰在当天日记中写道：

  李玉琴给我来信，探听溥仪的事，等了他十年还是殷殷不忘他；于今日特借钱来看他，并为他买了些东西，我于是向他说："人家为你真是不易，你须对得起她！"这也是对于他的一个暗示啊！

李玉琴连夜返回长春，一路上心情并不愉快，两条腿相当沉重，鼻子发酸，总想流泪。她千里迢迢来看丈夫，并没有想过再当什么"贵人"，只盼有一天能够团圆，过上"男耕女织、生儿育女"的人间生活。不料费挺大劲儿来一趟，待不一会儿又得分开，这到底为了啥呀？一些好心的同志早就劝她离婚，划清界限，可她却忘不了过去的感情，现在溥仪被关押着，更不能在这困难的时刻离开他。她内心矛盾重重，在长春下火车后跌跌撞撞地往家走，差点摔在一位骑自行车人的身上，真像是喝醉了酒。回到家里就想大哭一场，可她强忍着。

"看见康德了吗？"妈妈问道。

"看见了，他挺好的。"除了这句话，别的也说不清楚，便闭上嘴巴不再开口了。妈妈看出女儿心里不痛快，女儿不愿多说，妈妈也就不再多问。

虽说不痛快，李玉琴想毕竟见了丈夫的面，知道他活着，心里有了底。分别时溥仪嘱咐她到家后别忘了写信，于是她寄出了这封报告旅途平安的信：

亲爱的溥仪：

虽然在很短的时间里看见了你，可是我很高兴。看见你的身体和精神都很好……进行学习，重新做人，这能不使我高兴吗？

在这十年的岁月中，当然，生活琐事是很多的，一个人的思想是随着客观环境逐渐变化的。不过我想，虽然生活不安定，长时间不通信，互不了解情况，可是从我们夫妻感情来说，始终是互相惦念的，而我总觉得一定能有见面的时候……祝你

勇猛进步！

你的玉琴

1955年7月24日

溥仪收到此信的高兴心情是可以想见的，"称呼"还是使他陶醉的称呼，语气仍然那么亲切！溥仪当即握管作复。李玉琴在八月初接到溥仪的信后很快又发出回信。在溥仪当时看来，这封信"竟表达了一种类似初恋的心情"。下面是信的内容：

亲爱的溥仪：

本月三号接到你的回信，知道你学习很忙；我愿意你这样做，因为每

一个人都应当学习，何况你呢？经过学习才能明白惟有共产党领导国家，人民才能过幸福生活。以前我把一切希望寄托在佛身上，每天跪在佛前念两三个小时佛，以为念佛，天下就没有灾害了；佛更能把你送到我面前来。结果一场空。静兰就是为佛死了，可是佛却不管她的孩子了……

我这几天忙着搞副业生产，在工厂里缝毛衣，早去晚归……时间也感觉不够用，所以今天才给你写回信。我们不用多费纸笔，但是你一定能知道，你的玉琴是特别惦念着你，期待你不负党的培育，学习成绩好，早日为人民服务，我们重新建立新社会的幸福家庭。那时才是幸福呢！想到这里，我是多么高兴呀！所以我现在虽没有工作，搞副业生产，也是很高兴的。近来我的精神很好，也爱笑了。早晨起来就很高兴地去缝毛衣，晚上累了睡得也很香。不写了，已是深夜十一点了，明天还要早起呢！祝你

学习进步，精神愉快！

玉琴草于8月11日之夜

溥仪当时太激动了，他可能完全没有看出，这封信所透露的潜在危机。在这位年轻的前"贵人"的心灵深处，神佛的偶像垮台了，接踵而至的是旧观念、旧传统等一个一个地发生动摇！她在信中表示了对历史的怨恨之情。她所向往的是"重新建立新社会的幸福家庭"。

李玉琴当时的处境很尴尬，一个出嫁了的女人，丈夫被关押着，自己长期住娘家，还没有正式工作，只靠临时找点活干，那会是什么心情可想而知，快点找个正式工作，经常到抚顺看看溥仪，这就是她当时的两桩最大的心愿。那时两人通信频繁，溥仪是当天收到来信，第二天就回信，李玉琴每天要干活儿，必须忙里偷闲，不过三五日、七八天总要寄出复信的，有时还寄笔记本、寄钢笔，她还是惦记着丈夫，期待着与溥仪重建家庭的一天。

据李福生回忆，溥仪对妻子寄来的那些普通学习用品非常喜欢，精心加以保存，舍不得轻易拿出来使用，就像年轻小伙子收到心爱姑娘的定情物一样，时而偷偷拿出来看看，又轻轻放回原处。此情此景被爱说笑话的同室战犯看在眼里，便成了话题。有的说："九八一号又想你的玉琴了吧？"也有的说：

"老溥，还是快给她写信，叫她来看看你！"由于政府的帮助和鼓励，两人不但得以重逢，还出现了平等恋爱似的关系，这些都对溥仪的思想改造起到了积极的作用。

四　第二次探监——裂痕微露

一九五五年秋天，李玉琴再赴抚顺探亲。路费是挂牌行医的针灸大夫林永泉资助的，他早年曾给溥仪当侍医，颇受宠信，常常得到赏赐，新中国成立后就在李玉琴家附近开设私人诊所，听说"上边"关押在抚顺，很支持她前去探视。

李玉琴穿上了平时最喜欢的那件白底小菊花便服上衣，这是她用当临时工挣的钱买布做的，认为丈夫一定也会喜欢。她还用长期积攒的旧毛线给丈夫织成了毛衣、毛裤和背心，临行又买了书夹子等文具用品以及溥仪爱吃的糕点和糖果，只花一角钱给自己买了两条扎辫子的粉绸。

到了抚顺战犯管理所，孙明斋所长亲自出面接待，对李玉琴表示非常欢迎，并笑着向她介绍说，自从上次见面以来，溥仪情绪很好，饭量增大，所方特意关照食堂，一定要让溥仪吃饱吃好。主食几乎全部是细粮，副食花样也很多。她听了很高兴，不过也糊涂：溥仪是罪人，怎么待遇还这样好？干脆也让自己也在这里住下算了，不愁吃，不愁穿，整天和溥仪在一起，还能学习，多好哇！

"玉琴，你来了！我真高兴！"溥仪一进屋就拉住妻子的手，紧挨着她坐在上次来时坐过的位子上，从眼神里看得出，溥仪是那样兴奋。

"我也惦念。来时还担心管理所领导不同意见面呢！方才听所长说欢迎我来，这才放心了。"

"那太好了！你就多来几趟吧！"

"可是，来一趟需要路费，我没有工作，钱也不好弄，这次是向林永泉借的。他现在在长春开业行医。"

"这个人我记得，过去赏过他几次钱。"

"林大夫倒是能记得你的好处,不像北京那些亲戚,父亲、叔叔、弟弟、妹妹,都不肯收留我,我挨饿他们都不管,有点不近人情。"

"他们只知向我讨赏。"溥仪口气平和,似乎习以为常。

"溥修虽然收留了我,但他的思想太顽固,还是那套老封建,又非常虚伪。马静兰就是被他们的假仁义、假道德害死的,这是我亲眼所见。皇后婉容也是被封建道德害死的,她死得真可怜呀!"李玉琴不再拘束了,一股脑地向丈夫倾诉着她所憎恨的往事。溥仪这回不笑了,忽然呜呜地哭了起来。

"我有罪!对不起你,也对不起婉容,是封建礼教害死了她!"溥仪能说出这样的话,可见确有很大的进步,过去他一听到婉容的名字就烦,所以李玉琴在大栗子沟给婉容包饺子,事先要跪下祷告:"皇后"太可怜,玉琴按佛菩萨指点给"皇后"做点好吃的,"皇上"可千万别怪罪呀!如果不是经过几年的改造,溥仪就不会因为婉容而自责。看得出来,他是认真对待改造的,他感谢人民政府的宽大,没杀头,让他重新做人。

"带到大栗子沟的东西都被民主联军没收了。"李玉琴又从婉容说到在通化的那段生活。

"是吗?"溥仪好像才知道这个消息。

"我还在何长工的部队里住过两个多月呢!他们对我很好,动员我参军。"

"你参军了?"溥仪惊奇地看着她。

"没有!一是因为我想妈妈,要回家;二是因为怕你不愿意。"在这里,李玉琴隐瞒了何长工动员她与溥仪脱离关系、划清界限等情节。

"我带到苏联的东西也都上缴了。"溥仪悄声向李玉琴说了这句话,后来笔者从《我的前半生》一书中才得知溥仪指的是那四百多件宝物。

"你到底是什么罪名?判了几年呀?"因为上次来没弄清这件事,李玉琴很后悔,这回专门提了出来。

"我是战犯,但一直没有宣判过。"溥仪愁眉苦脸地低下了头。

这次见面谈得很多,当时李玉琴才二十六七岁,是女人一生中最美好的时候。溥仪总是盯住她看,露出很喜欢的样子,有时也会冒出几句情意缠绵的话来。可是他对妻子的个人境遇并不怎么关心。既不了解失业给她造成的痛苦，更不了解"皇娘"二字带来的压力。当妻子讲述这些时，溥仪只是感觉奇怪地反问："是吗？"好像一点也不懂得外边的事情，但说起北京的亲属却津津乐道。他总说谁谁给他写信来了，谁谁挺好。这回也不直呼名字了，也叫某某叔叔、某某弟弟、某某妹妹了，怪亲切的。李玉琴心想：人家究竟是皇族一家子，自己算什么呢？一个汉族穷孩子和他们到底不是一回事！这些自然在她心灵深处蒙上了一层阴影。

为了节省等车时间，以便能在溥仪身边多待一会儿，李玉琴在抚顺一下车就买好了返程车票。然而，由于见面谈话时间太长，等两人告别后，李玉琴匆匆赶到车站，预定乘坐的列车已经发出，只好签字下趟再走，待她上车时一摸口袋，就剩下几角钱了。

周围的旅客总是往嘴里填东西，水果呀，罐头呀，对饥肠辘辘的李玉琴来说不能不引起条件反射。每到停车站，叫卖声便从窗口冲进来，有人买烧鸡，有人接过热腾腾的包子，李玉琴却故意闭上眼睛装睡觉。旁边坐着去长春探亲的老两口，终于看出问题，大概是把一无行李、二无包裹，上车后就闷坐，一点东西都不吃的李玉琴看作逃婚的农村姑娘了。

"姑娘呀，若不嫌弃就吃几个鸡蛋吧，都是自家母鸡下的。"老太太说着从一篮子熟鸡蛋里抓出三个往李玉琴手里塞，而且绝不容她推辞。

"谢谢大娘！"好心人的三个鸡蛋把李玉琴送回长春。

回到长春以后，她又陷入失业的痛苦之中，李玉琴不愿闲在家里吃白饭，便托人上毛织厂找点缝活儿干。这种工作计件付酬，有的工序必须利用工厂设备，有的工序可以带回家去手工制作，工作时间、地点都自由一些，但比较辛苦，工资低。加之新中国成立之初，人民生活水平限于吃饱穿暖，有毛衣毛裤要求的还不多，所以活计太少，李玉琴只得三天两头往区劳动科跑，找临时工干。这时又发生一件意外的事情，那位曾给李玉琴介绍过对象的表姐忽然到她家吵了一顿，并声言今后永不来往。原来是派出所查出了两家的亲属关系，把这位表姐内定为"皇亲"，以"有历史问题的人"对待。

出了这样的事，就像当头泼来一盆凉水，李玉琴很难过。记得刚从北京回来时，派出所和街道都信任她，吸收她帮助工作，那时开展爱国卫生运动，春天挖蛹，夏天检查厕所是否有蚊蝇，她也高高兴兴地跟着宣传，跟着检查。后来又有一个什么运动，派出所组织居民组开会，动员各家交出旧社会遗留下来的具有反动政治色彩的物品，她响应号召，忽然想到手里还有三张比现在的大挂历还要大的照片：一张是溥仪的，穿着清朝龙袍，不戴眼镜，显得年轻英俊，是"小朝廷"时期照的；一张是婉容的，着旗装，手持朝珠，雍容华贵；还有一张是恭亲王溥伟和他的儿子毓嶦的合影，看样子毓嶦只有五六岁，挺好看的，眼睛明亮有神。这三张大照片是在天津时马静兰捡的，并非值钱的珠宝，所以没人要。马静兰死后她便一直保存在身边，并带到长春来了，这回又主动上交给南关区东三道街派出所。不料由此暴露了身份，派出所和街道从此不再信任她，连义务性的宣传工作也不再吸收她参加。

李玉琴决定回北京去，上一个女人天经地义应该奔的婆家去。一九五三年她从北京出来，是因为溥仪没有消息，她必须跳出溥修那个封建专制的家庭。现在，溥仪有下落了，其亲属都在北京，总会有她的落脚之处吧？只要能住下，再找找工作看。到了北京，李玉琴先上五妹韫馨家，那时她也与多年失去联系的丈夫万嘉熙恢复了通信，所以非常高兴，四个孩子全都能帮忙了，两个大的上了高中，学习很用功，一家人欢欢乐乐。五妹以礼待人，把李玉琴留在家里住下，使她感到温暖。

有一天，五妹送给李玉琴两条淡青色的辫绫，她一高兴就把两根长辫的辫梢系到辫根上，并打了两个蝴蝶结。五妹在一旁注视着，突然冲她叫了一声"大嫂"，李玉琴很激动，但一时没敢答应，似乎不知道五妹在叫谁，可这时屋里并没有别人呀！稍停，五妹笑着说："您就是我大嫂哇！"李玉琴喜欢得连话也不会说了。算来她给溥仪当妻子十二三年，还头一次听见"大嫂"这个称呼，比叫"贵人"好听多了，也亲切多了，觉得自己这才在爱新觉罗婆家取得了平等地位。

"大嫂把辫子这样扎起来真好看，照张相片给大哥寄去吧！"五妹的建议被接受了，李玉琴留下了那样的形象，真给溥仪寄去了。后来潘际坰访问溥仪看到了那张照片，就收入他写的书中，那张绾着辫子并打了蝴蝶结的照片很快流传开了。

溥仪在北京的亲属成堆，他们当然都知道李玉琴来了，但谁都不来看她，更没有接她去住几天的意思，她心凉了，对五妹说，回长春以后更困难，人们背后叫她"汉奸老婆"，哪儿都不敢用，想找工作太难了，五妹同情她，但也只能礼节性地照顾她多住几天。

李玉琴到溥修家去看缘缘和荔荔，两个孩子都长高了，上学了，还是穿得破破烂烂，她禁不住心酸落泪，告诉小哥俩说：爸爸在抚顺，早晚会来接你们，再咬牙熬几年吧！她很快离开了溥修家，对于这个生活了七八年的地方竟没有丝毫留恋之意。

1955年初夏李玉琴就把这张照片寄到了抚顺

李玉琴想起了当年最要好的两位女友：一位是教夜校的同事，上海人，非常热心，爱帮助人，李玉琴本想借住她家空闲的半间屋子，可她已经随丈夫调回上海；还有一个在一起挑花儿的女友，原本是位大学生，后来参加工作，住房比较宽敞。谁知她的丈夫又被关押，带着三个孩子，生活发生困难，索性把房子卖掉搬走了。李玉琴也曾去过从前比较了解她的区妇联、派出所和街道等单位，那里的工作人员对她都很好，但同样解决不了她的住处和工作问题。

李玉琴未能在北京找到站脚之地，还是一起患过难的毓嶦给她想办法，凑足了返程路费。回到长春她仍是经常给溥仪写信，鼓励丈夫好好改造，早日出狱。虽然她很少谈到自己的困难，但已经逐渐产生了对丈夫的怨愤之情，因为他既不能帮助解决妻子的失业问题，又不愿写信让北京的亲属向困境中的妻子伸出援手，似乎他还不大懂得关心妻子。

五　第三次探监——讨个"说法"

一九五六年春天,李玉琴第三次去抚顺看望溥仪,路费还得向林永泉去借。林永泉获悉"上边"在抚顺吃的穿的都比一般人好,而且还记得自己,并嘱咐妻子问候自己,他非常高兴,表示愿意教李玉琴学习针灸,对她借路费也很理解,但林永泉的妻子脸色难看,勉强掏出几十块钱来。

李玉琴闷闷不乐地来到抚顺战犯管理所,突然向负责接待的管教员李福生提出一系列新问题,主要是:溥仪何时能得到释放?释放后政府准备怎样安排他的工作?自己有对不起溥仪的地方能否得到他的原谅?若干年后李福生回忆那次不愉快的谈话情景仍历历在目。"我听了这一连串的问话后,耐心地对她说:'你这样提出问题是违背管理所规定的,我不能回答。'她听了很不满意,要见管理所领导,我答应转达。所长孙明斋是位老革命,说话向来直爽,严肃,曲直分明。他接待了李玉琴,听她复述那些问题后严厉地说:'你提出这些问题是违背接见规定的。如何处理溥仪的问题由国家安排,我无权回答!'孙所长走后李玉琴很生气地问我:'这个人是做什么的,说话怎么这样生硬?'我说:'他是所长,他说话强硬是由于你提出了不应该提出的问题。'"

李玉琴刚碰了一鼻子灰,却看见已得到通知的溥仪很潇洒地满面笑容地进屋了,嘴里好像含着什么东西。

"玉琴,你来了!太好了!"溥仪一边嚼着,一边跟妻子说话。她明白了,丈夫嘴里含着糖块。

"又有几个月没见着你了!"李玉琴说。

溥仪从上衣口袋里掏出一把糖块来放在妻子面前说:"每逢年节,所里除改善伙食外,还发给水果和糖果,这糖就是春节时分的,我特意给你留了一些。"看到丈夫像孩子似的满脸欢喜,李玉琴心里不痛快,她想,住在监狱里的人倒不愁吃不愁穿,还有糖块嚼,自己却成了"汉奸老婆"、"伪满皇娘",至今失业,到处流浪,连生活也没有着落。她想着,便把面前的糖块推向溥仪一边说:"留着自己吃吧,我还给你买了些,也许你爱吃!"遂把带来的糖果、点心包打开,溥仪立刻挺高兴地拿过去了。

溥仪或许根本不明白，妻子是舍着脸皮借钱才能来的，为了准备一份"见面礼"，路上一分钱也不敢错花，可他好像觉得这一切都容易办到，拿这次来抚顺说，李玉琴是因为搭了一个伴，得到好心人的照顾，到沈阳在朋友家借住一宿，这才用省下的住店钱给丈夫多买了点东西。

溥仪又兴致勃勃地讲述前些天出外参观的情景，他说，管理所组织战犯集体参观了"满洲国"留下的罪证——"万人坑"，也曾参观龙凤矿和煤矿干部学校等单位，了解了新中国的建设成就，他也受到了触动。从参观又讲到身边的战犯们——张景惠怎么老糊涂了，谁谁怎么可笑……丈夫好取乐儿，妻子却没有这份闲心。她心里想，若不是这帮奸贼里勾外联，东北人民也不至于当亡国奴，老百姓也不会受那么多苦，她也不会被骗入宫封什么"贵人"，也就不能遭那么多年罪，更不会当上反革命家属，以致连工作都找不到。不知不觉中，她和溥仪已开始在思想上拉开了距离。

"我到北京去了一趟，看见五妹了！"李玉琴换了话题。

"七叔、三妹和五妹上抚顺来过了，政府给拿的路费，因为东北天冷还给每人做了一件棉大衣。"溥仪这话又引起妻子的反感：为什么对爱新觉罗家族的人那样照顾，溥仪的妻子却没人管？一趟趟上抚顺都是自己张罗路费，还要挨饿受冻！甚至不敢公开讲上抚顺看溥仪！溥仪根本不理会这些事，还是拿着炫耀的口吻滔滔不绝地讲下去："七叔的身体很结实，是全国人大代表，三妹、五妹也不是当年的格格了，都能上班挣钱。五妹还会使用缝纫机，自己动手做衣服……"丈夫愈讲得津津有味，妻子就愈感到难过。原来他们才是皇族一家人，自己虽然嫁给了溥仪，毕竟是平民之女，连丈夫也不能充分理解自己，又遑论别人？早在宫中的时候就未被皇族的人瞧得起啊！

溥仪对妻子这些内心的感受似乎全然不知，而随着思想的变化，对妻子的感情却在增长，后来他在一篇文章里写道：

>　　从第一次会面起，我忽然懂得了什么叫做夫妻、什么叫做爱情。当一九五六年的春天降临时，我真感到了春天。政府的宽大，人民的宽大，妻子的爱情，这就是我的春天、我的希望。

当溥仪迎来了感情上的春天的时候，残留在李玉琴那回忆中的爱，那被同德殿玷污的少女之梦，却渐渐地破碎了。曾几何时，李玉琴视丈夫为天子，像神一样崇拜，她靠着"佛"的支持，忍受无数痛苦，年复一年地等待着。这期间她父亲饿死了，马静兰苦死了，佛并不保佑好人，佛在她的心中也就动摇了。然而，在溥修那个封建专制而又破败不堪的家庭里，在失业和种种社会压力之中，李玉琴仍能一心一意等待溥仪，因为她是已出嫁的女人，她期待着丈夫的回归，向往着一定会有的家庭生活。果然有了消息以后，又一次次探望监狱中的丈夫，却总是失望大于希望，一个遥遥无期的囚犯似乎不能给妻子任何帮助与温情，他在她心目中逐渐失去往日的光辉，那也就是十分自然的了。如果说最初的会面和通信，两人还主要是谈论希望和未来的话，以后就愈来愈多地说起对过去的怨恨了。

李玉琴开始这样想，溥仪在监狱里生活得蛮不错，有没有她这个名义上的妻子也无所谓，但自己却因为有个名义上的丈夫而遭遇麻烦和屈辱，连亲属也受到株连。前不久，她的两个在某保密厂工作的叔伯哥哥，还因为"社会关系复杂"而被调到内蒙古去了，临行又来吵一架，指着她的鼻子喊叫："过去既没吃着你，也没穿着你，没借你一点光，连溥仪什么模样也不知道；我们祖辈住在长春，生活习惯了，这回调到包头去真是借了你的光啦！"她二哥曾参加兴建长春地质宫工程，有人说风凉话："这不是你们亲戚的房子吗？"二哥不爱听，与那人吵起来，结果竟被扣上"对盖地质宫有意见"的帽子给辞退了。她大哥也吃了"皇亲"的苦头，失掉工作十几年，"四人帮"

溥仪在战犯管理所的战犯伙食标准，溥仪吃小灶垮台后才恢复工作。

李玉琴感到，摆在她面前的最突出的问题，并不是溥仪的获释或者说夫妻团圆，而是要迅速走出失业的阴影。她回忆当时的心情说：

在我周围有许多年龄相仿的青年人，男的女的，唱着跳着，在各行各业朝气蓬勃地工作，我是多么羡慕啊！我也是青年人，却没有属于自己的岗位。难道就因为曾经是"皇娘"？然而"御妹"、"御弟"不是都参加工作了吗？"皇叔"不是当上了人民代表了吗？为什么我这个"皇娘"就没有找个职业的资格？我也拥护共产党，热爱新中国啊！为什么总是不信任我？总不能让我一辈子捧妈妈或哥哥的饭碗吧？

一九五六年初夏，李玉琴用毛笔在一张大白纸上写了篇"告示"，或云"求援书"、"要求工作申请书"。写好后又犹豫了：该往哪儿贴呢？贴在区政府门口，嫌离家太近，真怕给妈妈或哥哥招惹麻烦；贴到市政府大墙上去？那儿正是闹市区，会不会带来不好的影响？李玉琴决定先与区劳动科的同志谈一谈，往日她常找他们调配临时工，逐渐熟悉了，从科长郭铁到科员都很同情她。李玉琴讲了想贴告示的事儿，并表示只要分配工作，上北大荒也行。郭铁科长耐心地说服她，劝她不要贴告示，可以先调配一次临时工作，同时等待合适的固定安排。

李玉琴接受了郭科长的建议，又当上了某高等学校托儿所的临时保育员。她喜欢那些天真、纯洁的孩子，在孩子们中间能够忘掉一切烦恼，教他们唱歌，给他们讲故事，和他们一起玩捉迷藏。有一次，郭科长问李玉琴喜欢什么样的工作。她回答说，如果能转正，永远和孩子们在一起也愿意！郭科长笑了，她好半天还在琢磨这笑的含义。

李玉琴和小朋友们一起度过了一个美好的节日——一九五六年"六一"国际儿童节。眼前活蹦乱跳的孩子们勾起了她无尽无休的遐想，想起了悲惨的童年，想起了宫中孤儿的遭遇，想起了缘缘和荔荔，她无法排抑从心底升起的一股奇特的感情，于是利用十多个晚上给溥仪写了封三千字的长信，从历史到现实,从身世到理想,诸多感触通过笔端注入信中。

亲爱的溥仪:

看你回来之后一直在忙。时间总是不够用;加上筹备国际"六一"儿童节。行政上给了一笔钱,买了许多糖果、点心,好为节日联欢会招待小朋友。"六一"前夕更忙,托儿所全体同志各有各的任务……

回想起来,我的童年时代太苦了……勉强念几天书,还交不起学费。没有学费,学校就要开除回家。跟妈妈哭,妈妈说:"以后下学缝袜子吧,挣钱交学费和买学习用品。不然,爸爸是没钱供你们念书的。"……

我再不能细说旧社会孩子们的痛苦了,说起来令人伤心,真和连环画《三毛流浪记》中所说的"人不如狗"一样。旧社会里,大官僚和资本家养的狗,都是喂牛羊肉、大米白面,还有专人饲养……

不但社会对儿童这样,在家里孩子们也是很苦的,有病了,爸爸没钱买药,说:"快死了吧!活着给我添累赘,死了免得受罪。"女孩子长大了也是吃闲饭,不能劳动挣钱养家,所以也不喜欢女孩子念书。

……

我写这一堆东西,什么都有。你从这里可以知道我这一个时期都做了些什么和生活情况。再有,每天还在学习,经过两次考试,我都得了五分……可是,就不能有时间多给你写信。我上次千里迢迢去看你,你说:"几千句几万句也说不完,说两句就行了!"所以,信写不写是没关系的。同时再去看你也是遥遥无期了。一来我没有时间……再说路费虽少,却也没处弄去;都行了,千里迢迢去了,待不一会儿又得往回走。所以现在我特别着急,着急的是什么,你也许知道。同时我在工作中,或遇见为难事,想起你来,会有什么样的变化?对工作有什么作用?你体会吧,不用我说了。

……

你近来身体好吧?精神愉快吧?近来学习情况如何?学习什么东西呢?参加体育活动没有?下次我买点儿童连环画给你寄去,非常好,对你是很有帮助的。希望你努力学习,争取早日……祝你

前进,再前进!

玉琴1956年6月15日

李玉琴写了这么长的信,当然不能只看作是信笔写来。可以说,溥仪当时还并不了解这长信的真谛。信中不但仍有亲切的称呼,也有许多表示关心的词句,这已经够溥仪陶醉和玩味的了。但李玉琴在信中透露出的去抚顺探亲的畏难情绪、"特别着急"的心情,让溥仪自己"体会"的"变化"等,这些至关重要的东西,显然都被收信人忽略了。

溥仪后来回忆这封信的内容时,才明白从彼时起,两个人中间的感情裂痕不但已经发生而且"越来越不能调和"了。他写道:

如果我当时能把这信仔细研究一下就可以明白,是不是真如她所说的"不能有时间多写信"了。显然,那个曾受过鬼子、官太太、洋狗和采买用人欺负过的孩子,已经懂得了更多的事情。显然,她也想起了长春"帝宫"中那些孤儿的遭遇。显然,今天儿童的生活使她想起了自己的童年和长春同德殿内外的噩梦。这些回忆所激起的感情,是和信开头的称呼不调和的。她说这封信是分作多次才写成的,究竟是没有时间,还是由于那越来越不能调和的感情?这也是明显的。但我当时对这些都没懂得,特别是没有懂得:既然已经没有了值得回忆的我们共同的过去,那又有什么值得向往的共同未来?

六 当上了图书管理员

李玉琴的工作问题恰恰是在这个时候解决的。起初,是区劳动科郭科长建议她找区长谈一谈,但区长太忙,找了许多次都没有碰上机会,她决心在区政府坐等,终于见到区长,好像遇上了青天大老爷,一股脑地把坎坷历史、失业以及寻找工作的苦恼全倒了出来。区长是位四十多岁的中年男子,处事很果断,他边听边记,然后点点头说:"你的情况太特殊了!我要向市里汇报，还要向统战部汇报。别着急，回去等一等，工作问题肯定是可以解决的。"区长的话给了李玉琴很大的安慰，那天，也成了她个人历史上最高兴的一天。不久，好消息真来了。李玉坤回忆说：

记得是在一九五六年我国工资改革前的两三个月，有一天我所在的单位——歌舞团领导通知我到文化局杨铸新局长家去一趟。那天是星期日，杨局长和爱人正包饺子呢，见我去了就告诉说："要给你姐姐安排一个工作，先通知你，请她有个思想准备，我还要跟她面谈。"这事也突然，也不突然。前不久，杨局长就跟我谈过一次关于姐姐的历史、处境等问题，后来知道，中央和地方统战部门的领导已在考虑姐姐的工作安排问题了。当时我还不信实，问杨局长给姐姐安排临时工作还是长期工作。杨局长笑笑说："当然是长期工作啦！"

李玉坤十分高兴地回家转告了姐姐，并说："杨局长找你一定是征求对安排工作的意见，你要想好，千万别像上回似的。"原来，有一次妹妹听说市歌舞剧院招人，那时歌舞团和话剧团是一家，就让姐姐去试试，并陪同她去见话剧团负责人王兆一。他见李玉琴相貌、体型都过得去，便问她想当演员呢，还是愿做化妆、灯光或舞台美术等后台工作。她竟不假思索地冲口说道："我愿当小学教师或托儿所保育员！"真是所答非所问。人家一定认为她并不喜欢文艺工作，既如此又何必到剧院来？没法答复她，这事便吹了。现在李玉琴想起这件傻事还脸红呢！如果那时真当上演员，演技如何莫论，来看她演戏的人一定不会少。

杨局长是一位在群众中很有威信的领导干部，他亲自给来到办公室的李玉琴泡了一杯茶，爽快地对她说："你的情况已经知道了，现在商量你的工作安排问题，一是博物馆，一是图书馆。这两个去处对你来说都合适，今天想听听你本人的意见。"

"我愿意到图书馆工作！"李玉琴当即作出果断的答复。因为她对书本有浓厚兴趣，每次经过书店门口总要进去浏览一圈儿，只是口袋里没有钱，不能买。能在图书馆工作就好了，看书多方便！博物馆她不想去，因为博物馆的一部分就设置在同德殿内，到了那里会勾起许多痛苦的回忆，直到现在还有人揪那段历史的辫子，她又何必去讨麻烦？

杨局长见她态度明朗，也就不再多问。两人又聊了一会儿宫中生活，杨局长说："你那时还是孩子嘛，有什么罪呢！"谈话将结束时，杨局长通知李玉琴第二天上午到局里人事科报到。她觉得很新鲜，过去多少次调配临时工作都是到劳动科接洽，这回冒出个人事科来。原来从此成为国家干部了！一个只想到北大荒当工人的女子，忽然间当上了干部，其中的谜还是后来省市领导接见李玉琴的时候说破的。李玉琴回忆说：

> 吉林省委书记吴德同志告诉我：天津刚解放时他在那里担任领导工作，听说我在天津，就曾寻找过，想让我出来工作，在统战方面起点作用，可是没找到。原来溥修申报户口时给我填的名字叫溥维清，有谁能知道这溥维清就是李玉琴呢！再说也怨我自己不懂政策，根本不知道可以通过统战部门解决问题，最终我的工作还是那位区长向市委统战部汇报后才得以安排。

应该提及的是，李玉琴成为长春市图书馆干部是一九五六年八月间的事儿。此前仅半个多月，我国政府在沈阳和太原同时开庭，审判侵华日本战犯，溥仪出席沈阳军事法庭做证，提供了有力的证词，令原"满洲国""国务院总务厅"长官武部六藏和总务厅次长古海忠之低头认罪了。

第二天一大早，李玉琴十分高兴地来到市人委大楼，转了半天终于找到文化局人事科。热情接待她的科长告诉她说，工作已经安排好了，图书馆刘馆长将亲自来接她。不大一会儿刘馆长就到了，这位机灵能干的领导，很客气地把她带到位于宽城区的市图书馆。随即她被分配到参考部，参与整理"满洲国"留下的大批日文参考资料，那些大部头精装书籍，在书库里堆放了多年，蒙上了一层厚厚的尘土，现在将通过他们的劳动编目上架，以备研究人员和广大读者查阅。虽然劳动量很大，而且有一半属于体力劳动，但这位"皇娘"

李玉琴成为长春市图书馆馆员

还是非常高兴,她终于能为社会做点事情了。

在工作中,李玉琴发现自己连普通常识都不懂,无知到了可笑的程度。什么号码机、曲别针、公章的用法都不会,一些政治术语、业务名词也不懂,好心的同志对她说:"看把你关得啥也不知道了!"她也忐忑不安,怕因为工作做不好或因为历史问题而被解雇。刘馆长找她谈话,说她已是国家干部,可以安心工作一辈子,她这才放心。

李玉琴情绪变得很好,继续和丈夫通信。溥仪有时还开列书单子让妻子买。一九五六年国庆节过后,李玉琴给溥仪写的一封信保存了下来,信中很大篇幅是讲长春国庆节盛况，讲在"向科学进军"活动中图书馆发挥的重要作用。以下摘引的段落则表达了李玉琴参加工作的喜悦心情，那种积极向上的精神足令收信人想见她是多么热爱自己的岗位。

亲爱的溥仪：

我早就想给你写信，可是你要的书始终没买到。我们馆里有采买书的人，我托他给你买，可是始终没有买到。只有一种《政治经济学讲座》，结果，我自己去了一趟，也是没有你要的那种。有苏联科学院经济研究所编的《政治经济学教科书》，是人民出版社出版，可是没有上册，有下册，我不知你用这样的行不行。来信说明，再给你买……

下面再谈我的生活情况。我感谢政府给我分配一个光荣的图书馆员工作。每月除掉房费、灯火费、工会会费、互助费、澡票费，还能剩四十六元多钱。所以我除给妈妈九元钱外，还能还一点债。再除下生活费，还有做衣服的钱。吃的也不坏，我的生活是很好的。每礼拜一回家看望母亲。倒是因为学习紧张，时间总是很紧凑的。我的身体也很好，这一切你都不用惦念，有病也有公费医疗。

希望把你的情况告诉我。天冷了，如缺什么东西，我可以给你买。我是时刻希望你学习，争取进步再进步，早日参加祖国建设。十二月份过年放假时，我如有条件会去看你的。即此祝你进步！身体健康！

玉琴 1956 年 10 月 8 日

然而，李玉琴写这封信的时候，她的内心也正经历着激烈的斗争。一些关心她的同事，劝她与溥仪划清界限，脱离关系，有人说："你这么年轻，为什么不走自己的路？还想等皇帝老头回来受封吗？还贪图享乐吗？"还有的说："'康德'是头号战犯，绝不会轻易放出来，如不跟他划清界限，还有失业的危险，这叫立场问题呀！"也有当面不说，却专在背后讲的人，说什么"她呀，还铁等'康德'呢！在宫里待了两年半，把自己的苦出身全忘干净了"，"留恋娘娘生活，政治觉悟太低"……

这些人前人后的舆论使李玉琴想起在通化部队待过的那些日子，周围的干部也这样劝导她，连何长工司令员也劝过她，她实在找不出反驳的理由。如果说前些年还年轻无知，不谙世事，那么，正式参加工作以后，通过理论和业务学习，头脑应该清醒了。既然溥仪是要受到审判的战犯，怎样对待他就不仅是夫妻之间的情感问题，确实还有政治立场问题。

　　进入一九五六年十二月以后，馆内开展每年一度的评选先进工作者活动，虽然李玉琴来馆时间不长，但能虚心学习，努力工作，逐渐受到好评，获得参考部的一致推选。不料刚拿到馆里就被退了回来，因为"评上'皇娘'怕不太合适"。她对当不当"先进"并不看重，却对工作岗位看得很重，担心有一天会像临时工那样被辞退，因为也可以提出这样的理由："让'皇娘'管理图书怕不大合适吧？"真出这种事可就活不下去了。

　　真是祸不单行，此前不久还有位记者潘际坰专程来长春采访李玉琴，他写的报道迅速引起许多人的注意，全国各地的信件和钱款纷至沓来，李玉琴见着来信就顺手拆看，结果引起一位女同事的不满，把"小报告"打上去了。赶巧有一天看画报，见到一幅周总理在革命年代剃光头骑大马的照片，李玉琴不假思索顺嘴说了一句："看，周总理还是光头呢！"不料，这成为一根导火线，馆里开会批判起她来了。那位女同事说她"炫耀自己当娘娘的丑恶历史，是封建思想作怪，看不起无产阶级领袖"。这可把李玉琴批糊涂了，她曾见过许多党的高级干部，他们是那么亲切又平易近人，自己尊敬他们，感谢他们，怎么会看不起他们呢？说来说去还是因为她有一个见不得人的、被关押着的丈夫！从理智上来说，无论如何是应当结束这种"可耻"的婚姻关系了。

七　第四次探监——提出离婚

　　李玉琴决定正式向丈夫提出这个回避不了的离婚问题，便在一九五六年十二月二十五日动身，第四次前往抚顺。正是滴水成冰的时节，她坐了十来个小时的火车也没吃点东西，下车后先到站前小饭店里买点饭，又花一角钱买了一两酒，借以驱寒。她见旁边有个老头也在吃饭，忽然觉得难为情起来，一个梳两条大辫子的年轻女人坐在陌生人中间喝白酒，像什么样子！老头却主动搭讪说："姑娘，你穿得太少，喝几口酒暖和暖和身子吧！"一句话又勾起她的伤心事，大冷天出远门，她连件棉大衣也没有，棉袄、棉裤又旧又薄，难御风寒，冻得她直打哆嗦，多难呀！她一扬脖喝下两口六十度老白干酒，对老头说："大爷！我本不会喝酒，您老不嫌弃就喝了吧！"

"姑娘要上哪儿去呢？"老头接过酒很高兴地顺进肚里。

"上'战管所'！"

"哦，在那边。"老头用手一指，似乎知道她要去看什么人，便不再细问，只是说："多吃点饭，喝点热汤，还要走远路呢，省得冷。"

李玉琴并不情愿走进那高大的院墙，也不情愿上战犯堆里去找丈夫，却只好如此。她照例坐在那间由讯问室改设的家属会见室，照例从那个熟悉的长条沙发上站起来迎接溥仪，而且脸上还浮着照例的微笑。

"今天，咱们郑重其事地研究一下生活上的事吧！"李玉琴说。溥仪怔住了，眼神里流露出奇怪的目光，稍后才恍然大悟地"嗯"了一声。

"我想，还是敞开胸怀谈一谈好，反正早晚要说。"李玉琴不忍心直接说出"咱们分手吧"这句话。

"有什么话你就说吧！"溥仪又做出一个怪样，那是原在宫里常比画而只有他们两人明白的样子，这一让人难忘旧情的动作再度搅碎了妻子的心！丈夫啊，你希望妻子一次一次地到抚顺来，你却不知道妻子在外边的日子多难过，她也不可能把一切都告诉你，这憋在心里的滋味不好受哇！

"到底判了多少年？你什么时候能出狱？"李玉琴又提出了这个明知丈夫回答不了的问题。

"没宣判，没日期，一切都不知道！"溥仪确实对出狱问题毫无信心，因为他是头号战犯，即使能放出来，恐怕也是全所的最后一名。

"那怎么办呀，我在外边被人家看不起，更不敢说你是我的丈夫。"

"我有罪，对不起你！"

这句话李玉琴听够了，已经厌烦了，等待丈夫这么多年，千辛万苦来一趟难道就为听这样一句话？

211

"我来一趟不容易，待一会儿就得回去了，你在这里也挺好的，不愁吃，不愁穿，不愁工作，有没有我都一样，我看还不如解除这种有名无实的夫妻关系，也免得别人说我'舍不得康德'，'还想当娘娘'。再说咱俩年龄相差悬殊，兴趣很难一致，我喜欢的你不一定喜欢，你喜欢的我也不一定喜欢。勉强在一起对谁都没有好处……"

溥仪在抚顺战犯管理所期间参观电磁厂

"不！不！我们感情不是很好吗？你说的那些，我并不那样想，为什么兴趣不能一致呢？"

"你对我现在虽然很不错,但总是待在监狱里……"两人心平气和地谈着，谁也没逼迫谁怎样，李玉琴难过得流泪，溥仪也低下了头。

"我想来想去还是离了的好……"说这话时，李玉琴的眼泪早已止不住了，他们毕竟夫妻一回，此时此刻的难堪可以想见。在这个意外发生的僵局中，管教员李福生当机立断，让溥仪先回到狱室去，他想再与李玉琴谈谈。

李福生回忆说：

> 我反复做她的工作，劝她最好不要离婚。我说："现在溥仪已有很大进步，如果你提出离婚，对他的改造是不利的。"但李玉琴认为，她与溥仪"没有真正的夫妻感情"，她是在不得已的情况下被迫与溥仪结婚的。她说："我要过正常人的生活，与溥仪必须离婚。"她的态度很坚决，怎么劝说也听不进去。

管理所的干部也纷纷加入谈话。有人说，溥仪的改造事关重大，希望李玉琴继续帮助他；还有的引用溥仪说过的话，诸如把妻子作为"惟一的安慰者"，"要努力改造，将来与妻子重建幸福家庭"等，请李玉琴关心他。然而，"改造"一类字眼恰恰是李玉琴当时最不爱听的，因为这意味着溥仪过去确实是坏人，多年血泪却换得这么一个坏丈夫，让她从思想感情上接受不了！

"溥仪将来会出去工作的。"

"几时能出去？你们到底什么时候处理溥仪的问题？"

"这是政府的问题！我们只是管理，无权处理。"

"既然无期限，我坚决离婚！"

按李玉琴的看法，溥仪三五年不会释放，因为他是"头号战犯"，回国关

溥仪在抚顺战犯管理所接待来访

押仅五六年，连很普通的历史反革命犯也要判十年、二十年，轮到末代皇帝头上哪会有"特赦"一说？而且，即使妻子肯为丈夫牺牲一辈子，又能换回什么？还不是歧视、失业、忧愁、痛苦！

"告诉你们，我已经有朋友了！溥仪出来再当大官，我也不稀罕。因为我本来就是穷人，不愿意高攀！"李玉琴竟放肆地胡说起来。

"你怎么这样难说话？简直比溥仪还难说话！"他们也生气了。

"难说话就难说话，反正我要离婚！"李玉琴与管理所的干部没有谈拢。若干年后，她这样回忆了当时的内心活动：

> 如果管理所干部能够实事求是地向我保证：等待溥仪期间政治上不会再受到歧视，而且这对国家是有好处的，也可以说服我。然而他们只讲空道理，只要求我这样、那样，我不明白：他们怎么和通化部队的同志说法不一样呢？在通化时，部队同志一再劝我和溥仪离婚，我不爱听；今天我觉悟了，明白保持这种关系是可耻的，是一切灾难的根源，于是提出离婚，可这些人又不同意了。更奇怪的是，他们忽然又提到"溥仪还有东西"。我真生气了，属于我的一点点东西也早被没收了，留给我的只是名义上的"娘娘"和痛苦。我当了多年的"无业游民"，靠借债上抚顺来看溥仪，你们怎不拿溥仪的东西帮助我？老实说，按婚姻法规定，我提出离婚也是有权分割溥仪的"东西"的，可我不想提这些，给不给我东西都不在乎。这时，我已经懂了，因为他们是做溥仪改造工作的，当然替他想得多，替我想得就少些，我有困难他们不管。既然不能回答溥仪什么时候出来，还叫我等什么？遗憾的是，限于我当时的政治水平和觉悟，还无法理解他们的改造工作的艰巨性。把一个皇帝改造成为普通公民实在不是一件容易的事情，不但本人要经过痛苦磨炼，党的管教干部也花了大量心血。如果我理解这些，也不至于瞎说一阵故意气他们了。

尽管管理所干部们不能阻止李玉琴提出离婚，但这一突如其来的打击倒也不曾击倒溥仪，这位几经沧桑的末代皇帝的思想认识，确实是今非昔比了。

他已经懂得：在这样的时候，要摆脱开为自身利益的考虑，多为他人着想。

据毓嶦讲，当时溥仪曾把战犯管理所内的亲属召集在一起，当然不是讨论"废立"的"御前会议"，更谈不上把"福贵人"如何处置，像文绣离婚后还发一道"上谕"、"贬为庶人"那样，而是一次诚恳的家庭会。大家的意见趋于一致：第一，在同德殿的年代里，溥仪确有很多对不起李玉琴的地方，给她留下了心灵上的伤痕；第二，两人年龄悬殊，感情和兴趣很难一致，李玉琴得不到应有的安慰；第三，溥仪目前被管制，获释无期。最后溥仪表示，不能耽误她的幸福，应该允许人家重新安排生活。

接着，溥仪便找到李玉琴，向她表明自己的态度："既然如此，这是勉强不了你的，我也不能把自己的幸福建立在你的痛苦上。我希望离婚之后，我们还是朋友，好像兄妹一样……"

"那是一定的，我们还是朋友，以后感情也不坏。"这是李玉琴流着眼泪的答复。

"玉琴，难道只能如此？你是我的寄托和希望啊！你就看不出来我是怎样不愿意离开你吗？"溥仪的神情是痛苦的。

"你现在对我好，谁知以后会怎样？你是皇帝脾气，和一般男人不同啊！"李玉琴故意说话气人，因为她不愿意看到溥仪苦苦恋于自己。没想到溥仪真改脾气了，对特赦后结婚的妻子事事顺从，成为模范丈夫。

尽管会见时间一再延长，还是不见转机，李玉琴咬牙说些狠心的话，可内心却不容易恨起来，也很难与溥仪一刀两断，事情就这么矛盾着。

八 第五次探监——破例同居

按照革命人道主义精神和对战犯改造的原则，抚顺战犯管理所的领导，为挽回溥仪的婚姻巨变，继续做了大量的努力。孙明斋所长听完李福生的汇报非常着急，把溥仪叫到办公室问道："是不是就不可挽救？"

"她很坚决。"溥仪回答说，"我想我比她也是太老了，她不幸福……"

"你的态度是很好的……且看看她是不是还有信来吧！"所长仍然抱着希

望。关于这以后的情况,溥仪自己有如下一段回忆:

> 过了几天,竟真的又收到了她的来信。因为这次离婚始终是两人和蔼协商的结果,并未发生彼此感情的破裂。因此,她回家以后又给我寄信,寄东西,安慰我。来信说还惦念我,又说她的母亲、姐姐和她连新年也没有过好,都难过得流了泪。又说,如果我能够早日出去的话,她还可以等待一个时期等等。我的这颗心又被弄得动荡不安起来了。所长又找我谈话,给我出主意说:"让她来,再谈谈,好不好?"于是我又给她发了一封信,她接到信很快就来了。当时正在春节放假期间,按规定是不能接见的,可组织上特别许可在假日内会见,为了照顾我们,还告诉说有话可以尽量谈,谈几天都可以,并破格允许她和我住在一起。尽管政府这样为我们的终身幸福着想,但商谈结果还不得不尊重她的意志,我们双方决定离婚。

溥仪和李玉琴在抚顺战犯管理所内同居了一宿,这是新中国监狱史上的一件大事,据当时担任管教科科长的金源回忆,管教科的同志再度与李玉琴深谈,仍无结果。经所内几位领导研究,都认为这不单是私生活问题,还关系到溥仪的继续改造,因为溥仪特别想念她,他只有这惟一的妻子了。于是,他们径直向中央公安部一局请示。时间不长,公安部一局局长凌云同志传达了罗瑞卿部长的答复:宁可破例让溥仪同李玉琴在所内同房,恢复他们之间的感情,也不要轻易地允许离婚,要尽量做好李玉琴的工作。当金源把这一指示向李福生传达时,令其大为惊讶,允许在押国内战犯与探亲家属同居,这可是从无先例啊!管教科几位干部马上动作,在管理所主楼后面管教人员办公室一侧的平房内清理出一个房间,打扫干净,安设了双人床和全套被褥。与此同时,又派人在厨房为他们准备了一顿不错的晚餐。

自大栗子沟分别十一年了,溥仪和李玉琴终于又有了同桌共餐的机会,继而是同床共眠。当留宿房间内只剩下两人的时候,除了心平气和地继续白

已恢复原状的溥仪与李玉琴同居室

天的讨论外,自然也有夫妻的温存。因为他们中间并不曾出现感情骤然破裂的那种情况,所以能够友好地相处到最后。

"保留这种有名无实的夫妻关系,对你有什么好处?对我却有种种危害,那又何必呢!再说你有病,我们在一起也不过像兄妹或朋友那样,将来还不是孤苦伶仃剩下我一人,叫我怎么过?"李玉琴坦诚而言。

"实际上你就是我的一个妹妹,我是对不起你的,让你等了这么多年,受了那么多苦。"溥仪深深地自责,之后又满怀依恋地问道,"离婚后你还能来看我吗?"

"存在关系我们是朋友相处,不存在关系我们还是可以朋友相处的。我会继续关心你的改造,你改造好了,我也高兴。"

溥仪不住地流泪,李玉琴更是呜呜咽咽地哭,两人深深感到那种非感情原因离婚的痛苦。

李玉琴最后一次去抚顺，本来是为了办理离婚手续，内心是痛苦的。加之与管理所争执得很厉害，心情更不好。不料又突然冒出一个在监狱内与正商谈离婚的丈夫同居的机会，她毫无准备，一颗心全被搅碎了。她回忆说，那天晚上她哭得泪人一般，几乎晕了过去，虽然不乏缠绵，过后却只记得丈夫为自己脱衣、系鞋带等笨拙的爱抚动作，别的都不记得了。她又说，溥仪过去信奉"神仙眷属"的生活，不能不说是一种病态，然而，如果他生在普通人家，有正常的夫妻生活，是一定会留下儿女的。

　　第二天早上，李玉琴又气又羞，有一种难以名状的被侮辱感。她认为自己提出离婚并不仅仅是为了夫妻生活的满足，她说过，一个长年吃素的人也就讨厌肉了，一个多年不接触男人的女人也能习惯的，如果没有政治压力他们就不可能离婚。刚度过这个永远忘不了的早晨，她便决定离开这里，这天是一九五七年二月四日，旧历正月初五。

　　"还有什么困难、要求？提吧。"分别时溥仪主动说。

　　"不！你的东西我一样也不要。只是到抚顺来，欠了点债，以后你有条件时就帮我还上吧。"李玉琴说完，头也不回地走了。

　　李玉琴刚走，管教科科长金源便过来问溥仪昨晚谈得怎样。溥仪哭丧着脸说道，谈了一宿，李玉琴也哭了一宿，不管怎么说还是要离婚。

　　离开管理所，李玉琴没有像往常那样直奔火车站，而是穿越街区，来到抚顺市河北区人民法院门口，并迈动沉重的双腿走了进去。在第一合议庭办公室内，她受到院长李国章的接待。

　　"你的姓名？"

　　"李玉琴。"

　　"还有字、号或别名吗？"

　　"有个别名溥维清，是一九四六年在天津居住时使用的。"

　　"年龄？"

　　"二十八岁。"

　　"职业？"

　　"长春市图书馆馆员。"

"谈谈案由吧！"

"我要与溥仪离婚。"

"溥仪？……"李国章听到这个熟悉的名字，不禁睁大了惊异的眼睛，并抬头细看眼前这位容貌清秀、穿着朴素、举止大方的年轻妇女。

"是的，爱新觉罗·溥仪！"李玉琴语气肯定。

"谈谈被告的身份！"李国章神态庄重地提出了要求。

"他五十一岁，满族，皇族出身，曾任"满洲国"皇帝，文化程度私塾十年，语文程度大学，数学不会。现在战犯管理所改造。"李玉琴回答。

"你们何时结婚？"

"一九四三年五月。"

"谈谈结婚经过。"

李玉琴回忆说，接待她的审判员严肃而有礼貌，庄重不失热情，使她油然生出信任之感，遂把身世、遭遇、委屈一吐为快。

"你为什么在过去很长时期里没有提出离婚呢？"审判员又问。

"过去我被封建礼教捆绑得喘不过气来，思想不解放。我与溥仪不能生活在一起，年龄相差很大，结合又不是出于我的自愿，为了参加祖国建设和个人幸福，我要离婚！"她又说，"我因有这样一个丈夫而受到许多不公正的对待，然而溥仪以及他们家族内有钱有地位的人却不关心我，连战犯管理所也认为我不该离婚，难道我就该为他牺牲一辈子？"

李玉琴说完就哭了，哭得很伤心。审判员李国章显然也有点激动，他感到案情不同寻常，同时对这位敢于挣脱封建婚姻枷锁、向"皇帝"提出离婚的女性十分钦佩。听说李玉琴还要赶火车，也不挽留，只让她尽快写出正式诉状寄来。她不愿这起"皇帝"的离婚案引动社会上的轩然大波，临走还向审判员建议说："我最后有个要求，这个案子最好不要公开审理。"李国章随即向法院审判委员会汇报了李玉琴起诉的经过详情。

九　判决离婚

一九五七年三月十六日，抚顺市河北区人民法院收到了李玉琴寄自长春的正式诉状，内容如下：

一九四三年五月，我在伪新京市南关女子国民优级学校念书时，有一天，日本校长和日本教师，还有一个关东军的日本中将叫吉冈的，把我送到"宫内府"，说是叫我到那里念书。当时我未满十五岁，我以为自己家里很穷，念书总交不起学费，所以听说到"宫内府"念书不花学费，就随他们去了，谁想到就这样被骗和"康德皇帝"溥仪结婚了！

一九四五年八月，溥仪走了，不知去向。由于封建意识的影响，那时我觉得女子再嫁是可耻的，所以在一九四六年六月就到天津溥仪族兄溥某家去了。一九五一年，我又随他们搬到北京。到北京后，当地公安派出所和妇联同志以及一些思想进步的人时常找我谈话，讲革命道理，帮助我进步，再加上我自己走出大门与新生事物接触，使我逐渐地认识到：今天的国家与旧社会确实不同了，新社会的妇女完全可以不依赖别人，而靠自己劳动创造独立地生活，这是最光荣的事。于是我开始找工作，终于在一九五二年九月参加了革命工作，在北京皇城根夜校任教，以后因身体不好，于一九五三年二月回到长春和久别的母亲等家人团聚了。

回家后，在母亲关怀下我休养了半年多，身体基本恢复健康。一九五六年八月在党和政府的关怀、帮助以及群众的支持下，我被分配到长春市图书馆工作。

从在北京接触新事物起到现在，我渐渐地认识到自己这十几年遭到的一切不幸的根源所在。如果没有党领导着全国人民进行伟大的革命和取得胜利，我这一生就要在被污辱、被损害下白白地牺牲了！现在我站起来了！回想过去，瞻望将来，我再也不能与溥仪维持那种所谓的"夫妇"关系了。第一，当时和溥仪"结婚"不是出于我自愿，在敌伪统治下，别说我是穷人家的孩子，任何人都很难抗拒。第二，我和溥仪分离了十一年之多，过去相互间也无真正的感情，再说既是夫妻又总分离着。第三，溥仪比我大二十二岁，年龄相差太大，生活习惯不一样，也就不容易好。我坚决与溥仪脱离夫妇关系，请求人民法院依法审处。

一九五七年四月五日，抚顺市河北区人民法院经请示抚顺市中级人民法院后，决定由审判员王殿贵，人民陪审员金殿富、张有为组成合议庭，依法按照普通婚姻案件进行审理。

四月二十九日，审判员王殿贵一行三人来到抚顺战犯管理所。说明案情后，该所白科长和李福生等同志介绍了溥仪接受改造、思想转变的情况。王殿贵听后心中激动万分，将皇帝改造成新人，只有在共产党领导下的社会主义新中国才能办到，他又担心地问："离婚对溥仪改造有无影响？"

"影响肯定是有的……"李福生滔滔不绝地讲述了自两人通信以来溥仪对李玉琴的依恋之情，以及他在惟一的妻子身上所寄托的希望，也讲述了妻子提出离婚后溥仪的沮丧心境和公安部领导的有关指示。管教科白科长插嘴说："不要轻易离婚不是不准离婚，我们对双方做了许多工作，但李玉琴态度坚决——人家有理，合法嘛。我们相信溥仪能够正确对待这个问题，他也应该考虑李玉琴的幸福嘛。他们签了个'离婚字据'，你们看到没有？"

"看到了，是李玉琴提供的，已经在卷。"王殿贵如释重负。

经与抚顺战犯管理所研究该案审理问题，由于溥仪当时是未决犯，法院不能对他实体传讯。于是王殿贵将案件受理通知书和起诉状副本通过该所送达溥仪。溥仪收到李玉琴的起诉状副本后，立即写出了答辩材料，这份材料由抚顺战犯管理所于五月四日交到法院合议庭，现已成为珍贵的"文物级"历史档案了。溥仪写道：

一九四二年，我的爱人谭玉龄故去以后，日本帝国主义分子吉冈安直（日本关东军参谋），多次给我拿来很多女人的相片（起初是日本妇女的相片，后来又拿女子中学的中国女人的相片），又带一个小学教员见过我，我没有答应。我表示希望和一个年纪小的（小学生也可以）女人结婚。后来吉冈安直便拿来很多很多的中国人（在小学念书的）的相片，我挑选了李玉琴。随后，吉冈安直便把她带来见我。吉冈走后，我曾表示愿意和她同居，问她的意见，当时李玉琴便答应了。当然，在日伪暴力统治下，才十五岁的李玉琴是不敢否认和违抗的。于是就决定了我和她的结婚（当时我还有原妻郭布罗·婉容）。这说明我们结婚的基础是根本不巩固的……

我返回祖国以后，经过党和政府的改造教育，已根本认识了过去的罪恶和反动阶级的本质。在家庭方面也认识到，过去我对她哪一个方面都对不起，我过去那专制和腐败透顶的思想作风对天真烂漫的她是有百害而无一利的。从我过去自私自利的封建统治阶级奴役人、统治人的思想来说，完全谈不到对人的同情，对家属也毫不例外。现在我深深地认识了这点，同时我也开始认识到什么是人情——人对人的关系，也才体会到夫妻感情的可贵，认识到男女应当平等，夫妻更应当互助互爱，从而也就愈使我衷心感到过去对她种种的对不起。既然她已提出离婚的理由和要求，我绝不能把自己的幸福建立在别人的痛苦的基础上，当我想到她将来的美满家庭生活并从而使她更安心和愉快，努力为祖国工作，我是十分满意的。因此，我肯定地说：完全同意李玉琴提出离婚的要求。

对于这起既涉及妇女合法权益又关系到溥仪思想改造的有重大影响的案件，法院合议庭极为慎重，审判长又亲往战犯管理所征求溥仪的最后意见。据李福生回忆，溥仪当时的态度非常冷静，他说："我是不愿意离婚的，然而我已经五十岁了，而她才二十八岁，既然她提出要离婚，我也不能再从自己方面着想了，为了她的幸福，我同意离婚。请法院按法律程序办理。"与此同时，法院的同志又写信向李玉琴征询意见，希望原告能在最后时刻接受调解，维持与被告的夫妻关系，终因原告态度坚决，离婚的理由又充分而合法，未能实现双方和好。

一九五七年五月二十日，经合议庭和法院审判委员会讨论，依据一九五〇年颁布的《婚姻法》第十七条裁定，准许原告李玉琴与被告溥仪离婚。自一九四三年五月册封以来，两人的婚姻关系整整存在了十四年。

合议庭还接受李玉琴的建议，对这起离婚案自始至终采取不公开审理的方式，使之鲜为人知，弱化了对溥仪的心理影响。尽管如此，在相当长的时间里，溥仪情绪低沉，悲观，常常想起过去的几次婚姻。管教干部看在眼里，又施以耐心教育，有意识地让他参加集体劳动和各种文娱活动，使他的思想情绪逐渐恢复正常。溥仪后来回顾这段往事时写道：

向溥仪告知"李玉琴已经提出离婚之诉"的《法院通知书》手写原件

> 我也明白了，这是不能挽回的事。不但我没有这个力量，热心肠的所长和慈爱的母亲（指李玉琴的妈妈）也都没有办法。她有了完全属于她自己的意志，她真变了。这是我当时惟一想到的结论。

当时，抚顺战犯管理所的所长还曾语重心长地对溥仪说道："一切都在变，你也在变，不把自己的幸福建立在别人的牺牲上，这是对的！"

李玉琴在五月底或六月初接到了由长春市宽城区法院转送的离婚判决书，她回忆当时的心情说：

> 不知怎么，我一下子又想起了一九四三年那件"册封"的文书，也想到了一九四六年那个逼出来的"离婚声明"。这些围绕我和溥仪的婚姻纠葛的文书真让人揪心！我背着人流泪，感叹自己命苦！我还是惦念溥仪，高墙里的他再没有一个真正的亲人啦！妈妈最了解我，知道我仍在感情上留恋溥仪，而且老人家从旧思想出发，愿意看见我和溥仪团圆。但是她也知道对我来说困难太大，只好安慰我，而自己心里可能比我还难过……

李玉琴回忆与溥仪离婚始末第1页（计16页）

第六章　离婚以后

一　历史没有抛弃"福贵人"

历史有时捉弄人，李玉琴刚刚收到离婚判决书，便意外地在长春又见到了溥仪。原来，溥仪随战犯管理所组织的参观团第三次赴外地参观，于一九五七年六月九日到达长春，所住的"吉林省人民委员会招待所"偏偏就在市图书馆单身宿舍的马路对过。一天，李玉琴从食堂出来，见招待所门前停着不少大客车，从旁边走过时无意识地向车里一瞥，忽然看见溥仪就在车里坐着，她的心立刻怦怦地加快了跳动，当时没好意思上车找，回到宿舍又坐不住，等再出来时大客车内已经无人，她便到招待所收发室要求传达，第一次被挡驾了，她不明理由，第二次又去，结果见到了溥仪传出的一张字条："既然已经离婚，还是以不见面为好。"

李玉琴又羞又气，回到宿舍一头扎进被子里哭得很伤心，有一种"咫尺天涯"的感觉，一道之隔却不能见面。她回忆当时的思想感情说，虽然坚决地提出了离婚，但内心很矛盾，仍然惦念溥仪，一纸离婚判决并不像快刀斩乱麻那样斩断她对溥仪的感情，然而，溥仪那张亲笔纸条却成了一把"快刀"。

溥仪参观了光学精密仪器研究所、儿童医院、长春第一汽车制造厂、长春电影制片厂和解放军兽医大学等单位以后，于六月十二日离开长春。他所以留下那张绝情的字条，并不是出于"皇上的架子"，也不是"翻脸不认人"，只是希望玉琴忘了他，毅然走上她自己的路。他的目的达到了，李玉琴不再牵肠挂肚，把身心扑在工作上。在日文书库，她把尘封多年堆积如山的旧书刊一册一册整理，分类，上架；在阅览部外借处，她面对面地为读者服务，每次给读者找到一本需要的书籍，就感到十分惬意。

大鸣大放时期，李玉琴针对图书收藏条件太差写了一张大字报，刚贴上去就碰见李承锟市长，李市长笑着对她说："嗬，你也提意见了！"李玉琴理直气壮地陈述道："是呀！我有意见。堂堂一个大城市的图书馆，房间又少又小，书刊都'睡觉'上不了架，怎么为读者服务哇！"

"好！好！这个意见合理，一定会解决的。"副市长微笑而去。

一天，李玉琴正在整理图书，有人招呼她立即到馆长室，说是省委领导看她来了。她简直不敢相信自己的耳朵：省委领导要考虑全省大事，工作那么忙，时间那么宝贵，怎么还来看我？她推开馆长室的门，屋里果然坐着好几位气宇不凡的人。馆长说："省委吴德书记和周光省长看你来了！"她一时手足无措，面对两位领导分别行礼，吴书记和周省长都与她握手并亲切地问：工作怎么样？生活还有什么困难？工资少不少哇？她很受感动，向领导汇报说，一切都满意，一定努力工作，请领导放心。周省长又说："过去对你的情况不了解，有照顾不到的地方，还请你原谅呢！"一听这话，李玉琴的眼泪就唰唰地流下来了，一时也想不起该怎样回答。晚上把这件事告诉了全家，喜得妈妈连声说："这个国家好！你们可得好好干哪！要对得起国家！"而后的几个月对李玉琴来说好像黄金季节，省委书记赵林、富振声，副省长于克，省军区副司令员苏俊禄，市委第一书记宋洁涵，市长陈钟，市委书记李一平等领导都接见过她。

不久，中共中央统战部部长李维汉来长春视察，并帮助各民主党派建立地方组织、开展工作，他很关心李玉琴，指示省、市统战领导同志培养她参加社会政治活动。浦熙修来长春时也接见过她，这位漂亮、和善的女性有魄力，有风度，给她留下深刻的印象。正赶上长春市"民革"在军人俱乐部召开成立大会，邀请李玉琴出席，听了抗日名将冯占海的报告和"民革"主委耿岳伦的讲话。但她当时对加入民主党派心怀疑虑，觉得自己是有历史小辫子的人，不要将来再叫人揪住了。周围也有泼冷水的人，说不入共产党，专入国民党，这不是给将来找麻烦吗？正当李玉琴举棋不定的时候，得到"民革"老领导刘凤竹和刘涵一夫妇许多帮助，逐渐了解了"民革"的性质和任务，决心加入。然而，准备填表时，"整风反右"运动已经深入单位内部，这件事遂被无休无止地搁置下来。

然而历史毕竟没有抛弃"福贵人"。许多来长春视察的中央首长先后接见了李玉琴，其中有邓小平、李先念、李富春、安子文、薄一波、刘伯承、贺龙、罗瑞卿、陆定一、杨尚昆、李维汉、周扬、包尔汉、何长工等，还有蔡畅、康克清、李真等妇女界领导人。

李玉琴最难忘的是一九五八年几位元帅和将军访朝归来接见她的情景。老帅们参观长春市区后出席省、市领导在南湖宾馆举行的晚宴，李玉琴也被邀请来了，她显得很拘谨，这时有两位女干部亲切地拉她坐在身边，一介绍才知道，原来是贺龙元帅夫人和罗瑞卿大将夫人。

"瞧，玉琴同志坐得那么规矩是受过专门训练啊！"性格豪爽的贺老总一开口还是表现出那种军人特有的风格。

"别拘束嘛，玉琴同志！伸筷，多吃点！"她身边的一位首长微笑着十分亲切地说。

"过去我们光在战场厮杀，对宫廷历史不了解，你就给我们介绍介绍吧！"又是一位老总边给她夹菜边说。在艰苦的年代里，在座的元帅、将军们都经历了人间最复杂、最壮观的斗争，他们有丰富的历史知识，但很谦虚。

"听说你也是苦出身，是怎么被选进宫里当妃子的？"同坐在一张桌子上的罗瑞卿大将问道。

李玉琴讲述被骗入宫的经历时，常把"男同志"、"女同志"、"压迫"、"剥削"等刚学会的新名词也用到历史过程中去了，惹得老帅们哈哈大笑。贺老总带着浓重的地方口音说："怎么，你们那个宫廷里也有了'男同志'、'女同志'吗？真有意思嘞！"罗瑞卿大将接口说："当年的'福贵人'也知道'皇上'不好，压迫人、剥削人哩，哈哈哈哈！"李玉琴一时窘住，脸也发起烧来。一位省委领导替她解围："玉琴同志爱学习，接受新事物快，这是好现象嘛！"贺老总喝一大口酒，很高兴地说："这就对头喽！你还很年轻嘛！要好好学习，头脑不要生锈，丢掉旧的思想、道德和传统观念，在新社会大有可为。可以写回忆录嘛！'满洲国皇宫'也要恢复原样展览，你是活见证啊！"

当贺老总这样说时，李玉琴已经不感到突然了，因为前些日子周扬来长春时就提到过这件事，当时她不理解，就问为啥还要恢复那个反动的皇宫。周扬解释说，要用历史教育后代，永不忘记亡国的耻辱；也可以让外国人来看看傀儡皇帝在这里是怎样生活的。她却不愿意再看到那座"满洲国皇宫"，因为会引起内心的痛苦，不如一把火烧得干干净净，一点不留痕迹。后来，她总算明白了，历史是客观存在的，讨厌也抹不掉，喜欢也添不出来，应该正视历史，运用它为现实服务。

"吃菜呀！别光说，忘了动筷。玉琴同志，我为你有了幸福生活而干杯！"罗瑞卿将军说着起身给她倒了一杯茅台酒。酒虽名贵，度数太高，她如何敢品尝？还是栗又文省长了解她，满斟一杯葡萄酒放在她面前，然后端起罗将军给倒的那杯茅台对大家说："玉琴在宫里净喝低度酒，就让她用葡萄酒陪陪老总们吧，这一杯我替她干！"

"干杯！"老总们开怀畅饮。

李玉琴从心里感谢栗省长，没有他怕要出洋相了。不过，他的一句话又引起老总们对宫廷酒的兴趣。

"溥仪每天喝什么酒？"

"溥仪酒量不大，时而喝点白兰地、葡萄酒或日本清酒等。"

"怎么净喝外国酒呀？"

"不，葡萄酒就是宫中酿造的，属于'御制品'。有时也喝各种中国名酒，如绍兴酒，但喝得最多的是保养身体的补酒。"

"难道'皇上'还缺乏营养品？"

"溥仪喜欢补酒，酒里放了补肾壮阳的中药，是了解内情的几位臣下进贡的，这种补酒对溥仪的病有特殊用处。"李玉琴在宫中时未必懂得"壮阳补肾"的含义。

"哈哈！这太有意思了！"老总们听得高兴，纵声大笑。

"在我的'寝宫'也放几瓶补酒。"李玉琴接着讲,"每天晚上他到我这儿来也喝一两杯。那种酒呈淡黄色,度数很低,没有药味。但我不喜欢,他就再让人送葡萄酒来。"

从喝酒又谈到虚伪烦琐的宫廷礼节,李玉琴说她一点也不喜欢,尤其册封那天磕那么多头,真把她磕晕了。"不过,溥仪还能谅解,当只有两人单独在一起的时候,他是绝不追究这些细枝末节的。"

"嗬,溥仪真挺喜欢你呢!"贺老总的夫人开个玩笑。

"他也发脾气,不讲道理!"李玉琴的认真把在座者都逗笑了!

"皇帝还有讲理的?"

还有几次中央首长到长春来,总是让李玉琴陪着参观"满洲国皇宫",到一个屋子就讲讲它的历史,过去是干什么用的,溥仪在这里搞过什么活动等。开始她怕说不全面,省里的领导就鼓励她,叫她别紧张,知道多少说多少,给她壮了胆。接触一多,她对中央首长就了解了,这些人和蔼可亲,平易近人,一点架子都没有,劝她别背历史包袱,可以写回忆录,使她感到一种父辈的慈爱和关心。有些首长接着又到汽车厂、长影、地质宫、银行等处参观,也让她跟着一块儿去,晚上宾馆有宴会或活动更落不下她,亲切地安排她坐在首长身边。

二 建立新家庭

自从溥仪挥动"快刀"斩断了理还乱的情丝,又有人张罗给李玉琴介绍男朋友了,这回她动心了。但她坚持自己的条件:人品好,有理想,有共同语言,更重要的一条是,要正确认识过去那段坎坷历史,不歧视她。于是,在省广播电台负责录音技术工作的黄毓庚很快走进了她的生活。

老黄是上海人,细高个儿,一头乌黑的头发,五官端正,戴副眼镜,说话幽默得体,举止潇洒大方,懂英文,懂音乐,脾气也好,人又聪明,李玉琴在大媒人——省电台编辑、老同学许书香家里第一次见到他时就对他有非常不错的印象。

老黄也很诚实地向李玉琴"交代"了个人历史。他是个"三门"干部①，旧社会一直在上海的教会学校读书，一九五〇年应聘前来东北，在吉林人民广播电台搞技术工作。由于身处机要部门，而他上高中时又一度加入过"三青团"②，所以在历次运动中都要受到严格审查，经过大量的内查外调总算搞清楚了，属于一般历史问题，继续留在电台工作，到一九五六年工资改革时还给他连调了两级工资。

李玉琴感到最难得的还是老黄对那段宫廷生活有很豁达的看法，他头脑里封建旧意识少，虽然自己没有结过婚，却不计较女方的婚史。他还认为，当年只有十五岁的小姑娘，对那段宫廷生活没有任何责任，说这是旧社会留下的历史伤痕，不能算某个人的缺点。他为此还专门给李玉琴写过一封长达二十多页的信，表达一片真挚之情。其中有这样几句话：

1958年5月李玉琴与黄毓庚结婚照

> 你是个善良、美丽而又坚强的姑娘，不但不应该受到歧视，反而应该受到尊敬。因为你承受了几千年封建礼教摧残给妇女造成的痛苦，而又勇敢地挣脱出来，从而获得了自身解放，所以值得尊敬。

---

① "三门"干部是指从家门到校门、毕业后直接进入机关门的新公务员阶层。
② "三青团"即三民主义青年团的简称，是由中国国民党领导的青年组织，于1938年在武昌成立，首任团长是蒋介石。

李玉琴看过之后非常感动，把信当作定情之物而珍藏起来，似乎觉得比溥仪送的那盒"价值连城"的首饰还要珍贵。这以后，她和黄毓庚作为朋友相处了一年，经历了从友谊到爱情的发展全过程。当时正面临着"整风反右"的激烈的斗争形势，李玉琴也提出一些弄不懂的问题向男朋友请教，老黄开导她说："你参加工作不久，对一些事情还理解不深，要以学习为主，多看多听，出口慎重。"

"不是号召提意见吗？"李玉琴纳闷地问道。

"有利于改进工作方法的意见可以提，但不要指责领导，不要说人家这不对、那不对。"

"电台的运动搞得怎样？"

"无可奉告——电台的事儿不许外传！"

很久很久以后，李玉琴才了解一些真相：老黄这人是很谨慎的，他考虑到个人出身、历史等政治条件，在整风运动中既没写大字报，也不提意见，结果还是在随之而来的反右派斗争中落了个"内控使用"的结论，他用那些话劝导李玉琴，当然是可以理解的。

一九五八年春天，黄毓庚又给李玉琴写了一封长信，向"理想中的伴侣"正式求爱。他写道：

> 尽管你有几回故意和我耍脾气，但掩盖不了你的善良。溥仪说对了一句话："你真纯洁，就像一张白纸。"现在的你仍然是白纸，没沾染一点社会上的污垢，我发现自己已经离不开你了，一想到你，连工作都不觉得累。我衷心希望得到你，并正式提出愿你成为我的终身伴侣，咱们结婚吧！如肯赐我爱情，那是我的幸福，我会百倍的珍惜它！可我绝不愿以虚伪的讨好来换取你的爱情，因为那不符合你的心愿，也不是我所希望的，盼能得到你的理解。

李玉琴的心被打动了，重新沉浸在爱情的幸福里，两人的简朴婚礼在明媚的五月举行。遗憾的是，出席婚礼的来宾中，竟连一位电台的代表也没

1959年李玉琴在中国共产党成立三十八周年之际摄于长春市图书馆

有。原来，电台是重要的宣传机关，黄毓庚又处在关键的技术岗位上，所以他的婚姻对象也必须经受考察并获得批准。鉴于李玉琴的"宫廷问题"，电台领导明确表示了反对的态度，后来李玉琴找了一位中央领导表态，电台才勉强同意。

很少的几天婚假尚未度完，老黄就接到通知：根据"工作需要"，他要暂时离开电台，下放农村劳动锻炼。这对李玉琴来说犹如晴天霹雳，不知到底发生了什么事情。有人悄声传过话来：老黄戴了右派帽子啦！李玉琴对爱人是了解的，他常常谈到旧上海的黑暗和国民党的腐败，为新社会服务的热情很高，他不可能反党、反社会主义。果然，老黄回来后答复妻子的追问说，他没写大字报也没提意见，更没听说给他划了右派。可是，无风不起浪啊！李玉琴又亲自跑到电台去，问一位有关的负责同志。

"老黄确实被定了右派吗？"

"虽然没定右派，他也有问题！"

"那是什么问题呢？"

"这个就不好讲了……"

他回答的口吻是神秘的，李玉琴却愈听愈糊涂，但她相信老黄绝不是坏人，被下放劳动也不能证明什么。

当上家庭主妇的李玉琴，把丈夫独身时积攒的旧衣服、破袜子，该洗的洗，该补的补，全收拾利索了。老黄高兴地说："婚前你说这不会那不会，原来都是骗我啊！"说着就要"罚罚"妻子，她躲也躲不开时，便听任丈夫在脸上亲一口完事。丈夫每次从农村回来，都不讲烦恼的事，总是笑呵呵地围着她转，讲故事，讲笑话，还讲在农村碰上的新鲜事。

在"反右"和"大跃进"的年代里，老黄一期接一期地下放到农村劳动，两人欢聚的时候少，分离的日子多，感情却与日俱增，经历无尽的磨难，李玉琴总算有了属于自己的温暖、可爱的家庭。

三 重逢在全国政协的招待宴会上

一九六一年政协组织有关人员撰写文史资料，中共中央统战部部长李维汉还特别提及李玉琴，责成吉林省民革负责人张乃凡具体指导。李玉琴被临时抽调出来，每天都坐在省政协腾出的一间办公室里，任务是写出亲身经历的那一段宫中生活。这是十分严肃的工作，拿起笔来就要认真负责，不能任

溥仪在他的后半生中工作的情形

意加减历史，必须保证史实准确。可是因为年头多了，靠回忆写文章难免有失误。因此，完成初稿后政协同意她到北京找知情人核实。

同年八月二十八日，李玉琴带着《宫中生活》的草稿，走出了铺满晨光的北京新车站。她顾不得休息，便在当天上午来到前井胡同五妹韫馨家里，正碰上万嘉熙，略觉不安的心情，因礼貌接待而消除了。

"这次来京，一定还有公务吧？"万嘉熙问。

"李维汉部长嘱我撰写回忆录，特来看看过去的景物。"李玉琴答。

"不嫌弃的话，就住在家里吧！"

"已经安排好住处，在前门附近吉林省驻京办事处。"

"还有时间走动走动吗？"

"不知溥仪现在如何？身体还好吗？他独身生活，一定会碰上不少困难吧？"

"是否还想去看看溥仪呢？"

"现在这种情况，我不便先去找他。"

"你和现在的丈夫关系还好吧？"

"还好。"

"家中生活蛮不错吧？"

"只是有时想起过去的事，心中不痛快。"

"你和溥仪还通信吗？"

"离婚以后，他就不给我写信了。其实，作为朋友，正常通信来往没有坏处，我爱人也不会反对的。"

这时，李玉琴发现了周恩来接见溥仪、溥杰及嵯峨浩一行的合影照片，盯住前排左起第二人位置上的溥仪，又指着左边头一个女同志，颇为紧张地问是谁。听万嘉熙说是参加接见的日语翻译，她才松了一口气。

"你和溥仪离婚，恰在他获赦前不久，这很不幸。浩子等了溥杰十几年，今日终于能够团圆了。"

"都是过去的事情啦！"

万嘉熙把会面过程转告溥仪以后，溥仪的心海之中翻起澎湃的波涛。有

1961年6月10日,周恩来在国务院西花厅招待溥仪和溥杰全家。(前排右起:溥杰、嵯峨浩、周恩来、嵯峨尚子、载涛、老舍、溥仪。后几排中有廖承志、童小鹏、罗青长、廖沫沙以及日本朋友西园寺公一)

份档案资料如实记述了这一情景:

> 溥仪闻讯后,很是激动不安,晚上独自徘徊沉思,状甚苦恼。他向我们提出:如果找上门来怎么办?是见她还是不见?他承认对她还有感情,也想见面,但又认为这样不好,对她目前的家庭关系会有影响。他表示听从组织上的意见,希望我们帮助他正确处理这个问题。

全国政协遵照周恩来的嘱咐,从帮助溥仪处理好婚姻问题的角度,认为已经发生的情况事关政策,遂呈文请示中央统战部薛子正副部长,说:溥仪过去的"贵人"来北京,通过万嘉熙要见溥仪,溥仪很激动,问能不能见她,

《文史资料选辑》第二十九辑封面

该辑发表了溥仪撰写的《我怎样当上的伪满执政》一文

他心中很想见她。我们可否这样回答——"这是私事,你如要见,可以见她。但要注意,她已是一个有丈夫的人。"薛副部长马上批示"同意"。还在附件文前加写一段具体意见:"我的意见,可以同意溥仪接待她(由政协帮助),至于今后如何,再示。溥仪说过,以不再复婚为宜。"

九月中,李玉琴和溥仪在全国政协文史资料研究委员会办公室主任吴群敢主持的招待宴会上重逢。那天,溥仪穿一身灰色毛料中山装,面带微笑,侃侃而谈,还不时用手扶扶眼镜,颇有风度,和在抚顺战犯管理所时相比不一样了。他一九五九年十二月被特赦后,在北京植物园劳动一年,然后被分配到全国政协,有了公民权,工资待遇也很高,曾受到周恩来总理多次接见,心情舒畅,思想也不断进步。李玉琴很为他高兴。

不久,政协宴请溥仪和李玉琴,也把毓嵒和毓嶦请了来。李玉琴是这次到北京才跟毓嵒和毓嶦见面的,他们在一九五七年春节前夕带着"免予起诉"的结论从抚顺战犯管理所释放出来,回到北京就赶上"反右",找不到合适的工作,只好当临时工维持生活。毓嵒先在西城区业余学校担任语文代课教员,继而又到挑补绣花厂当洗熨工。毓嵣的经历也差不多，都因为追随溥仪的"历史污点"而无法转正。一九五八年九月，两人作为"刑满释放的社会闲散人员"，被当地派出所编入带有强制性的"支援天安门广场建设"的劳动队伍，先送到石景山砂石场当筛砂石工，继而又调往天宫院天堂河农场当农业工人，只在每月的四天公休日里才能回到北京家中居住。一九五九年十二月溥仪特赦后就开始写回忆录，毓嵒和毓嵣都利用公休日去溥仪住处帮助他回忆过去的事情，或核实有关细节。一九六一年八月末，李玉琴通过全国政协打电话给天堂河农场，要求毓嵒和毓嵣回城帮助她写回忆录，两人遂被告知立即动身，而且在城里停留时间不受限制，办完事再返场劳动。两人很快就在大栅栏煤市街上的吉林驻京接待站见到了名字非常熟悉、面孔却非常生疏的"福贵人"李玉琴。

这以后的十来天里，毓嵒和毓嵣准时在上午九点多钟到招待所，帮助李玉琴忆写长春那段宫廷生活。由于溥仪立下了严格的制度，当年他们并没有见面接触的机会，但那个时代和环境却是共同经历的。中午，三个人便一起到饭馆吃点饭。毓嵒还记得李

《文史资料选辑》第三十九辑封面

该辑发表了溥仪撰写的《我第三次做皇帝》一文

玉琴请他们在煤市街附近小饭馆内吃炒疙瘩的情景，当时处在经济困难时期，能吃顿饱饭是件大事。他们还一起游逛了北京动物园。毓嵒回忆说：

> 我们和李玉琴连续见面的最初阶段，她曾说："溥仪如果知道我来北京，他一定要主动找我见面的。不然，我绝不主动去见他。"我们也向溥仪谈了李玉琴来京的情况，可是，过了多日溥仪并未表示出见面的愿望。李玉琴乃改变初衷，又向我们说，她一定要和溥仪见面。这使溥仪动了不少脑筋，溥仪本来没想和她见面，又不愿拒绝她的要求，曾向我表示他的为难心情，因为李玉琴离婚后又与别人结婚了，故不便和她单独相见。经过一番考虑，才想好了见面的方式。大概是在政协礼堂会客室里，溥仪要求政协文史资料研究委员会的负责人吴群敢参加，也让我和毓嶦都在场，还请大家吃了一顿饭。

据李玉琴回忆，溥仪请她和毓嵒、毓嶦吃饭是这次见面后一两天的事，原定在政协机关食堂，溥仪说经济困难时期这个食堂办得不错，主副食都较丰富实惠，也预备客餐，预约一下就行。不料，这次竟被碰回来了，服务员态度不大好，说是不知道溥仪曾经预约客饭这码事。溥仪耐心地一遍又一遍地解释，说他确实已经预约，现在客人也已来到，希望给予安排，服务员置之不理，李玉琴在一边也很生气。溥仪还是很耐心，与服务员讲道理，到底不成，只好到饭店去吃。这事让李玉琴很有感触，想当初"皇上"一声传膳，多少人走马灯似的伺候着，不知哪个环节上出点毛病便会受到溥仪的严厉惩处。今天，他不但和普通人一样在食堂就餐，而且在遭到冷遇后居然能够心平气和，这件小事也反映了他改造的深度。

饭后，李玉琴等人又一起到政协院内溥仪的住处去，两明一暗的三间住房，挺好，可惜被他弄得乱七八糟，连茶具也不知道扔到哪里去了，第二天李玉琴给他买了一套新茶具。当时溥仪又领着他们参观办公室，宽敞的青砖瓦房内摆设着齐备的办公用具。溥仪说他和杜聿明对面桌，有时海阔天空地聊天。虽说条件很不错，可溥仪还是不大会生活，那时他每月工资一百元，组织上还不定期地给予补助，用公费为他定做接待外宾时穿的衣服，再说房租水电全不用花钱，如果安排得好，将是很富裕的，但他的钱不够花，一个当惯了"皇上"的人哪会懂得"安排"呢！

四　同游香山与"复婚"的话题

溥仪对他特赦后住过的几个地方很有感情，便邀了李玉琴、毓嵒、毓嶦到北京植物园去玩。植物园主任田裕民让人从园里摘了几个品种的葡萄待客，非常新鲜；继而引领客人参观温室内的奇花异草，接着游览香山公园和卧佛寺。作为东道主，田老还在公园餐厅招待溥仪等吃了一顿丰盛的午餐。李玉琴回忆说：

那天，溥仪可高兴了。他几次想和我说话，欲言又止，可我能知道他

溥仪和北京植物园的同事们

想说什么。从前在宫里他就盼望将来有一天，能带着我自由地游览名山胜水，今天竟一起来到香山，然而我们已不再是夫妻，他并非以丈夫身份出现，想说的话也很难出口了。我以女性的敏感觉察到，每当我们两人在一起的时候，他总想和我亲近，最后终于控制住感情躲了过去。我很理解他的心情，但也只能像老朋友那样对待他。我由衷地感到高兴，因为看到自己少女时代苦恋过的人，现在过得不错，工作、生活都挺好，我真希望他能有个幸福的晚年。如果溥仪过得很苦，那我内心也会是苦恼的。我这个人也许有点感情过剩了吧！

李玉琴或许感到溥仪有复婚的愿望，然而这可能是误解，但复婚的话题是确实存在的，提出这个话题的是田老。那天午饭后他在李玉琴休息的房间里，单独与之说了一会儿话。

"溥仪改造得很有进步，可是一点也不会料理生活，成天丢三落四，尽出笑话。"田老显然是有目的地选取一个角度切入话题。

"这可不奇怪，溥仪从生下来就有专人伺候，除了吃饭和上厕所别人无法代替，其他什么事情都不用自己动手，现在能干些轻微活儿已经很不错了。"李玉琴确实是这么看的。

"不行！不行！一天到晚不是丢眼镜，就是丢钱包，连衣服扣都扣不整齐，我看得找个对象照顾他的生活。"田老"书归正传"。

"可以找！根据他的条件，尽量找个比较合适的。"李玉琴说。

"不好找哇！高不成，低不就。"田老说。

"那就别要求太高了，主要人好能照顾他就行。"

"最好是找个了解他的人。"

在田老启发下，李玉琴略为思索，开口说："我倒知道一个人，就是文绣，溥仪喜欢她，听说离婚后，娘家给她的压力很大，还一直没结婚，那不是很合适吗？"当时李玉琴不了解文绣早就改嫁，并且已死好几年了。

"文绣已经死了！"说完这句话，田老又试探地问，"如果你能回来照顾他，那就好了！只要你愿意，其他的事都不用你管……"

李玉琴在回忆录中谈到当时的感受，说她就像掉进了五味瓶，酸甜苦辣，这些年的冤屈都涌上了心头，她不可能抛弃正下放劳动的丈夫而又高攀溥仪，尽管溥仪又有了高于普通人的政治地位和经济待遇。

李玉琴谢绝了田老的建议，这当然无可指责，但田老的建议并不能代表溥仪的心，作为现场目睹者的毓嵒回忆说：

> 溥仪和李玉琴在政协见面后不久，又一起到香山植物园去了一次，也让我和毓嶦同去。该园领导田老约我们四人游览香山公园，共同登上山顶，参观了孙中山先生衣冠冢。当登山时，田老健步走在最前面，溥仪右手拉着李玉琴，不知为什么又偏偏把我拉在他的左手里，三个人一排登上山去。事后，听溥仪说过那次田老约游香山公园的意图，他很想让溥仪和李玉琴

李玉琴撰写的《宫中生活》手稿第4页　　李玉琴撰写的《宫中生活》手稿第5页

复婚，但溥仪经过再三考虑，认为是不恰当的，所以几次和李玉琴见面，都要求政协、植物园领导、我和毓嶦在场。我获悉这些内情后，深悔当时溥仪用右手拉着李玉琴登山时，我也没心没肺地听从溥仪用左手拉着同步登山，不知这样做，会不会有碍别人的眼！

复婚的话题并没有就此结束，据李玉琴说，某领导也有过这样的意图，希望她回到溥仪身边，照料他的生活。一位全国政协领导向她介绍溥仪的情况时说："把皇帝改造成普通劳动者，这是历史上的奇迹，对国内外都有积极意义。"接着就劝她"要为国家着想，多多帮助溥仪"。

溥仪和李玉琴也有过单独在一起的时候，有一天帮助溥仪撰写《我的前半生》的群众出版社编辑李文达，在北京全聚德烤鸭店设宴招待溥仪、李玉琴、毓嵒和毓嶦，席间，李文达夸李玉琴聪明、年轻、漂亮，弄得她很不好意思。饭后，又让溥仪单独送她回招待所，一路上两人说得很多，虽有温情，却无越礼。还有一次参加某项活动后，溥仪单独送李玉琴回住地。走到北海公园附近，溥仪请李玉琴吃夜宵，在一家小店要了两碗馄饨、一盘小包子，吃完又在公园的长椅上闲聊，就像大哥和小妹在一起。

当那篇《宫中生活》接近完成之际，已是国庆节的前夕。全国政协领导劝李玉琴留下过节，溥仪也希望她多住几日，但她惦记着丈夫，还是决定回去。离京的前一个晚上她向溥仪辞行，劝他尽快找一个合适的对象，安度幸福晚年，溥仪也表示今后两人

李玉琴撰写的《宫中生活》手稿第6页

还像兄妹和朋友那样相处,常通信。回到长春不久,李玉琴便收到了溥仪代取的在同仁医院配制的眼镜,费用也给代付了,她因匆匆离京没来得及取。

在嗣后的半年里,两人继续通信,溥仪时而寄笔记本或钢笔给李玉琴,鼓励她学习上进,时而寄白糖或茶叶,因为当时国家还处在经济困难时期,这类物品十分稀缺。李玉琴同样也常给溥仪寄些纪念品。

五 "红色风暴"袭来前后

一九六二年四月,溥仪写信告诉李玉琴,说他认识了一位女护士,经过一段时间的了解,双方都比较满意,拟在"五一"节结婚。李玉琴回信表示祝贺,希望在各自有了家庭以后仍以朋友相处,继续通信,实际上这却是他们之间最后的通信了。

同年七月,年满三十四岁的李玉琴生下了自己的儿子,有七斤多重,又白又胖。她从童年起就玩布娃娃,喜欢抱别人的孩子,也抚养过别人的孩子,她多么盼望得到当母亲的幸福啊!丈夫说,孩子给两人带来了崭新的生活,取名就叫"焕新"吧!妻子很赞成,孩子是真正的宝贝,乳名就叫"焕宝",平时干脆叫他"宝宝"。李玉琴深知溥仪喜欢孩子,便给宝宝照了张相片寄去,以为他见了这么乖的孩子也会高兴的。然而,

1963年夏末,全家在长春净月潭野游

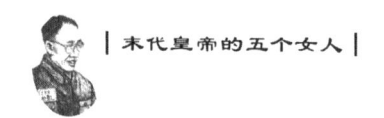

没有回信。

一九六五年九月初，李玉琴一家三口前往上海探亲，途中特意在北京停留，她想念缘缘和荔荔，以及多年未曾谋面的好心的邻里故旧，也想看望溥仪并拜访他的新家庭。

李玉琴带着焕宝，先去看缘缘和荔荔，两个苦命的孩子都已长大成人，只是从小营养不良，发育得不好，荔荔更显得缺钙，脑袋大。他们是在小学念书的时候回到父亲身边的，先后进入北京十三中学，就在这时从一九六〇年开始连续三年的自然灾害无情地降临了。别人家有底子尚可对付一阵，毓嶒家空空如也，实在太难。他每月从农场回家一次，住四天，区区三十五元工资，去掉自己的伙食费，则已寥寥无几，此外就只有两个孩子每人每月五元钱的助学金，对于正在长身体的青少年来说，这吃不上饭的困难实在难以克服。可怜的孩子辍学了，毓嶒不得已，把刚刚成年的缘缘和荔荔也带进自己赖以谋生的天堂河农场劳动，挣各自的伙食费。他们还是习惯于称李玉琴为"爷爷"，"爷爷"又一次流下了难过的泪水。

毓嶒是在七八个月之前再婚的，妻子张云访也没有工作，生活相当困难。据李玉琴说，毓嶒不像上回那样热情了，突然变得冷淡起来，其实，面对冷峻的生活，他还能怎样呢？

李玉琴又一次看见败落得不成样子的封建家庭，这里也曾埋葬着她最宝贵的青春年华。"老小姐"在二十世纪五十年代中期临终前，再三要求弟弟和弟妹不要给她穿黑色寿衣，却还是穿了黑颜色装老衣服到"阴曹地府"去了。溥修作为中央文史馆馆员死于五十年代末，"大架子"再也摆不起来了。溥修的小儿子毓岠还在狱中关押，修二奶奶费云章也没有从前那种不屑一顾的傲慢目光了，现出一脸凄苦讨好的神情，鼻涕一把泪一把地对李玉琴诉苦，说她的生活没人管。这位出身官宦人家的大小姐、贵妇人，如今生活困难了，再也买不起胭脂口红之类，又瘦又老，头发全白了，成了穷困潦倒的苦老婆子。她女儿毓灵筠住正房最东头的一间。女儿、外孙和外孙女都讨厌她，说她又馋又懒。她过去不管女儿，现在女儿也不管她，真是善有善报、恶有恶报。现在她没有了生活来源，每月靠街道救济的几元钱度日。

李玉琴心想，当初你讲吃讲穿讲玩乐，坐包车去听戏，只知享受阔太太生活的时候，管过别人吗？你把钱藏起来放过时了，到最后一盆盆端出去倒，你把衣服料子也放烂了，把糕点糖果都放臭了，可你肯拿出来接济别人吗？还有缘缘和荔荔的妈妈，她就是被那些老爷、夫人和小姐给折腾死的！结果两个孩子遭了多少罪呀……李玉琴想起这些就不能不痛恨眼前这个费云章！可她毕竟已经老了，生活没着没落，让人可怜。是封建思想把她害了，是社会制度造成的，恨她一个人没有用！念在昔日曾在一起生活七八年，李玉琴还是到附近商店给她买了些吃的，临走又给她扔下五元钱，不脱旧习气的费云章强装笑脸，眼泪汪汪地千恩万谢。此后不过两年，她就病倒而不起了，是毓嵒夫妇把她送进医院的，竟无人替她流泪送终。

　　三年没通信了，只从报纸上了解溥仪的一点讯息，李玉琴当然很想看看溥仪，看看他的新家庭，也想让他看看自己的孩子，遂在一九六五年九月六日写了一封信给溥仪，寄到全国政协。信是这样写的：

溥仪同志您好！

　　我随毓庚去上海探亲，顺便在北京办点事，同时也就玩几天，再看看几个朋友，已经来了三四天了。没到您府上去拜访，因为您现在距离我太远了，使我不敢接近。去了怕给您添麻烦，所以写封信向您致意。

　　我和孩子住在老八家里，如果您认为作为朋友看待，愿意来这儿，说好时间我一定等候。您不想看看我的孩子吗？最后我祝您夫妇健康，工作进步！

李玉琴

　　"老八"就是毓嶂，他和李玉琴一起患难过来的，相处得更近些，他在新中国成立后靠自学成了北京市内小有名气的兽医，后来还常被一些单位请去讲课呢！他当时的生活也还可以，李玉琴就带着焕宝住在他家了。等溥仪回信的日子里，李玉琴也去看望了毓嶦和他的母亲——"四太太"，他家的生活也不宽裕，李玉琴便自掏腰包做几样菜，也热闹热闹。

　　等来等去，溥仪的回信就是等不到，也没有让谁捎句话来，李玉琴很难过，既然人家不愿搭理，也不想看看孩子，又何必高攀？隔了几天，她便跟丈夫离开北京，前往上海婆家。

回到长春后，李玉琴仍有一种受污辱的感觉，便伏案执笔，给溥仪写了一封发泄怨恨的信，这是其中几句：

……我现在想开了，想明白了，你不是普通人，所以也不能用普通人的眼光看你……你现在变得骄傲了，眼睛竟向上看了。因为你每天都接触大干部、负责同志，对一些小人物不再愿意搭理了。你大概是觉得自己混得不错，所以又神气起来了，不愿意搭理你认为不怎么样的人了吧！

一九六六年，政治风云突起，全国顿时陷入混乱之中，史无前例的"文化大革命"开始了，李玉琴这个受皇封的"贵人"在劫难逃。她在运动初期又写大字报，又写入党申请书，表示坚决听党的话，却没人买账，还是成了不受欢迎的人。市图书馆"文革"领导小组成立后，她立刻变为"靠边站"的对象，连庆祝八届十一中全会公报发表的游行也不许参加。祸不单行的是，丈夫黄毓庚因为历史有"污点"，也被随便加些罪名，推入挨批斗的行列。更让她寒心的是，连四岁的儿子也受到株连。有一次批斗会开到深夜，孩子从托儿所回来就哭，说阿姨不许他和别的小朋友一起睡觉，幼小的心灵受到创伤，李玉琴心如刀绞，却只能把眼泪往肚里咽。

没过几天，"红卫兵"以"皇娘"为目标追踪而至，他们要抄出"满洲国"宫廷遗物，以便能在"文革"史上写下赫赫战功。李玉琴事先听见点风声，先把箱箱柜柜翻腾一遍，凡觉得犯禁的东西一概不留，结果把溥仪自一九五五年以来的多次来信，她和老黄恋爱期间的来往通信，还有她在天津学作诗词的手稿，从宫里带出的"四书"、"五经"以及佛经等，全部付之一炬。随后，抄家的人真来了，虽然没找到"有用的东西"，却把她家搞得一塌糊涂，拿走了她在宫里照的三张照片，那是母亲千方百计保存下来的，还有在天津学习书法的字帖和一本《金刚经》。继而大字报又上来了，从单位一直贴到她家大门上，罗织了一大堆罪名，指名道姓地加以羞辱，实在难以忍受。

她便趁着晚上天黑无人，故意拎一桶脏水去倒，顺手撕下大字报扔到垃圾堆里去了。

李玉琴的亲属们又一个个地跟着倒霉了，妹妹李玉坤在本单位内被造反派"炮轰"，管她叫"溥仪的小姨子"，说溥仪在东北十四年，统治老百姓，她家是皇亲，沾光享大福，坐轿车等，真让她有口难辩。更让人气愤的是，她在十三中念书的女儿也被贴了大字报，只因为小姑娘要求进步，将被接纳入团且已经填表。大字报还指责一位无辜的老师培养"皇亲"学生入团。小姑娘难过得大哭一场，回家就问妈妈：为啥偏让四姨和溥仪结婚？可怜李玉坤的女儿不但入团不被批准，连参加"红卫兵"的资格都没有，同学进京、到南方去串联，她哪儿都不敢去。

不堪忍受的亲属们纷纷来找李玉琴，问这"皇亲"二字究竟是怎样安到他们头上的。大嫂也气哼哼地来了，她是在一九五九年续弦嫁给李凤的，其时溥仪即将特赦成为公民，与李玉琴离婚也两年多了，然而还是被戴上"国舅夫人"的帽子挨了批斗。数年前随家迁往内蒙古的堂侄李福臣的妻子也找来了，冲着李玉琴冷冷地说："四姑，福臣一九五〇年入党，当了好几年车间支部书记，就因为是'皇亲'，全家被调到外地，现在又把车间书记给撤了。这到底是怎么回事？福臣家借你什么光了？总这么没完没了地影响我们？"李玉琴答不上来，却也是满肚子委屈。

一天，来诉冤的人凑到一块儿，李玉琴也诉说自己的冤屈。大伙仔细想想，倒也是，这事实在怨不着她，溥仪才是罪魁祸首。这时有位亲戚说："溥仪在东北犯下罪行，却住在北京没事，我们成了替罪羊。不行！找他去！让他当着中央的面说说，他封过谁是皇亲？"大家一致赞成这位亲戚的意见，不依不饶地叫李玉琴一起到北京去找溥仪。她不想去，因为她在本单位已是靠边站的人，不好请假；再说孩子又小，加上丈夫的日子也很不好过，而且即将被隔离审查，走了家里没人怎么办？可是亲属们说，现在趁溥仪活着，应把皇亲问题搞清楚，免得将来几辈子没完。其中最积极的就是大嫂，她认为溥仪让她倒大霉了，不去找也难咽这口气。她气哼哼地说："我家祖辈都是贫农，和你哥哥一结婚就当上了皇亲，连我娘家姐姐、弟弟都受拐带了，这怎么行？非找溥仪把事情弄清楚不可！"在这一片愤怒声中，李玉琴说啥都不好听，这时母亲说话了："你们别埋怨玉琴，去问问'康德'也好。他当初给咱家订了六条规矩，不许咱们在外面说是他亲戚，哪来的皇亲？人家看不起咱们，我真觉得丢人，可咱从来没想过当皇亲啊！那年月有什么法子呢？这回去向'康德'问个明白吧！省得你们总埋怨玉琴。皇亲、皇亲，怪难听的。"母亲这一说，李玉琴心活了，可还有点犹豫，不太愿意上北京去找溥仪翻脸。

"还是先到省委反映一下，看还有什么好办法？"大哥明白四妹的心思，提出折中建议。

"对！先上省委符合组织程序。"李玉琴马上表示赞成。

那时省委虽然也有顶班的干部，但已陷入瘫痪状态，领导人都靠边站了。李玉琴和李凤等几个人找到接待室，申诉了被当作"皇亲"受打击的情况，接待的同志听完，沉思片刻，随后答复说："这事是有点不合理，可是我们现在连办公的地方都没有，再说这类事吉林省委也解决不了，你们还是派代表去北京上访吧！"

省委给开了进京介绍信，又给了三张代用火车票。李玉琴把心一横：去就去吧，北京也不是断头台，溥仪也不是当年的皇帝，经过了改造，他总该说个实话吧！

六 为了摘掉"皇亲"的帽子

一九六六年十一月下旬，李玉琴与大哥李凤、大嫂杜晓娟起程进京。当时北京设了专门的"文革"接待站，按"东北"、"西北"等大区划分，对口接待全国各省、市的上访人员。在接待站，工作人员听了他们反映的情况，又看了带去的申诉材料，认为情况特殊，要向主要领导汇报，还嘱咐他们再写一份综合材料上报，随后给他们安排了住处，让等候接见。

李玉琴等不能旷日持久地傻等，便带着吉林省委的上访介绍信去找全国政协，一位负责同志听完申诉颇感气愤地说："你不过是溥仪和日本关东军搞政治交易的牺牲品，还谈什么皇娘皇亲？"李玉琴遂提出要求说："为了这段历史，我受了许多打击，我家老少三辈都成了皇亲。我们就是要见溥仪，让他自己说，到底他给我们家谁皇亲待遇了？"政协认为要求是合理的，但要考虑到溥仪患病较重，应采取适当方式解决问题。

李玉琴也希望能避开与溥仪的正面冲突，找到合适的人从中斡旋，遂首先想起了五妹韫馨，当年她在溥修家生活得艰难,惟有"五格格"肯伸出援手，她忘不了这情分，于是买了些糕点、糖果敲响了南官坊口前井胡同那扇熟悉的角门。五妹的孩子小虎来开门，一进院，正碰上溥俭从屋里往外走，不料当年专程把"贵人"从长春接到溥修家里的这位溥俭，一见到李玉琴就把脸子拉了下来。

"运动搞得这么厉害，你还费钱上这里来干什么？"溥俭见她手里拎着东西便冷冷地问了一句。

"看看你和五妹呗！"李玉琴说。

"都离婚了，还攀什么亲？"

"看来你还是老脾气！"

"江山易改,禀性难移嘛！这辈子改不了啦！"溥俭说话总是带着挖苦味。

"《我的前半生》你看了怎样？"李玉琴想改变气氛，遂问道。

"没看见过！"

李玉琴提到《我的前半生》也有一段插曲，那是来京前不久的事儿。有位长春市建设局市政工程处的职工，托她在图书馆代借一本《我的前半生》，她给办了。原来这位借书的人不是一般读者，而是曾在宫中"勤务班"干过活儿的孤儿。他有个堂弟在"勤务班"里被打死了，他本人也因为"不忠诚"屡遭毒打，受了不少罪。他跟李玉琴说，溥仪所著《我的前半生》是"大毒草"，他决心批臭这本书，并要求溥仪把稿费"退还给人民"。他说溥仪以前虐待勤务班的人，即使写书没问题也不应要稿费，这才是立功赎罪的表现；再说，溥仪写得不真实，有的地方美化自己，他希望李玉琴也能参加批判。那时候除一部《毛泽东选集》，老百姓对任何书都是鸡蛋里挑骨头，何况《我的前半生》呢？而这时的李玉琴正处在"皇亲"两个字的困扰之中，这项提议似乎也能为她赴京打开一条新思路，便在心中记下了。不料她刚对溥俭提了一句，就给顶了回来。

李玉琴跟溥俭实在谈不到一块儿,便走进五妹屋里,气氛仍很紧张。五妹虽然还能礼貌地打招呼,可她对李玉琴与溥仪离婚一事一直很不理解。李玉琴这次本来是要解释几句的,因为局面总是尴尬,也没说出口。

五妹夫万嘉熙是个机灵人,早年就受到溥仪的特殊喜爱,得到的"恩典"也多。后来溥仪又"挑选"他跟自己去坐牢,他毫无怨言,在苏联还起誓要跟溥仪留下。溥仪特赦后,他还是跟溥仪关系最密切的人,几乎每星期都到溥仪家去,也受到溥仪新婚妻子李淑贤的欢迎。因此,他当然不同情李玉琴,更谈不到用好话来答对,待了不大工夫竟借口要去看电影把她打发走了。李玉琴觉得很不是滋味,在"文革"中,人际关系都变了,待了十多年的爱新觉罗家对她没有一丝一毫的热乎了。

李玉琴又硬着头皮跨进护国寺街上那座美丽的四合院。她早就听说溥杰很聪明,十一二岁就进宫伴读,个子比溥仪小,脑筋却比哥哥来得快。囿于宫中规矩,李玉琴还从未见过溥杰,今日相见,感到他确实思想敏锐,脸型、鼻子特像溥仪,说话的神态也像,只是眼睛稍小点。他性格开朗,言语幽默,待客礼貌。不巧,李玉琴去时正赶上来访的嵯峨浩之弟要登机回日本,溥杰和浩子都要到机场送客,遂对李玉琴说:"改个时间再来吧,我要和浩谈一谈,问问过去的事,因为年头多,自己回忆不起来了。"

当天下午李玉琴又去,溥杰以为她这次上北京是来找溥仪的麻烦,起初很不理解,说大哥病得很重,希望能够体谅等。他们还谈到长春有个原在宫里的孤儿来信批判《我的前半生》,又谈到打死孤儿那件事。溥杰说,只打死过一个孙博元,李玉琴也说确实就打死过一个。或许溥杰见她并无歹意,态度转好。

"不过,《我的前半生》这本书确实有问题。"在极"左"思潮的影响下,李玉琴也赞成对该书的批判。

"大哥现在也在批判自己的书,几千元稿费全都上缴了,他仅靠自己的工资过着很朴素的生活。"溥杰说。

"我这次来没别的意思,只想让溥仪写个证明,省得我家背着'皇亲'

1966年11月29日溥仪在日记中写了李玉琴曾往溥杰家的情况

的包袱，抬不起头来。"

"这应该！这应该！"

溥杰总算能理解她，嵯峨浩也热情地拉住她的手不放，一定要留吃饭，还真诚地问有何困难。她说，借一个能临时装装东西的家伙吧，住所人多手杂，有些零碎东西没处放。浩子慷慨地赠送了一只旧人造革旅行袋，还说她穿得太少，送她一件薄毛衣。李玉琴说不冷，大衣也带来了。浩子非让她穿上，李玉琴却之不恭，带回去了，谁知天天出去办事，毛衣没穿就丢了，还丢了三十来元钱。浩子见她会吸烟，又送了烟卷等。溥杰夫妇确实热情好客，肯帮助有困难的人。其后李玉琴又多次去溥杰家，每次溥杰都很礼貌地奉上烟茶，赶上吃饭，添份碗、箸。

仍是见不到溥仪，也无法"私了"，李玉琴只好带着介绍信在"文革"接待站和全国政协之间奔波。最后她见到全国政协的负责人，同意她去找溥仪面谈，这时已是一九六七年的一月下旬了，溥仪因肾癌引发尿毒症，住在协和医院的高干病房里。

七 在"反帝医院"的病房里

一九六七年一月二十九日，李玉琴到溥杰家说，问题至今解决不了，只好上医院去见溥仪，政协负责同志也已同意，希望溥杰传个话过去，因为不愿意对病人搞突然袭击。这一天成了她向溥仪"宣战"的日子。这时，李凤早已等不及而先行返回长春了，李玉琴和大嫂杜晓娟一起，于次日上午八点多钟来到"反帝医院"（协和医院在"文革"中改名为"反帝医院"）住院部，拿出业经全国政协签署过意见的介绍信，得到医院有关同志的同情，把她们送到溥仪的病房。

这是一间条件不错的高干病房，溥仪正靠墙坐在床上，与搭床边坐着的李淑贤说话，他明显地衰老了许多，脸也浮肿了。树怕扒皮，人怕见面，李玉琴这心又软了下来，一时之间竟不知说什么好。然而，当溥仪勉强从病床上起身下地，礼貌而友好地向李玉琴伸过手去时，她却拒绝了握手。溥仪发现，如今站在面前的中年妇女，既非宫中那个天真无邪的少女，也不是五十年代到抚顺探监那位含情脉脉的少妇，更不是特赦后曾在北京重逢的稳重的故人，而有些咄咄逼人了。

"你有病了？"大嫂冲溥仪先问了一句，溥仪不言语，只点点头。

"好像有点浮肿吧？"大嫂看看溥仪，又说。

"是浮肿，不是胖。"李淑贤在一旁插了一句。

大嫂开口自我介绍说："我叫杜晓娟，是李玉琴的大嫂，也是'皇亲受害者'的代表，今天要来问问你。李玉琴也是我拉来的。"大嫂滔滔不绝地讲了起来，溥仪像个听评书的，一声不吭。

"你认识我吗？"大嫂突然提出这么个没道理的问题。

"不认识。"溥仪这才开口。

"认识李凤吗？""满洲国"垮台前六个月，溥仪"加恩"，赏赐李凤一个

"警长"的头衔,当了半年"警长",又当了半辈子"皇亲国舅"。

"不认识。"溥仪摇头。当年不过一点头的事,哪会记到今天?

大嫂又念叨家中几个人的名字问溥仪,他困惑地摇头说:"不认识。"他确实不认识,除了李玉琴,他没见过老李家第二个人。杜晓娟一边问一边在小本子上记,李玉琴也记,为的是回去好向造反派交代。

"那么你见过李玉琴家什么人呢?"

"我一个也没见过。"

"你给过李玉琴家谁'皇亲'待遇吗?"

溥仪用手扶扶眼镜,笑了笑说:"没有!只有婉容家才算皇亲,一则她本人是皇后,二则她娘家地位也够。李玉琴本人的地位以及她娘家的地位都不够,所以不享受皇亲待遇。"直到这时,李玉琴才明白什么样的人的娘家才能够享受皇亲待遇。

"这就奇怪了,你没封李玉琴家是皇亲,更没给过谁皇亲待遇,可我们家老少三辈都成了'皇亲国戚',连我这个新中国成立后进老李家门的人也成了'国舅夫人',又被批斗,又被抄家,这遭的到底是哪份罪呀!"杜晓娟越说越来气。

"什么皇亲?你根本就不承认我们家是你的亲属。你不是给我家订了'六条'禁令吗?什么不许求官、求钱,不许对外说和你是亲属,不许以你的名义做什么,最后一条是皇帝陛下的旨意必须坚决服从。你还给我订了更严厉的'二十一条',使我连一点人身自由都没有了。至今我背着'皇娘'的罪名,可我啥时候享受过皇娘的待遇?进宫后第一件衣服是粗布的,刚封'贵人'时连新被都没做。"李玉琴加入了"战斗"。

"这些属实。"溥仪认账。

"还有,我在宫中两年多没穿过你一件皮袄,也没给过我多少钱。"

"我并不管账,但对你关心不够,让你受委屈了。"

这时,李淑贤插嘴冲李玉琴问了一句:"你是谁?"

"你是谁?"李玉琴不回答,向李淑贤发出更强硬的反问,并说,"我是代表东北人民来同溥仪算账的!"李玉琴见李淑贤置其问话而不理,更来了情绪,对她厉声呵斥:"请你出去!"

"我有资格在这里坐着,我不能出去!"

"你是什么成分?"李玉琴学会了当时时髦的问话。

"你不用管我什么成分!"李淑贤毫不客气。

李淑贤不买账,李玉琴转而又对手足无措的溥仪说:"我们是代表东北人民来和你算账的!"

"你既然是代表东北人民来的,请拿出介绍信看看!"李淑贤一点也不示弱。

"今天没带来。"李玉琴并未掏出那张业经全国政协签署意见的吉林省委给开的进京介绍信,大概是怕被李淑贤给毁了。

"你在东北哪个单位?"李淑贤又问杜晓娟。

"我是长春机械厂的。"

"拿出工作证来看看吧!"

杜晓娟也没有掏出工作证来。她们之间的谈话继续下去,情绪的对立色彩更浓,气氛也更紧张了。

"长春有人正在批判《我的前半生》,这本书流毒全国!"李玉琴冲溥仪说了一句,当时的看法确实很偏激。

"我承认有些内容不合适,现正检查中。"溥仪回答说。

"你把压迫人、当汉奸的事写成书,还要拿稿费,这不合理。"

"稿费已经退还政协机关了。"

"交给谁了?"

"文史办公室主任张刃先。"

"李凤当伪警长,到底怎么回事?"杜晓娟问。

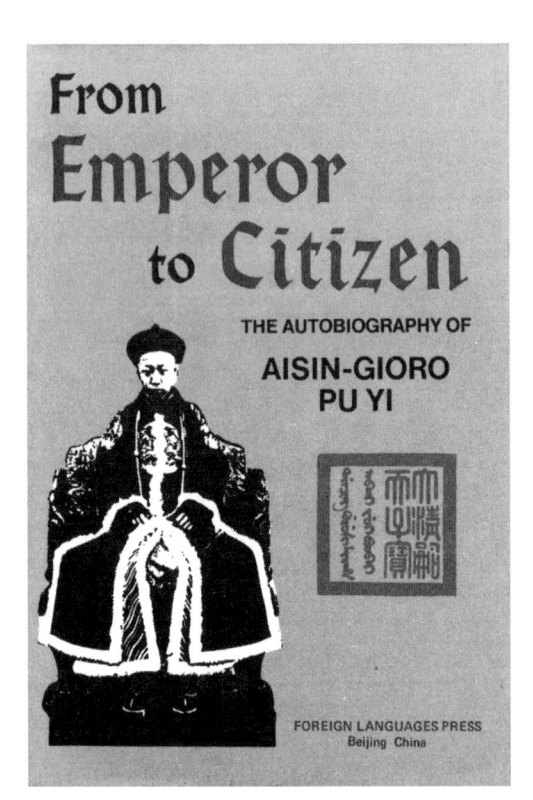

英文版《我的前半生》

"我记得是吉冈提议的,他说可以给安排个事干,照顾李玉琴的娘家。他的提议我一概同意,从不过问情由。"溥仪解释说。

"总之让我家背这么多年黑锅,真是害人好苦!"大嫂说。

"当时没想到会有这样的后果,请你们谅解。"溥仪说。

"在旧社会,你进宫是掉进了火坑,那也没有办法。溥仪特赦后,你为啥又来找他?莫非还想再跳进火坑里去吗?"李淑贤抓住机会就插嘴,她说话可不像溥仪那么客气。

杜晓娟手拿《毛主席语录》道:"毛主席教导我们说,'没有调查研究,就没有发言权。'"接着就问李淑贤,"你了解当时的情况吗?"

"你不了解宫中情况,还是让溥仪说吧。"李玉琴的态度已经缓和下来。这时有几位护士过来解围,劝李淑贤离开病房。

"以前你口口声声说'有罪',对不起我,背后跟李淑贤还承认你有罪吗?是不是我和你离婚,你就没罪了,而应该是我有罪,对不起你了?"李玉琴盯住溥仪问。

"她不了解情况,请你谅解。"溥仪扶扶眼镜,代妻子受过。

"我们来找你,没有别的意思,如果你承认我家不是皇亲,就实事求是写个证明,连我在宫里受压迫的事、我大哥当伪警长的事都说说。"

"先让我考虑考虑。"溥仪并没有立即答应下来。

"还有我给你写的信和孩子照片等要还给我,以免有人造谣。"

杜晓娟插嘴说:"这并不是你们二者之间的关系,因为这段历史使我们很多人遭受株连。"

溥仪不回答。

"明天我们来取证明材料和那些信。"李玉琴说。

"可我有病啊!握笔都困难……"溥仪讲的也是实际情况。

到了开饭的时候,李玉琴和杜晓娟只好走了。溥仪很难过,当即以其病弱之手,在日记中一笔笔记下这二十世纪六十年代发生在北京病房中的奇人奇事。谈到"福贵人"姑嫂的来意时,溥仪写道:

为让我写一文件，替她澄清问题，说明她入伪宫后如何受压迫，如强迫她在"二十一条"上签名，表示服从并在佛前焚烧，又对他父母家属规定"六条"限制办法，等等。

八　"皇娘"造反

离开溥仪的病房，李玉琴和杜晓娟都不痛快，她们先后向"文革"接待站和全国政协的接待人员汇报了病房辩论的情况，接待人员还是让她们等待主要领导接见解决。但等到何时，谁来接见，没有人说得清。然而，杜晓娟属于停薪离岗，李玉琴必须负担两个人的开销，太沉重了，再说她不能不惦记家里的孩子，想来想去，还得自己出面去找溥仪解决问题。

一九六七年二月七日晚饭后，李玉琴和杜晓娟认真做了准备，前往溥仪转住的人民医院。驻"文革"接待站的"首都红卫兵三司"也派了两名"观察员"同去，他们要听听溥仪亲自解释这"皇亲"的来龙去脉。还有一位与李玉琴住在一起的女军人也去了，她是外地来京上访的，因为好奇，要看看皇帝的模样。

李玉琴等事先商量了这次行动的形式和要解决的问题，并写成书面材料。题目为《溥仪！你要向被你损害者及其家属老实认罪、交代问题！》内容除引用"扫帚不到，灰尘照例不会自己跑掉"那段时髦的语录外，还向溥仪提出如下十四个问题：

1. 李育勤（"文革"期间李玉琴自行改用谐音字）究竟是怎样进宫的？以后又怎么成了"福贵人"？
2. 你给李育勤订"二十一条"出于什么目的？具体内容是什么？
3. 你给李育勤娘家订"六条"出于什么目的？具体内容是什么？
4. 你给过李育勤什么权利？什么职务？包括政治、经济、学习、生活等方面。
5. 李育勤在宫中干些什么？都见过什么人？你们在一起生活吗？几天

李玉琴要求溥仪对十四个问题作出回答（原稿第1页）

李玉琴要求溥仪对十四个问题作出回答（原稿第2页）

见一次面？见面都干些什么？

6. 李育勤在你眼里究竟占什么地位？你对她有何迫害？

7. 你给李玉琴的哥哥李凤（本人初小文化程度，已有八年工龄，当印刷工人，二十一岁）安排警长是要什么阴谋？什么目的？

8. 李育勤的娘家人去看过她吗？都谁去过？

9. 你见过李育勤娘家什么人？给过他们什么好处？有过什么来往？

10. 你给过李育勤娘家什么权力？他们借用你的名义干过什么？

11. 李育勤的亲友与你有过往来吗？你见过她的哪些亲友？

12. 你承没承认过和李育勤家有亲属关系？

13. 什么样的人是皇亲国舅？李育勤家算不算皇亲国舅？

14. 你把李育勤的相片、孩子的相片，还有寄给你的信全部退回，今

257

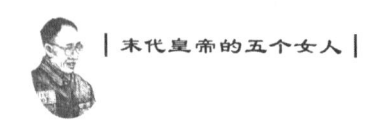

后你再敢造谣生事，决不会饶恕你。

溥仪在人民医院受到的医疗待遇显然已经降格，不能住在条件良好的单人病房，而只能和其他患者、随员混住大病房了。李玉琴等一行五人到达时刚好溥杰也在，这大概与李玉琴事先通知了他有关。

李玉琴一面把准备好的书面材料交给溥杰，一面对溥仪说："我们提出一些问题要求你回答，要书面回答，写不写随你便！"接着杜晓娟高声宣读"最高指示"，然后以会议主持人的架势说："现在开始批判，控诉溥仪！"这一下，本病房和外病房的人都过来旁听了。

李玉琴先控诉，从入宫说到现在的遭遇，也提到溥仪在东北犯下的罪行，给东北人民带来的灾难，以及他们全家在"文革"中怎样被打成"皇亲"挨批斗，做了溥仪的替罪羊，到如今她这个"皇娘"还在受歧视和迫害等。说起辛酸事，忍不住要流泪，李玉琴一时激动，便指着坐在椅子上的溥仪说："你如果不老实，就把你带到东北人民面前说说去！"继而杜晓娟发言，主要说她和她的家人顶着"皇亲"的名义，遭受种种打击、迫害，抬不起头来。发言中使用了一些过激的言辞，如曾指着溥仪说"你在东北罪大恶极，人民不会宽恕，今欲揪你回东北，让东北人民和你算算账"等，批判会开了一个多小时。李玉琴回忆当时的心情说：

往回走的路上很不愉快，过去为溥仪受苦，并未生出恨来。离婚以后有过隔阂，也不是恨。"文革"以来受到种种逼迫是实，然而"逼"出来的恨绝不能恨得深。同来的那位女军人以及红卫兵"观察员"对这次批判会都不满意，评价是"控诉不够，批判不深"，还说我"没有划清界限"。我深知当时无论怎样做也不会有人说"不对"，然而我们根本就没想过上北京来批斗溥仪，如果第一次在医院就能谈好，绝不会再来第二次！当初离婚都是和颜悦色地分手，今天为了一纸证明就剑拔弩张，这太让我伤心了！

第二天，李玉琴又背着大嫂给溥杰打电话，说溥仪有病，希望他好好休养、治疗,尽快康复;又说昨天晚上那是没有办法的事,只要能给写个证明材料就拉倒,完全没有别的意思,正在春节期间,给大家添了麻烦过意不去。她希望溥杰把这些话传给他哥哥,溥仪或许能不再忌恨自己,起码可以宽宽心,对身体有好处。嗣后的情形仅据溥仪日记所载,叙述如下:

二月八日,溥杰打电话给全国政协文史资料研究委员会主任委员沈德纯汇报病房批判的情况,沈德纯指示溥杰,让他帮助哥哥执笔写出关于李玉琴及其家属的历史情况材料。当天下午,溥杰获悉"首都红卫兵三司"不再支持李玉琴的消息,对写材料的事儿又犹豫了,溥仪嘱其不论外界如何变化,"仍照既定方针"实事求是为李玉琴写证明材料。

二月九日至十一日,溥杰在家中起草证明材料。

二月十二日,溥仪、溥杰和李淑贤在病房逐句修改证明材料,改好后又交给溥杰缮写。

二月十三日,溥仪在誊清的证明材料上签名后,送交全国政协郭盛臣。

二月十四日,证明材料在溥仪家族内部引起辩论,李淑贤、二妹韫和、二妹夫郑广元等都认为"大哥心太软","为李所恐吓","不完全实事求是",溥仪则认为他们"只看表面现象,不看事物本质",坚持应对李玉琴负责。

三月十五日,李玉琴通过"三司"驻全国妇联联络站向溥仪索要前些年陆续写

1967年2月8日溥仪日记记载有"我们仍照既定方针"为李玉琴"写证明材料"一语

"我可以写这个证明。"溥仪答应了李玉琴

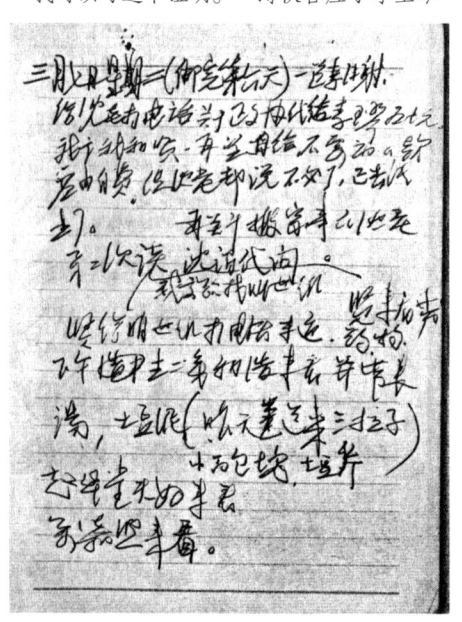

1967年3月7日溥仪在日记中写下"要自费为李玉琴购买返程火车票"

给他的信,溥仪让二弟转交给全国政协郭盛臣。

据李玉琴回忆,当沈德纯把证明信的手稿和两份打字稿放在她面前时,曾劝她说:"你还是把手写件带走吧,到什么时候都有法律效力。"李玉琴却认为溥仪的钢笔字很草,怕别人认不出,说她伪造,便要了一份打字件,为此至今懊悔不及。

溥仪这份证明材料一共讲了七个问题:(一)李玉琴入宫的由来经过;(二)溥仪对李玉琴所订的"二十一条"和对她家属订的"六条"的目的;(三)李玉琴在宫中生活情况;(四)李玉琴在宫中所受的种种限制;(五)关于溥仪给李凤安排"警长"的问题;(六)溥仪和李玉琴的家属的关系;(七)所谓"皇亲国舅"的问题。

毫无疑问,溥仪说了一些真话,澄清了若干历史过程中的细节,并道破了它们的本质,这有利于在当时为李玉琴和她的亲属从政治方面解脱一下。然而,不可否认,溥仪也说了许多言不由衷的话。在极"左"思潮笼罩全国的时候,有些用词或结论生拉硬扯,上纲上线,也情有可原。当然,这些属于羼入的水分就谈不到史料价值了。

全国政协"革命造反指挥部"在溥仪写的证实材料上签署了两条意见。第一条说溥仪"诚恳接受批评",愿意对《我的前半生》一书"作深刻检查",并已将稿费四千元退交政协机关。第二条中最主要的一段内容如下:

> 由于全国解放十七年来,当地某些领导、群众,不了解李玉琴和溥仪结婚完全是受溥仪压迫而对她和她的家属进行批判,要求溥仪给李玉琴写一证明。我们认为这一要求是合理的,已责成溥仪把当时经过写出,以便李玉琴向当地领导、群众交代。现溥仪已经写出,我们认为情况基本相符,交李玉琴带回。

在北京折腾了百日,李玉琴和杜晓娟终于找到她们最需要的"尚方宝剑",又拿了沈德纯代溥仪支付的百元返程路费,轻松地踏上归途。

九 从"牛鬼蛇神"到"五七战士"

事实证明,溥仪的证明材料不是护身符,全国政协那个"革命造反指挥部"签署的意见也不是"尚方宝剑",李玉琴千辛万苦得到了它们,仍然不能在政治上翻身,不能改变受歧视和挨整的处境。

丈夫老黄先被关进"牛棚",接着,李玉琴也被单位送入"学习班"。"牛棚",顾名思义是关"牛鬼蛇神"的地方,就是说确定为敌我矛盾的对象才进"牛棚";而"学习班"里的人还是属于人民内部矛盾。所以李玉琴挺满足:老黄不过是"三青团"员,就给"入另册",而对进过皇宫的自己当然还算客气。但是,没过几天她就被从"学习班"里挑了出来,和"牛鬼蛇神"一样戴上黑名签,成了"群众专政"的对象。

在"牛棚"的日日夜夜里,他们除了强制劳动,就是规规矩矩地写交代材料。行动没有自由,更不许随便回家。晚上睡觉前、早晨起床后以及三顿饭之前,都必须站在毛泽东像前"请罪"。那时候真有人能想出损招儿,让

李玉琴"文革"年代插队到敦化县大桥公社兴发大队

这些戴黑名签的人，自己把毛主席痛斥反动派的语录连缀成文，名之为《认罪书》，大骂自己是"不齿于人类的狗屎堆"。每天躬腰念五遍，真是无情的精神折磨！当年溥仪给她订了"二十一条"，她开始也很苦恼，由不服到屈服，最后相信命运了。但这回她心里始终不服，白天不敢当众流泪，晚上在被窝里哭！一不反党，二不反对社会主义，怎么成了"反革命"？

李玉琴作为"皇娘"的名头虽然不小，但找不出罪恶，一个多月就松了绑，让她走出"牛棚"，重新回到靠边站的位置上。老黄也并不是历史反革命，更不是现行反革命，审查来审查去也划不到敌人方面去，"牛棚"生活也结束了。

一九六九年十二月，李玉琴获准与丈夫一起走上"光辉的五七道路"，即根据一九六六年五月七日所发出的"最高指示"而确定的道路，一家三口按文件规定的"四带"原则，带户口关系、带粮食关系、带工资关系、带组织关系，交了长春市内的居住房屋，来到吉林省敦化县大桥公社兴发大队插队落户。他们挺高兴，因为已从"牛鬼蛇神"，升为"五七战士"了。

农村的生活条件不能和城里相比，但他们很快就适应了。李玉琴生在农村，并不陌生，每天干点农活，做点家务，组织本屯妇女学习或参加生产。老黄虽然是中国头号大城市里的人，也下放劳动了好几年，什么农活都干过。他的技术专长在农村也有用武之地，比如他安装或维修大队广播系统，排除用电方面的故障等，还在农村中学兼课。每到冬季农闲时，两人都参加公社组织的"毛泽东思想宣传队"，深入村屯搞斗、批、改运动。过去在城里一有运动，他们准当"革命对象"，今天居然也当上了"革命动力"，而且在一定范围内参加运动的组织和领导工作，这已经是意想不到的光荣了。

不久，在清理"三角债"的工作中发生了一件事。所谓三角债，就是社员欠生产队的，生产队欠国家的，从而形成恶性循环。那年头政策太"左"，生产队的日值很低，社员辛辛苦苦干一年，连口粮也领不回来，欠债是很自然的事。生产队被借光了，无力购买农具、化肥组织再生产，只好伸手向国家贷款，年年借，还不上，变成了债多不愁的局面。三角债成了当时农村很普遍的"老大难"问题。

公社要求宣传队员深入各家各户，动员社员清偿债款。然而别人下去都是很有"分寸"的，不肯"逼债"得罪人，李玉琴却是"不折不扣"地执行公社指示。她先到老刘家，这家男人是国家职工，是左邻右舍都羡慕的"挣现钱"的人家。如果说绝大多数靠工分买口粮的社员欠债还情有可原的话，像老刘家本来就应交现款买口粮，是不该欠债的。她去做工作，说了很多话，请老刘家带个头把欠生产队的钱还上。谁知刘家媳妇扯起大嗓门撒泼了："你这是向贫下中农逼债！"

"你家月月挣工资，为什么连口粮、烧柴钱都不交？"

"没吃你的，是共产党给的！"

"清理三角债也是公社党委的号召，你感谢党就应听党的话。"

"你代表不了党！你不是娘娘吗？怪不得你来逼债。旧社会你就逼穷人，今天又来逼呀……"

这个不讲理的女人又击中李玉琴心灵上的创伤。下乡以来，最大的愉快就是摆脱了那段历史的纠缠，为此她愿意一辈子待在这儿，再苦再累也干。可万万没有想到，在这里也会碰到揭疮疤的人，她内心很难过。

这件事反映到大队党支部以后，有人提出要对辱骂李玉琴的那位妇女进行批评教育，但也有人不同情，说李玉琴是"重点再教育对象"，与贫下中农"在感情上还有隔阂"。她明白了：农村也不像想的那么简单，一个大屯子几百户人家，正如老乡说的"扯耳朵腮动"，多亏大队有一个坚持真理的军队转业干部替她说了一句公道话。可见她脖子后面那根历史小辫子，并不因为已经成为"五七战士"就剪除了，它还在一些人手里攥着，需要拽一拽的时候就把手一握。

一九七二年底，涉及"五七战士"命运的新文件传达下来了。这些在农村生活了两三年的人，又一批批地返回城里，返回原来的工作岗位上。这时又来了股风："好人都调走，留下的没好人。"李玉琴不介意留在农村——已经交了不少农民朋友，他们身上有很多城里人没有的美德，和他们生活在一起就不好？暂时没有调回城里的就不是好人？

李玉琴想不通，也忍受不了，就回长春找市人事局。李玉琴说，既然留下的没有好人，自己也不是坏人，要求回来。她想：自己是很愿意跟共产党好好干革命的，为什么总是遭到嫌弃？往外推？市人事局不能给明确的答复。她又去找陈钟市长。陈市长认为应该调回市里，但考虑到她是省里挂号的统战对象，建议她当面向周光省长汇报一下情况。于是她来到周省长的家，按了按门铃，周家的保姆出来开门。

"周省长在家吗？"

"周老有病，不见客。"

"请转告周老，就说市图书馆的李玉琴来看望省长。"

"周老正在打吊瓶啊！"

"那就等等吧！"

保姆只好把李玉琴让进客厅，上楼去通报。老省长很快就下来了，保姆也跟下来，还小声嘟哝："才打一半就自己把吊瓶拔了。"她已经几年没见着周省长了，从身体看周省长显得苍老了许多，脸色现出病容。她真后悔，不该在这个时候来打搅。

"你来找我，是有什么事情吧？李玉琴同志！"

"是的，周老！我委屈！走'五七'道路，现在还在农村。"

"怎么，也把你下放了？"

"第一批走的，已在敦化待了三年啦！"

"胡闹！"

李玉琴当时还不明白周省长为啥生气，原来内部有精神，重点统战对象

在工作岗位上努力的李玉琴

不安排插队落户，大约周老认为她应该被列入"保护对象"！

"人家都一批批地回来了，我们还没有动。说是留下的没好人，也不知道我和我爱人谁是坏人……"

"你爱人在什么单位？"

"省电台。"

"我知道了，你先回去吧！"

不出十天，市文化局发来调令，调李玉琴回图书馆工作。接着，省广播事业局又发来调令，老黄也返回省电台原来的岗位。

好事多磨，李玉琴返城不久又遇上"反回潮"，在全国范围内大批特批"兴灭国、继绝世、举逸民"，孔夫子又倒霉了，她这个"封建娘娘"也倒霉了。批判她的大字报挂在楼梯过道上，来来往往的人看得一清二楚，她内心痛苦不已，真想再离开这喧嚣的城市，回到生活了几年的农村去。

儿子大学毕业，全家团聚在胜利公园的春天里

她想不通，连皇帝都可以改造成为普通公民，只有不足三年的宫廷生活历史，又没参与过任何政治活动，难道就永远也改造不好了吗？每当受到政治打击时，她就会想到农村，那里也有个别人偶然会提到"皇娘"的历史小辫子，但绝大多数人对她都很好。农民的文化程度低，甚至还有迷信思想，但在他们身上，更多的是正派、纯朴、直爽、热情，肯吃苦耐劳，又心地善良等中华民族的优秀品质。生活在他们中间，政治上不受歧视，人格上受到尊重，生活上得到关心。有个时期李玉琴帮助本村妇女排练文艺节目，朝鲜族妇女能歌善舞，也有人五音不全，可她们却那样热情而认真地对待演出，那样无忧无虑地生活，多和谐，多有趣呀！回城后李玉琴很快又成为"革命对象"，重新生活在担惊受怕之中。幸运的是没有几年，"四人帮"就垮台了，她才真正获得解放，迎来了政治生命的春天。

十　十一届三中全会以后

当李玉琴终于安定下来的时候，已经过了"知天命"的年龄，在图书管理和借阅工作中，她严格执行制度，哪怕是顶头上司、馆长，不按制度办也不依。有一回她追讨积年陈欠的外借图书，竟追到一位市政府的领导头上，偏偏那位领导又把书弄丢了，李玉琴不留情面地执行加倍罚款的制度。被罚者说：经过这么多年动乱，丢几本书也不足为奇，照价赔偿是可以的，还要加倍罚款，不太合适吧？李玉琴不客

1990年李玉琴参加政协会议期间拍摄

李玉琴受到长春市"民革"的表彰

李玉琴的历届政协委员证

气地给他"上课"说：制度是这么规定的，当然要这么执行；如不加倍罚款，许多珍贵图书就会变成个人的资料了，希望得到领导的支持。那位领导笑了，连说"认罚，认罚"。

十一届三中全会以后，李玉琴的家庭也发生了巨变：爱人晋升为工程师，孩子考上了大学，家里的居住条件、生活条件都有很大的好转，民主党派恢复活动以后，李玉琴于一九八二年正式加入"民革"，了结了二十多年因一次又一次耽搁而未能遂愿的一桩心事。在一九八三年长春市政协六届一次会议上，她被推选为市政协委员。一九八八年又被推选为省政协委员。从此，她的政治生活内容更加丰富了，平时出席许多报告会、座谈会、茶话会以及各种各样的招待会，赏月、赏菊会等等，而且每年一度参加政协大会并列席人民代表大会。会上，她履行自己作为政协委员的职责，对有关社会问题积极提供建议，受到政府部门的重视。这里引录一个文件：

对中国人民政治协商会议长春市委员会第 277 号提案的答复

李玉琴委员：

您的"加强国营商店服务工作"的提案收悉。您对我市商业服务工作提出了很好的改进建议，在此表示感谢，并希望您经常监督检查我们的工作。您提出的建议和办法，过去我们已在供应服务工作中进行了运用，今后还要不断加强和改进。

长春市财贸委员会 1986 年 7 月 8 日

1984年王庆祥在长春市图书馆采访李玉琴

这样的政治生活使李玉琴感到光荣和幸福。

作为历史上的"福贵人",她一直离不开"讲经历、写经历"这项文史资料工作。早在二十世纪五十年代,她就多次应各级领导同志要求介绍"满洲国皇宫"的种种历史情况;到六十年代初,写了一篇《我的宫中生活》;八十年代初,又写出《坎坷三十年》;到八十年代末,与笔者合作的长篇回忆录《中国最后一个"皇妃"》也出版了,这些文章或著作在社会上引起很大反响,她收到一大批读者来信。

河北省卢龙县有位政协委员来信,说对李玉琴的"苦恼和感情的矛盾十分理解",并表示同情,因为自己"也有过坎坷的遭遇",请求回信告知"近年的生活、工作及家庭情况"。陕西蓝田一位曾受到"双开"错误处理后平反的退休干部,来信称赞她"经污泥而不染,历坎坷而不变",急切地希望了解她的近况。福州市的几位读者联名给她写信,说看过回忆录,不但同情她,

李玉琴撰写的文稿

更同情凄惨而死、尸骨难寻的婉容，建议立即寻找婉容的尸骨，并为之"造墓立碑"，认为纪念那位"被封建恶魔吃掉的不幸女人"，不仅具有历史意义，"也是对历史负责，是一个义举，是人道主义和仁德的体现"。还有一位侨居加拿大多伦多市的普通工人——酒家收银员来信，请求她介绍生活近况，说"海外千万华胞都在关心夫人的生活与工作"，为了寻找她写的回忆录，"找遍多市所有书店和图书馆"。他在信中热情地把她引为"同阶级的姐妹"，信中写道："不管在哪儿，我永远热爱社会主义祖国。"李玉琴还接到一些青年和少年儿童来信，其中有人把她的经历编成诗句，希望她写出更详细的回忆史料，以便了解自己不曾经历过的那段悲惨的历史。还有许多作家来信，希望把她的经历改编成戏剧或文学作品，其中一封来自湖南汉寿。

玉琴同志：

我阅读了你的回忆资料，对你那似富贵并不富贵的遭遇深表同情，对你现在甜美如蜜的全家乐生活，寄以由衷的祝贺。

你的一生是坎坷的一生,起伏大,波折多,充满了眼泪和辛酸。你品性纯洁,正直,善良,热爱劳动,很有智慧,富于进取,然而,你却成了旧社会、旧制度、旧思想的受害者,是亿万受害妇女中最深重、最突出、最典型的一个。解放的号角,未能迅速把你从麻醉中唤醒,是十一届三中全会的春风,吹暖了你将要冷却的心灵,愈合了你精神上的伤痕。

在你的身上我看到了当亡国奴的痛苦,看到了帝国主义的凶残,看到了封建宫廷的梗概,看到了人民翻身的喜悦,看到了三中全会的欢笑。我想用形象的语言、风趣的笔调,围绕你的一生,进行戏剧性的刻画与描写,让人们从中得到启示,获得教益,认识到只有社会主义好,自觉地发挥拼搏精神,在我们这块辽阔的国土上,建造人类最美好的未来。

读者来信中,还有相当一部分是与李玉琴有过共同经历的人写来的,几十年后再通音讯,重温旧事,历史又给了他们新的启示。

大连日报社老干部徐桂芝同志来信说,一九四六年春节期间,通化的日

1986年李玉琴、王庆祥与长春市政协文史委主任沙中典讨论撰写回忆录事宜

本人暴动，李玉琴的脸被玻璃擦伤，当时就是她和另一位男同志给包扎的，她还清楚地记得四十年前那个年轻的"福贵人"。老徐正是当年的女八路哇！是李玉琴羡慕而不敢靠近的人，又是在枪林弹雨之中拯救了她的最亲的人！老徐还在信中热情相邀，说大连是个美丽的海滨城市，希望李玉琴夫妇一起去旅游，她将十分高兴地在自己家里接待。

锦西市医院离休干部田枫和李玉琴一样，在通化大栗子沟经历了日本战败投降那一幕动乱的场景，但是她走上了参军之途，转战南北，成为人民的功臣，现在正享受着幸福晚年。她来信写道：

> 我们是同龄人，看到您的回忆录，我的感情是万分激动的。我当年在日人兴办的东边道开发株式会社医务养成所学习，一九四五年六月在大栗子沟矿山医院实习，八月十日左右的一天，我们这一批学员都迁移到沟里山上的宿舍。隔几天，因伙食不好，我们几个女同学想下山买点酱油当菜吃。可是下山未走几步就被堵住，说禁止通行，下山办事必须持有通行证，问戒严的原因也问不出。又过了些天才听说是皇帝带着娘娘、妃子住在山下。我们这帮好奇的女青年想看又看不见，想听又没有消息。"八一五"光复以后，日人已被集中，但矿山仍未正式接管。我们在此混乱情况下想回家，车无准点，即使偶尔通一次车，人多又难得挤上去。后在当地人的援助下，总算登上车回到家乡通化。
>
> 一九四六年春节刚过，一天午夜之后，日本战俘及日本市民联合暴动，后称为"二·三叛乱"。当时（即1946年2月3日晨2时左右）我睡得正香，突然被枪声及炮弹声震醒，遂被大人们安排在土炕下避弹。回忆起来这已是四十年前的事了。
>
> 您的回忆录使我想起了家乡，在侵略与战火中有多少辛酸的回忆，又有多少童年时期的美好向往！可怎又能想到，在那伟大的转折年代里，大栗子沟、通化，这些我的第一、第二家乡，还留下了您的足迹。

田枫这封信描述了大栗子沟和通化的真实社会状况，是有用的史料。

辽阳市法律顾问处主任律师杨安康来信说，他随东北民主联军四十军一二〇师转战通化期间，见过李玉琴，后又随军围困长春，参加辽西大战，进关围困北京，南下解放海南岛，再回师入朝参战，回国后驻军天津、北京，这使李玉琴十分高兴地得知：自己待过的部队乃是一支转战全国、立下汗马功劳的英雄军队。

李玉琴还高兴地收到一些读者热情寄来的纪念品。甘肃省兰州市一位酷爱书画的医生寄赠了精心绘制的作品；江西省南昌市的一位干部专门为她恭录小楷扇面一幅，并精刻软玉印章一枚。读者们的一片热心给了她很大鼓励。

十一 历史的重聚

历史进入二十世纪八十年代以来，溥仪因其从皇帝到公民的传奇经历而受到全世界的瞩目，李玉琴也成了新闻热点人物，她应各种邀请而常常赴京，也因此与溥仪家族的人常常聚会，他们之间出现了崭新的关系。

一九八五年李玉琴再度登临护国寺街上的几蹬台阶并按响了红柱黑漆大门的门铃。溥仪和载涛先后去世以后，溥杰成了满族人民的代表人物，出任全国人大常委会委员和民族委员会副主任，又有许多"顾问"头衔，每天都很忙，在家里还要护理病重的嵯峨浩，接待常来常往的日本亲友。李玉琴来了，他总是热情接待，赶上饭时必定留饭。溥杰于一九九四年二月二十八日因多脏器功能衰竭去世，而嵯峨浩于一九八七年六月二十日就已病逝了。

李玉琴一九八八年上北京时，曾主动拜访二妹韫和，至于早年彼此间的成见，已随历史化解，谁都不介意了。韫和及丈夫郑广元都是西城区政协委员，相依为伴安度晚年。郑广元病逝于一九九五年，韫和病逝于二〇〇二年。

三妹韫颖是东城区政协常委，退休后与作为全国政协委员的丈夫郭布罗·润麒和两儿一女一起，过着安宁幸福的生活。据李玉琴说，三个孩子都特别善良，待她如同长辈，礼貌热情，谈吐不凡，思想水平高，工作能力也强。韫颖病逝于一九九三年十二月。润麒病逝于二〇〇六年，享年九十四岁。

四妹韫娴婚后与丈夫住在沈阳，后来也没有跟随皇族逃往通化，所以跟李玉琴见面较少。她是厚道人，心地善良，丈夫赵国圻于二十世纪四十年代末被卷往台湾，三十年后弃产还乡，终能与老伴重聚，一子一女都很孝顺，婆媳融洽。李玉琴每次去看望他们，都能受到热情而礼貌的款待。赵国圻病逝于一九八九年，韫娴撒手人寰已是二〇〇二年前后的事儿了。

五妹韫馨与李玉琴关系更密切些，但她丈夫万嘉熙对李玉琴有成见，待之冷淡。自从一九七二年老万病逝后，李玉琴每次到京，总要抽时间看看五妹，韫馨教育子女又有耐心，又有方法，李玉琴非常佩服。韫馨也在一九九八年病逝了。

六妹韫娱当年新婚燕尔，曾从北京前来长春参拜"皇上"哥哥，也见过"福贵人"一面，二十世纪六十年代以后在北京画院当画师，她一九八二年就逝世了。

七妹韫欢是李玉琴惟一不曾见过面的"格格"，但早在溥修家住的时候李玉琴就听说她向封建势力挑战，干出两件轰动全城的事情，一件是她在父亲去世后首先提出男女平等，经法院调解分得了载沣的一份遗产；另一件是新婚姻法颁布后，她与恋爱结婚的丈夫双双骑自行车去登记，说明她接受新事物是很快的，在当时被誉为"解放型的格格"。后来她从事教育工作，做出了成绩。她丈夫早在二十世纪六十年代就去世了，韫欢独自抚养子女长大成人，她病逝于二〇〇五年。

爱新觉罗的下一代也已经成长起来，有些人政治上很进步，入党入团，当了干部；有些则在技术岗位上负责很重要的工作，再也看不到公子、格格那一套遗风了。新中国不仅改造了皇帝，把贵族子弟也团结、教育成一支积极的社会力量。

毓嶦从小聪明，在宫中就打下了书法功底，这时已是中国艺苑的书法家，每天有很多国际友人索字，收入亦丰，自费购买在十八里店南桥附近的上下两层带院的单元住宅，雇用了家庭保姆。作为全国书法家协会会员，他还曾应邀赴日观光，交流书法。李玉琴到他家，再也不用"合资"包饺子，总能得到毓嶦及妻子的盛情款待，毓嶦也是被俘苏联的九个人中惟一在世的。

毓嶂和杨景竹夫妇住在吉林市，李玉琴与他们接触更多。老两口都已退休，身边尚有一子一女，女儿大学毕业了，过去受极"左"影响，工作安排不合理，现已调回市内。这位姑娘是个直爽、热情的人，和李玉琴很说得来。毓嶦在政治上颇受重视，是吉林市政协常委、吉林省政协委员，经常来长春开会，会议期间总要抽暇到李玉琴家看看。李玉琴到吉林去，也被盛情邀往家中，和他们夫妇聊聊已经逝去的岁月。这对儿夫妇也已在五六年前先后离世。

毓嵒回北京后的生活一直比较困难，李玉琴二十世纪八十年代到他家去时情况略有好转，一是退休后得到街道照顾，夫妇两人负责清扫一段马路，添点收入；二是孩子们自立了，担子减轻；三是偶尔有些补助，如一九八六年中央统战部就补助他家修房款一千元，北京市民委逢年过节补助数十元。毓嵒也已在一九九八年驾鹤西行了。

李玉琴最关心缘缘和荔荔这两个苦命孩儿，可怜他们在"文革"期间只能在天堂河农场劳动就业。一九六九年传出林彪的一道命令，上自刘少奇，下至地富子弟都被"疏散"了：毓嵒被送到山西，缘缘参加生产建设兵团，上新疆烧砖去了，而小荔荔则来到河北省衡水县冀衡农场。

小荔荔给李玉琴写信，向"爷爷"述说了自己步入社会后受到的种种歧视和不公正待遇。一九七○年他又被农场下放，在冀县插队落户当了农民。直到一九七五年九月他才获准返回农场工人队伍，被重新分配到河北省南大港农场二砖厂工作。一九七七年五月，已过而立之年的荔荔，终于获得了河北省博野县一位农村民办教师的爱情，在农场安了一个无比简陋的家。结婚后，妻子把户口迁到农场，也就失去了教师的职位。第二年添了一个孩子，全家三张嘴巴向一个月挣二十六元钱的男子汉要吃的。再加上妻子、儿子连续生病，他自己也大病一场，生活仍十分艰难。进入八十年代以后才调了几次工资，他又当上县政协委员。他看到李玉琴写的回忆文章，流泪给"爷爷"写了封信：

> 看了您写的《坎坷三十年》，我心中非常不是滋味。历历在目的往事又浮现在我苦难的记忆中，仿佛就是昨天的事。看着，看着，泪水止不住流了出来，连我爱人看后都哭了。过去对您、对我们都太不公平了，太苦了！这在您和我们心中同样留下了不可磨灭的创伤。回忆往事是痛苦的，

但它可以激励我们勇往直前,不惧任何困难……记得我小时候身体很弱,是您费尽心机教我学走路,在极端困难的条件下千方百计医治我的软骨病,您把一针针、一线线织毛衣换来的钱都花在我们哥俩身上,您把慈母的心血也浇注在我们哥俩身上,这才使我们免于死亡并坚强地活了下来。这一切一切,我难道能够忘记吗?

那年夏天,李玉琴给荔荔寄去路费,让他们一家三口到北京见面。李玉琴总担心荔荔从小鸡胸脯,怕长大出"罗锅",一见面就放心了,荔荔的身体不错,也长高了,也粗壮了。荔荔的妻子长相也不错,温柔,脾气好,通情达理,对李玉琴十分尊重,孩子也很亲近她,喊她"老祖",把她喜欢得落下了泪花。他们白天一块儿逛公园,晚上便在李玉琴住的宾馆聊天,荔荔总是笑眯眯地看着"爷爷",李玉琴也喜欢得拉过荔荔的两只手来。在她看来,那两只固然是成年人的手,却变成了天津时代三四岁孩子那双张开着的又白又嫩的小手,扑向她的怀里,喊她"爷爷",向她要窝头吃,那是她多么熟悉的一双小手啊!

一九八六年三月的一天,李玉琴正做家务,有人来敲门,打开门闩她一时怔住了,来人竟是缘缘!二十多年没有见面,她还是一眼就认出了他!只顾拉他的手,她连话也说不出来了,眼泪不由自主地往下落,而缘缘这时早已忍不住哭成了一个泪人。缘缘才四十二岁,人很刚强,这些年一路坎坷走来,文化水平高了,思想也丰富成熟了。他参加新疆生产建设兵团后即从事烧砖等笨重体力劳动。过了几年有位北京女性爱上了他,两人结婚了,但从此开始了苦恼而无边无际的两地生活。经过漫长的十多个年头,青春快要耗尽,他终于想通,毅然把妻子和三个孩子接到新疆,这位皇族的后代在那里安了家。他肩上的生活担子不轻,却装得若无其事,不愿让"爷爷"再分心,只说:"我过得挺好,生活也好,工作也好!"并拉住亲人的手说:"爷爷!我来看您,您可别难过。"他伸手打开旅行袋,拿出从新疆带来的无核葡萄干以及名酒、好烟等,又说:"这些年没对爷爷尽到孝心,有负您对我们哥俩一片抚育之情,就请多原谅吧!"那天,他们的知心话可就长了,从二十世纪四十年代聊到八十年代，再回过头去说四十年代、五十年代……

缘缘对"爷爷"可亲了，挽着她的胳膊小声说："爷爷，给我唱支歌吧！"他还记得小时候躺在"爷爷"怀里听唱歌的情景，可是"爷爷"已经老了，嗓子早就不行了。

"唱一支吧！没关系，我爱听呀！"缘缘又央求，李玉琴想起了一首歌，当年常唱给两个苦命孩子听。"五月的风吹在花上，朵朵的花儿吐露芬芳，假如呀，花儿确有知，懂得人间的沧桑，它该低下头来哭断肠……"

唱了几句她停下了，因为缘缘已陷入沉思之中，歌声送他回到苦难的年月。李玉琴也受不了啦，想起了马静兰，如果她能活到今天才六十三岁，看到儿孙满堂多高兴呀！"心有灵犀一点通"，缘缘也想起五岁就失去的妈妈，

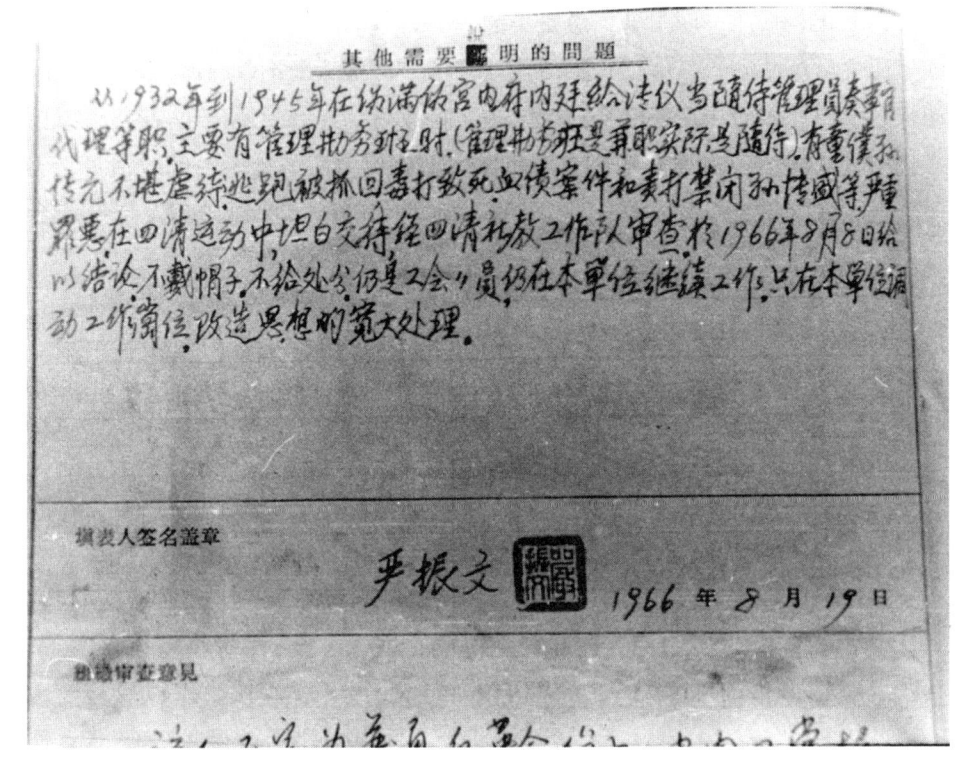

严桐江（原名严振文）管理勤务班证言

遂拿出带在身边的影集，首页上镶嵌着父母的结婚照，还有父母年轻时的照片，其中不少是李玉琴一直保存着，后来陆续寄给了缘缘，可惜马静兰那本《双清堂诗集》找不到了。

在一些与历史相联系的场合，李玉琴屡屡与宫里的奴才不期而遇。

在伪皇宫陈列馆（今伪满皇宫博物院）召集的恢复宫廷原貌座谈会上，李玉琴曾遇见毓恩，他也是溥仪的侄辈，属于远支皇族。过去李玉琴只知道溥仪讨厌他，向通化逃跑都不许他跟着。见面之后才知道，毓恩是个特别老实的人，那年已有七十岁了，还是规规矩矩，少言寡语，就像在"皇帝"身边当差时一样小心谨慎，实在是一种职业病，至今不敢说溥仪一句坏话，叫人看着可怜！

还有前些年才死去的严桐江，他从十三岁进宫伺候溥仪，忠心耿耿当奴才；在通化、临江一度主事，总是不忘"上边"的"恩典"。新中国成立后被戴上历史反革命帽子，却仍是奉溥仪如神佛，甚至从来不敢对溥仪称名道姓，动辄"上边"如何。真遗憾，这"上边"特赦后竟连一封便信也没有寄来过，或许早把奴才忘了！严桐江在长春市粮食部门以"四类分子"的政治身份工作多年，直到"四人帮"垮台才翻了身。

他们虽然同在一个城市，却一直没有见过面。因为都要注意"划清界限"，别闹个"臭味相投"、"一丘之貉"。三中全会以后李玉琴总想去看看严桐江，却不知道他的住址，竟耽误了。他不过是个高等奴才，也株连妻子、儿女吃了不少苦，他最了解溥仪生平以及宫廷历史，可惜不敢得罪"上边"，连一篇文史资料也没写出来。

1987年李国雄先生摄于北京自宅

昔日"福贵人"李玉琴向青年人讲述历史

　　一九八二年李玉琴在北京见到了李国雄,就是《我的前半生》中提到的"大李"。他也是从小入宫给溥仪当奴才,日本战败后,溥仪又"选中"他一起当上苏军俘虏,与其说他是苏军俘虏,不如说他仍是溥仪的奴才,在战俘营里照旧伺候溥仪。引渡回国后,战犯管理所不让他当奴才了,可溥仪还是叫他偷偷地当奴才。一九五七年二月,李国雄受到免予起诉的处理释放回到北京,不久即赶上反右扩大化,找不到相当的职业。那些年妻子得不到丈夫的消息,一个弱女子抚养四个孩子,生活之艰难是可以想象的。他开始反思历史,觉得历史及命运太无情了!他再不愿见特赦后的溥仪,想把几十年的历史都忘掉,让妻子、孩子不被恶魔般的阴影所遮蔽。

　　一九八五年伪皇宫陈列馆为了复原工作,再度邀请知情人座谈,李玉琴又与霍福泰重逢了,见到他自然而然想起那几年苦难的天津生活,因为就是他把李玉琴送到溥修家里。然而李玉琴没有想到,四十余年过去了,这位溥仪的老仆仍以"贵人"待她,恭恭敬敬地行礼。

1986年11月王庆祥与李玉琴摄于"同德殿"原"福贵人寝宫"

"您在天津那个时期,固然不失为光荣历史。"霍福泰总算使用一个"您"字代替了"贵人"二字。

"既然光荣,为什么溥仪的生身父亲、七叔以及弟妹等当时都不管我?他们并非没有力量呀!"李玉琴用事实驳斥他。

"我考虑不周,让您受苦了!"霍福泰还使用着当奴才的遇事自责的口气。

"过去的事情主要不怪你。总之我是个穷苦的汉人,贵族旗人能看得起我吗?所以才不能共处。"

"我知道'上边'喜欢您,别的不知道,所以才千方百计找了好几个地方,把您请到天津。'上边'临走曾嘱咐我们一定要好好伺候您,不料让您受苦,全是我不好……"说着,霍福泰再度行礼,表示道歉。

"都什么年月啦,你还来这个?"

"行礼是应该的,应该的。"

李玉琴邀请霍福泰到家里做客,是要用事实证明:她再也不是"福贵人",

有了属于自己的新时代的家庭。霍福泰去了两次，见到老黄和焕新。他说："我放心了，因为您生活得很幸福。"他似乎还在替溥仪尽责。后来李玉琴听说他对别人讲："贵人有福哇，得了一个好儿子！"他退休后回到北京，和原配妻子住在一起，还有个当工程师的孝顺女儿在身边照顾，连外孙也大学毕业了。李玉琴见到过霍福泰的女儿，很谈得来。

霍福泰有位大师兄叫霍庆云，是原宫廷护军拳师霍殿阁的高徒，他们都是我国武术大师霍元甲的本家，有家传的武术功底，所以成为溥仪的保镖人员。当年日本关东军以大同公园斗殴事件为契机，解散了溥仪的护军，溥仪便把他们中间的几人留在内廷当随侍，按清朝制度等于殿上侍卫，也是很有身份的人。所以他们对溥仪都很忠诚，溥仪被俘到伯力后曾来信指示霍庆云，让他负责焚化停灵般若寺的谭玉龄尸骨，并潜送到北京族人手中。霍庆云闻命立即动身，从大栗子沟偷偷返回长春处理了这件事情，行动利索而且十分谨慎。

一天，霍福泰对李玉琴说，大师兄霍庆云设家宴请她临席，约定时间来接。届时果然有位三十多岁的中年女子领车而来，原是霍庆云的儿媳，叫大新，性格开朗，是位活动家。相见之下，大新大大方方地说："我年轻，不懂过去的礼节，今天接您到家吃顿便饭，请赏光！"

"旧礼节早就不时兴了，还是按同志、朋友的关系相

1985年6月王庆祥在北海公园为李玉琴拍下这张照片

处好!"

"那咱俩的观点就一致了!"

车行一路,两人已经成了朋友。大新介绍说,公公八十岁了,前几年在宽城区某处挂起"精武门"的牌子,广收弟子教授武术。这两年身体欠佳,因饮酒过度而患脑血栓,不能说话了,武术馆由儿子继续任教。

霍庆云看见李玉琴立即起身施礼,她赶忙走过去扶住老人家,霍庆云"啊啊"地说不出话来,但心里很明白,扑簌簌地掉下眼泪。李玉琴说:"现在是新社会了,比旧社会好得多,你再也不是奴才了,儿孙满堂多幸福哇!好好养病吧!"霍庆云点点头。

宴会够丰盛的,他们专门请了一位擅长烹饪的文艺界朋友掌勺,也是武门师兄弟。还有一位陪客是某中学校长,也是武林同仁。受过高等教育的霍庆云的儿子是宴会上的活跃人物,他现在某单位任工程师,业余教授武术。他感慨地说:"目前中国对传统武功尚重视不够,外国人反倒热心。一些日本人特地前来习武,我就教过好几个日本弟子!"宴毕,大家还在一起合影,照了好几张相。霍氏全家送李玉琴到门口。这位当年的护军由靠溥仪吃饭,现在变成了新社会的主人。

十二 "火龙"化恩怨

一九八五年六月李玉琴因公赴京,下榻于上园饭店,恰好笔者也在北京。笔者先后为李淑贤和李玉琴撰写过回忆录,深知两位女士结怨的内情:李玉琴认为对方不理解自己背负历史包袱的苦楚,李淑贤则认为对方不该在溥仪重病缠身的时候还来添乱。这说不清、道不明的历史纠葛,使两位女士困扰整整了二十年,现在,和解的契机终于出现了。

一九八四年六月四日,李淑贤和笔者一起跟李翰祥签订了拍摄《火龙》的协议,在这部描写溥仪后半生生涯的影片中,李淑贤和李玉琴的银幕形象将同时出现,亿万观众也将因此而熟悉她们。在这种情况下,两人不该总是别别扭扭的,应给社会以好的影响。笔者遂首先向李淑贤建议,希望她能同意见李玉琴一面。李淑贤是位识大体、顾全局的开明女士,立刻表示接受,并提出邀请李玉琴聚餐。笔者十分高兴地把这一历史突破性的信息迅速送达上园饭店。

"李淑贤有意邀请您到家吃顿便饭,不知能否接受邀请?"问话既出,李玉琴却因犹豫而一时语塞,我遂加以劝导:"你们是因为溥仪而从历史上联系起来的两个女人,在那个特定的时期,你和溥仪的婚姻关系存在了十几年;溥仪特赦后是李淑贤照顾他的晚年生活。现在,溥仪已经去世了,你们两人应该像朋友似的相处才对。"

"我接受邀请,应该去看看溥仪特赦后重建的家庭。"李玉琴终于做出决定。六月十日下午,笔者和李玉琴照约定一起来到北京东城,轻轻敲开了团结湖畔一扇米色的房门,李淑贤热情地把我们迎进屋内。

这是一套具备暖气、煤气和上下水道的两居室单元楼房,布置典雅。敞亮的阳面大屋中,靠东墙是一套单人沙发、茶几和一盏顶着粉红色绢帽的落地灯;西墙一溜儿摆着雪花冰箱、法式长条沙发和一只两屉柜。柜上放一台十二英寸黑白电视机和带架座的周恩来接见溥仪夫妇的照片。正对平台门的北墙下,新置一张单人沙发软床,溥仪夫妇婚后离家上班的一幅照片就悬挂在床头墙上。主人喜欢养花,窗台上一字儿排列着兰花草、天竺和海棠,还有一盆颇负盛誉的长春君子兰,那是李玉琴决定接受邀请之后特意让笔者先送过来的。

"我多次到北京,早想来看您,因为知道您身体不好,怕添麻烦。这次您盛情邀请,我就来打扰了,真是衷心感谢!"李玉琴说。

"您到北京,就应该像到家里一样来玩才对。我今天真高兴,买了几条鳝鱼,不知您能不能喜欢?"李淑贤说。

"我在上海公婆家吃过鳝鱼,味道不错。其实呀,我是土生土长的东北人,穷人家的孩子,吃东西从来不知道挑剔。"

"我小时候没有妈,也苦哇!"

两人愈聊越近,其间不但有溥仪这根历史的纽带,还有一条共同的苦根,实在是命运相连的姐妹啊!

一九八二年，李淑贤曾往长春，就住在离李玉琴家不远的吉林省宾馆内。不知怎么李玉琴也得知了消息，她后来告诉笔者，当时很想把李淑贤请到家中，可惜勇气不足，似乎一九六七年病房的"硝烟"仍在心头萦绕。不过，长春未能实现的会面，终于在北京实现了。

李玉琴说过，她在宫中亲手给溥仪烧过菜，在通化大栗子沟又亲手给婉容烧过菜，所以自认为总有三四级厨师的烹调水平。可是，那天她看到李淑贤以东道主身份烧制的十几道菜肴以后，真从心里佩服女主人的烹饪技术，不但鳝鱼清香可口，一只鸡也做出许多花样，红烧鸡、清炖鸡、炸鸡块……鲜美呀！

餐桌上，李淑贤夹起鸡块放入李玉琴的小碟内，又高高地端起酒杯敬酒；李玉琴也挑出一片鳝鱼，恭恭敬敬地摆在李淑贤的碗中，并为她斟满一杯。气氛和谐，融洽，欢快。

"溥仪和您结婚之前曾写信告诉我，若不是我当时正有身孕，行动不便，一定会来参加你们的婚礼。"李玉琴并非客套，儿子焕新生于一九六二年七月十六日，溥仪新婚正值她怀胎七月、大腹便便的时候。

"听说您的爱人非常体贴，儿子也大学毕业了，是幸福家庭，我衷心祝福您！"李淑贤出语真诚。

"看过您的回忆录，知道溥仪晚年很幸福，多亏您呀！"虽说李玉琴跟溥仪已经离婚，还是愿意看到他能够生活美满。

"溥仪的改造是党的财富，我只是做了一点自己能做也应该做的事情。"李淑贤从来不曾因为跟溥仪结婚而后悔，尽管溥仪谢世太早。

你来言，我去语，一说说到一九六五年九月那封入了海的"泥牛信"上，李淑贤终于得到向李玉琴说明原委的机会。原来，一九六五年九月正是李淑贤住院做子宫切除手术的时候，溥仪天天陪床忙得不可开交，等妻子出院回到家里一看，简直一塌糊涂。她清理书桌上的一堆旧报纸，忽然从里边掉出一封尚未拆口的旧信。原来，溥仪那些天忙忙碌碌的，每到办公室就把桌上的报纸一卷带回家来，却顾不得看，又急急地奔向医院去了，连报纸中间夹了信也全然不晓得。李淑贤拆开一看，正是李玉琴约见溥仪那一封信，不过，等溥仪知道这件事时,李玉琴早已离开了北京。

"如果溥仪及时见信,他会到毓嵂家里看你的。"

"原来如此,当时我冤枉他了。"李玉琴这句话表明,历史凝聚的误会业已冰消瓦解。

气氛更加轻松愉快,李玉琴和李淑贤成了朋友,笔者亲眼见证这动人的真实一幕,为她们高兴,也为她们祝福。

"今天,您为我灶上灶下地忙,实在过意不去,又没帮上忙,等您去长春,我一定把您接到家里,也让您尝尝我烧的菜。"

"太感谢了!我会有机会尝到您烧的菜,学习您的烹调技艺。"

她们又从烹调谈到养花,李玉琴喜欢养花,仅君子兰就养了几十棵。她告诉李淑贤,为了让这种花适应北京的条件,应该怎样浇水、施肥、保证日照等,李淑贤听得入了迷。必须赶末班车了,李玉琴躬身道别。主人向客人赠送一套各式各样的宫廷糕点,祝贺"福贵人"的新生;客人回赠营养丰富的银耳,希望主人健康长寿。

李淑贤送李玉琴下楼的时候,两人挽臂并肩,相互叮咛,出门之后还亲昵无比地走了一程又一程。这次会面促成了九个月之后的深圳之行。

一九八六年三月二十四日,深圳新园大酒店。

会客大厅内的四壁挂满了即将在香港首映的《火龙》一片的设计漂亮、印制精美的海报或剧照,给富丽堂皇的大厅增添了色彩。

上午八时整,中国历史上最后一位"贵人"李玉琴和溥仪特赦后的结婚的妻子李淑贤,由人们簇拥着在大厅内最醒目的主位席落座。还没等她们坐好,港澳和内地的几十位新闻记者便咔嚓咔嚓地抢起镜头来了。两位"皇娘"坐在一起会见中外记者实在是第一次,是个历史纪录。记者们提出许多问题,详细询问她们的家庭生活、社会活动和兴趣等,还掏出自己的小本子请她们签名。大厅内的各个角度都有记者的镜头,一个多小时的时间里,曝光的快门声几乎没有停止过。这次不寻常的记者招待会的场景,特别是李玉琴和李淑贤并肩同席的镜头,伴着《火龙》的公映,很快就轰动了港澳地区和全世界许多国家。

末代皇帝的五个女人

记者招待会过后，李玉琴和李淑贤又一起出席了《火龙》导演李翰祥举办的盛大午宴。李太太张翠英女士临席，早在二十世纪四五十年代，她已是电影圈中的明星了，今天看上去风韵犹存。在座的还有李导演的两位女公子：李殿朗小姐在《火龙》中饰演"皇后"婉容，李殿馨小姐在《火龙》中饰演"福贵人"李玉琴。刚刚看过样片的李玉琴认为，李殿馨小姐对于四五十年代中国东北的历史背景还不甚了解，对她当时的心态也难有切身的体会，她说："李

香港《东方日报》1986年3月25日报道《火龙》首映式

小姐本人倒比影片中的扮相更好看些。"李淑贤则对饰演自己的潘虹以及饰演溥仪的梁家辉都有赞词,《火龙》勾起了她对往事时而轻松、时而沉重的回忆。

李翰祥是大忙人,宴后即率队返港,临行赠给李玉琴和李淑贤每人一盒广州特产糖,并让人陪同两位女士在深圳和广州玩玩。

三月二十五日,李玉琴和李淑贤乘车前往沙头角十字街。此时此刻,东北大地还是白色的、冰冻的,而这里漫山遍野青翠欲滴。特别是一路上有很多香蕉树,颇对李玉琴的口味,她说这回可真过了香蕉瘾。李淑贤本是南国女儿,自有苏杭灵秀,但也是头一次来深圳,对这里的景物同样感到新鲜。车窗外,山坡上拉起的一道铁丝网渐渐进入视野,陪同人员介绍说,这就是香港和深圳的界网,十字街已在眼前。

十字街宽约十米,是条规模不大的商业街,集中售卖各种成衣、化纤衣料和日用品,因为地处边境,半临香港,半临深圳,商品价格低廉,如化纤类衣料能比内地便宜一倍,所以这里成了服装个体户出没的地方。当然,没有边防证就不能通过设在出入口处的边防哨卡。李玉琴和李淑贤逛了几家小商店,选购了自己喜欢的纪念品,又吃了一顿午饭,少憩即往蛇口,游览设在一条大船上的游乐场。两位女士兴致勃勃地先后站到一架很大的望远镜前,通过它远方一片高高低低的楼海陡然间被移到近处,让她们惊奇地观览了被称作东方明珠的香港。此时彼地,或许李翰祥导演正在《火龙》的首映式上大侃这两位影片所述的历史主角吧!

三月二十九日,李玉琴和李淑贤来到广州观光。街上的姑娘们穿着各式裙子或鲜艳的花色旗袍,紧裹腿部并一直伸向脚面的针织长裤当年刚刚流行。小伙子们多数穿花衬衫,若在北方就笑死人了。商品可谓琳琅满目,然而,两位女士相中了的,大多要收港币或外汇兑换券,所以买不了。生活费用也太高,旅馆、餐馆、理发馆,处处令外地人咋舌。现在看来,那里只是开放较早罢了。

李玉琴和李淑贤一起参观了集饭店、宾馆和百货商场于一体的花园饭店,这里不失为国内外富翁的小天堂,而对两位女士来说,更喜欢的,并非饭店的富丽,却是花园的美丽。这里有火红的山茶花,叶子肥大的芭蕉树,还有杜鹃等盛开的鲜花,令人流连忘返。

羊城三日的观光很快过去,李玉琴想顺路赴上海看望公婆,李淑贤则直飞北京,两位女士就此一别,结束了这一次因《火龙》首映赴李翰祥之邀而成行的深圳双人游。

李翰祥是香港著名导演,拍了三十多年电影,也是影界一富翁,别说邀请两位女士走一趟深圳,就是到全世界转一圈,恐怕也算不得什么。然而,能让李玉琴和李淑贤这两人走在一道、坐在一起、吃在一桌、玩在一处,这可实实在在不容易哟!

十三 晚年生活

李玉琴说,虽然溥仪封她为"福贵人",却并未给她带来福气。宫中那两年多,每天念佛打坐,没有自由,算什么幸福呢?接着是离乱的十年,无家可归,寄人篱下,受罪,受气,这又能说是福气吗?与溥仪离婚后还沾他的"光",背包袱,遭歧视,想求一个"平等待我"而不可得。参加工作后,成立了新家庭,有了体贴、关怀的丈夫和可爱的孩子,应当说是幸福的,但总有个阴影跟着,幸福之中有一种酸苦之味。十一届三中全会以后一切都变了,溥仪四十年代向她许愿的"福"字,在八十年代的新中国终于兑现,李玉琴真正成了有福的人。沧桑之变翻过了李玉琴荣辱交织的一页历史。她说,在溥仪的后妃中,她比婉容、文绣和谭玉龄的命运好。

李玉琴在长春市图书馆的岗位上工作了三十年,到一九八六年退休。然而作为民革党员,仍被选为省、市政协委员,经常出席会议,参政议政。还要接待一批批外宾和方方面面的来访者。她是一个讲求实际的人,热心于社会工作,认真履行作为公民和政协委员的职责。她曾担任长春市职工物价总站第五十三站的物价监督员,人们常见她在牛奶出售点上观测牛奶质量,在饭店用标准秤衡量油条的分量,在大豆腐摊位前用标准尺测量豆腐块的长、宽、厚度,她的认真态度备受市民赞扬。有篇文章记述了李玉琴检查物价的情形:

当上义务物价监督员的李玉琴,执行公务一丝不苟

　　昔日"皇妃"李玉琴,如今已年过花甲。作为长春市政协委员,她经常参加各种活动,还要接待外宾和其他来访者,她身边还有一个可爱的小孙孙,每天的时间对她来说太紧张了。但她还嫌忙得不够,最近又加了新差事——查物价。她是长春市物价总站第五十三站的物价监督员。这个站是长春市"民革"建的,是我省民主党派的第一个职工物价监督站。

　　一个星期天的清晨,气温已降至零度左右,当许多人还在熟睡的时候,李玉琴已经开始工作了。在市文化宫门前的一个牛奶点,她一丝不苟,将奶均匀地涂在糖度仪上,观测了一会儿,发现糖度没达到规定标准,售奶员一声不响地接受了罚款。在另一个奶点,她看到奶桶上写着某单位的字样就说:"这个单位生产的牛奶质量不好,好好测测。"结果合乎标准,遂又说:"他们已经注意了牛奶的质量,改了就好。"她又来到一家大饭店,先叫服务员拿来十根油条称一下,"数量是够了,质量差些,有些发硬。"既而又将豆浆滴在糖度仪上——合格,她十分满意。时针已指向八点。李玉琴在回家的途中又遇上一个卖豆腐的个体商贩,她检查了一下豆腐,结果长、宽够标准,厚度差,她告诉卖豆腐的要改改。

李玉琴——我们这个社会主义的主人,她的一个普通的周日早晨就是这样度过的。

丈夫黄毓庚也从长春电视台的技术岗位上退下来了,其后参加了广播电视系统撰写史志的工作。他背了三十年"特嫌"的包袱,其间遭受无情的打击,直到前几年才找到敌伪档案,确凿地解除怀疑,推翻冤案,终于能够轻松地生活了。他常跟妻子开玩笑,称自己是"四全型"模范丈夫:工资全交,活儿全干,窝囊气全受,剩饭全吃。

儿子黄焕新也早已成家立业,他五岁的时候,父母都进了"牛棚",七岁又跟父母插队落户。小小年纪便跟着父亲上山砍柴,和大人一起走在坎坷道路上,孩子也显得早熟。"四人帮"垮台后,焕新考入财经学院,毕业分配到吉林省粮食厅。他喜欢自己的工作,钻研业务,愿意思考,对经济学理论和改革实践中提出的问题都有兴趣,有时为了某一论题和父亲争得面红耳赤。儿子也有自己的业余爱好,是球迷、棋迷,总之是体育积极分子,并已有了一个可爱的小孙孙。李玉琴幽默地说:"我家里是四个——一个是丈夫,一个是儿子,一个是儿媳妇,一个是孙子,所以我也就有了四个职称——妻子,母亲,婆婆,奶奶。"

李玉琴原来住在一栋普通灰色居民楼内的两室住房内,屋里置有双人床、洗衣机、冰箱和彩电等,虽然显得拥挤,却整洁舒适,后来又搬入较宽敞的新宅。

李玉琴在饮食方面颇为讲究,虽是东北人,却不像东北人吃东西喜欢大盘子大碗,而具有北京人的饮食习惯,讲究色、香、味俱全。她在溥仪家曾主灶,练就一手烹调手艺,比如北京押面、打卤面等都很会做。

李玉琴关心公益事业,是个热心肠。一天早晨七点多钟,正是上班的高峰时间。在公共汽车站,她看到一对农村夫妇,身旁一副木板担架上躺着一个孩子。车上人不让他们上车,李玉琴见状走了过去。过了一会儿车又启动了,李玉琴走到车前说:"让他们上去吧,没看见孩子放在地上要冻坏了吗?"一席话,提醒了车上人,农村夫妇和病孩终于上车了。

早晨晨练,李玉琴结识了一个七十多岁的女伴。这人每月的退休工资仅六十多元,生活很困难。李玉琴同情她,常常把自己的豆油、大米、土豆等送给她。提起李玉琴所从事的社会活动,她常常说:"社会工作要靠大家来做,如果每个人都能尽其所能地做一些好事,社会风气就更好了。"

李玉琴在丰富多彩的生活里安度晚年。

一九九三年夏天,香港记者屈颖妍与何伟强采访了已经六十五岁的李玉琴,说她"仍居住在东北长春,已另嫁他人,有一子一孙,闲来写写字,打打牌,还有,为来自中外各地的记者、电影工作者、历史学家提供有关溥仪的资料,收取报酬,费用惊人"。在新的时代里,李玉琴的观念显然已有很大的变化,细细想来,这不是应该指责,而应该是历史的进步,当整个社会都愈来愈承认价值的时候,为什么偏偏要指责一个当过封建"贵人"的女性"卖自己前半生的故事"呢?下面这篇报道表现了李玉琴女士不同于二十世纪四十年代、五十年代、六十年代、七十年代和八十年代的新风貌,文中写道:

> 长春市解民小区的一幢平房内,住着一个"末代贵人",邻居都不太认识她,因为她很少跟人来往;工作单位市图书馆没有人知道她的住址,据说因为她在单位内关系差,从没有人到过她家做客;当地记者说:"别找她,她只会认钱。"
>
> 来开门的正是她。
>
> "你以为这里是动物园吗?说来就来,李玉琴是动物吗?随便让人上门看?"
>
> "动物园也要付入场费呀,做访问得要报酬,我不是谁要来找就跟谁说故事。"
>
> "多少钱?"
>
> "早一阵子美国有队录像队来拍,付了五万美元;澳大利亚记者来,

李玉琴书写条幅

给了一万美元；台湾来的也送我五千美元。"

来者咋舌，半哄半推半就下，终于进屋。

"我不相信香港人，因为我上过你们的当，一次是李翰祥，一次是林青霞……香港人都吝啬得很，像李翰祥那么有钱有名气，那年来找我搜集资料拍《火龙》，只是带了一小盒糖来，呸，当我是小孩子吗？！那时他还说，《火龙》里提及我这个'福贵人'的戏份很多，结果拍出来，李玉琴只是个小配角，还丑化我。相反，李淑贤的角色却由大明星潘虹来演，是主角，拍得她多漂亮，其实李淑贤哪有这么美，根本不符合历史！还有，戏拍完，李翰祥只给我几百元报酬，我给他那么多资料，他堂堂一个大导演，只付给我几百元，当我是乞丐呀！"

"林青霞又怎样骗过你？"

"那次她和秦汉来长春拍电影《滚滚红尘》，听见有个'末代皇妃'

在此，特地来拜候，我说过不接见她，我不想别人以为我攀大明星的名气，但拗不过，她们一定要来，却两手空空。进门坐下，闲谈了几句，他们就举起小型录像机拍，我很愤怒，后来更发现她们偷录了我音。我说要拍什么就正正经经拍，给你开个价，这样鬼鬼祟祟，不尊重我。"

"为什么你总得要报酬？"

"这是诚意问题，我花时间，告诉你们这许多宝贵资料，我付出了，你也要付点代价，这是对我的尊重。"

"这些报酬是否成了你生活费的一部分？"

"我根本不愁生活，你看我这里什么都有，但一个女人最要紧是自己懂得生活，懂得混口饭吃，不靠人，我就是这样——"

李玉琴忽然记起什么，转头向陪同记者来的长春电影制片厂的朋友说："啊，你说你是长影的吗？好了，上次我去协助拍电影的车费还没有报销，你回去记得帮我追一下。"

扰攘一番，讨价还价后，李玉琴才慢吞吞地燃起一根白烟，不情愿地重提一段段往事……

"有否留恋过去？"

李玉琴迟疑了，没有正面回答："我现在很坦然，因为家中所有东西都是我亲手赚回来的，我觉得世界上有了平等。"

"对溥仪，是爱还是恨？"

"我离过婚，这是我一生中的最

"福贵人"李玉琴的书法

大遗憾,我很介意,是他令我这人生不完美,我恨他。但从离婚那一刻他掉了眼泪,我知道他是爱我的。剪不断,理还乱,说不清,道不完,又没什么好想,总之,矛盾呀!"

"有否后悔当初离婚?"

"有,我常想,如果我不跟他离婚,至少他可以多活几年。那个李淑贤嘛,字也不太懂,文化水平低得很,怎能好好照料溥仪?怪不得他死得那么早!"

说着,李玉琴伸出双手,"记得在宫中,溥仪曾对我说,他不喜欢被困在这高级监狱里,'我不相信凭我们四只手在外面活不下去。'我这双手原本很好看,现在粗糙了,因为我靠它活了下来,但溥仪却没有。"

十四 琴断音

一九八九年七月,《中国最后一个"皇妃"——"福贵人"李玉琴自述》(李玉琴记述、王庆祥整理)由北方妇女儿童出版社出版。与此同时,由长春电影制片厂拍摄的同名影片也在国内外公映,李玉琴担任该片顾问。

一九八九年冬,李玉琴出任由"民革"长春市委组建的长春市职工物价监督检查站第五十三站物价检查员,每天早晨都在人民广场一带拿着糖度仪认真检查街头摊点出售牛奶的质量。

一九九二年七月,李玉琴被吉林省交通职工大学聘为名誉教授,被吉林省交通学校华樱阁书画店聘为名誉董事长。

一九九二年十一月,《中国最后一个"皇妃"——"福贵人"李玉琴自述》(李玉琴记述、王庆祥整理)中文繁体字版由台湾跃升文化事业有限公司出版。

一九九三年八月二十日,香港《壹周刊》刊出屈颖妍撰写的《中国最后一个皇妃"出卖"历史度余生》一文,说她"为来自中外各地的记者、电影工作者、历史学家提供有关溥仪时代的资料,收取报酬,费用惊人",用词过头。

一九九五年,李玉琴给国家希望工程捐款一千元。听说长春市要建体育馆,她又捐了一千元。

一九九五年，李玉琴被确诊患了肝硬化，且已有腹水症状，先后十余次住院。

一九九八年，长江、松花江、嫩江发生水灾，李玉琴又捐献五百元和衣物。

一九九八年六月二十一日，李玉琴之子黄焕新为母亲举办七十岁寿辰贺宴，同时也是父母结婚四十周年的纪念宴会，省市一些党政领导及著名人士出席。

一九九九年一月，李玉琴在政协长春市九届二次会议第一期"政协委员论坛"上发言说："我身体不好，但还要尽委员职责，小车不倒只管推。"

二〇〇一年二月八日，吉林省伪皇宫陈列馆正式更名挂牌为伪满皇宫博物院，同时皇宫内部的历史复原建设和周边环境整治工作就此展开。早在一九八八年李玉琴就曾向记者表示过她希望伪皇宫内部能恢复旧日模样，作为历史的遗迹，供后人寻史通鉴，旅游观光，她的这一愿望终于实现了。

二〇〇一年四月二十四日上午九时十五分，李玉琴因肝硬化病逝。她在政府的关怀以及家人精心照料下，与病魔顽强搏斗了六年，最终不治，结束了她坎坷而传奇的人生。

二〇〇一年四月二十六日晨八时，在吉林大学第二临床医院告别室，灵床上安放着李玉琴女士的遗体，遗像悬挂在前墙中央，两侧有挽联："经年砥砺芳百世，一生沧桑琴断音"，概括了她的生平经历。黄毓庚先生及其子、媳和孙儿敬献的花篮摆放在遗像前。哀婉的音乐流过沉闷的空间，吉林省、长春市统战部门和政协系统的领导同志，市文化局、图书馆和伪满皇宫博物院的同志，还有李玉琴女士亲友百余人，怀着沉痛的心情，依次向这位见证了历史沧桑的政协委员的遗体鞠躬致意，为她送行。当笔者站到老人遗体面前时，双眼早已被泪水模糊，往事又一件件浮现出来。

笔者因走上溥仪研究之路而与李玉琴女士有缘结识，承蒙她的信任，我们合作撰写了《中国最后一个"皇妃"——"福贵人"李玉琴自述》一书。自一九八二年相识至一九八九年出书，有长达七年的密切往来，其间有过分歧、矛盾，甚至激烈争执，但最终都能心平气和地化解矛盾，拨散谜团，取得合作共事的成果。

《中国最后一个"皇妃"——"福贵人"李玉琴自述》出版后，即荣获吉林省政府优秀图书三等奖，而李玉琴女士作为顾问的同名电影也差不多与出书同时由长影摄制完成并公演。到二十世纪九十年代初，她的这本回忆录又由跃升文化事业有限公司在台湾出版发行。昔日"福贵人"而今成为政协委员的坎坷人生历程，使海内外千千万万的读者，对日本军国主义殖民统治下的中国东北，对以溥仪为首的那个畸形而丑恶的宫廷，对二十世纪中国不同政治环境下溥仪及其五位妻子之命运的巨大反差和悲剧色彩，都有了真实、深刻的了解。

　　我国著名历史学家罗继祖教授读过这本书后在《博物馆研究》一九九三年第一期上发表书评说：

　　　　溥仪这位"不幸生于帝王家"的末代皇帝，能保存性命直到接受党的

2001年4月26日举行李玉琴遗体告别仪式

改造,其福分超越了封建社会所有的末代皇帝,而附属于皇帝的妃嫔们,也只有李玉琴能够战胜一切困难而获得晚年的幸福。

沈阳一位读者看了这本书,为了表达他的感想,特意给李玉琴和笔者各写了一首诗寄来。致李玉琴的诗写道:"玉貌如花入帝宫,机场分手太匆匆。从此流离田野上,风风雨雨益葱葱。"致笔者的诗写道:"帝宫城北雨霏霏,柳絮落红随处飞。为写'大同''康德'史,太平盛世遇皇妃。"

"风风雨雨益葱葱"句,准确概括了李玉琴女士在新中国成立以后半个世纪岁月中的经历,"太平盛世遇皇妃"句,则是笔者在溥仪研究选题之下从事著述实践的生动写照。

能够得到各个层次读者的回应,李玉琴女士的心血没有白费,笔者的劳动也得到了肯定。笔者完全能够想象,当李玉琴女士享年七十三岁而将要辞世之际,回首往年,她一定会有非常温馨的感受。

笔者曾公开发表与李玉琴女士交往的部分日记,作为第一手资料,其中不但记录了她断断续续叙述的历史人物、事件和故事,还记下了她对社会和人生的感悟与体验,也记下了《中国最后一个"皇妃"——"福贵人"李玉琴自述》这本书的成书始末。应该说这本书既有她的辛酸、忧郁和痛苦,又有她的喜悦、幸福和快乐,融入了她的体会,也倾注了她的感情,留下了她一步一步的足迹。笔者认为,这一切对广大读者来说一定会有很好的启迪作用。

后　记

王庆祥

　　李玉琴女士是我国历史上最后一个亲历过宫妃生活的女性。她的一生波折大，坎坷多，大起大落，富有传奇色彩。她从"宫廷贵人"到政协委员的经历，是一部难得的教材，会给我们带来多层次的启示和关于人生的丰富思考。

　　李玉琴的少年时代是在贫穷中度过的。偶然的机遇使她平步青云，踏入富丽堂皇的宫殿。当她懂得了呼风唤雨、颐指气使，并学会了惩罚下人以后，却平地惊雷，把她从金碧辉煌的殿堂一下子摔到荒凉的山沟里。其后，她寄身于皇族之家，屈辱地打发寂寞的守节时光。越过凄苦而漫长的十年，她终于盼得夫妻重聚，却只能在牢笼里挥泪聚首！无形的政治压力很快就迫使她离开久别重逢的丈夫，这给她平添了一段不幸的离婚经历！然她终于重新建立了平凡的家庭，获得了做妻子和母亲的可贵权利。然而，她毕竟无法超越浩劫中扭曲的年代。只在步入晚年时，她才赢得了安定、团聚和幸福。

　　在这部完全依据可靠的资料而撰写的传记中，我力图细腻地描写李玉琴和"皇帝"丈夫曾有过的"神仙眷属"般的夫妻生活，并把她在宫闱之中亲身体验到的凄冷、孤寂和凶残，淋漓尽致地描绘出来。我希望不仅能使读者获得关于后宫生活的感性认识，还能给读者提供一个特殊角度，从这个角度观察"满洲国"小朝廷中的溥仪，可以真真切切地看到其他场合不可能有的大量现象，它们反映了傀儡皇帝政治上的难堪和生活上的苦闷，并告诉人们，无论地位多高的人，一旦背离祖国，他的处境将是可怜的，他的下场将是可悲的。

　　宫妃生活结束以后，被溥仪抛弃在山沟里的"福贵人"，又流落到皇族中间，并在这个阶层里为溥仪守节多年，空耗妙龄青春，遍尝人间辛酸苦辣。读者从她这段让人声泪俱下的经历里，可以了解皇家的重重内幕。这个封建家庭竟然充满了腐朽、虚伪和种种人间的丑恶，这都是寻常百姓难以想象的。读者能够看到封建制度的可耻，也能够看到丑陋的社会现象终究被新社会的洪流所荡涤。

李玉琴和溥仪离婚也是戏剧性的，是历史推着他们来到必须分手的一步。然而，拉开告别的幕布，他们仍然两情依依，难舍难离。没有喋喋不休的争吵，没有讨价还价的财产分割，彼此的痛苦并不来自对方，不能自抑，不可言喻。几年之后，他们终于又成了文史资料战线上的同志和战友。

在新生活的道路上，李玉琴为取得工作岗位而长期奔波，后来恋爱，再婚，当上母亲，执着地追求一个普通女人应有的幸福。她为此还必须与"皇娘"的阴影顽强拼搏，最终导致"文革"期间"皇娘造反"的一幕。李玉琴与溥仪因"政略婚姻"而结为夫妇，又因扭曲的政治而绝情反目，这是一段已经逝去的完整、真实而深刻的感情纠葛的历史。

后来，作为曾与溥仪共度宫中生活的惟一健在者，李玉琴又亲眼看到了溥仪在二十世纪五十年代和六十年代的变化，这无疑赋予了她在溥仪改造问题上特殊的发言权。客观记述她在这一期间的所见、所闻、所感，显然是有价值的。

呈现在读者面前的这部传记，是我利用多年从事溥仪生平研究的条件，对自己所掌握的各种档案文献资料，从溥仪日记中发掘出第一手资料，李玉琴提供的口头、书面及图片资料，还有二十世纪四十年代以来中外报刊资料，以及《震撼世界的奇迹》（抚顺市政协文史委员会编）、《爱新觉罗·毓嶦回忆录》（爱新觉罗·毓嶦著）、《溥杰在抚顺战犯管理所的部分日记》等新披露的书刊资料，重新筛选，加以核对、精炼，执笔撰写而于一九九四年三月写成初稿，二〇〇六年一月由团结出版社首版发行，反响热烈。今应人民文学出版社之邀，又对全稿有所修订。当这部传记即将再版之际，我谨向李玉琴女士、李淑贤女士以及所有提供过资料的单位和个人表示最诚挚的感谢。

2014年5月12日于长春

李玉琴生平年表

一 入宫册封

1928年 7月14日（旧历五月廿七日），出生于长春北郊郊区东十里堡韩家沟子屯一户多子女的贫苦农民家庭。

1935年 七岁时全家迁居长春市贫民区一红砖小平房。

1936年 至1937年，在一个民众讲习班读书。

1938年 至1941年，在一所私立免费的道德会学校读书。该校于1939年改名志义小学。其间，与大哥一起外出捡拾燃火杂物，并到日本人开设的工棚里打短工，去粥厂领粥，有时前往天主教堂做"礼拜"，学唱歌。

1942年 7月，转入公立小学读初小四年级，课余时间打零工，添补学杂费。

1942年 冬，被一个无照酒后开车的日本人撞伤，发生骨折，在满铁医院住院三个月，接触了许多日本医务人员和患者。

1943年 2月，家庭经济情况好转，考入教学质量较高的名牌学校——南岭女子优级学校高小班继续读书。

1943年 3月14日（旧历二月初九），"春季祭孔"活动日，日本校长小林一三与日本老师藤井正惠，在全校一千多名学生中严格筛选年龄十四至十六岁，学习好、长相好的女孩四十名，李玉琴入选，为每人照相。"新京"市入选又照相的女孩共二百多人。

1943 年　3 月 31 日，在街头排队领配给品的李玉琴被小林校长和藤井老师找回家，让她奉皇帝命令免费进入"宫内府"上学念书。被带到宫内府"帝室御用挂"吉冈安直家，经审查同意，又经吉冈安直亲往强迫李玉琴父母同意。当晚，李玉琴住在藤井家。

1943 年　4 月 1 日（有日晕的日子），被送往满铁医院检查身体，结果"合格"。被带到吉冈家。溥仪看破吉冈摆布"皇帝"枕边人的阴谋，令二妹韫和对偕李玉琴同来的吉冈夫人和藤井老师逐客。李玉琴遂由二格格前引，经消毒完毕进入缉熙楼，面见溥仪，磕头问安。

1943 年　4 月 2 日，溥仪亲自为李玉琴传膳，拿出念珠，让李玉琴跟他念佛诵经，祈求重登祖宗宝座。入住同德殿。

1943 年　4 月中旬至 5 月上旬，李玉琴以"小姐"名义随溥仪二妹韫和"习礼"，溥仪亲自教李玉琴吃西餐。

1943 年　5 月中旬，溥仪因"巡幸"安东离宫，两人难舍难分。溥仪频发电报，李玉琴盼"皇上"早归。

1943 年　5 月中旬，溥仪亲自为李玉琴选定行"册封"礼的良辰吉日，确定"福贵人"的身份和称谓。溥仪亲笔为李玉琴开列"二十一条"规定及"笔据"。李玉琴不得不遵嘱自行抄写，再跟着溥仪走进佛堂跪焚，以示绝对服从。溥仪还给李玉琴的父母等亲属制定"六条"规矩。

1943 年　5 月下旬，日本关东军司令官梅津美治郎和关东军参谋兼帝室御用挂吉冈安直晋见溥仪，实为要在"册封"仪式前与李玉琴谈话，对傀儡皇帝的这次婚姻做最后审定，嗣后准许"册封"。

1943 年　5 月下旬，在缉熙楼举行"册封"仪式，李玉琴行礼受封。溥仪赐首饰盒及钻戒。溥仪带李玉琴给祖宗磕头。李玉琴受礼。溥仪在外廷大摆筵宴，接受群臣祝贺。溥仪准李玉琴留宿。

1943 年　5 月下旬，"册封"仪式后，吉冈安直将写着"不许求官、求职、求钱"等限制李玉琴娘家全家人的"六条"办法交给李玉琴大

	哥李凤,逼迫其签字,言"皇帝陛下的命令",必须"通通地服从"。
1943年	5月至1945年8月,李玉琴的宫中生活:事事遵从"二十一条",完全为他个人服务。溥仪要求"贵人"取悦他,李玉琴想尽办法;溥仪亲自为李玉琴授课,讲解祖宗"圣训"、四书五经、佛经、唐诗宋词等。
1943年	6月中旬,吉冈亲自把"福贵人"给父母的亲笔信送到贫民区家中,告知李玉琴已成为"皇帝"的"贵人"。
1943年	6月下旬,经溥仪"恩准",李玉琴父母第一次入宫,被监视"会亲"。
1943年	7月上旬,吉冈安直以"皇帝陛下恩赐"名义赏给李玉琴父母一万元,不许其父继续在饭馆"跑堂"。
1943年	秋,"蒙皇上开恩",特准李玉琴的父母再度入宫会亲。李玉琴与父母以"国礼"相见。事后,李玉琴请旨为父亲讨赏营业执照,被拒。
1944年	1月26日(旧历正月初二),女仆给"贵人"叩头拜年,贵人对厌恶之人未依例赏钱。不满仆人伺候,动辄怪罪。李玉琴学会了使用身份。
1944年	初秋,经李玉琴争取,溥仪特准父母第三次入宫"会亲"并特准李玉琴与母亲同桌用膳。此后不再"会亲"。
1944年	10月,亲眼看见溥仪在同德殿前院接见日本"敢死队员""兰花特工队",并为其斟酒钱行。
1945年	春,吉冈令溥仪再赴日本,当面向日本天皇和皇太后宣誓效忠。李玉琴担心溥仪安危,劝其托辞拒绝,溥仪乃派伪国务院总理大臣张景惠前往。溥仪以"贵人"的名义把书斋等房间的地毯捐献给"皇军"。
1945年	7月,警报常鸣。溥仪命杨景竹照例进宫"陪伴贵人"。
1945年	8月8日,苏联对日宣战。"康德皇帝"拽住"贵人"钻防空洞。警报解除后,溥仪偕李玉琴在佛前拈香行礼谢恩。
1945年	8月9日,吉冈令溥仪把政府和皇宫迁往通化。

1945 年　8 月 11 日接近午夜时刻，溥仪偕"贵人"等一行八人逃离宫廷，途中特向"贵人"学一句备用日语"天皇陛下万岁"。

1945 年　8 月 12 日，溥仪派人给李万财家送去钱和一张告知贵人离开新京的纸条。

1945 年　8 月 13 日，溥仪、"皇后"和"贵人"等乘坐专列到达通化临江县大栗子沟，被安置在日本人经营之铁矿公司原矿长的日本式住宅内。

1945 年　8 月 17 日晚 8 时，溥仪流泪宣读《退位诏书》，自打嘴巴念叨"对不起日本天皇"。

1945 年　8 月 18 日晚 9 时，溥仪通知李玉琴，吉冈让他到日本去，因飞机席位有限，令"贵人"缓行，两人依依惜别。11 时，溥仪挑选溥杰等八人随行，前往通化机场。

1945 年　8 月 18 日晚，溥仪向溥俭嘱咐两件事情：一是保护好"皇后"和"贵人"，特别是"贵人"年轻，绝对不许出事，还特别嘱告，让二格格照顾（实为管束）李玉琴；二是带到大栗子沟的几十箱珍宝字画，不可弃之于途。

二　浪迹天涯

1945 年　8 月 21 日，婉容、李玉琴等开始了担惊受怕的大栗子沟百日生活，门岗已撤，李玉琴焚香吃素，虔诚等待，往日风光不再。

1945 年　8 月下旬，李玉琴因偶遇日本老师藤井正惠，被二格格韫和以"不守规矩"为由加以训斥。后主动提出要帮助溥倛之妻和毓嵒之妻照看小孩。

1945 年　9 月上旬，"祸害女人"传言满天飞。苏联红军进入大栗子沟，要面见"皇后"和"贵人"，溥俭不敢不应。苏联军官带来溥仪的亲笔信，李玉琴从中知晓溥仪已在苏联。

1945 年　9 月中旬，大栗子沟当地山民报复性哄抢日本人物品，溥俭担心风潮扩大，欲保住"皇上"的金银财宝，将"皇后"、"贵人"和二格格等一同安置于"丁字楼"，雇佣当地国民党杂牌武装轮班站岗。

1945年 9月下旬，李玉琴与婉容的两位太监相识，利用小灶亲自给婉容做饭菜和饺子，后终与婉容相见相认。

1945年 11月，丁字楼室内不御冬寒，不得不迁往临江县城"猫冬"。李玉琴尽量照顾婉容，两人相依为命。

1945年 11月，主事的随侍大总管严桐江租下临江县内最大的旅馆，把"皇后"和"贵人"安置在后院。李玉琴常常探视婉容。常与毓嵒之妻马静兰母女相聚。

1945年 11月，时局动荡，东北民主联军四〇军一二〇师解放临江县城。部队李政委和谢政委要求交出"军用品"，严桐江将十二只短枪上缴。李玉琴主动交出一架德国造大型望远镜。

1945年 12月，部队没收溥仪财产，逐一搜身，人人过关。李玉琴交出六件首饰及几册善本线装书和王羲之、欧阳询的两本字帖，只留下册封时"皇帝"赏赐的首饰盒。

1945年 12月，李玉琴拿出身藏的最后一笔钱分给大家，共渡难关；自留二三千元作为返回长春的路费。

1946年 1月17日（旧历乙酉年腊月十五日），李玉琴踏上返回长春之路。毓岷、女仆敬喜及吴少香随行伺候，部队特派一班战士护送。

1946年 1月18日上午10时，李玉琴一行进入通化市区。部队首长面见。两天后婉容、嵯峨浩等到达，住在司令部对面公安局楼内。

1946年 1月下旬，李玉琴应邀出席部队杨副科长和当地一位寡妇的婚礼，联想自己册封盛典和"二十一条"严规，感慨万千。

1946年 2月1日（旧历丙戌年除夕），何长工与其爱人及几位首长接见畅谈，动员李玉琴和溥仪划清界限并参加革命，李玉琴拒绝。何长工司令员夫妇接见溥杰的妻子嵯峨浩。

1946年 2月3日（旧历丙戌年正月初二），通化"二·三"反革命武装

	暴乱发生。李玉琴受伤，婉容无恙。叛乱平定后，部队把婉容、李玉琴等一同安置，还派了岗哨。
1946年	4月14日，中国人民解放军攻克长春，李玉琴与部队战士一起回到长春。部队领导找李玉琴谈话，让她跟溥仪离婚，态度强硬。李玉琴不同意离婚。部队领导找来李玉琴父母，逼迫她写"离婚声明"。
1946年	4月中旬，李玉琴向婉容请安辞行。有位军官希望她把婉容接回家去。她心有余而力不足，无法办到。李玉琴实现骨肉团聚。
1946年	6月中旬，解放军暂时撤离长春，国民党进占后《中央日报》记者前来采访并刊出《溥仪的第二贵人访问记》等文章。
1946年	6月26日，严桐江、霍福泰及溥俭之妻叶乃勤，一起面见李玉琴。当众写下血书，表示永远忠于"皇上"。他们商定将"贵人"送往北平醇王府。又一次离家，奔向没有宫廷的皇家。
1946年	6月30日，李玉琴经沈阳到天津，暂住溥修家。溥修多次前往北平载沣、载涛以及溥仪几位妹妹家挨门求告，无人愿意收留"贵人"。暂住溥修家。溥修申报户口时为她取名溥维清。
1946年	8月，溥修依例亲自给李玉琴授课，讲解"四书"、"五经"，开设"女德"课及佛学课。
1946年	8月，李玉琴同住在溥修家的马静兰情投意合，同读诗书并作诗。
1946年	9月，溥仪在东京国际军事法庭出庭做证。天津报纸采访刊文，实写李玉琴眷恋"皇上"的真情。
1946年	冬，李玉琴不忍敬喜陪自己在溥修家里受罪，劝她离去。
1947年	长春报纸登出题为《傀儡溥仪的妻子李玉琴家庭访问记》的文章："李玉琴坚决地表示，此生终身不嫁，溥仪若是回不来，她宁愿落发为尼。"
1947年	溥修一家日渐破落，"贵人"饥寒度日。
1948年	马静兰突然接到丈夫毓嵒寄自苏联的明信片。随行之人陆续寄回明信片，溥仪却毫无动静，李玉琴寒心。

1949 年	1 月 15 日，天津解放。马静兰因丈夫归期无望，忧病交加，日益严重。回光返照之际，向李玉琴托孤，给李玉琴极大刺激。
1949 年	至 1950 年，马静兰的两个孩子成为李玉琴的精神寄托，三人忍受溥修家的虚伪和压榨，挨饿受冻，相依为命。李玉琴为两个孩子启蒙。
1951 年	春，李玉琴随溥修全家迁居北京南官房口，暂住溥修大女儿毓灵筠家。
1951 年	春至 1952 年春，李玉琴受到尖酸刻薄的对待，甚至月经来了顺裤筒往下淌，竟没有钱买草纸，又羞又气。
1951 年	8 月至 1952 年初夏，街委干部和派出所同志获悉李玉琴的身份及其受苦的现状，找她谈话，她鼓足勇气让溥修掏出二十元钱换下棉装。不顾溥修反对参加街道工作，进入缝纫学习班，织毛线手工挣钱，参与宣传禁毒、宣传卫生、宣传新婚姻法、宣传抗美援朝、动员捐献飞机大炮等社会活动。学打腰鼓，学唱《团结就是力量》，听取新中国第一批女飞行员和女邮递员的报告。
1952 年	春，溥修家无米断炊，李玉琴和缘缘、荔荔幸能得到邻居帮助。
1952 年	5 月 1 日，自愿参加"五一"劳动节游行，经过天安门前因激动而晕倒，被溥修指斥为"离经叛道"。
1952 年	上半年，李玉琴被区妇联选送学习挑花，听取蔡畅"关于努力生产出口产品、换取外汇，支援新中国建设"的报告。
1952 年	6 月 1 日，李玉琴领缘缘、荔荔和她的女伴儿一起游故宫，让她想起历史，讨厌"宫"字。
1952 年	9 月，李玉琴开始在北京皇城根扫盲夜校任教。
1952 年	下半年，溥仪的七叔载涛当上新社会的"大官"，并迫于压力，登报声明与溥仪脱离关系。正值镇压反革命运动，李玉琴多方打听寻觅溥仪下落，无果。欲寻死之际，在什刹海湖边被夜间巡逻队救下。东北老乡建议她返回长春娘家，动心。
1953 年	1 月，李玉琴用居民委员会发给的救济金，在《长春日报》连

续三天刊登寻人启事，与娘家取得联系。

1953年 2月11日（旧历壬辰年腊月廿八日），接到大哥来信之后，由毓嵂伴送登上了返乡的火车。

三 等待"皇上"

1953年 2月12日，李玉琴与母亲兄嫂等全家人阔别七年后重新聚首。父亲已逝。

1953年 2月至1956年8月，李玉琴与母亲及兄嫂全家挤住在两间半房子里，经济状况拮据。数次前往劳动局，一直无法解决工作问题，因"皇娘"身份，只能当短期临时工。

1954年 夏，继续寻找溥仪，两次给中央人民政府写信，无果；攒钱去北京并找到中央人民政府所在地，坚持要见毛泽东主席和周恩来总理。接待人员收下她事先写好的书面材料，告知"一定负责转达首长"。去溥修家看望缘缘和荔荔。

1954年 交出三张溥仪等人的历史照片。

1954年 至1955年，进入一家新建的大工厂当上厂托儿所临时保育员。因"皇娘"身份没有勇气申请入团、入党。不敢提及溥仪名字。领导欲让她转正，令其写自传。上交自传后，被解雇。

1954年 夏至1955年夏，先后有人给李玉琴介绍对象。因眷恋溥仪，拒绝。

1955年 春，再赴北京，问不出溥仪的任何消息。向溥修提出带走缘缘和荔荔，溥修坚决不允。两手空空而归。

1955年 6月，溥杰长女慧生致信周总理，总理批准并宣布允许战犯与家属通信。溥仪得知李玉琴并未改嫁，只参加社会临时工作。收到溥仪自辽宁省抚顺城管理所寄出的信笺。

1955年 6月，给溥仪回信，溥仪又喜又愧。两人在信中谈论爱情和人生。

1955年 7月22日，借钱来到抚顺战犯管理所，并终于见到溥仪。但并不能实现团圆。

1955年　7月24日，给丈夫寄信报平安。

1955年　8月初，溥仪给李玉琴写信，介绍管理所紧张的学习生活。

1955年　8月11日，接到溥仪的回信后很快寄出第二封信。在溥仪当时看来，这封信"竟表达了一种类似初恋的心情"。实际这封信已经初露隔阂端倪。此后两人通信频繁，李玉琴有时寄笔记本、寄钢笔给丈夫。

1955年　秋初，带着给溥仪织成的毛衣、毛裤和背心，再次借钱赴抚顺探亲。向丈夫倾诉她所憎恨的往事，谈起对封建礼教的看法。但溥仪并不了解失业给妻子造成的痛苦，更不了解"皇娘"二字带来的压力。李玉琴心里蒙上一层阴影。

1955年　深秋，再赴北京，在五妹家落脚，意欲在北京再找工作。溥仪亲属无人探望，令其心凉。给溥仪写信，盼他早日出狱。

1956年　元旦，借钱到抚顺看望溥仪。向管教员李福生提出一系列关于溥仪释放等新问题，管理所所长孙明斋言自己无权回答。溥仪讲自己在管理所的生活和所见所闻，妻子却因身份给自己和亲属带来的苦恼，愈发感到难过。爱和梦破碎，隔阂加剧。

1956年　初夏，写出"要求工作申请书"，不知何往之际，区劳动科科长郭铁为之调配临时工作，到某高等学校托儿所当临时保育员。得以同小朋友们一起度过了美好的"六一"国际儿童节。

1956年　6月15日，给溥仪写长信，从历史到现实，从身世到理想，诸多感触，并言明自己无法成行的困难。溥仪未能体会其中的情感变化。

1956年　8月，因郭科长的建议会见区长，进而引起中央和地方统战部门的关注，随即由市文化局杨铸新局长把李玉琴安排到图书馆。此前仅半个月，我国政府在沈阳和太原同时开庭，审判侵华日本战犯。溥仪出席沈阳军事法庭做证，令原"满洲国"国务院总务厅长官武部六藏和总务厅次长古海忠之低头认罪。

1956年　10月8日，致信溥仪，谈自己的工作和喜悦。但在如何对待丈夫的问题上，内心纠结。

1956年　一度被提名为单位先进工作者，后因"历史问题"撤掉。12月25日第四次前往抚顺，提出离婚。溥仪很难过，却还是表明了同意离婚的态度。

1957年　2月3日，第五次前往抚顺，被公安部破格允许两人同居，希望李玉琴对离婚事宜多加斟酌。第二天，到抚顺市河北区人民法院起诉离婚，得到法院院长李国章的接待，要求"最好不要公开审理"。

1957年　3月16日，抚顺市河北区人民法院收到李玉琴要求离婚的诉状。

1957年　4月29日，抚顺市河北区人民法院审判员王殿贵等人到抚顺战犯管理所向溥仪转交离婚诉状副本，并了解溥仪的改造情况。

1957年　5月4日，溥仪写出答辩状，经由抚顺战犯管理所交到法院合议庭：完全同意李玉琴提出离婚的要求。

1957年　5月20日，法院准许原告李玉琴与被告溥仪离婚。十四年婚姻终止。

四　离婚以后

1957年　6月9日，溥仪随战犯管理所组织的参观团第三次赴外地参观到达长春。李玉琴获悉后希望见面，被溥仪拒绝。

1957年　下半年，先后受到省市领导、军区司令员接见。

1957年　秋，中共中央统战部部长李维汉来长春视察工作，特别指示省、市统战领导同志培养李玉琴参加社会政治活动。李玉琴得到"民革"主委的帮助，得到浦熙修接见。

1958年　得到来长春视察的中央首长邓小平、李先念、李富春、刘伯承、贺龙、罗瑞卿等先后接见。为贺龙等元帅和将军及其夫人讲述自己的经历并陪同参观"满洲国皇宫"。

1958年　5月，与吉林省广播电台负责录音的技术员黄毓庚经自由恋爱而结婚。婚后第二天，黄毓庚即被下放农村。此后黄毓庚一直在农村劳动，李玉琴独身住在市内，生活艰苦。

1961年 5月，中共中央统战部部长李维汉特嘱吉林省政协领导帮助李玉琴撰写文史资料，责成吉林省"民革"负责人张乃凡具体指导。李玉琴被临时抽调离开单位，每天在省政协的一间办公室里，任务是写出亲身经历的那一段宫中生活，必须保证史实准确。

1961年 8月28日，带着《宫中生活》草稿，到北京核实并修改文稿。溥仪闻讯后很不安，想见面，又怕影响其新的家庭生活。后表示听从组织安排，以不再复婚为宜。

1961年 9月初，和溥仪在全国政协文史资料研究委员会办公室主任吴群敢主持的招待宴会上重逢，为溥仪的新生活而高兴。饭后与毓喦和毓嶦同到溥仪住处参观，第二天，送给溥仪一套新茶具。

1961年 9月中旬，溥仪邀请李玉琴、毓喦、毓嶦到北京植物园游玩，植物园主任田裕民接待并引领他们游览香山公园和卧佛寺。田老提出两人复婚的话题，被溥仪拒绝。两人几次见面，溥仪都要求他人陪同。

1961年 9月，毓喦和毓嶦协助李玉琴改定文稿《我的宫中生活》。

1961年 9月29日，李玉琴同溥仪告别，劝他尽快找到合适的对象安度幸福晚年，并于次日登车返回长春。

1961年 10月至1962年4月，李玉琴继续和溥仪通信，互寄纪念品。

1961年 12月，李玉琴连续两次被派往市文化局饲养场劳动，每次一个月。劳动强度大，口粮标准仅十四公斤，长期饥饿。患肝炎。

1962年 4月，溥仪写信告诉李玉琴，正与一位女护士恋爱，约定在"五一"节前夕结婚。李玉琴回信表示祝贺，希望日后仍以朋友相处，继续通信。实际上此为他们之间最后一次通信。

1962年 7月16日 儿子出生，取名"焕新"。给溥仪寄去儿子的照片，未见回信。

1962年 10月，被调到长春市儿童电影院工作十一个月，后经中央领导

	同志批准，重新回到市图书馆工作。
1965 年	9 月 2 日，一家三口前往上海探亲，途中特意在北京停留，看望缘缘和荔荔以及好心的邻里故旧，也想看望溥仪并拜访他的新家庭。
1965 年	9 月 6 日，给溥仪写信寄到全国政协溥仪的办公室，希望能见一面。
1965 年	9 月上、中旬，李淑贤做手术住院，溥仪未能发现李玉琴给他的信。
1965 年	10 月 6 日，李玉琴探亲归来，从长春寄信给溥仪，指责他"又神气起来了"。
1966 年	6 月至 9 月，"文化大革命"开始，受皇封的"贵人"在劫难逃，受到批判和大字报围攻。红卫兵以"皇娘"为目标追踪而至，要抄出"满洲国"宫廷遗物以求功。李玉琴也闻风而动，将溥仪自 1955 年以来的多封来信，她学作诗词的手稿，从宫里带出的"四书"、"五经"以及佛经等付之一炬。
1966 年	10 月，兄、嫂等亲属都因"皇娘"株连而在运动中受到冲击，纷纷来找李玉琴质问，令其去北京找溥仪，解决历史遗留问题。母亲一板定音，让她去找溥仪问个明白。
1966 年	11 月初，李玉琴等向省委申述亲属们被迫害的情况，接待人建议"派代表上访"。同时，市政工程处职工、原宫廷勤务班孤儿孙博盛，建议她去北京批斗溥仪，肃清《我的前半生》一书的"流毒"，并要求没收稿费。
1966 年	11 月下旬，与兄、嫂登程进京。在"文革"接待站反映情况，递交申诉材料。随后安排住处，等候领导接见。
1966 年	11—12 月，先后去全国政协机关、五妹韫馨家、溥杰家及溥俭家，要求溥仪本人对"皇亲"问题予以说明，不获理解，遭到反对。
1967 年	1 月 30 日，和大嫂杜晓娟一起来到"反帝医院"（协和医院）住院部溥仪病房要求溥仪就"皇亲"问题写一份澄清文件，说明李玉琴入伪宫后受压迫的事实及其亲属从未享受过"皇亲"

待遇等事实。李淑贤出面干预，谈话中断。

1967年 2月7日，和杜晓娟在"文革"接待站的"首都红卫兵三司"两名"观察员"陪同下，前往溥仪转住的人民医院。在题目为"溥仪！你要向被你损害者及其家属老实认罪、交代问题！"的书面材料中，溥仪回答了李玉琴控诉的十四个问题，随后被李玉琴和杜晓娟批判，并勒令其将《我的前半生》的稿费"退还给人民"。

1967年 2月8日，李玉琴背着杜晓娟给溥仪打电话，转告溥仪自己的无奈之举，希望他好好休养治疗，尽快康复。溥杰当即致电全国政协文史资料研究委员会主任委员沈德纯汇报病房批判的情况，沈德纯指示溥杰帮助溥仪执笔写出关于李玉琴及其家属历史情况的证明材料。溥仪嘱咐溥杰不论外界如何变化，"仍照既定方针"实事求是为李玉琴写证明材料。

1967年 2月14日，由溥杰执笔，溥仪、溥杰和李淑贤在病房逐句修改过，再交给溥杰缮写后又经溥仪签名的证明材料，送交全国政协郭盛臣。其内容有七项：李玉琴入宫的由来经过；溥仪对李玉琴所定"二十一条"和对她家属所定"六条"的目的；李玉琴在宫中生活情况；李玉琴在宫中所受的种种限制；关于溥仪给李凤安排"警长"问题；溥仪和李玉琴家属的关系；所谓"皇亲国舅"的问题。澄清了若干历史过程中的细节，并道破了它们的本质，有利于在当时为李玉琴和她的亲属从政治方面解脱。

1967年 2月14日，溥仪家族内部引起辩论，李淑贤、二妹韫和、二妹夫郑广元等都认为溥仪心软，溥仪则坚持应对李玉琴负责。

1967年 3月上旬，全国政协"革命造反指挥部"在溥仪写的证实材料上签署了两条意见。第一，溥仪"诚恳接受批评"，愿意对《我的前半生》一书"作深刻检查"，并已将稿费四千元退交政协机关。第二，新中国成立后当地某些领导、群众不了解李玉琴和溥仪结婚完全是受溥仪压迫而对她及其亲属进行批判，要求溥仪给李玉琴写一证明，这一要求是合理的，已责成溥仪写出证明，以便李玉琴向当地领导、群众交代；现已写出，情况基本相符。此证明由沈德纯转交李玉琴带回。沈德纯还代溥仪支付李玉琴百元返程路费。

1967年　3月15日，通过"三司"驻全国妇联联络站向溥仪索要前些年陆续写给他的信，溥仪让溥杰转交给全国政协郭盛臣。

五　时代变幻

1968年　8月，"清理阶级队伍"开始后，黄毓庚被关进"牛棚"，不久，李玉琴被单位送入在省图书馆集中管理的"学习班"，和"牛鬼蛇神"一样戴上黑名签，成了"群众专政"的对象。

1968年　10月，从"牛棚"中被放出，仍是"靠边站"对象，每天除劳动就是写交代材料。黄毓庚则因"特嫌"被关押整整一年。

1969年　12月至1972年12月，获准与丈夫一起走上"五七道路"，一家三口前往吉林省敦化县大桥公社兴发大队插队落户。两人务农、工作、学习之余，在一定范围内参加斗、批、改运动的组织和宣传工作。

1972年　底，关于"五七战士"分批返回原工作岗位的新文件下达，李玉琴一家仍被留在农村。回长春找领导反映情况，领导考虑到她统战对象的身份，建议她当面向周光省长汇报情况。周光省长会见后不久，市文化局和省广播事业局的调令下达。

1973年　春，遇上"反回潮"，全国范围内大批特批"兴灭国、继绝世、举逸民"，"封建娘娘"李玉琴与孔夫子一同受到批判，重新生活在担惊受怕之中。

1975年　11月，母亲去世，享年八十四岁。

1976年　10月，"四人帮"垮台。真正获得解放，迎来其政治生命的春天。

1978年　十一届三中全会以后，家庭发生巨变：黄毓庚晋升为工程师，孩子考上大学，家里的居住条件、生活条件好转。

1980 年　11 月，应中国新闻社的邀请，参加纪录片《末代皇帝溥仪》的拍摄工作。

1982 年　初，民主党派恢复活动，李玉琴正式加入"民革"，了结了二十多年的心事。第二篇回忆录《坎坷三十年》，开始在《长春文史资料》上刊出。

1982 年　4 月，获知李淑贤来到长春的消息，想邀其做客，可惜因第一次见面不和引起的尴尬，勇气不足，错失见面机会。

1983 年　1 月，在长春市政协六届一次会议上，被推选为市政协委员。

1983 年　夏，赴京。公出之余，和溥仪的二妹、四妹、五妹以及毓嵒、毓嶦、毓崋和溥仪的随侍李国雄夫妇见面，畅谈今昔，气氛一新。

1984 年　5 月，由全国政协和中央侨办安排，前往锦州配合香港知名导演李翰祥，为其拍摄《火龙》提供有关素材。

1985 年　6 月 10 日，研究溥仪的历史学家王庆祥利用与李淑贤、李玉琴共同参与香港导演李翰祥拍摄电影《火龙》的机会，把李玉琴邀到李淑贤家聚餐，共话历史，解开纠葛，实现和解，成为朋友。

1985 年　夏，再度拜访彼时成为满族人民代表的溥杰，受到热情接待。与荔荔全家团聚。

1985 年　8 月，办理内退手续，离开了她所热爱的图书馆工作岗位。市政协与市文化局考虑到她的特殊情况，工资及其他待遇均按在编人员对待。

1986 年　3 月中旬，在新疆当电影放映员的缘缘前来长春看望李玉琴，久别重逢，感慨万千。

1986 年　3 月 20 日，李玉琴应中国电视剧国际合作公司邀请赴京观看《火龙》样片。22 日又同李淑贤飞抵广州。

1986 年　3 月 24 日上午 8 时，《火龙》公映仪式在深圳举行，中国历史上最后一位"贵人"李玉琴和溥仪特赦后的妻子李淑贤，在公映典礼主位席落座。与《火龙》导演李翰祥见面，并一起会见了三十余人的香港新闻记者团和其他中外记者。李玉琴和李淑贤

	并肩同席的镜头伴随着《火龙》公映,轰动世界。
1986 年	3 月 25 日,同李淑贤乘车前往沙头角十字街选购纪念品,共享午餐。在一架很大的望远镜前,观览被称作东方明珠的香港。
1986 年	3 月 26—28 日,同李淑贤前往广州观光。参观集饭店、宾馆和百货商场三位一体的花园饭店。
1986 年	3 月 29 日,顺路飞赴上海看望公婆,李淑贤直飞北京,结束了因《火龙》首映而成行的深圳双人旅游。
1986 年	4 月 1—3 日,乘旅游车前往杭州观光,并在灵隐寺佛菩萨前上香叩拜。
1986 年	4 月 10 日,结束南行,经北京飞返长春。
1986 年	4 月,与王庆祥合作撰写回忆录,进入动笔阶段。
1986 年	6 月,在长春市图书馆工作三十年以后正式退休。作为民革党员仍被推选为省、市政协委员,经常出席会议,参政议政。接待外宾和来访者。黄毓庚从长春电视台的技术岗位上退休,参加广播电视系统撰写史志工作。儿子黄焕新成家立业。从此安度晚年。
1986 年	7 月 8 日,收到长春市财贸委员会《对中国人民政治协商会议长春市委员会第 277 号提案的答复》。履行作为政协委员的职责,对有关社会问题积极提供建议,受到政府部门的重视。
1988 年	3 月,被推选为吉林省政协委员。
1988 年	5 月,公出北京,顺访二妹韫和,她和丈夫郑广元时为西城区政协委员,早年成见已随历史化解。
1988 年	至 1993 年,常去三妹韫颖家。韫颖时为北京东城区政协常委,退休后与作为全国政协委员的丈夫郭布罗·润麒和两儿一女共同生活,家庭幸福。
1989 年	7 月,《中国最后一个"皇妃"——"福贵人"李玉琴自述》(李玉琴记述、王庆祥整理)由北方妇女儿童出版社出版。与此同时,由长春电影制片厂拍摄的同名影片也在国内外公映,李玉琴担

	任该片顾问。
1989 年	冬,出任由"民革"长春市委组建的长春市职工物价监督检查站第五十三站物价检查员,尽职尽责,备受市民赞扬。
20 世纪	80 年代,与霍福泰多次在长春和北京见面。俱已成为新中国的主人,大家在一起合影。
1990 年	多名读者来信,回忆当年在通化的真实社会状况和往事,成为有价值的史料。
1992 年	7 月,李玉琴被吉林省交通职工大学聘为名誉教授,被吉林省交通学校华樱阁书画店聘为名誉董事长。
1992 年	11 月,《中国最后一个"皇妃"——"福贵人"李玉琴自述》(李玉琴记述、王庆祥整理)中文繁体字版由台湾跃升文化事业有限公司出版。
1972 年	至 1998 年,多次抵京,并探望五妹韫馨。韫馨病逝于 1998 年。
20 世纪	80 至 90 年代,多次看望溥仪的族侄毓嶦和毓㟏,受到热情款待。
20 世纪	80 至 90 年代,与住在吉林市的溥仪族侄毓嵣和杨景竹夫妇多次接触,共话已逝的岁月。
20 世纪	80 至 90 年代,多次看望溥仪的族侄毓嵒,关心缘缘和荔荔两个苦命孩儿。给荔荔寄去路费,让他们一家三口到北京见面。1986 年 3 月,缘缘来长春看望"爷爷"。
1993 年	8 月 20 日,香港《壹周刊》刊出屈颖妍撰写的《中国最后一个皇妃"出卖"历史度余生》一文,用词过头。
1995 年	向国家希望工程捐款一千元。又捐献一千元资助长春市建体育馆。
1995 年	被确诊患肝硬化,住院十余次。
1998 年	6 月 21 日,黄焕新为母亲举办七十岁寿辰贺宴暨父母结婚四十周年的纪念宴会,省市一些党政领导及著名人士出席。
1998 年	长江、松花江、嫩江发生水灾,李玉琴再捐献五百元和衣物。
1999 年	1 月,李玉琴在政协长春市九届二次会议第一期"政协委员论坛"上发言说:"要尽委员职责,小车不倒只管推。"

2001年　2月8日,吉林省伪皇宫陈列馆正式更名挂牌为伪满皇宫博物院。李玉琴关于伪皇宫内部恢复旧日模样,作为历史遗迹供后人寻史通鉴、旅游观光的愿望得以实现。

2001年　4月24日上午9时15分,因肝硬化病逝。

2001年　4月26日晨8时,在吉林大学第二临床医院举行遗体告别仪式。省市统战部门、政协系统、市文化局、图书馆、伪满皇宫博物院的领导和同志及亲友百余人前来送行。

附录一 《中国最后一个"皇妃"》成书日记

王庆祥

笔者有写日记的习惯,特摘录《中国最后一个"皇妃"——"福贵人"李玉琴自述》一书成书始末的日记献给读者。作为第一手资料,其中不但记录了李玉琴断断续续回忆出来的历史人物、事件和故事,记下了她对社会和人生的感悟与体验,也记下了这本书的成书始末经过。应该说这本书既有她的辛酸、忧郁和痛苦,又有她的喜悦、幸福和快乐,融入了她的体会,也倾注了她的感情,留下了她一步一步的心路历程。我想,这一切对广大读者来说一定会有很好的启迪作用,遂仅在段落、文句、标点等方面稍加整理,公之于下。

1982年11月16日 星期二

溥仪的"福贵人"李玉琴在长春市图书馆阅览部工作,所以我在这里翻拍伪满照片时,常常能遇到她。而对我,则确如她所说"久闻其名",却并不相识。她人很直爽,一见面就唠叨开了,说她"对王庆祥有意见",主要是在与溥仪存在过历史关系的两位健在的女士中间,"捧一个,贬一个"。我也开玩笑说,面对你们二位,看来我已经成为多余的"第三者"了。其实,我只想用历史的眼光,观察和分析溥仪的一生史迹,这种眼光却不能不碰到二位女士,如果这眼光偏离了公正立场,那么历史便会"走样",而这绝不会是我这个与历史为伍的人的初衷。李玉琴笑了,她说,看来是她"吃醋"了。

李玉琴问我看过哪些溥仪的资料。我说："李淑贤把溥仪特赦后亲笔撰写的十余本日记都交给我看了。"她又问写过她的事没有，我说"文革"期间她到北京去，到溥仪住院的病房，日记中有这些内容。李玉琴说，她对伪满那个"康德皇帝"的形象还能记得，"溥仪表面和善，骨子里奸诈"。又说，"他的日记也不一定全都可靠"。

去年五六月间，李玉琴曾写信上访，对媒体上关于溥仪及其后妃发表的文字提出了意见。我问她是否可以直接对我的文章提出意见。她说，她的意见不单纯是针对我的，因为当时社会上形成了一股风，她才写信向中央统战部反映，"中央支持了我的意见，还给我补充了两条。"她又说，"中央统战部对李淑贤有意见，因为她自己搞，而不通过组织。"

李玉琴近来又写完一篇文史资料，是政协要求并帮助她写的，虽然很伤脑筋，但还是要写。她还打算以后写个自传，我问她是不是写溥仪，她说是写自己。

李玉琴说，她对自己现在的家庭很满意："我爱人是南方人，性格开朗，虽然五十多岁了，还像年轻人似的，充满感情，我和丈夫都有六十元月工资，儿子念大学，生活蛮不错。想起过去的年代，我可真够倒霉啊！"转过话题来，她又说，"李淑贤是值得同情的，我们不应该互相对立。"

1982年11月17日　星期三

利用在市图书馆查阅伪满资料的空隙时间，我又到李玉琴管理的阅览室，谈了一个小时。她很能讲，谈话中流露出很好的思想修养。

我问她与溥仪离婚的真正原因是什么。她说当时"和抚顺战犯管理所所长谈崩了"，多少年来，她背着历史的包袱，政治压力太大。"因为那段历史，连参加工作的权利都没有了，那时我在汽车厂当临时工，本来可以转正，结果转不成。后来在'文革'中我的亲属都因沾上'皇亲'而挨批挨斗，被逼无奈，妈妈才让我去一趟北京，目的是要听溥仪自己说说，我家到底沾了他多少光，他又是怎样对待我家的。"说到这里，李玉琴显得有些激动，

"这就是离婚的主要理由！其他理由都是次要的，比如夫妻生活方面，虽然也有一定的关系。不过，我既然已经多年吃素，也就讨厌肉食；一个长期不接触男人的女人，也就习惯了这样的清静生活。一句话，如果不是政治压力，就不可能离婚。"

李玉琴又跟我谈到发生在一九五七年的一个细节，那是她和溥仪刚离婚不久，正好抚顺战犯管理所组织伪满战犯参观东北各地来到长春，当大客车停在胜利公园附近马路边上时，途经那里的李玉琴偶然看见车窗内的溥仪，遂向领队管理人员要求见面谈谈。李玉琴说，如果那次会面能够成为事实，可能也就恢复婚姻关系了，因为当时她的心情很矛盾。不料，溥仪竟不同意见面，拒绝了这个机会。现在，李玉琴希望把历史的这一页，"永远永远地掀翻过去"。

李玉琴说，她确实不希望有人把溥仪和李淑贤的感情写得那么美好，她说："我相信溥仪能够接受教训，也许会对李淑贤百依百顺，但她的生活中也会有不完美和不痛快的方面。"

1982 年 11 月 19 日　星期五

"福贵人"下班时，我也刚收拾好东西走出阅览室，我们一起离开市图书馆。这几天我们两人一起谈了不少话，她也觉得和我很投机，一定让我送她回家，边走边聊。话题从"逃亡通化"切入，她说一九四六年四月以后，皇族们各奔他乡，她虽然有娘家可投奔，生活也是很艰辛的。有人给她出主意，让她上北京去找载沣（道光皇帝第七子奕譞的第五子，光绪皇帝同父异母弟，溥仪的生父，一九五一年病逝）和载涛（奕譞第七子，载沣的胞弟，溥仪的七叔，清朝贝勒，一九七〇年病逝），然而，爱新觉罗家族却并不愿意接纳她，后来她只能在溥修（道光皇帝第五子爱新觉罗·奕誴之孙，与溥仪为堂兄弟）家里落脚，因为溥修接受了溥仪在天津的全部财产（溥仪在天津有十几栋小楼房和一百四十八箱物品）。她在这里一住七年，由溥修亲自教授汉学课程，学到了系统的知识。

"后来，"李玉琴继续说："我上抚顺去看溥仪是跟溥仪原来的针灸大夫借的路费，这笔钱溥仪一直未还。他特赦后，连出门坐车买票的两角钱也得向李淑贤要，这是溥杰告诉我的。

"一九六〇年，我因撰写文史资料去北京，溥仪请我和他的族侄小固（恭亲王溥伟之子爱新觉罗·毓嶦）一起吃饭，那也是我提议的。因为小固曾在抚顺战犯管理所揭发过溥仪，他还有些记恨。

"有人说那次和溥仪在北京见面，溥仪曾送我呢料大衣，这是没有的事，他只送过我一支金笔，我也送了他一套茶具。回到长春后，我和溥仪通过几封信，这些事我丈夫毓庚都知道。"

李玉琴不愿再提"文革"期间去北京的事儿，当时全国政协给了她一百元钱，说是"政协给补助的旅费"，否则她是不会拿的。我根据溥仪日记中关于原伪皇宫内"勤务班"孤儿孙博盛曾给溥仪写信批判《我的前半生》的记载，问她知不知道这件事。她说："当然了，就是一本好书，用当年那种极'左'的方法也肯定能够挑出毛病来。这可不能怪罪孙博盛，这是当年的政治形势决定的。孙博盛也曾经找过我，让我参加对溥仪的批判，我没同意，因为在伪满年代，我的地位和境遇毕竟跟孙博盛不同。我去北京前夕，孙博盛让我给全国政协机关带去他的意见，即溥仪写书可以，但不应该要稿费，因为那本书是写前半生经历，而这是有罪的经历。当时我也同意这个意见。"

我拿出一张二格格韫和的照片给李玉琴看，她说，二格格韫和与丈夫郑广元（郑孝胥之孙，1932年他们由溥仪"指婚"而在长春举行婚礼，1995年病逝）的关系一直不是很好，直到今天，吃、穿、用都是分开的。

我们又谈起婉容，李玉琴说，在宫里时她曾提出要看看婉容的模样，见见面，说说话，但溥仪不答应。后来伪满垮台，逃亡到大栗子沟，溥仪撇下这些人就走了，婉容虽然有病在身，也不得不跟着逃难的皇族大帮吃大锅饭，很难过。李玉琴可怜她，便亲自动手给她做小锅吃。婉容一阵明白一阵糊涂，要靠吸鸦片提神，只好每天限量供应，让她少抽点。后来，她身边的太监和爱新觉罗家族的人都各奔前程，没有人管她，也找不到鸦片抽了，不久便孤零零地死在延吉。"这是后来有人看到报上登的消息告诉我的。"李玉琴接着说，"我今年在北京见到润麒（婉容的同父异母弟，当时在北京中国社会科学院法学研究所工作），曾跟他谈到想去延边，收拾婉容的尸骨，为她修墓立碑。但不知什么原因，没有得到润麒的回应。婉容也想到过跟溥仪离婚，但她父亲荣源不同意，因为他是依靠'皇帝'而讨富贵荣华的。"

李玉琴说，近来她已经写完了一篇文史资料，从通化逃亡写起，直到前几年，有八九万字，已经交给长春市政协了。（即《坎坷三十年》，最初连载于《长春文史资料》第3期至第5期，1983年8月至1984年4月印行。）

1982年12月5日　星期日

市图书馆孙师傅说，李玉琴跟他讲过伪满年代的一件轶事。有一次溥仪前往日本关东军司令官官邸，是带着她一起去的。会见梅津美治郎司令官时，梅津依惯例向"康德皇帝"鞠躬，却忽略了向"贵人"行礼。李玉琴认为这是瞧不起她，遂站立不动，以示不满。梅津见状，心里明白，乃面向李玉琴补行鞠躬礼，她这才扭动身子，随溥仪去了。事后，溥仪还给她鼓了劲，说她做得对，有尊严。

1982年12月20日　星期二

在市政协文史办公室，孟令乙主任对我说，有一次，政协召开"文史资料撰稿人茶话会"，李玉琴发言认为，目前，北京溥仪家族成员都在各级政协内作了安排，这对国家、对政府、对统战政策都是有利的；她也希望多给国家做些事情，多做统战工作，多做团结工作，促进大好形势的发展。她的发言引起市政协领导的重视，考虑到长春市健在者中间有一定历史影响的人士中，还有一位伪满大臣（指伪满勤劳奉仕部大臣于镜涛）、两位伪县长（指曾任伪满总理大臣张景惠秘书官的九台县长高丕琨和另一人）、一位"皇娘"（指李玉琴），都可以考虑安排，有的可以当政协委员，这样做的社会影响是好的。由此，李玉琴走进了市政协委员的行列，她肩上的社会责任更重了。

李玉琴在市图书馆和我相识那天也见到了孟主任，她说："王庆祥来馆查伪满资料已经有几个月了，直到今天才算认识他。我虽然对他发表的文章所涉及的部分内容有意见，但还是很赞赏他，这个人能干。"

据孟主任说，李玉琴最近又讲了一个情况：一九四六年她被迫言不由衷地写了一纸跟溥仪"断绝关系"的"离婚声明"，当时她曾对爱新觉罗家族里管事的人说，皇上还有几件皮衣，能否赏给她一件作个纪念。那位管事人给了她两件，李玉琴说这两件皮衣一直存放到今天。接着，她又提出一个问题：在通化和临江，东北民主联军对她也实行搜身并没收了金银首饰等私人财产，这是不符合政策的，应该有一个说法。

当时，东北地区解放战争正处在国共两军"拉锯"的状态，部队下层确实存在这类问题，比如在吉林市、敦化县城和延边等地都发生过把婉容作为伪皇后而游街展览的过激行动，一九六一年周恩来总理接见溥仪、溥杰和嵯峨浩等人时，谈到《流浪的王妃》那本书，就解释过这种情况，批评了那些执行政策有偏差的同志。

《坎坷三十年》写完后，为了保证史实准确，李玉琴提出去一趟北京，作必要的调查与核实，这一建议也得到了市政协的支持，给她向工作单位请了二十天假，又支付了二百元经费，同意她前往北京。

李玉琴的文稿，涉及一九六六年"文革"中她在北京与溥仪见面的内容，对李淑贤似有责难之处，孟主任嘱我先看看她的原稿，如与史实有出入，可以提出来，帮助她修正。回到家我急急翻看了部分内容，感到她写得很认真，内容基本上是可靠的，而且很重要，很生动。我认为，应该请她再细致地回忆，展示更加丰富的细节，公开出版长篇个人回忆录。如果她本人愿意，我可以帮助她完成这件有意义的工作，这对于揭开伪满皇宫的内幕，对于展示"康德皇帝"当年的境遇、情感和内心世界，是一个很好的题材，也是一段不应该被泯灭的历史。

1984 年 10 月 22 日　星期一

我到李淑贤家,她告诉我,《火龙》剧组副导演周七月(原文化部长周巍峙与著名歌唱家王昆之子)和服装设计师赵茹华前几天到长春,为电影《火龙》开拍做准备工作,曾找过李玉琴咨询服装道具方面的有关事项,但李玉琴以"头痛"为由谢绝了。李翰祥拍这个片子,并未与李玉琴在转让回忆文章版权的意向上签约,而只是采访了她一次,付了几百元采访费,留下一纸采访付费凭据了事,但在片中采用她的经历内容不算很少,应该说对她的尊重不够,所以李玉琴的"拒绝"也不是没有道理的。

李淑贤又说,长影某刊登出《李翰祥与溥仪两遗孀签订合同》的消息,她对此甚为不满,因为李玉琴已不再是"溥仪遗孀",这个提法不符合事实。

1984 年 12 月 6 日　星期四

下午,我到市政协,巧遇李玉琴。她正因为省文联张某所写的长篇纪实文学《末代皇妃秘史》而来反映情况,张的文章很明显是以她的《坎坷三十年》和我写的相关文章为基础改写而成,事先没跟我们商量过,是侵权行为。

我和李玉琴商量后,声明三点内容:一、通知省文联,立即停止以一切形式继续编印或发表、出版《末代皇妃秘史》一文;二、要求该文作者说明资料来源、写作过程和出版过程;三、保留进一步提出要求保护版权的意见。市政协文史资料委员会主任沙中典同志接待,并表示将负责向有关部门转达我们的要求。

1984 年 12 月 29 日　星期六

《末代皇后和皇妃》以《长春文史资料》专辑的形式印发后,李玉琴提出了一些意见,并写信给全国政协,坦率地说出她的看法,主要是对李淑贤回忆录中关于"文革"期间发生在人民医院病房那件事情的记述不满意,对我写的那篇《"福贵人"》文章谈到她入宫之初"说话带方言土味"也不满意。这是市政协孟主任告诉我的,我认为李玉琴作为亲身经历者,很关注涉及她本人的记述,这很正常,通过正当途径反映意见也是应该的,带有一定的个人感情色彩更是能够理解的,我会认真考虑她的意见,实事求是地对待历史问题。

1985 年 1 月 7 日　星期一

上午,我到市政协。孟令乙主任告诉我,他和沙中典主任昨天亲往李玉琴家,她丈夫黄毓庚工程师在座。黄工讲,李玉琴写信是因为对我的文章有些意见,并非针对政协。其意见主要是把李玉琴的宫廷经历,写成由一个穷孩子变成为贵妇人,"这个基调不对"。同时,依据的资料主要来源于采访杨景竹(溥仪的族侄爱新觉罗·毓嶦之妻),而杨精神受过刺激,她的话不一定可信。再者,李淑贤和溥仪并没有多么深厚的感情基础,不应该把他们的家庭生活写得那么完美。沙主任说,要安排一个机会,让李玉琴和我见面谈一谈。黄工说,他们没有别的意思,只要我能够考虑他们的意见,我们还是朋友。

我也很赞成市政协的这一安排,我和李玉琴一定能够消除误解,在文史战线上共同作出我们的努力。

1985 年 1 月 9 日　星期三

孟主任通知我立刻到政协去一趟,半小时后我骑车到了。他说收到了全国政协文史办公室的一件公函,并转来李玉琴致全国政协的信。孟主任说,要给全国政协复函,说明李玉琴和王庆祥是长春市政协征集文史资料的撰稿人,我们将努力做好调解工作,消除两人现有的矛盾,以有利于今后的工作。孟主任又说,昨天与李玉琴谈话两小时,政协的看法是:一、《"福贵人"》通篇看,作者是站在同情李玉琴的立场上写的,内容基本上是好的;二、从这本书的社会效果看，有很多反应非常好，特别是一些省市领导看过以后都有态度，给予肯定，"成绩是主要的"，关于"伪皇宫陈列馆副馆长"这一对李玉琴的内定安排，不能说与这本书无关；三、庆祥同志那篇文章如果还有这样那样的毛病，他一定会作出修订，而且不仅作者要对此负责，我们政协也有份，也要负责，这一点请李玉琴放心。李玉琴的态度很好，当场表示"可以跟王庆祥坐在一起谈一谈"，但她还需要准备准备。

1985年1月21日　星期一

上午，我按孟主任要求到市政协，贺英副主席(时任长春市政协副主席，系原长春市委书记宋洁涵夫人)接见我。她说，李玉琴现正等着她谈话，本想趁这机会把我也请过来，有意见就当面说一说，没有什么了不得的矛盾，不过，李玉琴又说，还是等等好，有些事情还想不通，提出来能否先不要由吉林人民出版社公开出版《末代皇后和皇妃》，等大家谈过以后再说。那就依她也好，最近她的态度又有逆转，也去过出版社，听说这本书还没有开印，表示"要对历史负责"，我们还要做更细致的工作，要以理服人，那就等几天再请我过去。

我又跟孟主任聊了一会儿，我说，还是希望李玉琴能把她的意见摆透，如果确实很有道理，我们就应该修改书稿，即或改版会带来损失也在所不惜。然而，如果没有原则性问题，比如，《坎坷三十年》中也有她在溥仪影响下，逐渐发生思想转变而成为贵妇人的描写，而且她也谈到杨景竹经常进宫陪伴的情况，像这类问题，通过交换意见是能够一致起来的。她说爱新觉罗家族里至今还有人瞧不起她，表示要"斗争到底"。由于我给李淑贤整理回忆录，她把我也看成是为那个家族服务的人，其实她误会了。家族里有些人也对李淑贤持不是很接纳的态度，我更是因为调查历史和表述历史，才与李淑贤、与这个家族结缘，这只是一种社会性的，或者说主要是文化性的缘分，而谈不到其他方面。然而，由此我更能够理解李玉琴了，她今天的态度，是有历史根源的，是她在伪皇宫里就有过的某种感受的延伸，很值得同情。不了解当年内幕的人们，只能想象"贵人"有"福"，而不知道"贵人"也会有"苦"，这就很不容易理解她现在的一些想法了。

1985 年 1 月 24 日　星期四

据左振坤（时任吉林人民出版社历史编辑室主任）讲，《末代皇后和皇妃》一书发行后，省委领导刘敬之、刘云沼等都曾让秘书打电话向出版社要书，对这本书有肯定的评价。

又据周兴（时任吉林省社会科学院东北史研究所所长）讲，昨天李玉琴到院里来了，是王承礼副院长（时任吉林省社会科学院副院长，来院前曾任省文化厅副厅长，分管过伪皇宫陈列馆等方面的工作）接待的，谈了整整半天，其后王院长在省社联历史学科组的会议上谈到了这件事，他说李玉琴的谈话还是很讲道理的，并不是为了某种目的而来告我一状，应该体谅她的心情。

1985 年 1 月 31 日　星期四

中午，李淑贤请我在前门饭店吃饭，餐后，我到全国政协文史办公室，是俞兴茂同志（时任全国政协文史资料出版社编辑，《溥仪离开紫禁城以后》一书责任编辑）听说我来京而转请李淑贤通知我过来的。他跟我谈了以下情况：

一、李玉琴又给全国政协写信了，内容主要不是针对我的，她认为当前社会上存在着一种不好的现象，就是出版社为了追求利润而不顾及其他，这种倾向应该纠正。

二、全国政协拟给李玉琴同志复信，感谢她对国家文化事业的关心，希望她继续与长春市政协保持紧密联系，具体问题就地与他们协商解决。

三、作为《溥仪离开紫禁城以后》一书的责任编辑，他感谢李玉琴、李淑贤和我的支持，已经把我们的文章编入该书，稿酬按转载从优给付，文字每千字十五元，图片每帧七元。

1985 年 2 月 21 日　星期四

市政协孟主任通知我去领取《末代皇后和皇妃》一书作为《长春文史资料》专辑而发行的版本印数稿酬，办完手续后，孟主任对我说，李玉琴也已领过她那部分印数稿酬，态度已经缓和下来。政协考虑到她的生活还有困难，另行补助二百元，她表示感谢政协组织的关心。

市政协还收到了我院王承礼副院长的来信，信中说，李玉琴曾来过我院，主要是反映我的《"福贵人"》一文中采访杨景竹的部分内容应该再核实等情况。还说，李玉琴对市政协并没有意见，特此通报。关于此事，王院长已经向院党组作了汇报，并说，我会认真考虑李玉琴的意见，能纠正的立即纠正。

1985 年 2 月 26 日　星期二

吉林人民出版社通知我去一趟，我到后，左振坤讲了两件事：一、《末代皇后和皇妃》一书分两次印制，共六十万册，准备今年听听意见，看看反应，明年修订再版；二、出版社与李玉琴先后谈过五次，误解基本上消除了。出版社感谢我们的支持，并考虑从优付酬，希望李玉琴和我都能再写出好的著作来，他们也将优先安排出版。

1985 年 4 月 29 日　星期一

上午，为校对书稿我跑了两家印刷厂，《溥仪的后半生》(省政协征求意见稿)正在长春市印刷厂制版，《法庭上的皇帝》(吉林文史出版社拟出版)正在市科技印刷厂制版。从印刷厂出来的归途中，我在吉林人民出版社停留，巧遇李玉琴，她是来领取《末代皇后和皇妃》中《坎坷三十年》一文稿酬的。我们就在这里谈开了，越谈越拢，就像是事前做了准备一样，是一次非常融洽的"会谈"，还决定了几件事：一、争取能在五月三日至四日间，由市政协主持，再就我们之间的分歧讨论一次，以便消除矛盾；二、希望我帮助她整理回忆录，搞成全面、完整而又系统的长篇回忆类著作；三、鉴于张某又把其描绘"末代皇妃"生平的书稿交给山东文艺出版社出版了单行本，而且又另行编写了一本《溥仪的妃子和妻子》也已经交给吉林文艺出版社列入了选题，侵犯了《末代皇后和皇妃》一书的版权，我和李玉琴将采取联合行动，依法维护我们的合法权益。

我和李玉琴谈话的时候，编辑俞慈韵拿起相机连连按动快门，他说"两位名人坐在一起，这机会难得，放弃太可惜"。我顺势陪着她直到办完领取稿费手续，又送她回家。她很高兴，我也感到很欣慰。

路上，李玉琴说，她看到了二月份出版的《电视与观众》，上面刊登了一篇文章《香港电影故事：火龙》，她对其中关于李淑贤的记述内容颇不满意。我说："我对李淑贤比较了解，她为人很好，你们两人不应该互抱成见，我很愿意在你们中间做一些沟通工作，我相信你们能够友好相处。"

李玉琴问我，是不是因为市政协把《末代皇后和皇妃》的版权卖给了吉林人民出版社，出版社才有权大量发行这本书。我说这是误解。市政协不是出版部门，它把自己的编辑作品交给出版社公开出版，这是很正常的。所以，出版社还要照常向我们支付作者稿酬，如果市政协把版权卖给了出版社，出版社就没有责任向我们支付稿酬了。这样一说，李玉琴存在心中的误解消除了。

我们又谈到张某又把描绘"末代皇妃"生平那本书改写为剧本发表的事，李玉琴说，省委刘敬之书记曾提议以她的坎坷人生经历为题材拍一部电视连续剧，张某正是从她那里得到这一信息的，遂加以利用，迅速动作，写出了剧本并拿出去发表，他做这些事情都是背着李玉琴的，实在很不应该。

1985年5月4日　星期六

上午，我到吉林人民出版社取回《伪帝宫内幕》的封面设计样稿，继而又把这个封面样稿送到市政协请孟主任看，他们两家已经商定，将其公开出版与《长春文史资料》作为专辑内部印发，利用一套版同时开印。谈完封面的情况，孟主任告诉我，李玉琴已经来过，因为政协马上要开会，她同意参加会议后就跟我坐在一起讨论讨论,请政协领导主持协调,这个问题解决以后,我们就可以合作撰写她的长篇回忆录了。

1985 年 5 月 14 日　星期二

周兴所长告诉我,今天上午李玉琴到院里来了,并与王承礼副院长谈过话。她说,感谢我院对她的支持,她认为矛盾已经解决,她同意跟我和解,明天将由市政协召集双方开个小会,希望院领导出席。她还表示希望我帮助她整理回忆录,请院领导也能支持这件事。王院长让她放心,说我院已经把溥仪研究列为重点课题了,这个课题就由我来承担。

1985 年 5 月 15 日　星期三

下午三时左右,市政协来车把周兴所长和我一起接到长春站前珠江饭庄,几分钟以后,李玉琴和黄毓庚工程师也到了。黄工人很幽默,一看见我们就扬起手臂开了个玩笑:"酒杯一端,政策放宽。"大家都会心地笑了。

李玉琴还是批评我,说我的文章"在基调上有毛病",客观上丑化了她的形象。她还举例说,杨景竹提供的资料说她"向下人颁赏"等,其实,当年她根本没有颁赏的权力。我觉得这类细节是可以尊重她的意见的,这种场合也应该让她心情舒畅地说一说。我表示,过去没有注重向她搜集有关资料,使我承担的溥仪研究项目,缺少了一个方面的资料来源,显然是有损失的,非常感谢她能从大局出发,帮助我弥补上这个缺欠。政协沙中典和孟令乙两位主任、周兴所长都很高兴,他们一遍遍举杯敬酒,往我们每人面前的小碟中夹菜,气氛热烈而欢快。

席间,我们议定了几件事:一、为了维护李玉琴的权益,市政协将以公函告知山东文艺出版社,要求他们停止再版或加印描绘"末代皇妃"生平那本书,同时,李玉琴和我也分别以个人名义致函该出版社,要求他们停止侵权;二、还要致信省戏剧创作评论室,明确我们(包括市政协、李玉琴和我)

的态度——不同意张某改写我们已经发表、出版的文章和著作；三、李玉琴把她对《"福贵人"》一文的意见集中一下告诉我，我可以考虑写一篇文章发表，向读者说明这前前后后的情况，做必要的解释工作；四、因为我是电影《火龙》的编剧之一，有责任协助李玉琴做好澄清事实的工作，即向李翰祥导演申明，在一九五七年与溥仪离婚、一九六一年与溥仪见面和一九六六年在北京人民医院的病房里请溥仪澄清历史问题这三个问题上，不要着意丑化李玉琴的形象。如果李翰祥坚持己见，我可以考虑从本剧中退出，以示抗议。

宴会结束了，我和李玉琴的矛盾也就此消除，这真是愉快的一餐。

1985年6月1日　星期六

下午，我去李淑贤家，商议为编著《爱新觉罗·溥仪画传》（该书由我和李淑贤合编，八百帧照片，六万字，已于1990年由上海人民出版社出版）而搜集照片资料的某些途径，又谈到与拍摄电影《火龙》有关的一些问题。

当晚，根据李淑贤的建议，我前往文化部周宅见到周七月。他跟我谈了许多李翰祥拍《火龙》过程中的内幕消息，也谈到李玉琴曾通过某人给周七月转来一封信，说媒体传播的电影故事《火龙》有丑化她形象的内容，周回信说，他已经因故退出了《火龙》剧组。

1985年6月2日　星期日

晚上，我到团结湖水碓子，李翰祥在这里有两套单元住宅，住在这里的赵乐天是他的驻京办事人员，我跟他谈了三件事，其中一件是请他向李翰祥转达：李玉琴对电影《火龙》的内容有意见。赵乐天说，他已经知道了，媒体上所讲的故事不完全等同于电影中的情节，李导演已注意到这一点，一定能够让李玉琴接受电影的内容。

1985年6月4日　星期二

上午，我到李淑贤家。然后我们一起先到三格格韫颖（即溥仪的三妹、郭布罗·润麒的夫人）家，继而又到毓嵒（溥仪的族侄爱新觉罗·毓嵒、1950年溥仪曾在前苏联伯力战俘营内宣布他为"立嗣子"）家，他说，李玉琴正在北京，她这次来，见了三格格，也见了他。李玉琴问他们对《溥仪的后半生》（吉林省政协内部征求意见版）有何看法，还说要把毓嵒与马静兰（毓嵒的前妻，曾在伪满宫廷、逃亡通化和在天津溥修家里与李玉琴长期一起生活、守节，病逝于1948年）生的两个孩子找回来。小的在天津郊区大港某农场，已经返回北京，大的远在新疆，是电影放映员，未能回来。李玉琴总是忘不掉在溥修家那一段苦难的生活，也忘不掉马静兰。但杰二爷（家族内部一般称溥仪的二弟溥杰为"杰二爷"）不愿意见她，虽然她已找过政协，政协也给说话了，溥杰还是不见，由此可知成见之深。

1985年6月5日　星期三

上午，我先到《中国建设》杂志社翻拍照片，然后直接前往上园饭店与李玉琴见面，谈了许多话，她又说到若干往事。一、溥仪对她很关心，她有病溥仪会亲自问药，在宫里有些场合本来应该行礼，溥仪总是给她免了，想让她轻松些。二、他们在一九五七年春节前两人最后一次在抚顺会面并已决定离婚，是手拉着手依依不舍分开的，确实并不是恩断情绝的情况，内心都很难过，又不得不如此。三、一九六一年李玉琴到北京去核实文史资料，曾往植物园看望溥仪，是以一个朋友身份去的。当时的中央统战部部长李维汉确实曾让植物园田老做工作，希望她与溥仪复婚，但她当时就拒绝了。她说，与丈夫黄毓庚的感情很好，老黄虽然也曾从爱护她的角度表示过，如果她有与溥仪复婚的愿望，自己可以退出，但她是绝对不会这样做的，她也不愿意再回到原来与溥仪那种生活中去。四、一九六二年溥仪与李淑贤结婚，一九六二年李玉琴的儿子出生，一九六五年李玉琴赴上海探望公婆，其间曾在北京停留，她给溥仪写了一封信，寄到全国政协机关，想见一面，因为她很关心溥仪当时的生活，听说他常住院，不知身体怎样，不料，未见回信，她以为溥仪不愿理她，心情不快地离开了北京。这件事，我曾询问李淑贤，据称，当时溥仪经常住院，李淑贤也恰好正在做子宫摘除手术，她家的报纸和信件常常堆积在机关办公室的桌子上，往往攒了一大堆才卷起拿回家中。李玉琴那封信就这样被耽误了，等李淑贤后来发现拆信时，李玉琴早已离京。李淑贤请我向李玉琴解释一下，这是误会。我解释后，李玉琴存在心中二十年的疑虑终于消除。五、李玉琴说，溥仪在宫里时脾气暴躁，经常惩戒下人，有时还亲自动手，但他没打过李玉琴一下，确实是挺喜欢她。一九六七年一月在北京人民医院病房内，溥仪还当着李玉琴和她大嫂的面，亲口说过这件事。

李玉琴还提出，要和我联名给山东文艺出版社写信，希望该社能采取措施，尽可能挽回张某侵权造成的影响。她还想同我一起到国家出版局版权处去一趟，反映张某侵权的问题，我表示同意，时间定在六月八日下午。

我们又具体讨论了合作撰写李玉琴回忆录的细节，决定先由她依各个历史时期提供书面素材，特别注重能够反映伪宫环境、礼俗和人际关系等方面的细节，等她把素材交给我，我要立即动手，执笔成文。

1985年6月8日　星期六

下午四时半许，李玉琴按约定来到崇文门中国社会科学院招待所，一进门她就快言快语地开玩笑，问我为什么不去接她，说我是"大滑头"。原来是因为她头一次到这边来，在崇文门下车后找不到"东交民巷"，转了半小时，走了不少冤枉路才找到这里。

我们立即出发，前往国家版权局，接待我们的是一老一少两位女士，很认真地听我们诉说张某侵权的情况。说到关键处，她们会向李玉琴追问几句。她们还提出，让我们交一份书面材料，最好能把侵权文和原文对照一下。

今天下午李玉琴走路太多，口渴，我买了两瓶汽水，一瓶落腹却似乎还不解决问题。我们回到招待所，在食堂每人又喝了一瓶啤酒。餐后回到四〇四房间，又聊了约一小时，内容仍围绕溥仪在伪宫中的生活细节。

李玉琴说，溥仪曾经在一张质地很好的"洒金纸"上给她写过条幅，她还记得有十六个字："人非圣贤，孰能无过？有过知改，前程光明。"李玉琴讲了一件事，她说她那时经常在晚上长时间看书，溥仪还找来福尔摩斯侦探故事集等西方小说给她看，除了看书还要做佛事，所以白天常常处于迷迷糊糊的状态。二格格见了还挺高兴，以为她有了身孕，就说"这回可大喜了"。虽然溥仪自知有病，但他从不对弟妹等讲实话，家里人也都不知道实情。她说，那时自己又太小，对许多事情都还不大懂。

话题又转到婉容身上，李玉琴认为写婉容传，不要"太揭短"。她说我就写"过"了，所以她的亲属有意见，因为他们都是封建家庭出身的人，绝不会赞成安娜。她的这种说法不无道理。

李玉琴又说，家族里的人都抬举谭玉龄，认为在溥仪的四位后妃中，只有她是"善始善终"，这显然还是封建主义的观点。李玉琴说，谭玉龄是由她姊娘领到长春宫里来的，她这人重礼节，有一次把眼圈儿哭红了，正好被溥仪看见，向她追问，她却不肯承认是哭的。溥仪曾经跟李玉琴说过，"祥贵人"太机灵，却搭上了性命，溥仪还指着"福贵人"，说她长得很像"明贤贵妃"。

我送她离开招待所，又送到一一一路电车崇文门终点站。她说，来北京这些天太紧张了，想有个机会轻松一下。我说，那就上北海去划船吧，她很高兴地说，下星期我们一块儿去划船。我顺势又提出建议：李淑贤还邀请你到她家做客呢，你应该有个回应才好。她不假思索地一口应允："那就定在星期一下午吧，我和你一块儿去。"

1985年6月9日　星期日

上午，我到载涛的五儿媳鄂静源家，谈了许多载涛生平方面的事儿。

晚上，我又到李淑贤家，告知我与李玉琴见面谈话的情况。李淑贤说，明天上午她要好好准备一下，要款待李玉琴。明天下午将出现二位女士亲切会面的动人场景，虽然她们现在都是普通公民，但因为曾与中国末代皇帝各有一段历史姻缘，而又具备了不普通的身份。她们的会面也是可以写进历史的一段人间佳话。

1985年6月10日　星期一

下午四时三十分，李玉琴准时来到中国社会科学院招待所，我们一起乘车前往团结湖李淑贤的家。说实话，我内心无比激动。

在七号楼二〇一室门前，我轻轻叩了几下，李淑贤立即开门把李玉琴和我迎进屋内，礼让在沙发前坐下，茶几上早已摆好了果盘和香茶。

李玉琴："我早想来看您，因为知道您的身体不好，怕给您添麻烦。这次承蒙盛情相邀，却之不恭，就顾不得打扰了。"

李淑贤："您能光临寒舍，我真的很高兴；您到北京来，本来就应该像回家似的到我这儿来嘛。我刚买了几条鳝鱼，没有什么菜，不知您能不能喜欢。"

李玉琴："我是东北人，穷人家的孩子，虽说进宫待过几天，吃东西从不挑剔。鳝鱼是水产物中很高级的品种，我在上海公婆家吃过一次。"

这时，我插话谈起一九八二年四月李淑贤到长春的往事，当时她下榻于吉林省宾馆，距李玉琴家很近。李玉琴说她当时已经听说了，非常想趁这个机会把李淑贤请到家里吃一顿便饭，但她也知道李淑贤每天都忙着与吉林省社会科学院讨论归还溥仪日记等手稿资料，而且心情也不太好，感觉到见面的条件还不成熟，"未敢轻举妄动"。今天，这两位社会知名度很高的女士终于坐在一起了。

李淑贤嘱我到附近一座住宅楼请她的一位老同事——关厢医院弓大夫来陪席，以使气氛更加活跃、热烈。李淑贤想得很周到。

话题很自然地转到了一九六五年李玉琴在北京给溥仪写信约见那件事上，因为正是这封被卷在积压的报纸中而拆封太迟的信，给两位女士平添了二十年的误解，今天终于有机会当面澄清。李淑贤还主动谈起另一件事，一晃已经四五年了，有位辽宁的记者来京采访，那时李淑贤没有经验，被记者"套"

出一些本该不说的闲话，未料那位记者不经允许就发表了她的"访问记"，其中有损害李玉琴且不实的内容，李淑贤说今天要"当面向李玉琴道歉"，还说如果她能早知道那篇"访问记"会给李玉琴带来那么多烦恼，她就会干脆拒绝采访或谨慎处之，一定不会允许那名记者胡闹。李玉琴听后非常满意，她说，都是过去的事情，不提它了。

接着，李玉琴把话题转到《溥仪与我》那本书上，她说反复看过这本书，感到书中所记述的溥仪对李淑贤的感情还是很真切、很客观的，由于历史原因，她对这些记述能够理解。

李淑贤又关切地问到李玉琴的丈夫、孩子和家庭，她说自己在上海住过几年，上海人对妻子很体贴，很温存，"你一定会有很多感受的"。李玉琴回答说，她现在确实很幸福，丈夫对她好，儿子也非常孝顺。"我家老黄欢快活泼，整天笑语不断，还爱唱歌，我们可高兴了。"她说，她很幸运，晚年得到了幸福的生活。又说，李淑贤与溥仪结婚后，生活得也很幸福，还记得他们刚结婚时，溥仪曾写信告诉李玉琴，只因为她当时正处在怀孕的后期，大腹便便不宜行动，否则她是会来北京参加婚礼的。

今天，李淑贤亲自下厨，做了红烧鸡、清炖鸡、炸鸡块、烧鳝鱼和几样时令青菜小炒等，味美可口。席间，她还一遍遍往李玉琴面前的小碟里夹菜，为她斟酒，李玉琴也频频回敬，相互举杯祝愿。李玉琴十分高兴地说："真不忍看到你一人灶上灶下地忙碌，你一定要找机会再赴长春，也要让你亲口品尝我的烹调技艺。"

饭后，我们又说起长春最时髦也最值钱的花卉——君子兰。李玉琴可是一位养花能手，她说，家中至少也有几十株君子兰。她还介绍经验说，浇水呀，施肥呀，掌握日照时间呀，都要讲点科学，她还给李淑贤带来一盆君子兰花呢。

晚上九时半，二位女士依依不舍地话别。李淑贤把早已准备好的几盒宫廷点心赠送给李玉琴，还互相挽着臂膀下楼，真是亲昵无比。走出楼道门，李淑贤又叮嘱我，要照顾好她，要把她一直送上车。分手时，李玉琴祝愿李淑贤健康长寿，自己珍重；李淑贤祝愿李玉琴一路顺风，欢迎下次来京时再相聚。

当李玉琴从崇文门车站登上一百一十一路无轨电车时，我看看手表，时针已经指向十点钟了。

1985年6月12日　星期三

早晨，我到上园饭店取回李玉琴赠送李淑贤的那盆君子兰，还有一大包银耳。李玉琴说，银耳是补品，加冰糖煮煮吃挺不错的，请转告淑贤大姐，一定要保重身体，希望她的晚年生活也像君子兰开花一样美好。

中午，我把李玉琴的礼品带到李淑贤家，她很高兴，说要再给李玉琴买点东西，"她也是挺苦的，又跟溥仪受了不少委屈，很不容易呀。"又说，"这次见面才知道她还真是一个很直爽的人。"

我告诉李淑贤，前天晚上我送李玉琴上车，她在路上对我说："家族里有些人对李淑贤有成见，认为她'太尖刻'，有人去看她，竟然烟无一支，茶无一杯，我这回总算亲眼看到了，根本就不是那么一回事。"

午后四时，我乘车来到北海公园后门，李玉琴已在这里等候。我们进园后，租了一条双桨小船，在北海平静的水面上荡舟一个半小时，似乎这又触动了李玉琴忆往追昔的灵感，她又脱口讲出了下面的故事。溥仪很爱玩，一九六七年她在北京期间，有一次跟毓嶦等几个人一起到全国政协溥仪的办公室。大家说了一会儿话就散了，溥仪送她回去，在路上又决定一起到北海公园游玩，他们并没有划船，但在一起吃了一顿夜宵，溥仪做东请客，点了几样菜，当时正是困难时期，这餐饭吃得有滋有味。李玉琴说，当时她对溥仪说过这样的话，希望他能跟领导讲一下，可否安排他到长春去工作和生活。李玉琴的意思是她想照顾溥仪的生活，因为她深知独身的溥仪会非常难过。然而溥仪误解了，或许以为是想跟他复婚，并直言问道："那老黄怎么办？"李玉琴当即解释说："你可别误会，我只是想像对待朋友那样照顾你的生活，老黄也不会反对，因为你缺乏独立生活的能力，但是我们之间已经完全不存在复婚的可能了。"

我说，在"小朝廷"那个时代，溥仪常坐轿子来游北海。李玉琴说，他当年虽然很威风,但在我面前还是有说有笑的,有时还要唱几口京剧,如《空城计》什么的,不过我觉得他似乎"五音不全",唱歌常常会跑调。我说,溥仪特赦后还是好玩,把北京的公园都逛遍了。李玉琴接茬说:"何止是好玩儿?还喜欢打扮呢!在伪满宫廷有时一天要化几遍妆。每次到我的寝宫来。事先也要稍作'美容'。"

李玉琴一边划桨,一边又说起这次来京的情形。她说溥仪家族里的人如三妹、五妹、毓嵒、毓嶦都见到了,跟随溥仪三十三年的贴身随侍李国雄也见到了。就是溥杰忙一些,因为跟他要字的人太多,他对谁都热情接待,连帮他管事的侄孙儿都不耐烦了,他却还很有耐性。李玉琴这回带了四瓶补酒来,是某企业的产品,还有配方,想请溥杰给作个鉴定,当然是为了宣传他们的产品。

李玉琴说,李翰祥为了拍摄电影《火龙》采访过她,追问她在抚顺探亲与溥仪同居那一宿的情况,她说:"李国雄经常伺候溥仪洗澡,认为溥仪没有病,是正常的男人。那天我们在一起,我只记得当时的心情很不好,我面对的政治压力太大了,其他的事儿我都不记得了。"

李玉琴带着骄傲的神情对我讲了一个新故事,她说有一次,随老黄出差来北京,儿子也带过来了。然而,老黄太认真,整天忙于公事,竟不肯拿出一天时间来陪他们娘俩玩玩,实在没有办法,她就自己领着孩子到颐和园去转了一整天。按规定交船的时间到了,李玉琴似乎意犹未尽,我们上岸后才略感倦意,随便在一家冷饮店内买了些饮料、点心和鱼肠、肉肠等,边吃边休息。休息后,我们又转到北海前门,在面对牌楼和白塔的栏杆前,照了两张相,都是单独照的。说心里话,作为溥仪生平研究者,我真想跟她合影一张,她却不同意,理由是"还要男女有别嘛"!我当然不能强求,心想来日方长,慢慢来吧。

我交完摄影费,又填写了邮寄照片的信封,然后我们两人沿着登山石阶路,一直上到白塔脚下,俯瞰故宫全景。李玉琴说她曾多次游览故宫,前几天还跟荔荔(毓嵒的次子,从小在天津溥修家李玉琴身边生活多年,这次专程从河北大港县来京看望她)一起去玩,看到储秀宫那般阴森恐怖很有想法,溥仪在伪满宫廷里曾经跟她说过："将来有一天实现入主中原，你就可以住进储秀宫了。"今天回想这一切叫人不寒而栗。如果真住进了储秀宫，岂不把她吓坏了。

于是我们又谈到溥修。李玉琴说溥修死于一九五七年，他的书法非常好，但下场可悲，他的夫人费云章，想当年出手阔绰，花钱如流水，到后来成了一个靠捡破烂讨生活的老妪，人生啊，令人感慨、感叹！

转到一处养鱼池，李玉琴又被深深地吸引住了。她指指这条，"这是黑金镜"，指指那条，"这是紫金镜"，旁边还有一条，"那是老虎头"等等，这些游动着的金鱼，让她感到很大的兴趣。

我们坐在一圈儿石桌石椅中间，这回要讨论一下今后的写作计划，既然两人都已经有了合作的愿望，下一步就是要努力发掘新的资料，把李玉琴亲身经历过的那段历史原汁原味地再现出来。李玉琴很有信心，她说想在今年年底前就把全部素材稿交给我，这也不会是空话，"你看我的实际行动吧。"

在北海公园前门分手时，已是晚八时十分了。这四个小时的北海游，揭开了我们两人合作共事的序幕。

1985 年 6 月 13 日　星期四

李玉琴已确定乘明日十七次特快返回长春，我代她往家中发了电报，以便家人接站。李淑贤又买了两盒糖果让我转交李玉琴，祝福她今后的生活甜美如蜜。明天上午我还要去上园饭店，转致礼品兼送行。

1985 年 7 月 29 日　星期一

下午三时，如约在李玉琴家附近的儿童公园内与其会面，她说回忆素材已在进行中，还能够不断地回想出许多细节，她有信心了。对张某那件事还是有些放不下，考虑过提起诉讼的问题，希望我能帮她一下。我建议她再认真考虑，如果能下决心，也不要犹豫了，我可以帮她找一找相关的法律文件。

1985 年 8 月 24 日　星期六

我将乘今日晚车赴京。上午到李玉琴家，问她北京方面有没有事情，我可以代她办理。她谈了以下几点：一、托我到国家版权局去讲讲张某侵权的问题，询问这种情况可否诉诸法律；二、到中国电视剧制作中心向黄宗汉先生了解一下《火龙》剧组采访她的录音带和录像带如何处理；三、我到溥杰家时，代她问候嵯峨浩（溥杰的妻子，当时已患尿毒症，病逝于1987年）的病情，最好抄录一下"病志"中的病情说明，她想在长春找找中医偏方；四、还想请我到天津后，去看看她的旧日邻居、好友冯书兰（现居天津市和平区建物大街228号），她或许能够提供四十年代后期的若干历史细节。另外，《天津日报》记者张建星、《今晚报》记者李仲顺都来长春采访过她，拍过照片，希望我如果方便就打一个电话给两人，想各要一张样片存底。

李玉琴又挑了两盆君子兰花送给李淑贤，让我带去。

1985 年 8 月 27 日　星期二

晚上，我又到李淑贤家，她已经给李玉琴准备了礼品，还是几盒宫廷糕点。她说，已看过李玉琴写的《坎坷三十年》，很同情她的遭遇，因为自己也有体会，连已经改造好并得到特赦的溥仪，还曾经在"文革"期间给她带来了那么大的政治压力，何况李玉琴作为溥仪的妻子是在他当战犯被关押期间呢！李玉琴又远道给她捎来君子兰，说明心中有她，所以李淑贤说她真诚地希望跟李玉琴成为好朋友。

1985 年 9 月 3 日　星期二

上午，我到长春电视台观看电视新闻片《〈末代皇后和皇妃〉在拍摄中》，是该片编导高兰约我在播出前先看一下，征求意见。我说内容没有问题，片中介绍电影创作者的署名，我拿出与长影签的合同来，请电视台按合同办事就行了。高兰女士与黄毓庚、李玉琴夫妇都是朋友，《坎坷三十年》一文就是她帮助整理的。我遂把李淑贤带来的宫廷糕点和绿豆糕等交给高编导，请她费心转致李玉琴。

1985年9月14日　星期六

两天前我接到李玉琴的电话，让我去她家"汇报"北京之行。这些天忙着校对《溥仪的后半生》，一直过不去，今天下午总算把时间安排出来了。

李玉琴正等着我，她说积累素材的工作也把她忙得够呛，大约再过十几天，就可以把宫廷生活这一部分素材交给我了。我说，这本回忆录应该是关于她生平经历的总结性著作，要完整，要全面，要系统，但最重要的还是要有新资料，新感受，要生动可读，请她积累素材就要注重这个宗旨。

1985年12月6日　星期五

李玉琴约我到她家，黄工程师住院了，儿子在家。她说，刊登张某文章的《文艺时报》送来补偿款五百元（包括前此付给的资料费二百元），但她不想接受这样的解决结果，希望我帮她写一份材料，要呈递到省委宣传部，我应允了。大约一个月前，她还让我整理过一份侵权对照材料。

1986年2月15日　星期六

我给李玉琴发出一封信，告诉她我已经准备好相关的资料，并随时可以安排时间，按我们的原议计划开始撰写她的回忆录。

1986年2月27日　星期四

上午，我如约到李玉琴家，她谈了三个问题：一、中国电视剧制作中心来人告知，《火龙》剧组尊重李玉琴的意见，对电影内容有所修正，目前已在境外发行，不久会请李玉琴去看样片，并给付一千元追加补偿款，此事可以告一段落；二、张某也有道歉表示，但此事还不算完；三、回忆录素材仍在积极准备，还要过一段时间才能交给我。

我顺便请李玉琴核实了两个问题。一是婉容在伪满初年是否想过外逃，她说，知道有这件事，婉容曾派人与某记者联络过。二是文绣在伪满初年是否来过长春，她说，这件事听溥仪讲过，文绣是来过一趟，但溥仪不见。

1986年3月18日　星期二

李玉琴打电话约我到她家去，讨论合作撰写她的回忆录相关问题。她说，现已筹集到的素材有二十万字左右，我还要作一些补充。

中国电视剧制作中心来人接她，将前往北京，与李淑贤会合，再一起南下广州和深圳，出席《火龙》首映式，据说此片已在美国和加拿大公演，效果很好，至于国内能否上演现在还是未知数。我刚巧在李玉琴家碰上这件事，才获知这些信息，李翰祥也是实用主义者，此时他已经把我这个"第一编剧"忘在脑后了。

毓嵒的长子缘缘也恰由新疆经北京来到长春，是专程看望李奶奶的。

1986年4月16日　星期三

中午时分我来到李玉琴家。是她写信约我过来的，谈她这次南方之行。

她是在三月二十日到京的，当晚就看了《火龙》样片，次日去李淑贤家。二十二日飞到广州，二十四日抵深圳。当天李翰祥亲率三十余人的庞大记者团，从香港入境，轰炸式采访李玉琴和李淑贤，录音、录像、拍照，问问答答，两个小时之内没有间断过。二十五日，李玉琴和李淑贤前往沙头角购物，然后返广州，李淑贤就此飞回北京，李玉琴顺路往上海探视公婆，继又去杭州一天，才回到北京，再与李淑贤见面，其后返回长春。由于香港报纸又登出"溥仪两遗孀"字样，险些让已经消除误解的两位女士又生抵牾。所幸她们已经有了良好的感情基础，在几天的相处中，李玉琴陪同李淑贤购物、逛街，李淑贤还走丢过一次，多亏李玉琴照顾。李淑贤很感激，买了一条毛巾被送给她，以表达自己的心意。

接着我们讨论并草拟了合作协议，她建议出版时联合署名，她提供了书面素材，可以署"记述"，我执笔撰写，可以署"整理"。我同意她的这一建议，并提出稿费分成问题，两人对此都不看重，届时协商办理，互让互谅为原则。我们还商定，她写《前言》，我写《后记》，实事求是地写入我们的分歧、合作及种种感受。协议正本将在两天后签署。

李玉琴送我两盆君子兰花和一盒杭州茶叶。

1986年4月18日　星期五

下午，我在李玉琴家签订协议书。文如下：

关于撰写李玉琴回忆录的初步协议

1986年4月18日下午，李玉琴（以下称甲方）和王庆祥（以下称乙方）就撰写《李玉琴回忆录》（暂名）问题，交换意见并商定如下原则：

一、该书主要取材于甲方的书面回忆资料，并适当掺入乙方积累的有关历史资料，全书以第一人称成文。

二、甲方自愿将书面回忆资料交给乙方整理，整理者必须尊重历史事实，成文后经双方协商一致再交付出版部门，今后修订再版亦需双方协商一致。

三、该书出版前双方都不得外露尚未公布的资料。

四、该书出版时署名：李玉琴原著、王庆祥整理。稿酬应本着按劳取酬的原则协商解决。

五、该书《前言》由甲方执笔，《后记》由乙方执笔，说明本书要达到的目的及撰写过程等。

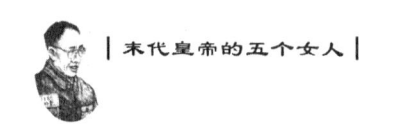

六、本协议书一式两份，由甲方和乙方分别保存。

协议人签字：
甲方 李玉琴（名章）
乙方 王庆祥（名章）
1986 年 4 月 18 日

签订协议后，李玉琴高兴，又给我讲了几件事：一、何长工同志最近接见过她，非常亲切地招呼她坐在身边，说："你是个苦孩子，东北民主联军把你解放了，那些事你一定不会忘记。"何老的儿子在场，趁机抢拍了一个镜头；二、聂荣臻元帅、徐向前元帅近年也接见过她。

1986 年 4 月 19 日　星期六

春风化雨之日。

今天开始翻阅李玉琴交来的第一批回忆录素材，主要包括家世部分和宫廷生活部分，约七八万字，展开更细致了，确实有很新的内容，我开始考虑全书的体例和结构，这部书应该能够成功。

1986 年 5 月 13 日　星期二

李玉琴让我到她家来一趟。李玉琴的回忆录日前已写完《家世》一章，约两万字，如果没有别的任务冲击，而李玉琴又能及时续供素材，我有把握在三个月内写出初稿。

李玉琴说，她入宫第二年（1944 年）的夏天，溥仪曾召她"侍浴"，她觉得难为情，无论如何不肯脱衣，溥仪也没有难为她。五十年代初期，她已随溥修家迁居北京，心情烦闷的时候常到北海公园来图个清静。当时见到一对儿一对儿的年轻恋侣，她觉得很奇怪，心想：自己是因为不顺心、太烦了，才到这里来的，你们都那么高兴，为啥也要到这里来呢？更有意思的是，直到五十年代末，所在单位派她下乡参加一个时期的农村工作，有一次碰上母猪配种，她却不懂得母猪发情是怎么回事儿；母猪下羔，也不知道怎样识别公母，她说当时的思想可真够单纯的。这说明她在回忆经历时，已经很注重追索当年的思想感受了，比单纯回忆所经历的事件已经深入一步了，这对新回忆录的成书极有好处。

1986年5月16日 星期五

在李玉琴家，我见到了她的哥哥李凤，就是他在伪满年代因为"沾了妹妹入宫的光"而当上伪警长，闹了一顶"历史反革命"的帽子戴，在"文革"期间受尽了苦头。因为他是回忆录中一定要出现的人物，我遂不失时机地向他核实了几个问题。

1986年5月17日 星期六

白天紧张撰写李玉琴回忆录《宫中生活》一章，晚上到南湖宾馆与参加政协会议的李玉琴见面，感受一下作为政协委员的李玉琴的心态。正赶上市政协贺英主席过来，说了一会儿话。贺主席很关心李玉琴，也关心这本回忆录的撰写与出版。

1986年5月27日 星期二

到李玉琴家核实几件事：一、按宫廷规矩，每年都要依季节制作时令新装，李玉琴做了一件裙子，自认为挺时髦的，却被二格格等皇亲贵妇们耻笑，说她缺乏"优雅的气质"；二、用人们每天给李玉琴端洗脚水，必定要预备两盆，她不以为然，这"太讲究"了，似可不必；三、当年的流行歌曲中有一首《金丝鸟》，李玉琴常放这张唱片，但溥仪不喜欢，因为他不愿意当关在笼子里的鸟，歌词触到了他的痛处，李玉琴也就不敢再放了。李玉琴说这些事都有。

有人传说溥仪喜欢接近男色，是"同性恋"者。李玉琴坚决反对这种说法，她说虽然当年因为年龄小，不大懂得这类事情，但现在回首往事，也是可以有正确判断的：溥仪确实存在生理异常的疾病，但不是"同性恋"，也不是先天的毛病。他很想把病治好，天天注射荷尔蒙，当然也想有机会试验一下，看病体是否有好转。但他肯定不敢在"皇后"或"贵人"身上做这种试验，担心激起她们的欲望，而引发难以收拾的后果，让她们每天夜里念佛，其实就是麻痹她们，摆脱尘世间的男女生活。因此，就有可能在贴身随侍中间找一两名试验品，只是为了试验而已。"当然，这不过是我的推测，并不能说就是事实。"

1986年6月17日　星期二

下午，我如约到李玉琴家会面，她切了一块西瓜，我们谈话半个下午，主要是倾听她对一些历史问题的看法：一、她认为溥仪有多种脸谱，并不止于两面，写她的回忆录应充分展示溥仪的多面性；二、溥仪的苦恼并不是因为日本人横行于我国东北，而在于他没有当上复辟大清朝以后的皇上，当年离开紫禁城时他就发过誓一定要回来，"从我手上丢失的江山，还要在我手上找回来"；三、谭玉龄的"出处"跟婉容差不多，都是朗贝勒府介绍过来的，谭玉龄的死并非被日本人毒杀，因为她对当时的政治局势起不了什么作用，她是带着旗人旧思想来到伪满宫廷的，没有什么根据能证明她有"抗日爱国"的思想；四、溥仪的乳母二嬷等确实曾采用各种方法向李玉琴暗示过，希望她能学习"谭贵人"的"风度"，认为谭玉龄礼节好，规矩好，可以成为宫中表率；五、溥仪在特赦以后的晚年生活中确实对国家作出了贡献，但也不一定把他的改造讲得那么好，他也是不得不如此，不应该过于拔高；六、我国新闻老前辈顾执中先生也曾跟随一九三二年李顿调查团来到东北，但因故未入长春，他至今仍与李玉琴有来往。对她的某些看法，我还不能苟同。

1986 年 8 月 11 日　星期一

下午三时左右，我到李玉琴家，听她讲五十年代中期的思想感受。

李玉琴说，直到一九五五年初春以前，她还不知道溥仪的生死去向。先后有三位男士想跟她处对象，谈恋爱，一个是表姐给介绍的转业军人；一个是在舞场认识的飞行员，也就是曾帮她安排保教工作的那个人；还有一个是她学习雕刻技艺的师傅。这三个人她全都没有接受，因为心目中还有溥仪，还有一个不知去向的丈夫。

当她终于获悉溥仪关押在抚顺战犯管理所的消息后，一连去探望多次，最后一次还被破例允许同居，溥仪显得很温存，在床前弯下腰来亲自给她解开鞋带，还说"我愿意一辈子给你解鞋带，系鞋带"。今年春天的深圳，李翰祥又追问她在抚顺那一夜的情景，她以开玩笑的口吻很不客气地回答李大导演："你可真是个大笨蛋！"李玉琴说她这话的意思是，既然我们当时还是夫妻关系，你又何必这般追问细节！

说到这里，李玉琴又联想到一段史实：谭玉龄进宫前，溥仪还选过一位北京旗人，并已被送进伪满宫中，此人比谭大几岁，长相很漂亮，但还没有住满一个月就被送回北京去了。为什么呢？李玉琴说应该是溥仪身体有病的缘故。

1986 年 8 月 26 日　星期二

上午我到李玉琴家，接收她交出的第二批回忆录素材，继而又谈一些历史情况。一、她记得那还是"册封"前，溥仪"巡幸"安东(今丹东)归来，把她召到寝宫，在她的额头上轻轻吻了一下，这是他们第一次最亲近的接触。以后溥仪每次到她的寝宫来，总是很喜欢地抚摸她的肩头说："看你的肩膀有多宽哪！"还有一次，她在浴室洗澡，正好溥仪来了，又推开浴室门想进来，她大喊，不许溥仪进，溥仪并不生气，就退出去了。二、她那时常常看到窗外有鸽子绕着圈儿飞，可能是因为处于求偶期，常有嘴对嘴表示亲昵的动作。她觉得奇怪,就问"皇上"鸽子这是干什么呢,问得溥仪哭笑不得。三、她说在宫里时喜欢唱《天长地久》那首歌,歌词中有一句"来也匆匆,去也匆匆",不料把溥仪给刺痛了,以后她不敢再当溥仪面唱这首歌。四、她认为回忆录书稿,就目前已完成的篇章来看,篇幅已经很大,不要再增添很多的内容,应精练些。

1986年9月3日　星期三

《李玉琴自述》(暂名)已经完成《家世》、《进宫》、《小姐》、《册封》、《见闻》、《丈夫》和《溃逃》各章,上篇即《宫中生活》至此结束,约十二三万字。将续写中篇《守节岁月》和下篇《离婚以后》,希望总字数不超过三十万字。

1986年9月19日　星期五

先到我院,无事。遂去李玉琴家,将已完成稿"上篇"交给她审阅。同时从她的影集中选出三十九帧照片备插图用。下次会面时间定在十月四日。

1986年10月4日　星期六

上午,我如约到李玉琴家,黄毓庚工程师也在。黄先生说:"对张某可以不再追究,虽然我们吃了亏,但毕竟他也有了认错的表示,又补偿了一点钱,再为此浪费时间和精力得不偿失,不如集中精力写自己的书。向世人讲自己的话,用著作证明自己,这是最好的竞争,为了'置气'而花费精力和时间去做许多本来不甚必要的事,那不是政治家的做法。"黄工又说,他原本不想介入事情,就只能听任李玉琴去碰壁,也许将来遇着个当大官的可能会解决,但当前是以金钱和利害为原则的开放社会,无利可图的事情谁也不肯管。即便是正经事,办下来也很难,又何必呢!黄工的看法很深刻,我赞成。

1986年11月14日　星期五

上午，我院派出一台轿车接李玉琴和徐伟敏先生(上海《文汇报》编辑，当时正编发我撰写的《文绣与溥仪》，准备在该报连载)一同参观伪皇宫陈列馆。他是十一月十三日飞抵长春的，拟跟我们商谈下一步连载《"福贵人"自述》事宜。在缉熙楼、同德殿等地，当年的"福贵人"一一介绍溥仪的寝宫、会客厅以及她本人使用过的书斋、客厅、寝宫和洗漱间等。在李玉琴的原寝宫内，徐先生还特意为我和李玉琴拍了一张合影，我们两人郑重其事地拍合影，这还是头一次。

非常凑巧的是，中国电视剧制作中心《末代皇帝》剧组正在同德殿广间实拍，厅内挂起了"康德皇帝"的巨幅戎装画像，同德殿外则高高悬起伪满"国旗"和日本太阳旗，这是根据剧情需要，要制造出当年的气氛来。我建议李玉琴留一张现场照片，总是可以算个纪念品。但她说啥也不愿在道具前，特别是"康德皇帝"的画像前拍照。对此，我还是能够理解的，她已经有了很幸福的新生活，再不愿意面对那个旧宫廷朝代的氛围了。

当我们参观勤民楼内健行斋和同德殿时，李玉琴接受了拍照，还主动在"宝座"前留影。她说原来在宫里时曾来坐过这张椅子，那只是为了好玩，而溥仪也拿她当个孩子而宠着她。走出勤民楼，她又给徐先生讲了一遍当年从"兴运门"进宫走过的路线。

参观完毕已近下午二时，我院的小车又把徐先生和李玉琴一起接到我家，妻子已经准备好了一桌丰盛菜肴，大家杯盏交错，其乐融融，席间拍了一些照片，李玉琴还高兴地拉过我的两个孩子来合影。饭后，大家又天南海北地神聊一气儿，虽然兴犹未尽，我也不得不分别把两位贵客送回去休息了。

徐先生告诉我说，他曾在两年前采访过李玉琴，打算写一篇三五万字的访问记，与我的《文绣与溥仪》作为系列作品，在电影《末代皇后》公演期间，先后在《文汇报》上连载。又说，我那篇《文绣与溥仪》已经编定，将择机在一两个月后刊出(该文已在《文汇报》1987年4月14日至6月11日连载)。

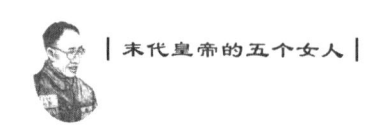

1987年2月17日 星期二

由于经常插入其他紧急工作,李玉琴回忆录的"中篇"《守节岁月》进度迟缓,直到今天才结束,这期间一共写了五章二十一节,即《山沟》二节、《流浪》五节、《守节》五节、《解放》四节和《离婚》五节,全书书名拟定为《"福贵人"自述》。

1987年2月20日 星期五

中午,我到李玉琴家,她希望我能在四月底之前写完全稿,因为她想在这之后与黄先生一起往南方自费旅游,我答应努力去做。我又提出,"下篇"的内容如三年困难时期、"文革"时期和"插队落户"时期的素材还不够充分,有些事件的来龙去脉还说不清楚,应该再想细一些。李玉琴回答说,因为许多人还在位,写细了怕有牵连,不过她还可以再提供一些素材。

1987年3月23日 星期一

《"福贵人"自述》的最后一节昨天写完了,但这还不是杀青之笔,还要写《后记》和《李玉琴生平年表》,还要请李玉琴审阅,之后再修改一遍。"下篇"《离婚以后》共四章十三节,《再婚》两节、《战友》两节、《厄运》四节和《晚年》五节。

给李玉琴打电话,打到黄工处(当时李玉琴已经退休,但尚未安装住宅电话,只能打到黄先生的办公室),告知书稿进展情况。黄工说,他并不参与夫人的这件事情,但可以负责转达。

1987年3月27日 星期五

上午,到院开会。午饭后去李玉琴家,因补充书稿内容需要,我请她细谈离婚前后的情况,她讲的几件事成为新内容。李玉琴说,离婚是她提出的,虽然如此,但并不是很坚决,两人在抚顺战犯管理所分手前还心平气和地讨论保存婚姻关系的利与弊,其间她难过得流了许多眼泪。她还记得那天走出管理所大门,竟不知怎么来到了抚顺某区法院门前,真有些偶然,既然已到门口,索性进去说说自己的苦衷,结果却成了一起离婚官司的"起诉"篇章。后来见到了法院的离婚判决书,她大病了一场。

1987年4月3日　星期五

《李玉琴生平简谱》已在上月末完成,随后集中精力修改,到今天,体例、结构感到差不多了。我又去李玉琴家,请她再审阅一下书稿内容,不要留下遗憾,我还要逐章逐节再修改一遍。

1987年4月10日　星期五

我上午到院,因无事,遂往李玉琴家,把《整理者后记》和《李玉琴生平简谱》也交给她审阅。她对写"文革"内容那一章还是不甚满意,认为有几处离开了她的素材,而我增添的内容较多。她说,十一届三中全会以后的内容可以多写,但这以前少写为好;我不太同意这个意见,理由是我们写回忆录,目的在于留下历史资料,而不是要作政治宣传,这个意见她接受了。

1987年4月14日　星期二

《"福贵人"自述》"上篇"已定稿,开始修改"中篇"。据某知情人讲,一九五七年李玉琴与溥仪离婚,是薄一波拍的板,他当时正在东北视察,听到关于这件事的汇报,又调阅了相关部门的书面报告,同意以离婚结案。

1987年4月17日　星期五

上午，我到院办事，继而去李玉琴家，听取她对书稿的意见。她说，基本内容还不错，只是涉及李淑贤的部分还应斟酌修改，接着又谈了她的具体意见。她又说，审读书稿时，把一些临时想到的看法写在原稿旁边的空白处了，让我修改时考虑她的这些"批注"。她还建议我在《整理者后记》中对我们曾经有过的分歧，实事求是地加以说明。我立即执笔在《后记》文尾处增写一段文字："应当说明的是，我和李玉琴曾有过分歧，在某些资料的使用方面她提出过自己的意见。既然李玉琴同志健在，撰写涉及她的经历的文章理应尊重本人，在这一点上我感谢她的谅解精神，分歧并没有构成合作的障碍。当本书作为我和李玉琴同志一次愉快合作的成果而即将问世的时候，我的欣慰是读者们可以理解的。"李玉琴对这段文字表示同意。

1987年5月8日　星期五

上午到院，我抽出一点时间到李玉琴家，取回她写的《前言》初稿，还有附录的文字，我们商定下周内全部修改完毕，前后历时一年，这部书稿终于可以杀青了。

1987年5月11日　星期一

到李玉琴家，两人共同修改书稿，今天做完"上篇"，包括已装订的原稿第一册和第二册，最后由李玉琴在稿面上签字，表示认可。同时，我请她就宫中生活的内容口述了一段，录了音。

1987年5月12日　星期二

到李玉琴家，两人共同修改书稿，今天做完"中篇"内的前三章，包括已装订的原稿第三册和第四册，李玉琴也在稿面上签字，表示认可。今天录音的内容是李玉琴讲与溥仪离婚的过程。我们还把插图照片也选定了。

1987年5月13日　星期三

下午到李玉琴家，修改定稿最后一册，内容为"中篇"内的后两章和"下篇"，至此全部顺利成稿。我们又一起起草了致出版社的信，两人都签了字。此后，向出版社交稿等具体事项，李玉琴就委托我作为作者代表去办理了。

1987年5月23日　星期六

根据与李玉琴商定的意见，我把《"福贵人"自述》书稿送交吉林文史出版社，由毛振家任责任编辑，他很高兴见到这部书稿，说定二十天内给予答复。这部书稿正文为三十五万字，另有几篇附录，加上照片插页，成书后大概不会很薄。

1987年5月27日　星期三

我同李玉琴一起到市政协、市图书馆，又到李玉琴家，分别拍摄了一些照片，有单独给她照的，也有我们的合影，有工作照，也有生活照，目的是为出书准备"作者近照"。

1987年9月4日　星期五

下午二时，我依约到吉林文史出版社见毛振家，他已仔细看过全稿，认为基本上是一部好稿子，编辑室已经通过，社里尚未研究，但某领导已经表态，愿意接受。他希望再作一些修改：一是涉及溥仪、谭玉龄、二格格和李玉琴自己都要慎重些，要"注意政治"，也要注意不要因为细节引起麻烦；二是在字句上把错字、病句挑一挑；三是书名拟改为《"末代帝妃"的自述》。我取回四本原稿，有一本留下了。我们约定本月月底之前改完送回来。

1987年9月19日 星期五

上午，我与本所几位同志在院会议室接待日本学者细谷良夫和加藤直人，这是一次学术交流活动。结束后即去李玉琴家，她留我吃饭。关于按出版社的意见修改书稿问题我们商量了一下，她想自己动手修改，我以为不妥，因为涉及宫里的人际关系，还是由超脱一些的局外人执笔更好。她接受了我的意见，希望改好后再让她看看。

1987年9月28日 星期一

我到李玉琴家，带着修改完毕的稿子给她过目，这是最后的定稿了。

1987年10月17日 星期六

上午我把《"福贵人"自述》最后改定稿送到吉林文史出版社，我向毛振家建议把书名改为《从宫廷"贵人"到政协委员》。因为李玉琴并不是"皇妃"，还是尊重历史事实为好。

1987年11月6日 星期五

毛振家打电话约我去出版社，他告诉我，李玉琴的回忆录已经完成编辑工作，立即发厂排印，决定把书名改为《忆兮人间路——"福贵人"李玉琴自述》，我同意了。他还提出是否可以删去书中有关张某的段落。我说，李玉琴同志不会同意这样做。但附录部分还是决定删去了。

1987年11月7日　星期六

到李玉琴家,我们对已经选定的插图照片逐一写好文字说明,并排了顺序。李玉琴说:"写完这本回忆录,我的一件大事完成了,我很高兴,想找个机会设宴请你一下,也把出版社毛振家编辑请过来,我们在一起热闹热闹。"我说:"这是你的一份盛情,我心领了。"

1988年2月27日　星期六

毛振家打电话约我到出版社,他说因为出版社管理体制改为编辑承包,每人每年限定发稿量为一百万字。他今年的发稿字数已超额,所以想跟我商量把《忆兮人间路——"福贵人"李玉琴自述》一书转到北方妇女儿童出版社,这样就不用等到明年再发稿了。我说,只要不须再旷时重新审读,转出去也可以。毛振家表示,他将对这本书稿负责到底。

1988年3月14日　星期一

根据约定,毛振家带着书稿到我院历史所办公室,李玉琴和我都来了,我们三人面对面核查书稿。这次核查是因为李玉琴比较慎重,她担心定稿后又经过我的改动、编辑的改动,会有脱离她本意的地方。经过核查,未发现任何问题,李玉琴表示认可。毛振家说,这部书稿就此封笔,无论作者还是编辑,都不再更动一字。

1988年3月25日　星期五

毛振家告诉我,北方妇女儿童出版社副总编辑周航担任《李玉琴自述》一书的责任编辑，她想同香港三联书店联系一下，争取在香港和内地同时出版。我说，可以先联系，等有了确切说法，作者和出版社再办签约手续。

1988年4月20日　星期三

毛振家打电话告诉我，李玉琴的回忆录，只需再校对一下书中引的唐诗就要发排了。他问可否先交给杂志连载，我说，如果对宣传这本书有利，对扩大发行有利，我们作者方可以同意。

1988年4月28日　星期四

与北方妇女儿童出版社周航副主编通话，她说，李玉琴的回忆录已定名为《最后一个"皇妃"》，再进行一些技术性处理，即下厂付印。

1988年5月16日　星期一

北方妇女儿童出版社黄英同志打电话告诉我，书名又有变动，最后确定为《中国最后一个"皇妃"——"福贵人"李玉琴自述》。她还说，最近将在电视上宣传一下。

1988年7月15日　星期五

周航副主编打电话告诉我，已排印的书稿校对过两遍了，版面字数已经达到三十八万五千字，大三十二开计五百零二页，等三校后再请作者通读，如有问题届时再商。又得到消息，长影即将开拍《最后一个皇妃》，张笑天编剧，李玉琴将以"顾问"身份参加剧组。

1989年8月7日　星期一

今天,北方妇女儿童出版社的新书《中国最后一个"皇妃"——"福贵人"李玉琴自述》已经运到,我急往出版社取回一百二十册,其中二十册为样书,一百册是按七折购买的。这本书的封面设计很有特色,印制也很好,惟用纸属一般。从写书到出书历时三年,实属不易,如果从一九八二年我心目中有了这个选题算起,则前后已有七年之久,这是我和李玉琴女士消除分歧、合作共事的七年,是我们两人共同经历的一段不平凡的交往。

附录二　李玉琴纪念墓雕揭幕仪式在长春息园名人苑举行

二〇〇五年八月十日上午，李玉琴纪念墓雕揭幕仪式在风光美丽、环境优雅、气氛肃穆的长春息园名人苑举行。

市政协战月昌副主席、市政协崔玮德秘书长、市民政局李旸局长、市殡管处孙长焱处长、市图书馆刘慧娟馆长、市图书馆孙启彦书记、伪满皇宫博物院李立夫院长等领导，市政协常委、中国作家协会会员、历史学家王庆祥先生，网上溥仪纪念馆维护人王玫女士，溥仪生平研究爱好者张临平，李玉琴之子黄焕新先生，以及各界来宾共百余人参加了揭幕仪式。

刘慧娟馆长首先在揭幕仪式上讲话，她赞扬了这位从宫廷走出来的李玉琴女士在图书馆工作岗位上作出了自己的一份贡献。

接着，王庆祥先生讲话，他说，李玉琴女士是沐浴在党、政府和统战政策灿烂的阳光里，成长为以图书馆文化事业为己任的一名称职的国家干部，成长为以社会责任为己任的一位光荣的政协委员。他又说："与爱新觉罗·溥仪先生一样，李玉琴女士也有属于自己的光荣的后半生！这是为长春这座伟大城市、为长春数百万人民、作出了一份贡献的后半生！"

李玉琴之子黄焕新先生也在致辞中表达了对母亲深切而真挚的怀念之情，表达了对关爱她母亲的长春市各级领导以及息园同志们衷心的感谢。

讲话结束后，在乐队演奏的乐曲声中，战月昌副主席等各位领导肃穆而缓慢地揭下覆盖在纪念墓雕上的红色幕布，接着领导和来宾们又为李玉琴纪念墓雕敬献了鲜花。

纪念墓雕以黑色为主体，寓示李玉琴女士一生坎坷沉重；断裂部分象征伪满时期和其宫廷生活的结束；一张无形的金属网，透视出李玉琴女士冲破象征封建思想的樊篱，义无反顾地走向新生、走向自由、走向光明的勇气！这正是艺术家独具匠心的构思。

　　揭幕仪式结束后，《李玉琴自述》执笔作者王庆祥先生为来宾们签名赠书。

　　李玉琴文化艺术墓雕的落成，为我们的母亲城市——长春，又了增添一抹辉煌！

（《长春晚报》报道）

附录三　在李玉琴文化艺术雕塑墓落成揭幕仪式上的讲话

王庆祥

今天，我们聚集在这里，在这块被称作"人生后花园"的风光美丽、环境优雅、气氛肃穆的"息园名人苑"，为新落成的李玉琴文化艺术墓雕举行揭幕仪式。

这里有在是非颠倒、黑白不分的特殊年代，为坚持正义而英勇献身的真理卫士史云峰的纪念雕像，我们能看到墓碑上那位大无畏的勇敢壮士鲜活的身影。

这里有在打倒"四人帮"最初的年代里，为了创造和发展，而把年轻生命完全贡献给科学事业的蒋筑英的纪念雕像，我们能看到墓碑上那位心向未来、追求永恒的"光之长子"蒋筑英科学家永恒的英姿。

这里有在改革开放新时代中，倾其全部创业收入，义务收养孤儿、残疾人、孤寡老人，而把最纯美的慈母之爱撒满人间的慈善名人王守兰，我们能看到墓碑上那位义重德高的爱心大使美丽、刚毅的形象。

他们都是长春这座伟大城市的优秀儿女和宝贵精英！他们的名字是我们长春最美丽的彩色光环，他们的生平是我们长春最辉煌的历史篇章。他们为长春增色，他们是我们北国春城无上的骄傲和无比的光荣。

今天，我们为李玉琴女士艺术墓雕的落成而举行揭幕仪式。安卧于此的李玉琴女士，经历过"国破山河在"那民族深仇大恨的砥砺，体验过社会主义祖国的光明、美好与欢乐，见证过长春、东北乃至全中国翻天覆地的历史变迁。她同样也是一位拥有广泛影响而不可能从人们记忆中被抹去的著名女士。

李玉琴原本出身于长春郊区的贫苦农民家庭，而成长于"吃劳金"的城市底层人们中间，却在她那个十四岁的春天，在那个突然降临的早晨，被人牵着手，带进了一座辉煌而虚假的"皇宫"。从此，她的名字与中国末代皇帝爱新觉罗·溥仪的名字，永远地连接在一起了。

就为了这一份连接，她度过了两年享受而屈辱的宫廷生活，又在随后那十年漫长的离乱的日子里，付出了宝贵青春的惨痛代价。

由于她的挣扎、追求和努力，由于她幸运地迎来了新中国灿烂的阳光——这是党、政府和统战政策的阳光！——沐浴在这样的阳光里，她一步步，成长为以图书馆文化事业为己任的一名称职的国家干部，成长为以社会责任为己任的一位光荣的政协委员。

与爱新觉罗·溥仪先生一样，李玉琴女士也有属于自己的光荣的后半生！这是为长春这座伟大城市、为长春数百万人民、作出了一份贡献的后半生！这正像树立在李玉琴艺术墓碑上的雕像所表达出来的那种艺术家独具匠心的构思：她冲破了象征封建思想的金属樊篱，正义无反顾地走向自由，走向光明。

李玉琴文化艺术墓雕的落成，为我们的母亲城市——长春，又增添了一抹辉煌！

2005 年 8 月 10 日